HEIMANNSBERG / SCHMIDT-LELLEK (HG.)

INTERKULTURELLE BERATUNG UND MEDIATION

EHP - ORGANISATION

Hrsg. von Gerhard Fatzer
in Zusammenarbeit mit Wolfgang Looss, Sonja A. Sackmann
und Kornelia Rappe-Giesecke

Die Herausgeber:

Barbara Heimannsberg ist Soziologin M.A. und Supervisorin (DGSv). Als erfahrene Beraterin mit langjähriger psychotherapeutischer Praxis coacht sie Einzelpersonen und Teams im Umgang mit kulturellen Unterschieden und begleitet das Management multiprofessioneller und multikultureller Vielfalt. Als Lehrsupervisorin, Ausbilderin und Autorin vermittelt sie entsprechend fundierte Zugänge und anwendungsorientierte Konzepte. Lehrtätigkeit an der Evangelischen Fachhochschule Darmstadt und an der Europäischen Akademie für psychosoziale Gesundheit - FPI.

Christoph J. Schmidt-Lellek ist Gestalttherapeut/Integrativer Therapeut und Supervisor (DGSv); nach dem Studium der ev. Theologie und Philosophie sowie der Erziehungswissenschaften ist er seit 1982 in freier Praxis für Psychotherapie, Paartherapie, Supervision und Coaching tätig. Lehrbeauftragter am FPI und an der Ev. Fachhochschule Darmstadt, freier Lektor sowie Mitherausgeber und Redakteur der Zeitschrift *Organisationsberatung, Supervision, Clinical Management (OSC)*.

Das erfolgreiche Herausgeber-Team hat bereits mehrere Fachbücher im Bereich Psychotherapie und Beratung veröffentlicht.

Barbara Heimannsberg / Christoph J. Schmidt-Lellek (Hg.)

INTERKULTURELLE BERATUNG UND MEDIATION

Konzepte, Erfahrungen, Perspektiven

Edition Humanistische Psychologie
– 2000 –

© 2000 für die deutsche Ausgabe EHP - Edition Humanistische Psychologie
Am Haselbusch 16, 50827 Köln

Redaktion: Maria Michels-Kohlhage

Übersetzung: Irmgard Hölscher (Artikel Filner, Bar-On)
und Christoph Schmidt-Lellek (Artikel Hanna/Bemak/Chung)

Die Deutsche Bibliothek - CIP-Einheitsaufnahme

Interkulturelle Beratung und Mediation : Konzepte, Erfahrungen, Perspektiven / Barbara Heimannsberg, Christoph J. Schmidt-Lellek (Hg.). - Köln : Ed. Humanist. Psychologie, 2000
(EHP-Organisation)
ISBN 3-89797-007-4

Umschlagentwurf: Gerd Struwe
- unter Verwendung einer Skulptur von Georg Ahrens
Copyright Benedikt Ahrens 1996 -
Satz: MarktTransparenz Uwe Giese, Berlin
Druck und Verarbeitung: Legoprint S.p.A. Lavis (Trento)

ISBN 3-89797-007-4

Inhalt

Zur Reihe *EHP-Organisation*

Die Reihe *EHP-Organisation* verfolgt das zentrale Anliegen, neben der Übersetzung wichtiger amerikanischer Originaltexte (zum Bereich der Organisationsentwicklung und des „Change Managements") auch Grundlagen zur Organisationskultur, zu interkulturellen Entwicklungen, zur Verbindung Management und neue Technologien, zur lernenden Organisation, aber auch zu Grundlagen der „systemischen Intervention" in Organisationen, zu defensiven Routinen, zu neuen Formen der Organisation, zu wichtigen historischen und konzeptionellen Grundlagen der Organisationsentwicklung und des „Managements" von Veränderungen und theoretischen Ansätzen wie Aktionsforschung, Systemtheorie, Prozessberatung und Gestaltansätzen der OE darzustellen. Dabei werden selbstverständlich auch die verwandten Interventionsformen wie Supervision und Coaching ausführlich erörtert und in ihrer Unterschiedlichkeit und Ähnlichkeit gewürdigt. Dabei soll nicht nur der interkulturelle Austausch zwischen Europa und Amerika im Vordergrund stehen, sondern auch neue Interventionsformen der OE wie Dialog und Wissensmanagement in Form von „Lerngeschichten in Organisationen". Es werden neue Organisationsformen wie Joint Ventures, Strategische Allianzen und Mergers & Acquisitions thematisiert.

Die Reihe soll sowohl Diskussionsgrundlagen und Denkfiguren im Bereich OE für das 3. Jahrtausend als auch historische Grundlagen der OE in ihrer Aktualität bereitstellen. Damit ist die Reihe bewusst ein Stück unmodern und zeigt auf, dass die Professional Community der OE-Berater, Coaches, SupervisorInnen zum Teil diese Grundlagen nicht kennt und dass auch kein interkultureller Dialog zwischen Europa und den USA stattfindet. Es soll ein Gegentrend zu den gängigen Einbahnstraßen der Wahrnehmung und zur kulturellen Ignoranz geschaffen werden, indem auch Autorinnen und Autoren zu Wort kommen, die diesen interkulturellen Dialog praktizieren und konzeptionell untermauern. Damit soll der herrschenden Flut von Publikationen, die zum Teil nur konzeptlos aus dem amerikanischen Sprach- und Kulturraum übersetzt und in deutschsprachigen Versionen publiziert werden, eine Reihe mit ausgewählten Titeln entgegengesetzt werden. Inspiriert ist die Reihe auch durch unsere amerikanischen Kollegen und langjährigen Wegbegleiter Chris Argyris, Edgar H. Schein, Fred Massarik, Ed Nevis, Warren Bennis und die Kollegen um Peter Senge am MIT, aus deren Kreis sich auch die Consulting Editors von *EHP-Organisation* rekrutieren.

Herausgeber sind vier Kolleginnen und Kollegen aus dem Feld: als Hauptherausgeber Gerhard Fatzer in Zusammenarbeit mit Wolfgang Looss, Kornelia Rappe-Giesecke und Sonja Sackmann.

Die ersten Titel waren Ed Nevis' *Organisationsberatung*, ein Meilenstein, in dem Gestalt-, System- und Prozessberatungsansätze in Verbindung mit gestaltpsychologischen Grundlagen dargestellt wurden; dann das Buch von Albert Koopman, *Transcultural Management*, das praktisch und konzeptionell ein großes und erfolgreiches interkulturelles OE-Projekt zwischen Weißen und Schwarzen in Südafrika illustriert. Es folgten Titel der Herausgeber der Reihe, Gerhard Fatzer *(Supervision und Beratung)*, ein Handbuch, das die Grundlagen von Supervision und Organisationsberatung als eines der ersten Handbücher 1990 umfassend thematisierte und bereits in 9. Auflage erscheint; die verschiedenen *Trias-Kompasse* aus dem Trias-Institut (als erste *Erfolgsfaktoren von Veränderungsprozessen*). *Organisationsentwicklung für die Zukunft* ist eine breite Darstellung der Grundlagen der lernenden Organisation von Peter Senge und zahlreichen Kollegen wie Bill Isaacs, Ed Schein; es enthält die ersten deutschsprachigen Texte von Chris Argyris zur „eingeübten Inkompetenz" und zu „defensiven Routinen", die diesen wichtigen Vordenker in Europa bekannt machten. In der Gegenüberstellung zu den amerikanischen Autoren schreiben immer die wichtigsten deutschsprachigen Autorinnen und Autoren zu diesen Themen wie Wolfgang Looss, Kornelia Rappe-Giesecke, Wolfgang Weigand, Jörg Fengler, Kurt Buchinger, Rudolf Wimmer, Sonja Sackmann, Jane E. Salk, Lothar Nellessen u.a.m.

Neuere Titel sind der Band von Fatzer, Rappe-Giesecke und Looss zu *Qualität und Leistung von Beratung*, der die Grundlagen von Supervision, Coaching und OE vergleicht, in ihren Qualitätsansprüchen dokumentiert und zugleich eine „Informationsbroschüre" für Kunden und Auftraggeber ist; es folgte der *Trias-Kompass* von Beucke-Galm, Fatzer und Rutrecht zu *Schulentwicklung als Organisationsentwicklung*, der den aktuellen Entwicklungsstand von OE in der Schule für die drei Länder Deutschland, Schweiz und Österreich darstellt und in vielen Fallbeispielen in ihren jeweiligen lokalen Ausprägungen dargelegt. Zudem werden die Ansätze des Dialogs und der lernenden Organisation für die Schule adaptiert.

Als neuesten Titel hat das erfolgreiche Herausgeberteam Barbara Heimannsberg und Christoph Schmidt-Lellek hier einen interessanten Band
zum Thema *Interkulturelle Beratung und Mediation* zusammengestellt, in
dem die immer wichtiger werdenden Grundlagen der Mediation auf den
interkulturellen Bereich und auf die Organisationsentwicklung angewendet werden.

Eine weitere Neuerscheinung ist der Klassiker eines Mitbegründers der
Organisationspsychologie und der Organisationsentwicklung, Edgar H.
Scheins *Prozessberatung für die Organisation der Zukunft*, der die Grundlagen von Prozessberatung als einer Philosophie des Helfens für Einzelpersonen, Teams und ganze Organisationen aufzeigt. Das Buch ist angerei-
chert durch Fallbeispiele und Übungen aus 50 Jahren weltweiter Praxis in
Unternehmen und vor dem Hintergrund der langjährigen Forschung am Massachusetts Institute of Technology in Boston, wie sie ursprünglich durch
Douglas McGregor und Kurt Lewin dort begründet wurde. Schein stellt
auch die Grundlagen von Dialog im Kontext von Kulturentwicklung dar.

Zudem freut es uns, auch das bahnbrechende Buch von William I. Isaacs
(ebenfalls Mitglied der Fakultät des MIT) zum strategischen Dialog in
Unternehmen anzukündigen, in dem der Begründer des Dialog-Ansatzes
in Organisationen aufzeigt, worin Dialog besteht und wie er auf die Kommunikation von Unternehmen, Führungskräften und gesellschaftlichen
Gruppen und im interkulturellen Kontext angewendet werden kann; eine
zukunftsweisende Konkretisierung der lernenden Organisation aus dem
Kontext MIT und schon jetzt ein Klassiker.

Neue Titel werden dazu beitragen, das Verständnis von Menschen, Teams
und Organisationen in einer immer turbulenter werdenden Umwelt zu fördern. Zu erwähnen ist in diesem Kontext auch die neue Zeitschrift *Profile*
(Internationale Zeitschrift für Lernen, Veränderung und Dialog), die dieser Zielsetzung ebenfalls verpflichtet ist und als Periodikum unsere Buchreihe ergänzt.

Selbstverständlich soll die Reihe auch den Dialog zu den Lesern und
innerhalb der globalen Professional Community fördern und der Fortentwicklung des Feldes von Organisationsentwicklung und Supervision, von
Coaching und Lernen, von Veränderung und Dialog dienen. Herausgeber
und Verlag laden Sie dazu ein.

Gerhard Fatzer, Grüningen/ Zürich

Vorwort der Herausgeber

Mit der zunehmenden Mobilität von Menschen, Gütern, Informationen und Dienstleistungen verdichten sich weltweit interkulturelle Kontakte und Kooperationen. In den urbanen Zentren ist kulturelle Vielfalt eine nicht zu übersehende Tatsache. Und in vielen Bereichen gehören kulturübergreifende Interaktionen bereits zum Alltag. Daraus ergeben sich Spannungsfelder und Konflikte, aber auch kreative Potenziale und die Möglichkeit von Synergien. Im Zuge des Globalisierungsprozesses werden weitere Herausforderungen im Umgang mit kulturellen Unterschieden auf uns zukommen. Wie also lässt sich konstruktiv mit kultureller Differenz umgehen? Wie kann man in gemischt-kulturellen Settings Integrationsleistungen fördern? Wie lassen sich die Ressourcen kultureller Vielfalt nutzen? Das sind die Leitfragen dieses Sammelbandes. Die vorliegenden Beiträge bieten dazu Überlegungen, Ideen und Erfahrungen aus unterschiedlichen Praxisfeldern.

Die Verflechtung von Orten, sozialen Einheiten, Kapital und Risiken wird unter anderem durch kommunikationstechnische Innovationen weiter fortschreiten. Die Medien der Massenkommunikation fördern Tendenzen zu einer globalen Kultur. Grenzüberschreitende unternehmerische Engagements, Fusionen und die Aktivitäten internationaler Organisationen sind weitere Aspekte der Transnationalisierung. Und Europa wächst zusammen. Gleichzeitig gibt es Gegenbewegungen der nationalen und regionalen Selbstbehauptung. Die Frage kultureller Unterschiede und der konstruktive Umgang mit ihnen wird in politischer, wirtschaftlicher und ethischer Hinsicht relevant bleiben. Denn die soziale Konstruktion kultureller Identität dient der Grenzziehung und wird als Mittel der Einbeziehung und Ausschließung brisant bleiben.

Diese übergreifenden Dynamiken wirken sich alltagsweltlich aus und sind in vielen Berufs- und Beratungsfeldern spürbar, auch wenn die dort stattfindenden Umstrukturierungen gar nicht mit globalen Entwicklungen in Zusammenhang gebracht werden. Kulturelle Vielfalt und Mehrfachidentitäten, Überlappungen und Mischformen erfordern nicht nur individuelle Anpassungsprozesse, sondern auch Integrationsleistungen auf anderen Ebenen, z.B. in Schulen, Universitäten, Betrieben, Behörden und Gemeinden. Interkulturelle Fragen betreffen Menschen mit bikulturellen Wurzeln, Paare und Familien, gemischt-kulturelle Teams und Projektgruppen, Organisationen, Institutionen, Verbände und Kommunen. Zusammen leben und arbeiten in kulturell heterogenen Konstellationen ist nicht ohne Konflikte und Lernprozesse zu haben.

Soziale Interaktion ist deshalb der zentrale Zugang der interkulturellen Beratungs- und Mediationskonzepte. Wir dürfen nicht vergessen, dass sich bei interkulturellen Begegnungen und Kooperationen ja eigentlich nicht Kulturen oder Kulturstandards zueinander in Beziehung setzen, sondern Menschen und soziale Systeme. Das heißt, es gibt dort immer auch Gestaltungs- und Interpretationsspielräume der Akteure, die Entwicklungen möglich machen. Interkulturelle Kompetenz ist eine Komponente sozialer Kompetenz und ganz ähnlich definiert. Mögen die Ziele interkultureller Zusammenarbeit auch auf ganz unterschiedlichen Ebenen liegen, in der Realisation bleiben die Partner angewiesen auf Kommunikation, Verständigung, Aushandeln und den entsprechenden fairen Umgang miteinander. In den Tugenden und Strategien des Dialogs liegen denn auch viele Gemeinsamkeiten der interdisziplinären Ansätze von Beratung und Mediation, die mit ganz unterschiedlichen theoretischen Referenzen und methodischem Rüstzeug arbeiten.

Einen Teil davon spiegeln die Beiträge dieses Buches. Dieser Sammelband ist keine systematische Übersicht zu Ansätzen interkultureller Beratung und Mediation, aber er bietet einige interessante Konzepte, Beispiele und Anregungen aus der Praxis für die Praxis.

Barbara Heimannsberg, Christoph J. Schmidt-Lellek
Frankfurt am Main, im Sommer 2000

Barbara Heimannsberg

Einleitung:
Zum Umgang mit kulturellen Unterschieden

Wenn wir annehmen, dass mit dem Grad der kulturellen Differenz auch die Verständigungsschwierigkeiten und die Wahrscheinlichkeit von Konflikten wächst, dann benötigen kulturelle Unterschiede besondere Sorgfalt. Kulturelle Verschiedenheit lässt sich aus „neutraler" Warte analysieren und kategorisieren, und es ist wichtig, das zu tun. Aber die Kenntnis der Dimensionen kultureller Unterschiede sagt noch nichts über die Praxis der Ein- und Ausgrenzung. Letztere hängt von der Offenheit oder Geschlossenheit der sozialen Einheiten und von den jeweiligen Zugangs- und Zugehörigkeitsbedingungen ab. Die Kategorisierung „kulturelle Unterschiede" und der Umgang mit ihnen sind zweierlei. Für den Beratungskontext sind beide Aspekte relevant. Doch wir sollten uns vor Augen halten, dass nicht die Unterschiede als solche zu Konflikten führen, sondern ihre Handhabung. Wie verhalten sich die Beteiligten in gemischt-kulturellen Settings, und welche Bedeutung geben sie den wahrgenommenen kulturellen Unterschieden? Häufig sind die Dynamik der sozialen Distinktion entlang kultureller Unterschiede und ihre identitätsstiftende Funktion das Problem. Das ist jedenfalls dann der Fall, wenn die kulturelle Selbstbehauptung mit der Ausgrenzung und Abwertung anderer verknüpft wird. Verunsicherung und Ängste können Feindbilder auf den Plan rufen, die sich an kulturellen Unterschieden festmachen. Aber auch hier sind es nicht die Unterschiede selbst, sondern Zuschreibungen und deren sozialpsychologische Bedeutungen, die zu Konflikten führen.

Kulturelle Unterschiede sind nur eine Dimension der Differenzierung. Es gibt viele andere, z.B. charakterliche, ideologische, Geschlechts- und Altersunterschiede, Status-, Bildungs- und Rollenunterschiede und zahlreiche differenzielle Bestimmungen der eigenen Individualität. Es gibt auch vielfältige Unterschiede und Möglichkeiten von Konflikten zwischen den Angehörigen *einer* Kultur. Wir tun also gut daran, auf kulturelle Unterschiede zu achten und sie zu thematisieren, ohne allerdings alle Schwierigkeiten im Miteinander auf kulturelle Konflikte zu reduzieren. Es ist eben nicht selbstverständlich, dass alle das Gleiche meinen, auch wenn über die gemeinsamen Ziele Konsens herrscht. Allerdings sollte man nicht dabei stehen bleiben, die Unterschiede von außen zu diagnostizieren. Studien zu den jeweiligen Kulturstandards sind wichtige Hilfsmittel, ersetzen aber nicht die Beschäftigung der Beteiligten selbst mit den Chancen und Risiken ihrer kulturellen Differenz. Fremdheit wird auch wechselseitig konstruiert. Die Eigengeltung des Anderen ist zu respektieren. Seine Selbstdeutung soll zu Wort kommen. So ist der Prozess der Auseinandersetzung mit kulturellen Unterschieden selbst ein Medium der Integration. In der Vielstimmigkeit sind Verständigung, Kooperation und funktionale Differenzierung *möglich*, also Zusammenklang und sogar Einklang, aber sie sind *nicht selbstverständlich* gegeben (Waldenfels 1999).

Die kulturelle Selbstvergewisserung von Einzelnen und Kollektiven ist ein Grundbedürfnis und nicht nur ethisch relevant. Die Zugehörigkeit zu einer Wertegemeinschaft auf der Basis gemeinsamer Traditionen und Geschichte ist ein starkes Handlungsmotiv von Individuen und Gruppen. Allerdings liefert selbst die „primordiale" Zugehörigkeit qua Herkunft und Geburt keine verlässliche Orientierung in sozialen Interaktionen. Kulturelle Identität ist eben keine natürlich gegebene Unterscheidung, sie ist sozial konstruiert und deshalb grundsätzlich veränderbar. Als Grenzziehung zwischen „wir" und „sie" definiert sie eine Gemeinschaft von „Gleichen" via Inklusion und ein Gemenge von Andersartigen und Fremden via Exklusion. Da kann die kulturelle Zugehörigkeit mal enger, mal weiter gefasst werden und je nach Standpunkt und Situation durchaus variieren. Oder die kulturelle Zugehörigkeit wird von anderen Zugehörigkeiten relativiert. Wir können uns immer weniger auf ererbte Identitäten stützen. Wohin gehöre ich? Wo werde ich zugeordnet? Diese Fragen sind je nach Kontext und Situation immer wieder neu zu beantworten. Die identitätsstiftende Selbstattribution als Angehöriger einer Kultur sollte auf der zwischenmenschlichen Ebene zwar respektiert, aber theoretisch nicht als feststehende, unwandelbare Grenzziehung aufgefasst werden.

In Zeiten rascher Veränderungen durch Modernisierungsprozesse oder Umbruchsituationen und Migration ist die Besinnung auf die eigene Kultur nicht selten ein Mittel der individuellen Krisenbewältigung. Das bezieht sich nicht nur auf Herkunftskulturen, sondern unter anderem auch auf Branchen- und Unternehmenskulturen. In Hinblick auf die Konfrontation mit Neuem oder Fremdem unterscheidet Harald Müller (1999) fünf idealtypische Reaktionsweisen:

(1) *Totale Anpassung* im Sinne eines Bruchs mit den überkommenen Werten. Die neuen Kulturelemente werden oft demonstrativ zur Schau ge-

stellt. Diese Bewältigungsform wird eher von jungen Eliteangehörigen gewählt, die eine gute Ausbildung und einen hohen Grad an individueller Flexibilität mitbringen.

(2) Die bewusst angestrebte *Synthese* zwischen den unterschiedlichen Kulturen bzw. der Tradition und der neuen Kultur. Diese aktive, vorwärtsstrebende Lösung wählen häufig Intellektuelle und Angehörige der technischen Intelligenz.

(3) Das Bemühen um einen *Kompromiss* zwischen erlernten Verhaltensroutinen und neuen Sachzwängen im Sinne eines unsicheren Schwankens zwischen zwei Polen. Die Identität zwischen den Kulturen ist nicht stabil. Diese Bewältigungsform findet sich z.b. phasenweise bei vielen Migranten.

(4) Die Reaktionsweise der *Vergewisserung des Althergebrachten* als Schutzschild gegen das Fremde. Das eigene kulturelle Verhaltensrepertoire wird nicht dahingehend überprüft, ob es den aktuellen Herausforderungen gerecht wird, sondern die Herausforderungen selbst werden zur Zielscheibe der Kritik. Die Verteidigung der kulturellen Identität als Krisenbewältigung geht häufig einher mit der Wiederbelebung von Orthodoxien und Fundamentalismen.

(5) Die *Überhöhung der eigenen kulturellen Identität* und die aggressive Ausgrenzung des Fremden kann man als Steigerung der vierten Reaktionsweise sehen. Das Neue oder die andere Kultur wird als Bedrohung erlebt. Die Herausforderung durch die Konfrontation mit dem Neuen oder Anderen wird aggressiv abgewehrt.

Die individuellen Bewältigungsformen von kultureller Fremdheit können also sehr variieren. Im Alltag gehen die hier idealtypisch getrennten Formen ineinander über, wechseln sich ab oder laufen parallel. Wie stark und in welcher Weise die Grundbedürfnisse nach Sicherheit und Identität das Verhalten prägen, ist von vielen Faktoren abhängig. In dialogischer Beratung und Prozessbegleitung können situationsgerechte, an gemeinsamen Zielen orientierte Alternativen mit den Beteiligten gemeinsam erarbeitet werden.

Die sozialpsychologische Forschung lehrt uns, zwischen interpersonalem und Intergruppen-Verhalten zu unterscheiden (Brown 1997). Bei Letzterem treten Gruppenmerkmale, wie z.B. die kulturelle Zugehörigkeit, gegenüber den individuellen Unterschieden stärker in den Vordergrund. Das Hervortreten der Gruppenzugehörigkeit fördert eine stereotypisierte Wahrnehmung, die dann mit uniformen Reaktionen korrespondiert. Kommt dazu noch eine durch Konkurrenz induzierte Gewinner-Verlierer-Orientierung der Gruppen, sind negative Diskriminierungen und Aggressionen gegenüber der Fremdgruppe beinahe vorprogrammiert, – zumal bereits die bloße Gruppenzugehörigkeit eine Tendenz mit sich bringt, die Eigengruppe günstiger zu beurteilen als die Fremdgruppe. Die Angehörigen der Eigengruppe werden „fairer" behandelt als die der Fremdgruppe, – wobei auch die Fremdgruppe als homogener wahrgenommen wird als die eigene („Die sind doch alle gleich."). Im Umkehrschluss könnte die intersubjektive Ebene in gemischt-kulturellen Settings dann bewusst eingesetzt werden, um Intergruppenkonflikte zu beeinflussen. Es ist schon wahr, es macht einen Unterschied, ob ich einen Menschen persönlich anspreche oder ob ich mich auf ihn als Angehörigen eines Kollektivs mit bestimmten Kulturstandards beziehe. Auch hier ist die Haltung entscheidend, d.h. das intersubjektive Beziehungsangebot im Umgang mit kulturellen Unterschieden.

Aus dem Blickwinkel der Managementtheorie und Projektarbeit werden kulturelle Unterschiede noch überwiegend als Belastungen wahrgenommen. Aus unternehmerischer Sicht wird aber zunehmend auch die Chance gesehen, sich mit einer interkulturellen Corporate Identity im internationalen Wettbewerb zu positionieren. Man bevorzugt für Führungsaufgaben Bewerber mit entsprechender Auslandserfahrung und bemüht sich um internationalen Führungsnachwuchs. Bei der interkulturellen Teamentwicklung geht es darum, gegenseitiges Verständnis und Wertschätzung zu fördern. Dabei überwiegen allerdings diagnostische Zugänge aus der vergleichenden Kulturforschung, wie etwa die kulturellen Dimensionen von Hofstede (1993). Es wird so versucht, jenseits offensichtlicher Differenzen – wie etwa sprachliche Barrieren und unterschiedliche Arbeitsmethoden – ein Bewusstsein für die impliziten kulturellen Unterschiede zu schaffen, um sie kommunizierbar zu machen. Dabei geht es um Unterschiede bei Rollenerwartungen, bei der Entscheidungsfindung, beim Kommunikationsstil, Konfliktverhalten, Umgang mit Macht, Umgang mit Zeit usw. Man begreift die kulturellen Unterschiede dabei weniger als eine zwischenmenschliche Herausforderung oder als eine Aufgabe der Beziehungsgestaltung zwischen Gruppen, sondern als ein Problem mangelnder Informiertheit über Kulturstandards und mangelnder Übung bei ihrer Anwendung. Die interkulturellen Trainings für *expatriates*, d.h. Mitarbeiter, die ins Ausland entsandt werden, vermitteln deshalb in erster Linie landeskundliche Informationen und bereiten die Teilnehmer auf ungewohnte Situationen in dem anderen Kulturkreis vor. Die Ziele sind: Bewusstheit der eigenen kulturellen Prägung; Verstehen der fremden Kultur; Einüben ungewohnter Verhaltensweisen; Erlernen von Strategien im Umgang mit besonderen Belastungen im Ausland.

Generell lassen sich hier zielorientierte, klärungsorientierte und beziehungsorientierte Ansätze im Umgang mit kulturellen Unterschieden ausmachen. Diese Kategorisierung ist allerdings idealtypisch. Man sollte diese Ansätze oder Strategien im Umgang mit Fremdheit nicht gegeneinander ausspielen. Es braucht ein integriertes Konzept, in dem alle drei Aspekte hinreichend berücksichtigt werden. Als Merkmale interkultureller Kompetenz gelten in diesem Kontext Lernbereitschaft, Kontaktfreudigkeit, Einfühlungsvermögen, Impulskontrolle, Selbstreflexion, Optimismus, Ambiguitätstoleranz, Verantwortungsbewusstsein und Zielorientierung. Als wenig förderlich gelten dagegen psychische Labilität, Rigidität, soziale Gehemmtheit und Ethnozentrismus (Kammhuber 2000).

Einige Ansätze aus den Sozialwissenschaften legen die dialektische Perspektive nahe, dass Streiten verbindet (vgl. Heitmeyer 1997). Stabilität und Integration werden nicht mehr gleichgesetzt. Die Diskussion verlagert sich von den inhaltlichen Aspekten des Zusammenhalts auf auszuhandelnde Regelungsweisen und deren Wirkung. Im Umgang mit Differenzen und Widersprüchen werden Gegensätze nicht aufgelöst, sondern prozessiert. Zumindest ist hier kulturelle Homogenität keine conditio sine qua non für die Funktionalität und Effizienz sozialer Systeme. Anders ausgedrückt, es müssen nicht alle das Gleiche glauben, denken und fühlen, um gut zusammen leben oder arbeiten zu können. Gemeinsamkeiten (auch eine gemeinsame Meta-Kultur) können sich darüber entwickeln, dass Werte und Normen strittig sind und ausgehend davon ein gemeinsamer Sinnzusammenhang konstruiert werden muss (vgl. Eder 1999).

Interkulturelle Konflikte bekommen im Lichte dieser Theorie eine positive Bedeutung. Dabei geht es nicht darum, dass die Grundüberzeugungen konvergieren, sondern darum, zu den jeweiligen Werten und Normen eine reflexive Distanz herzustellen. Die eigene Weltsicht ist nicht die einzig mögliche und akzeptable. Man kann über die Unterschiede und Widersprüchlichkeiten reden. Man kann individuelle und kulturelle Besonderheiten kommunizieren, sie auf den Anderen beziehen und eventuelle gemeinsame Interessen und Ziele als Mittel der Verständigung nutzen. Hier entsteht ein Sinnzusammenhang, der als Basis für gemeinsame Strategien dienen kann. Die unterschiedlichen Traditionen dürfen sogar inkompatibel sein, dennoch können sich die Menschen verständigen. Soziale Akteure sind in der Lage, zusammen zu handeln, ohne dass gemeinsame Normen und Werte die Grundlage ihrer Kooperation sein müssen. Sie können sich auf den gemeinsamen Kommunikationszusammenhang beziehen, Verabredungen treffen und die notwendigen Regeln aushandeln.

Eine extreme Position im Spektrum möglicher Referenztheorien nimmt die systemtheoretische Ausrichtung Luhmannscher Prägung ein. Auch im Lichte dieses Ansatzes ist der Wertekonsens keine Bedingung sozialer Integration. Aber es werden dort keine Personen in soziale Einheiten integriert. In dieser „menschenleeren" Theorie gehen alle zwischenmenschlichen Begegnungen in funktionaler Differenzierung auf. Dieser Ansatz ist blind für interkulturelle Konflikte auf der Ebene personaler und interpersonaler Problemlagen. Allenfalls lassen sich Rahmenbedingungen von Systemkonflikten stabilisieren. Ansonsten heißt hier mit kulturellen Unterschieden umzugehen, sie unsichtbar zu machen oder „aufzulösen" in einem Perspektivenwechsel. Kulturelle Fremdheit ist *dann* nicht mehr erlebbar und handlungsrelevant, wenn man den Bezugsrahmen ändert und auf funktionale Prozesse und austauschbare Funktionsträger schaut. Ergiebiger für das Thema der Interkulturalität sind die systemischen Ansätze in der Tradition Batesons, speziell die systemische Kommunikationstheorie, die Familientherapie (z.B. s.u. von Schlippe/El Hachimi) und die systemische Organisationsberatung. Das Menschenbild der systemischen Organisationsberatung (König/Volmer 1999) greift Konzepte aus humanistischen Traditionen auf, z.B. die Autonomie der Person, Verantwortung und intersubjektive Konsensverfahren. Solche humanistischen Konzepte sind vielen Ansätzen zum Umgang mit kulturellen Unterschieden unterlegt.

Das humanistische Menschenbild stammt aus einer Zeit des Übergangs und der Neuorientierung im Rekurs auf die antike Philosophie. Diese Geistesbewegung der beginnenden Neuzeit, die Renaissance, war eine europäische Bewegung mit Zentren in Italien und Wirkstätten unter anderem. in Bordeaux, Paris, Genf, Frankfurt, Wittenberg, Rotterdam, London und Oxford. Hauptgegenstand der humanistischen Philosophie ist der Mensch, seine geschichtlichen und politischen Lebensbedingungen und die freie Entfaltung seiner schöpferischen Kräfte. In Montaignes (1533-92) „Essais" und seinem skeptischen Wahlspruch „Que sais je?" finden sich Parallelen zum heutigen Lebensgefühl der *Zweiten Moderne*. Die Welt zeigt sich in ständigem Werden und in Mannigfaltigkeit zersplittert. Das Lebensgefühl der Ungewissheit, gepaart mit skeptischer Vernunft, finden wir auch bei einigen Existenzphilosophen, z.B. Karl Jaspers, Gabriel Marcel und Martin Buber (den Ansatz Bubers beschreibt Schmidt-Lellek in diesem Buch). Der Mensch kann seine Existenz nicht ohne die Bedingungen des Daseins verwirklichen (Geschichtlichkeit), und nur durch den Anderen kommt der Mensch zur Klarheit über sich selbst, – ein Gedanke, der in vielen Überlegungen zu interkulturellen Begegnungen immer wieder auftaucht. Zentrale Paradigmen der Existenzphilosophie wie *Mitsein* und *Teilhabe* sowie diskurstheoretische Ansätze und emanzipatorische Handlungstheorien gehören häufig zu den Leitgedanken des Umgangs mit kulturellen Unterschieden. Dass neben den antiken und europäischen Philosophie-traditionen auch östliche und andere außereuropäische Weisheitslehren und Geisteshaltungen reiche Anregungen für das Thema Interkulturalität bieten, zeigen unter anderem die Beiträge von Hanna u.a. und von Schlippe/El Hachimi.

Werfen wir noch einen Blick auf empirische Ergebnisse zur Fremden-feindlichkeit (vgl. Kühnel 2000). Die Bandbreite reicht von fremdenfeindlichen Einstellungen über Kontaktvermeidung bis hin zu Gewaltakten. Oft beruhen die Zuschreibungen gegenüber Fremden jedoch weniger auf Erfahrung als auf sozialen Konstruktionen. Dazu gehören z.b. die Einschätzung relativer sozialer Benachteiligung sowie daraus erwachsende Konkurrenzängste und Sozialneid. Gemeint ist das Gefühl, dass es Migranten besser gehe als einem selbst und ihnen unverdientermaßen Privilegien eingeräumt würden. Verschiedene Untersuchungen bestätigen, dass niedrige Bildung und Erwerbsposition wichtige Prädikatoren für Fremdenfeindlichkeit darstellen. Es gibt allerdings gute Gründe zu vermuten, dass Fremdenfeindlichkeit auch in den Mittelschichten weiter verbreitet ist, als dies in Befragungen deutlich wird, weil die Orientierung an der sozialen Erwünschtheit von Antworten die Ergebnisse dort stärker beeinflusst. Auf europäischer Ebene ergeben sich international keine großen Differenzen bezüglich der Ausprägung von Rechtsradikalismus und Rechtspopulismus, aber die Zielgruppe und die spezifische Abwehrhaltung sind regional unterschiedlich. Im Süden Frankreichs z.B. richten sich entsprechende Reaktionen gegen maghrebinische Einwanderer, und in Norditalien handelt es sich um sezessionistische Bewegungen gegenüber dem Süden. Auch in Deutschland gibt es spezifische Regionalismen. Fremdenfeindliche Einstellungen sind in den neuen Bundesländern (infolge der dramatischen Strukturveränderungen und entsprechender Verunsicherungen) stärker verbreitet als im Westen. Insgesamt ist erkennbar, dass fremdenfeindliche Haltungen in kleinen Städten und ländlichen Gebieten stärker verbreitet sind als in den urbanen Zentren.

Diese empirischen Befunde beleuchten die Bedeutung lebensweltlicher und psychologischer Faktoren bei der Konstruktion des Fremden. Angst macht eng. Verunsicherung und Konkurrenz, gepaart mit schlechten Chancen, erfolgreich zu konkurrieren, erschweren eine offene, intersubjektive Haltung im Umgang mit dem Fremden und mit kulturellen Unterschieden.

Der Dialog (s.u. Schmidt-Lellek) ist als intersubjektive Beziehungsgestaltung ein zentrales Modell, und zwar sowohl für die Beratungssituation als auch für die interkulturelle Beziehung. Die Expertenrolle des Beraters impliziert eine asymmetrische Beziehung, die leicht in eine Subjekt-Objekt-Polarisierung übergehen kann. Der Experte macht den Klienten oder das Klientensystem dann zum Objekt seiner Interventionen. Demgegenüber ist der dialogische Ansatz in der Beratung geeignet, die partnerschaftliche Seite der Arbeitsbeziehung zu betonen. Der Berater verfügt nicht über Interpretationsmacht. Erkenntnis oder die Klarheit über Ziele, Problemdefinition und Lösungswege erwachsen aus einem gemeinsamen Suchprozess. Das Dialogmodell betont die Diskursivität von Erkenntnisprozessen. Dies ist auch in interkulturellen Kontexten entscheidend. Das heißt, meine Sicht der Dinge halte ich nicht für die einzig mögliche und einzig wahre. Ich öffne mich dem Dialog. Ich spreche *nicht über* und *nicht für* andere, sondern *mit* ihnen. Aus dem Dialog heraus erwächst Erkenntnis, und zwar in wechselseitiger Skepsis gegenüber unausgewiesenen Prämissen und in Offenheit für alternative Sichtweisen. Das Paradigma des Dialogs begreift den Anderen nicht als Gegen-Stand, sondern als Interaktionspartner in co-kreativen Prozessen. Er kommt nicht nur selbst zu Wort, er ist Mit-Subjekt des gemeinsamen Handelns. In diesem Sinne ist der Dialog mehr als eine kommunikative Interaktion oder ein Erkenntnisweg. Er ist eine Form der intersubjektiven Beziehungsgestaltung, die den Anderen als grundsätzlich gleichwertig anerkennt und seine Überzeugungen, Motive und Sinnstrukturen einbezieht.

Der Bedarf an diskursiv überprüften Überzeugungen und Praktiken steigt. Denn immer weniger können wir uns darauf verlassen, dass die herkömmlichen „Gewissheiten" den zukünftigen Herausforderungen gewachsen sind. Wir brauchen die interpretative und konstruktive Zusammenarbeit, d.h. letztlich einen vielstimmigen, kulturübergreifenden Diskurs. Der Blickwinkel der eigenen Kultur bedarf der Ergänzung durch andere Standpunkte. Bleiben wir beim Bild der Blickwinkel, dann ist der Horizont der eigenen Kultur relativ. Die Grenzen zwischen der eigenen und den fremden Kulturen sind keine gestochenen Trennlinien. Der Horizont verändert sich in der Bewegung aufeinander zu oder voneinander weg. Das Blickfeld ist gestaffelt. Der Horizont kann sich erweitern.

Blicken wir auf Handlungszusammenhänge von Individuen und sozialen Einheiten in partikularen Situationen, dann ist dort das konkrete Wer, Wann, Wo, Was und Warum immer wieder neu auszuhandeln. Divergenzen von Überzeugungen, Einstellungen, Wünschen, Gefühlen, Normen und Werten sind dabei nicht die Ausnahme, sondern die Regel. Eine neutrale Beurteilung solcher Unterschiede gibt es nicht, da es keinen „Blick von nirgendwo" gibt. Und es gibt „keine zwangfreie Alternative zu dem Versuch, in und zwischen den verschiedenartigen ‚Blicken von irgendwo'

Gemeinsamkeiten ausfindig zu machen oder zu konstruieren" (McCarthy 1993).

Professionelle Begleiter solcher Prozesse sind unter anderem Berater und Mediatoren. Sie nutzen unterschiedliche Konzepte und Methoden. Auch hier gibt es Vielstimmigkeit und *Mehrperspektivität*, die einen reichen Fundus bedeuten. Interkulturelle Beratung und Mediation ist eine multidiziplinäre Praxis, in die unterschiedliche Referenztheorien einfließen. Und diese Pluralität ist der Vielschichtigkeit des Themas Interkulturalität angemessen. Entweder-oder-Strategien in interkulturellen Settings sind ebenso unangebracht wie eindimensionale Konzepte im Umgang mit kulturellen Unterschieden. *Sowohl* der Blickwinkel des Subjekts *als auch* die Perspektive des Systems, die zweckrationale Ausrichtung ebenso wie die Beziehungsorientierung haben ihre Valenz in den ganz unterschiedlichen Beratungsfeldern. Es wäre falsch, sie gegeneinander auszuspielen. Das vorliegende Buch bietet eine Auswahl praxisrelevanter Beispiele, wenn auch keine theoretische Synthese. Die umfassende Supertheorie gibt es nicht und kann es wohl auch nicht geben. Nutzen wir also den Fundus der Vielfalt.

Literatur

Brown, R. (1997): Beziehungen zwischen Gruppen. In: *Stroebe/Hewstone/Stephenson (Hg.):* Sozialpsychologie. 3. erw. u. überarb. Aufl. Berlin u.a.

Eder, K. (1999): Integration durch Kultur? Das Paradox der Suche nach einer europäischen Identität. In: *Viehoff, R./Segers, R.T. (Hg.):* Kultur, Identität, Europa. Über die Schwierigkeiten und Möglichkeiten einer Konstruktion. Frankfurt/M.

Heitmeyer, W. (1997): Einleitung: Sind individualisierte und ethnisch-kulturell vielfältige Gesellschaften noch integrierbar? In: *Heitmeyer, W. (Hg.):* Was hält die Gesellschaft zusammen? Frankfurt/M.

Hofstede, G. (1993): Organisationsentwicklung in verschiedenen Kulturen. In: *Fatzer, G. (Hg.):* Organisationsentwicklung für die Zukunft. Ein Handbuch. 2. Aufl. 1999, 327-348

Kammhuber, S. (2000): Bedeutung von interkulturellem Training und Selbstreflexion für MitarbeiterInnen in EU-Projekten. Vortrag in Oberursel.

König, E./Volmer, G. (1999): Systemische Organisationsberatung. Grundlagen und Methoden. Weinheim.

Kühnel, W. (2000): Fremdenfeindlichkeit als Folge von Entsolidarisierung? Regionale und soziale Determinanten xenophobischer Einstellungen. In: *Bertram, H./Nauck, B./Klein, T. (Hg.):* Solidarität, Lebensformen und Regionale Entwicklung. Opladen.

McCarthy,T. (1993): Ideale und Illusion. Dekonstruktion und Rekonstruktion in der kritischen Theorie. Frankfurt/M.

Müller, H. (1999): Das Zusammenleben der Kulturen. Ein Gegenentwurf zu Huntington. Frankfurt/M.

Waldenfels, B. (1999): Vielstimmigkeit der Rede. Studien zur Phänomenologie des Fremden 4. Frankfurt/M.

I. Teil

„Auf die Haltung kommt es an"

Christoph J. Schmidt-Lellek

Dialog mit dem Fremden
Das Dialog-Modell als Grundlage interkultureller Beratung

1. Zwiesprache – zwei Sprachen

Der Dialog als Begegnung und Verständigung zwischen Menschen ist eine Grundbedingung menschlicher Existenz. Aber so banal und alltäglich dies zu sein scheint, so schwierig ist es zu fassen, und so schwer ist es im guten Sinne zu praktizieren. Allzu viele Behinderungen können da im Wege sein: Befangenheiten („Trete ich meinem Gegenüber zu nahe?"), Ängste („Werde ich von ihm richtig verstanden? Was passiert, wenn ich ihm deutlich meine Meinung sage?"), Projektionen (eigene Befindlichkeiten werden dem Gegenüber angehängt) usw., abgesehen von schlichten Verständigungsschwierigkeiten: Wenn z.B. zwei Menschen in derselben Sprache dieselben Begriffe verwenden, so ist es keineswegs sicher, dass sie damit auch dasselbe meinen. In jeder „Zwiesprache" begegnen sich zwei Sprachen und zwei Welten.

Dies ist zusätzlich problematisch in Bereichen, in denen die Kommunikation eine besondere Fremdheit zu überbrücken hat, wie z.B. in interkulturellen Beratungssituationen. Ohne deren besondere Schwierigkeiten nivellieren zu wollen, meine ich jedoch, dass sich dies als spezielle Ausprägung eines Grundthemas begreifen lässt, nämlich die Verständigung zwischen Verschiedenheiten. Die wahrgenommene Verschiedenheit im interkulturellen Bereich kann dabei allerdings eine produktive Erinnerung an die grundlegende Verschiedenheit zwischen Menschen darstellen, insofern eine vermeintliche Gleichartigkeit auf demselben kulturellen Boden auch eine Täuschung sein kann.

Jedenfalls gibt es heute eine zunehmende Notwendigkeit, sich über inter- bzw. multikulturelle Belange Gedanken zu machen: Wir leben nicht mehr in geschlossenen Gesellschaften, Mobilität innerhalb einer Nation und zwischen den Nationen ist zu einer Selbstverständlichkeit geworden, und entsprechend haben sich Lebensstile, Kommunikationsformen und Wahrnehmungs- und Verhaltensmuster verändert und bestehen in ihrer Vielfalt nebeneinander. Mit der neuen Vielfalt entstehen neue Konfliktfelder, die in Städten und Gemeinden zu manchen Reibungsflächen führen. Dies ist bekanntermaßen eine bleibende Herausforderung an die Politik auf den verschiedenen Ebenen. In den kommunalen Verwaltungen ebenso wie in den verschiedenen Bereichen der psychosozialen Arbeit begegnen den Mitarbeiter/innen zunehmend Menschen fremdländischer Herkunft, die spezifische Konflikte zu bewältigen haben. Häufig reichen die gewohnten Deutungsmuster und Bewältigungsstrategien der Professionellen nicht mehr aus, und es zeigt sich die Notwendigkeit, sich andere Verstehenshorizonte und Handlungsressourcen zugänglich zu machen, kurz, die Notwendigkeit einer „interkulturellen Kompetenz" (s.u. z.B. von Schlippe/El Hachimi).

Wenn man nun genauer untersucht, was mit „inter- oder multikulturell" gemeint sein kann, dann wird deutlich, dass ein an Nationen oder Ethnien orientierter Kulturbegriff nicht ausreicht, um das Problem interkulturellen Arbeitens beschreiben zu können. Zu vielfältig sind die jeweiligen Bezugsgrößen von Gemeinsamem und Unterschiedlichem: Werte- und „expressive Gemeinschaften" (Peters 1993) lassen sich an unterschiedlichen Lebensstilen, Konsumgewohnheiten und Moralvorstellungen festmachen, die heute quer zu ethnischen Gemeinschaften liegen können. Wenn man darüber hinaus die jeweilige „Unternehmens- bzw. Organisationskultur" (*Schein* 1995) als Kategorie einbezieht, so lässt sich sagen, dass Organisationsberatung oder Supervision in gewisser Hinsicht immer eine Art „interkulturelle Arbeit" ist: Der Berater tritt in eine fremde Institution ein, mit je eigenen Kommunikationsformen und Werten. Er muss also immer mit Fremdheit umzugehen wissen, sich auf sie einlassen, sich abgrenzen, dabei die eigene Sicht in der Spannung von Unterschiedenheit und Gleichheit nicht verleugnen, sodann eine Sprache finden, mit der er von den anderen verstanden werden kann, ohne dass diese sich selbst verleugnen müssten, etwa durch Unterwerfung bzw. Anpassung an das Denk- und Wertesystem des jeweiligen Beraters.

Nun ist dies alles nichts Neues; das Verstehen und die Verständigung zwischen verschiedenartigen Menschen war schon immer ein Problem; und speziell in psychosozialen Feldern ist *Hermeneutik* (Verstehenslehre) eine kardinale Disziplin. Dieses aus dem Griechischen stammende Fremdwort heißt in seiner ursprünglichen Bedeutung „Übersetzungs- bzw. Dolmetschkunst"; so kann man sagen, dass Verstehen und Verständigung zwischen Menschen voraussetzt, quasi zwischen verschiedenen „Sprachen" (im wörtlichen und im übertragenen Sinne) hin- und herübersetzen zu können. Interkulturelle Beratung ist, so gesehen, also lediglich ein Sonderfall des Umgangs mit Fremdheit.

Der Umgang mit Fremdheit ist allerdings konstitutiv für jegliche Art von beraterischer, supervisorischer, therapeutischer, auch pädagogischer Tätigkeit. Es wäre eher eine Täuschung, zu meinen, der jeweils andere bzw. die anderen seien so wie man selbst, also nicht anders- und fremdartig; und ein vorschnelles „Verstehen" (nach dem Motto: „Ja, das kenne ich, das geht mir auch so" oder „Da lassen sich meine gelernten Konstrukte des Verstehens anwenden") kann sich als leichtfertig erweisen, als Vermeidung der Mühe, genauer hinzuschauen, oder als Vermeidung von Konfliktträchtigkeit oder auch von Ohnmachtsgefühlen angesichts der Möglichkeit, etwas mit seinen Konstrukten nicht einordnen zu können. Dies birgt dann die Gefahr, dass damit dem jeweiligen Gegenüber unangemessene und die eigentlichen Konflikte verdeckende „Lösungen" übergestülpt werden.

Für Beratungen von Arbeitsgruppen mit ihrer je spezifischen „Organisationskultur" ebenso wie von Einzelpersonen mit je spezifischen kulturellen Hintergründen erweist es sich aber oft als hilfreich, wenn der Berater als außenstehende Instanz, d.h. aus seiner „exzentrischen" Position heraus die *andere Perspektive* einbringt. Vorausgesetzt, dass das Andere der fremden Kultur in seiner eigenen Dynamik und Wertigkeit akzeptiert und anerkannt wird, kann es daher eher von Vorteil sein, gerade *nicht* der jeweiligen „Kultur" anzugehören, um etwas auf andere Weise wahrnehmen zu können. Denn eine Veränderung des Blickwinkels birgt ja das Potenzial veränderter bzw. erweiterter Handlungsmöglichkeiten. Es bleibt allerdings die Aufgabe der *Einfühlung* in das Fremde sowie der *Vermittlung,* also des „Übersetzens" zwischen den verschiedenen „Sprachen", damit ein Verstehen und eine Verständigung zustande kommen können, sei es ein Vermitteln der verschiedenen Sichtweisen zwischen Berater und Klienten, sei es zwischen denen der zu beratenden Konfliktpartner. Eine Art „Vielsprachigkeit" ist somit als eine wesentliche Tugend anzusehen.

Für den Umgang mit dem Fremdartigen wäre es nicht förderlich, sich dem Anderen völlig anzupassen und das Eigene zu verleugnen oder zu entwerten. Dies wäre ein schlechtes Modell, in dem gerade *keine* „interkulturelle" Verständigung vonstatten gehen könnte; denn eine Entwertung des Fremden oder eine Entwertung des Eigenen laufen auf dasselbe hinaus: Es findet keine *Begegnung* statt. Erst wenn man gelernt hat, das Eigene, die eigenen kulturellen Prägungen (mit ihren Werten und auch mit ihren Ambivalenzen) anzuerkennen und nicht zu verleugnen, ist man auch in der Lage, fremde kulturelle Prägungen anzuerkennen und anderen Menschen mit ihren Schwierigkeiten zu begegnen.

2. Die Angst vor dem Fremden

Es reicht nicht aus, die Angst vor dem Fremden (*Xenophobie*) oder Fremdenfeindlichkeit nur als moralisches Defizit zu betrachten. Vielmehr sind dabei Fragen nach der Grundverfassung menschlichen Daseins und Selbstverständnisses angerührt: Die Begegnung mit fremden Menschen, mit fremdartigen Verhaltensweisen bzw. Kulturen wird und wurde schon immer als Verunsicherung oder als Bedrohung für das eigene Dasein erlebt, und entsprechend gab es seit alters her kompensatorische Schutzmechanismen. Mit einem Blick in die Geschichte lässt sich dies anhand einiger Beispiele verdeutlichen:

- Die Griechen des Altertums betrachteten alle Menschen, die nicht die eigene Sprache (also Griechisch) verstanden, als „Barbaren", also als Menschen, von denen man nur „bar bar bar" verstehen konnte, jedoch verbunden mit dem entwertenden Implikat, dass es sich dabei nur um unkultivierte, ungebildete Menschen handeln könne.
- Im klassischen Judentum (ebenso wie dann auch im Christentum) wurden alle Menschen, die nicht dem eigenen Volk bzw. nicht der eigenen Religion angehörten, als „Heiden" angesehen, also als Menschen, für die die Heilszusage an das „Volk Gottes" nicht galt.
- Im römischen Imperium waren fremde Völker zunächst (ebenso wie für die Griechen) Barbaren, die es zu unterwerfen und zu beherrschen galt, und nur insofern sie die eigene Kultur und Religion zu übernehmen bereit waren, konnten sie als vollwertige Menschen Anerkennung finden.
- Das abendländische Christentum hat diese Haltung weitgehend übernommen, am schärfsten zu verdeutlichen vielleicht mit der Unterwerfung der Völker Südamerikas: Christianisierung oder Ausrottung waren die Alternativen.
- Die nationalistischen Bewegungen des 19. und 20. Jahrhunderts lassen sich als Versuche verstehen, eine nationale Identität nach außen gegenüber fremden Kulturen bzw. Nationen abzugrenzen und sicher zu stellen.
- Selbst der weltweite Massentourismus in unseren Zeiten ist keineswegs eine Garantie dafür, dass eine wirkliche Begegnung mit dem jeweiligen Fremden eines fernen Landes stattfindet; denn die durch die Tourismusindustrie gewährleisteten globalen Standards lassen fremde Kulturen allenfalls als für den touristischen Konsumenten nivellierte Folklore bzw. als fotogenen Exotismus in Erscheinung treten und vermarkten diese als solche.

Die Anerkennung des Fremden als ebenbürtig, gleichberechtigt und als wertzuschätzen, auch wenn es nicht oder noch nicht verstehbar ist, bleibt trotz Aufklärung, trotz Emanzipation von traditionalen kulturellen Bindungen und trotz moderner Globalisierung ein psychologisches (und damit auch ein soziales und politisches) Problem. Dieses Problem ist nicht einfach durch rationale Aufklärung, Erziehung, durch moralische Forderungen (bzw. Indoktrination) oder durch gesetzliche Bestimmungen auflösbar. Zumindest muss noch etwas anderes hinzukommen, das einem nämlich eine hinreichende Gewissheit seiner selbst gibt, so dass das Fremde nicht sogleich als Verunsicherung oder Bedrohung erlebt wird. Dies dürfte zum einen ein stabiles Selbstbewusstsein bzw. Selbstwertgefühl sein, zum anderen die Fähigkeit der Distanzierung von sich selbst, von eigenen Sichtweisen und Standpunkten.

Auch dafür lassen sich Beispiele aus der Geschichte nennen, die eine Überwindung der genannten Abgrenzungs- bzw. Entwertungsmechanismen zeigen:

• Im alten Griechenland entwickelte sich ein Interesse an fremden Kulturen und Religionen, durch welches das eigene Denken verändert wurde. Man kann davon ausgehen, dass die Entstehung von „philosophischer" Weltbetrachtung im 6. Jh. v. Chr. in Griechenland durch die vielfältigen Wirtschaftsbeziehungen mit anderen Völkern und deren Kulturen angeregt wurde. So hat sich z.B. der Philosoph Platon vermutlich eine Zeit lang in Ägypten aufgehalten, sich mit der ägyptischen Weltsicht auseinandergesetzt und Aspekte davon in seine Philosophie aufgenommen.

• Schon im alten Israel haben einige Propheten im 6. Jh. v.Chr. eine bemerkenswerte Veränderung der Abgrenzung gegenüber den „Heiden" vollzogen, indem „alle Völker" in die Heilszusage einbezogen wurden; man kann dies als eine frühe Vorwegnahme eines universalistischen Denkens verstehen.

• Das Rom der Kaiserzeit war ein wahrer Schmelztiegel aller Kulturen und Religionen der damals bekannten Welt, und durch die römischen Legionäre wurden etliche neu erworbene Geistesrichtungen in die verschiedenen Länder des Römischen Reiches weitergetragen (z.B. der aus Persien stammende Mithras-Kult, der ägyptische Isis-Kult, die jüdische Religion und schließlich auch das Christentum).

• Neben den extremen Auswüchsen eines christlichen Expansionismus (etwa durch die Konquistadoren in Südamerika) entwickelte sich zeitgleich der spätmittelalterliche Humanismus, der in den europäischen Ländern bestrebt war, sich die antike (griechische und lateinische) Literatur und Philosophie wieder anzueignen und damit eine Öffnung des Denkens und eine Emanzipation von der Alleinherrschaft der christlichen Religion zu erreichen trachtete. Als bekanntester Repräsentant sei Erasmus von Rotterdam (1466-1536) genannt.

- Die Zeit des Nationalismus in Europa ist zugleich die Zeit von weltoffenen Geistesgrößen wie z.b. Goethe, der sich als „Weltenbürger" verstand, Marx, der den „proletarischen Internationalismus" formulierte, oder einige Jahrzehnte später Nietzsche, der insbesondere den deutschen Nationalismus sowie den Antisemitismus verachtete und bekämpfte und z.b. eine „Weltinnenpolitik" als Zukunftsperspektive (s. „Menschliches, Allzumenschliches", Aph. 25) entwarf.

- Die gegenwärtige wirtschaftliche „Globalisierung" verlangt immerhin eine Auseinandersetzung mit fremden kulturellen und gesellschaftlichen Gegebenheiten, allein im Interesse eines wirtschaftlichen Erfolgs, und stellt insofern eine neue Herausforderung und die Chance einer neuartigen Verständigung zwischen verschiedenen, einander zunächst fremden Kulturen dar.

Zusammengenommen lässt sich vielleicht behaupten, dass die Überwindung der Angst vor dem Fremden in erster Linie eine Frage der Bewusstseins- und Persönlichkeitsentwicklung, kurz von „Bildung" ist (verstanden in diesem weiteren Sinne und nicht als gespeichertes, verfügbares „Bildungswissen"). Dazu ein kleiner Rekurs auf den Bildungsbegriff von Wilhelm von Humboldt (1793): Er hat Bildung definiert als „Beziehung auf das Allgemeine und Abstand vom Vertrauten", als ein „freies Wechselverhältnis von Selbst und Welt"(Humboldt 1956). Bildung ist damit ohne eine Hinwendung zum Fremden (bzw. zum „Anderen") gar nicht möglich. Dieses „Wechselverhältnis" ist allerdings störbar und biographisch oft eingeschränkt. Das Aufwachsen von Menschen vollzieht sich in einer Spannung zwischen der Sicherheit von vertrauten Beziehungen und Verhaltensweisen einerseits und einer „Neugierde", Neues zu erfahren und kennen zu lernen, andererseits. Unter günstigen Sozialisationsbedingungen mag sich daraus eine große (wenn auch nicht grenzenlose) Offenheit für das jeweils begegnende Fremde entwickeln. Wir bleiben zeitlebens angewiesen auf die Auseinandersetzung mit Fremdem, um psychisch nicht zu erstarren, unsere Lebendigkeit nicht zu verlieren und dabei uns nicht selbst in der Vertrautheit unserer selbst zu verraten. Das Bestreben, die Selbst-Identität aufrechtzuerhalten, indem die Gefahren des Aus-sich-Herausgehens vermieden werden, würde letztlich auf eine Selbstbeschränkung hinauslaufen, in der es keine neuen Erfahrungen und keine Persönlichkeitsentwicklung gibt.

So gesehen kann die Angst vor Fremdem aus der Angst vor einem Selbstverlust hervorgehen, die diesen aber gerade initiiert. Störungen in der Begegnung mit dem Fremden können dann Ausdruck eines instabilen oder schwachen oder nicht hinreichend entwickelten Selbstwertgefühls bzw. Selbstbewusstseins sein. Je größer die Unsicherheit des eigenen Identitätsgefühls ist, desto geringer die Fähigkeit und die Bereitschaft, sich mit Fremdem auseinander zu setzen und es gegebenenfalls zu integrieren. Ein trotziges Auftrumpfen von rechtsradikalen Jugendlichen: „Ich bin stolz, ein Deutscher zu sein" dürfte demnach gerade das Gegenteil implizieren, nämlich: „Ich bin mir meiner selbst nicht hinreichend sicher, und deswegen brauche ich diesen ‚Stolz' als Krücke; aber andere machen mir diese Krücke streitig, nur indem sie da sind, und so muss ich mit Gewalt dagegen angehen, um mich selbst in meiner brüchigen Identität zu schützen."

Für die Praxis in interkulturellen Zusammenhängen ist aus dem Gesagten zu folgern, dass ein wesentlicher Bestandteil von interkultureller Verständigung in Bildungsarbeit zu sehen ist, nicht nur als Informationsvermittlung verstanden, sondern vielmehr als Ermöglichung und Unterstützung von Persönlichkeitsentwicklung und bewusster Horizonterweiterung. Dies gilt in erster Linie für die eigene Fortentwicklung von Professionellen in diesem Bereich und dann natürlich auch für die Beratungstätigkeit mit Teams, Projektgruppen, Supervision in sozialen und pädagogischen Feldern usw. Zu einer solchen Bewusstseinsentwicklung gehört allerdings auch das Wissen um die eigenen Grenzen, d.h. die Anerkennung, dass es jenseits der eigenen Grenzen Anderes geben kann und darf, das ich nicht verstehen und nicht in mein Selbst integrieren kann, das ich deswegen jedoch nicht entwerten muss. Es geht um ein flexibles Gleichgewicht zwischen Offenheit und Schutz des Selbstsystems, das sich im Mittelbereich zwischen den polaren Extremen von rigider Abgrenzung gegen Fremdes einerseits und Selbstverlust im Auflösen der Grenzen andererseits bewegt („Wer für alles offen ist, ist nicht ganz dicht").

Im Folgenden möchte ich mich nun dem Thema Dialog als Form der Auseinandersetzung mit dem Fremden nähern und damit eine *Grundhaltung* beschreiben, die für eine gelingende Begegnung zwischen Menschen in ihrer Verschiedenheit konstitutiv ist. Eine Grundhaltung ist etwas, das man sich nicht durch ein Aneignen von Wissensstoff erwerben kann, sondern das in kontinuierlicher Selbstreflexion des eigenen Tuns und Erlebens in professionellen und nicht-professionellen Bezügen entsteht. Es geht hier also nicht um Techniken der Gesprächsführung oder um Kommunikationsstrategien (die zu lernen allerdings darüber hinausgehend auch notwendig ist).

Ich möchte dazu zwei bedeutsame Konzeptionen mit einigen Aspekten vorstellen: das „Dialogische Prinzip" von Martin Buber aus den 20er Jahren des 20. Jahrhunderts und den Sokratischen Dialog aus dem 5. Jahrhundert v. Chr., und damit dazu anregen, die „dialogische Grundhaltung" genauer unter die Lupe zu nehmen und zu überprüfen: Was ist damit gemeint? Was sind deren Implikate, und wie sieht die eigene Praxis aus? Und schließlich: Was können wir tun, um uns für dialogische Prozesse immer wieder neu zu öffnen?

3. Das „Dialogische Prinzip" von Martin Buber

Martin Buber (geb. 1878 in Wien, gest. 1965 in Jerusalem) war 1924 bis 1933 Professor für jüdische Religionswissenschaft und Ethik in Frankfurt und 1938 bis 1951 Professor für Sozialphilosophie in Jerusalem. Nach Buber ist das Moment der Beziehung ein *anthropologisches Grundelement* menschlicher Existenz: „Im Anfang ist die Beziehung: als Kategorie des Wesens, als Bereitschaft, fassende Form, Seelenmodell; das Apriori der Beziehung; *das eingeborene Du*. Die erlebten Beziehungen sind Realisierungen des eingeborenen Du am begegnenden" (1984, 31). Von Geburt an lebt der Mensch in Beziehungen, und alle Entwicklung geschieht in und durch das Erleben von Beziehungen. Das bedeutet, dass der Mensch sich selbst in Beziehungen zu Anderen verwirklicht. Was einen Menschen als Person ausmacht, entfaltet sich in den vielfältigen Beziehungen zu anderen Menschen, und zwar lebenslang: „Der Mensch wird am Du zum Ich" (a.a.O., 32). Also, um ich selbst werden zu können, bin ich existenziell auf ein Gegenüber angewiesen, das seinerseits bereit ist, sich auf mich einzulassen; erst so wird eine Beziehung möglich, in der ich mich (und auch der Andere sich) verwirklichen kann.

Buber unterscheidet zwei grundlegende Haltungen, mit denen Menschen anderen Menschen begegnen können: Er nennt sie die *Grundworte* „Ich-Du" und „Ich-Es", die beide notwendig zum Menschsein gehören und jeweils ihren eigenen Wert haben.

Die *Ich-Du-Haltung* bedeutet, in einer Beziehungssituation so präsent wie möglich zu sein, anderen Menschen mit Offenheit und ohne eigennützige Absichten oder Ziele zu begegnen, eine Haltung der Wertschätzung gegenüber ihrer Andersartigkeit, Ganzheitlichkeit und Einzigartigkeit einzunehmen sowie das In-Beziehung-Sein mit ihnen zu würdigen.

Mit einer *Ich-Es-Haltung* wird der Andere eigenen Zielen untergeordnet, er wird zum Objekt des eigenen Erkennens oder zum Mittel der Befriedigung eigener Bedürfnisse. Dies ist angemessen, wenn man sein Auto in die Werkstatt bringt und einen hoffentlich kompetenten Handwerker bittet, es zu reparieren. Es kann auch sinnvoll sein bei manchen Methoden der Sozialforschung, z.B. wenn statistische Erhebungen gemacht werden sollen. Kurz, die Ich-Es-Haltung heißt, mit dem Anderen funktional, analytisch, zweckgerichtet oder unpersönlich umzugehen.

Für Buber ist nun wichtig, dass die jeweilige Grundhaltung nicht nur auf das Gegenüber, sondern auch auf mich selbst eine Wirkung hat. Wenn ich also einem Anderen mit einer Ich-Es-Haltung begegne, reduziere ich ihn zu einem Objekt meiner Betrachtungen, Wünsche und Zwecke, und zugleich reduziere ich mich selbst zu einer Funktion oder zu einem Instrument, z.b. bestimmte Beratungstechniken anzuwenden oder Informationen weiterzugeben. Das mag nichts Schlechtes und vielleicht zuweilen auch notwendig sein, aber eine dialogische *Beziehung* wird dadurch eher behindert.

Diese ist nun nach Buber dadurch gekennzeichnet, was *zwischen* beiden Personen geschieht. In einer dialogischen Beziehung bin ich nicht das beobachtende, diagnostizierende und Ratschläge gebende Subjekt und der Andere entsprechend das Objekt meiner Beobachtung, Diagnose und Beratung; sondern ich werde Teilnehmer einer Beziehung. Buber: „Alles wirkliche Leben ist Begegnung" (1984, 15). Dem entspricht der Begriff der „*Intersubjektivität*" als Gegenbegriff zu der genannten Subjekt-Objekt-Spaltung bzw. der Verobjektivierung oder Instrumentalisierung des jeweiligen Gegenübers (Objektbeziehungen).

Aus dem Gesagten lässt sich nun ein weiterer wichtiger Gesichtspunkt folgern: Eine ernst genommene dialogische Haltung verbietet *dogmatische Fixierungen* und ist außerdem geeignet, Tendenzen in dieser Richtung zu überwinden. Wirkliche Dialogik bedeutet, dass man sich durch das jeweilige Gegenüber immer wieder beunruhigen lässt und sich in der vermeintlichen Gewissheit seines Denkens, Wahrnehmens und Urteilens verunsichern lässt. Dialogik bedeutet eine je neue Herausforderung durch das Fremde, Unbekannte, das einem begegnet, die Forderung, aus der Sicherheit des Gewohnten herauszutreten und damit eine ichbezogene Gefangenheit zu überwinden; und sie bedeutet vor allem die Anerkennung, dass der andere Mensch dem eigenen erkennenden Zugriff und ebenso dem handelnden Zugriff letztlich unverfügbar bleibt. Diesen zentralen Aspekt einer dialogischen Haltung möchte ich nun anhand der sokratischen Dialogik vertiefen.

4. Die sokratische Dialogik

Wie bereits angedeutet, ist das Problem der Begegnung mit dem Fremden nicht neu, und auch im Altertum gab es bereits bewusste Auseinandersetzungen und Lösungsperspektiven, wofür die sokratische Dialogik als ein Beispiel anzusehen ist. Nach meiner Überzeugung handelt es sich dabei nicht lediglich um eine philosophiegeschichtliche Reminiszenz, sondern um eine sehr aktuelle bzw. aktualisierbare Grundhaltung, die als Modell für interkulturelle Dialoge dienen kann. Die Grundhaltung des Sokrates lässt sich folgendermaßen umreißen: In der Auseinandersetzung mit den Sophisten hat er deren *monologischer* Haltung, mit der ein Wissender einem Nichtwissenden entgegentritt, die *dialogische* Haltung entgegengesetzt, in welcher die Gesprächspartner als gleichermaßen Nichtwissende bzw. als Fragende sich durch den Dialog um das Verstehen einer Sache bzw. um die Lösung eines Problems bemühen.

Sokrates (470-399 v. Chr.), Sohn eines Bildhauers und einer Hebamme, praktizierte sein Philosophieren, indem er auf den Plätzen Athens beliebige Gesprächspartner durch sein Fragen zum Überprüfen ihrer vermeintlich sicheren „Meinungen" aufforderte. Er vertrat also keine „Schule", hatte keine Institution im Rücken (und auch nicht „im Nacken"), er war also im wahrsten Sinne „freiberuflich" tätig. Wie bekannt, wurde er im Jahre 399 (etwa 70-jährig) von den Athenern wegen „Unfrömmigkeit" und „Verderben der Jugend" zum Tode verurteilt. Dies mag darauf hindeuten, dass ein freies, nicht schulmäßiges Denken schon immer für viele Menschen anstößig war.

4.1 Sokrates und die Sophisten: Dialogik vs. Monologik

Der Konflikt mit den Sophisten sei kurz erläutert: Sokrates war Bürger des demokratisch verfassten Athen, in dem jeder freie Bürger an der politischen Macht teilhaben konnte. Um dem Bedürfnis der Jugend nach politischer Ausbildung zu entsprechen, kamen Wanderlehrer, Sophisten genannt, in die Stadt. Sie hatten einen großen Zulauf, eine Anhängerschaft, die ihnen ergeben an den Lippen – und an den Fersen – hing, wie es, wohl etwas karikierend, von Platon im *Protagoras* geschildert wird: junge Leute, welche der Sophist „Protagoras hinter sich herzieht durch den Zauber seines Mundes, so dass sie alle willenlos diesem Zauber nachfolgen" und sich ihm als „brave, stumme Zuhörer angeschlossen haben" (315 B). Inhalt ihres Lehrens waren vor allem die Rhetorik und die Vermittlung von „Tugenden", die für die Ausübung von politischer Macht als erforderlich galten: Tapferkeit, Besonnenheit, Frömmigkeit, Gerechtigkeit. Die Sophisten meinten, wenn man den Stoff ihrer Unterweisung gelernt habe, sei einem das Gemeinwesen beherrschbar und verfügbar.

Demgegenüber bezweifelte Sokrates, dass Tugend ein *lehrbares Wissen* sei, z.B. aufgrund der Beobachtung, dass Söhne von vorbildlichen Herrschern sich keineswegs als so tugendhaft erwiesen, wie man es erwarten müsste. Außerdem bezweifelte er, dass die Sophisten überhaupt wüssten, was Tugend sei. Und in den von Platon geschilderten Streitgesprächen, in denen die aufgestellten Wissensbehauptungen überprüft werden, wird schließlich den beteiligten Dialogpartnern dieses Nicht-Wissen deutlich. Aber statt dies nun als eine peinliche Niederlage, als Unzulänglichkeit der Sophisten zu bewerten, vollzieht Sokrates eine Umdeutung in eine positive Erkenntnis, indem mit dem Anerkennen des Nicht-Wissens erst der gemeinsame Boden des Fragens und Untersuchens geschaffen wird. Und erst jetzt kann deutlich werden, dass Tugend überhaupt nicht als fixiertes Wissen verfügbar sein kann, dass es vielmehr darum geht, sich dafür zu öffnen und offen zu halten.

Zum Verständnis des Nicht-Wissens sei die Unterscheidung der verschiedenen Ebenen des Wissens herangezogen, wie sie im Dialog *Charmides* entwickelt werden:

(1) technisches bzw. instrumentelles Wissen *(téchne)* als die Fähigkeit, etwas herzustellen oder zu bewerkstelligen, „wie die Handwerker etwas herstellen";

(2) verstehendes Wissen *(epistéme)* als die Fähigkeit, etwa strukturelle Zusammenhänge zu erfassen, „wie die Heilkunde ein Wissen von Gesundheit ist";

(3) das Wissen des Wissens *(epistéme epistémes)* als die Fähigkeit der Selbstreflexion, was wir mit „Bewusstsein" übersetzen können. Bei der in diesem Dialog untersuchten Frage, was „Besonnenheit" ist, wird gezeigt, dass diese sich keiner dieser drei Ebenen des Wissens zuordnen lässt, so dass die Gesprächsteilnehmer am Ende also nach wie vor nicht wissen, was Besonnenheit eigentlich ist. Als Ergebnis der Untersuchung wird vielmehr deutlich, dass das Wesen der Besonnenheit gerade darin besteht, sich über dieses Nicht-Wissen Rechenschaft abzulegen, also:

(4) in dem *Wissen des Nicht-Wissens*. Das höchste Wissen, das einem Menschen möglich ist, ist demnach das Bewusstsein dieses Nicht-Wissens. Das heißt, dass der Mensch die Anmaßung, etwas sicher zu wissen, durchschaut; und indem er sich von dieser Täuschung befreit, gelangt er zum Einklang mit sich selbst. Und genau dies ist die Grundlage jeglicher „Tugend". „Tugend" ist also kein lehrbares Wissen, sondern eine Haltung, nämlich die „Übereinstimmung von Erkennen und Vollbringen, von Denken und Handeln, von Wissen und Leben" (Picht 1969, 91).

Mit dem Anerkennen des Nicht-Wissens vollzieht sich in mehrfacher Hinsicht eine Veränderung:

(1) Das vermeintlich Gewusste wird zu einem Nicht-Gewussten, es wird „frag-würdig".

(2) Durch die gemeinsame Bemühung des Fragens verändert sich das Vorverständnis einer Lehrer-Schüler-Beziehung; die Beteiligten werden zu gleichberechtigten Dialogpartnern, indem alle als Nicht-Wissende vor der Sache stehen.

(3) Vor allem verändert sich die Art des Sprechens: Der Belehrung durch einen Wissenden, einen Sachverständigen entspricht der *Monolog*; hier herrscht folgende Konstellation: Wissender und Gewusstes einerseits, passive Zuhörerschaft andererseits – graphisch vielleicht darzustellen in einer Linie von oben nach unten. Wenn an die Stelle eines zu vermittelnden Wissens das Anerkennen des Nicht-Wissens und ein gemeinsames Fragen treten, werden die Beteiligten zu Gesprächsteilnehmern – die angemessene Art des Sprechens ist der *Dialog*. Als graphische Darstellung bietet sich das Dreieck an: die Dialogpartner auf der gleichen Ebene mit einem gemeinsamen Bezug auf das In-Frage-Stehende, das Problem, das Thema. Der Dialog wird damit zu einem „Raum der Erfahrung des Bezugs zwischen dem Thema und denen, die über das Thema sprechen" (Strohmaier 1979, 102). Der Wechsel vom Monolog zum Dialog ist also mehr als nur eine Veränderung der Kommunikationsform, nämlich eine veränderte „Art der Verfügbarkeit der Sache, um die es geht" (a.a.O.): Im dialogischen Sprechen wird eine Aussage „als *Beitrag* aufgefasst, der seinen Sinn gerade darin hat, nichts Endgültiges, sondern nur Moment einer Bewegung zu sein" (a.a.O., 112); „Dialogisches Sprechen ist solches, das sich gegenüber seinem Gegenstand als Vorläufiges versteht" (a.a.O., 113). So gibt es in den (von Platon verfassten) sokratischen Dialogen typischerweise auch keine endgültige Antwort, kein abschließendes Ergebnis, sondern am Ende steht die Aufforderung an die jeweiligen Dialogpartner, selbst weiter zu untersuchen.

(4) Wer aufgrund des Bewusstseins des eigenen Nicht-Wissens im obigen Sinne im Einklang mit sich selbst ist, ist erst im vollen Sinne begegnungsfähig; er ist bereit, Andere in ihrer Andersartigkeit und Autonomie wahrzunehmen und anzuerkennen, ohne einen missionarischen Eifer, ihnen die Wahrheit bzw. das richtige Verständnis von einer Sache beibringen zu müssen.

Diese Überlegungen treffen mit dem Weisheitskonzept von Hanna/Bemak/Chung (s.u. „Weisheit – ein „neues" Paradigma für die multikulturelle Beratung") zusammen: Sie fragen, wie Weisheit in Ausbildungsgängen für Beratungsberufe gelehrt werden könne, und machen deutlich, dass Weisheit eben etwas anderes ist als gelernte Konzepte und Techniken, wie man sie sich in einem Studium aneignen kann. Analog zu der Feststellung des Sokrates „Tugend ist kein lehrbares Wissen" lässt sich sagen: Weisheit ist kein lehrbares Wissen, über das man verfügen und eine Prüfung ablegen könnte; sie ist eher Ausdruck einer Haltung und Resultat von gewonnenen und verarbeiteten Lebenserfahrungen.

4.2 Dialogik als Erkenntnisweg

Erkenntnis und Selbst-Erkenntnis sind dialogischer Natur. Erkennen vollzieht sich durch das Gespräch zwischen Menschen als gemeinsames Suchen in wechselseitigem Fragen und Hinterfragen, in Rede und Gegenrede, ebenso in wechselseitigen Resonanzen und Spiegelungen. Es ist die wechselseitige Herausforderung, aus sich selbst herauszutreten in der Konfrontation bzw. „Begegnung" mit dem fremden Gegenüber bzw. mit „dem Fremden" im Gegenüber. Voraussetzung für gelingende Dialoge ist dabei in jedem Fall die Anerkennung des Gesprächspartners als gleichberechtigt und als ebenbürtig, d.h. als gleichermaßen vernunftbegabt, unabhängig vom jeweiligen „intellektuellen" Niveau. Für die Beratung und speziell für die interkulturelle Beratung ist natürlich wichtig, dass „Dialogik" nicht nur die rationalen Aspekte eines „Diskurses", sondern auch die präverbalen und emotionalen Dimensionen umfasst. Diese haben allerdings ihre eigene „Vernunft", insofern sie eine wesentliche Wahrnehmungsfunktion darstellen. In den Worten von Picht (1986): „Die Sinne denken."

Sokrates, der als „Weiser" zu theoretischen wie zu praktischen Problemen um Rat gefragt wurde, bezweckte mit seiner Dialogik nicht, seinen Gesprächspartnern mit schlüssigen Antworten zu begegnen oder sie von einer bestimmten These zu überzeugen, sondern er wollte sie zu einer „Überprüfung" ihrer eigenen Gedanken anregen, um damit den eigenen Erkenntnisprozess in Gang zu bringen. Er nannte dies „Mäeutik", wörtlich „Hebammenkunst" (Platon, Theaitet 149 A - 151 C): Ein Berater oder Lehrer ist demnach ein „Geburtshelfer", der „für die gebärenden Seelen Sorge trägt" (a.a.O.); eine Geburt geschieht im Wesentlichen von sich aus, und der Helfer hat dabei allenfalls den Prozess zu begleiten und zu unterstützen oder gegebenenfalls Komplikationen bzw. ein Ermüden zu überwinden – oder auch eine „Scheinschwangerschaft" oder eine „Fehlgeburt" als solche zu diagnostizieren (150 D). Mit anderen Worten, seine Kompetenz ist in erster Linie eine Prozesskompetenz statt einer inhaltsbezogenen Wissenskompetenz.

Mäeutik ist die Grundhaltung eines Beraters, den Anderen in seinem eigenen Erkenntnisprozess zu unterstützen, da jeder Mensch die Möglichkeit des Erkennens in sich trägt – und da letztlich „niemand erkennt, was er nicht selbst entdeckt" (Picht 1990, 464). Nicht die „richtige Dogmatik" und eine entsprechende Indoktrination sind hilfreich, sondern der eigene Weg. Allerdings ist die mäeutische Funktion „nicht ohne Sachbezug möglich"; der Geburtshelfer „bemüht sich zwar um die Geburt der Gedanken des Anderen, aber seine Hilfestellung könnte durch bloß formales Herausfragen ohne empathisches Erahnen des Gedankeninhalts auch nicht gelingen" (Raupach-Strey 1997, 156).

Es sei angemerkt, dass man in verschiedenen gängigen philosophischen Lexika unter dem Stichwort Mäeutik ein offenbar traditionelles Missverständnis findet; so z.b. Hoffmeister (1955): „Verfahren, im Gespräch andere zu Erkenntnissen zu führen, so dass sie diese selbst aus sich heraus gewonnen zu haben *meinen* und Sokrates nur den Dienst der Entbindung, des Ans-Licht-Bringens geleistet zu haben *scheint*." Mäeutik wird dann auch als ein ironisches „Sich-dumm-Stellen" charakterisiert (z.b. Schmidt 1969, 288). Es scheint den abendländischen Deutern des Sokrates schwer zu fallen anzuerkennen, dass ein großer Geist *nicht* von oben nach unten denkt und sich anderen gegenüber entsprechend verhält.

In den sokratischen Dialogen werden die Gesprächspartner von Sokrates aufgefordert, sich über die eigenen Vorstellungen und Meinungen Rechenschaft zu geben. Diese Selbsterkenntnis ist Grundlage jeglicher Erkenntnis. Selbsterkenntnis bedeutet die Befreiung von der Hybris, sein eigenes Wahrnehmen und Denken absolut zu setzen, bzw. von der hybriden Selbsttäuschung, man habe ein sicheres Wissen und volle Verfügungsgewalt über sich selbst und über den Anderen bzw. das Andere. Selbsterkenntnis als Einsicht in die Begrenztheit bzw. in die Relativität des eigenen Erkenntnisvermögens ist die Voraussetzung für jegliche Art von Erkenntnis als ein Sich-Öffnen für das Andere, Fremde, Unbekannte. Die eigene Existenzerfahrung ist sozusagen die „Brille", mit der wir uns einfühlen können in die Existenzerfahrung anderer; sie ist also Bedingung der Möglichkeit des Einfühlens in fremde Welten und dessen Einschränkung zugleich.

Darüber hinaus schafft Dialogik eine je neue Gemeinschaft der Beteiligten, indem diese sich füreinander und für die zu behandelnden Fragen öffnen. So gesehen ist Dialogik ein Grundthema menschlicher Existenz bzw. menschlichen Miteinanders, allerdings mit einer besonderen Relevanz für helfende und beratende Berufe, da hier das Beziehungsgeschehen zwischen den Beteiligten in besonderem Maße reflektiert werden muss.

4.3 Das „Wissen des Nichtwissens"

Der berühmte Satz des Sokrates „Ich weiß, dass ich nichts weiß" erscheint zunächst als irritierend und wird deshalb ja auch gerne als ein ironisches Sich-dumm-Stellen interpretiert. Er meint jedoch keine falsche Selbstverleugnung, sondern vielmehr eine Grundhaltung, mit dem eigenen Wissen umzugehen und dem jeweiligen Gegenüber zu begegnen. Diese Haltung möchte ich im Folgenden noch einmal im Hinblick auf beratende Berufe verdeutlichen.

Ein Berater ist nicht der Wissende, sondern eher der Fragende, der allerdings von der Fragwürdigkeit eines scheinbar sicheren Wissens weiß. Er *hat* nicht die Wahrheit bzw. die Lösung eines Problems, die er dem Anderen beizubringen hätte, sondern er kann nur in einem gemeinsamen Suchen hilfreiche Fragen stellen, damit sich Antworten entwickeln lassen, die wiederum hinterfragt werden können. Die Rolle des Beraters ist also nicht in erster Linie die eines Fachmanns, der Fragen beantwortet (was auf der Ebene eines „technischen Wissens" möglich und sinnvoll sein kann), sondern eher die eines Gesprächskünstlers, der einen Freiraum für dialogische Prozesse des Verstehens schaffen kann. Eben darin wäre seine *Meisterschaft* begründet: (1) in der Fähigkeit, dialogische Prozesse zu ermöglichen und zu unterstützen, sowie (2) dabei der Versuchung von dogmatisch oder durch Konvention fixierten Sicherheiten zu widerstehen; mit anderen Worten, Meisterschaft ist vor allem in der inneren Freiheit begründet, nicht haften zu bleiben an einmal gewonnenen Erkenntnissen und sich dem, was einem jeweils begegnet, immer wieder öffnen zu können.

Insgesamt sind die mäeutische Haltung und das „Wissen des Nichtwissens" nicht als ein absichtsvoll didaktisches Sich-Zurücknehmen gegenüber dem Anderen zu verstehen, mit der wohlmeinenden aber widersprüchlichen Botschaft „Ich will, dass du von dir aus darauf kommst", oder schlimmer noch: „Ich will dir das Gefühl geben, als sei es deine eigene Erkenntnis." Im Hinblick auf die dialogische Beziehung geht es vielmehr um das grundlegende Anerkennen: „Letztlich weiß ich nicht, wie deine Situation, deine Probleme zu verstehen sind und was die für dich gültige Lösung sein kann; was ich weiß (Information über Fakten oder Konstrukte), und was ich zu erkennen meine und wie ich diese Wahrnehmung interpretiere, will ich dir gerne mitteilen; aber ob es für dich gültig ist, kann ich nicht wissen, und es bleibt deine Aufgabe, es zu überprüfen, es dir zu eigen zu machen oder zu verwerfen."

Allerdings soll nicht übersehen werden, dass professionelle Beraterbeziehungen auch mit einer dialogischen Haltung eine Asymmetrie beinhalten, dass es eine asymmetrische Rollenaufteilung gibt: Der eine ist ein Berater, der andere sucht Rat und Hilfe; und der eine verdient sein Honorar, das der andere bezahlt. Diese Asymmetrie und die prinzipielle Gleichberechtigung und Gleichwertigkeit der Dialogpartner behalten nebeneinander ihre Gültigkeit.

Man kann vielleicht fragen, ob nicht manche Deformationen im Bereich von beratenden Berufen auf eine Verwechslung von technischem bzw. instrumentellem Wissen (als Fähigkeit, etwas zu machen bzw. zu bewerkstelligen) und verstehendem Wissen (als Bereitschaft, sich für etwas zu öffnen und Verstehensprozesse zu fördern) zurückzuführen sind. Es mag ja eine Verführung sein, mit einer Interventionstechnik etwas im Griff zu haben und es damit erledigen zu können. Andererseits versteht es sich von selbst, dass das Reden vom „Nicht-Wissen" keine ahnungslose Ignoranz meint, weder im Hinblick auf die fremde Kultur des Dialogpartners noch im Hinblick auf Interventionstechniken. Das „Wissen des Nicht-Wissens" meint vielmehr das Bewusstsein, dass alle noch so kompetenten Bemühungen einen anderen Menschen oder eine Team- bzw. Arbeitssituation letztlich nicht vollständig zu erfassen vermögen. Zwar ist das Bedürfnis nach Gewissheit, nach sicheren und eindeutigen Orientierungen wohl tief verankert; aber zu meinen, man hätte in seinen Konzepten, in seiner Wahrnehmung und Bewertung eine unumstößliche Sicherheit, bleibt problematisch und ist sicher nicht dialogisch.

Für die Beratung lassen sich nun verschiedene Dimensionen des Nicht-Wissens aufzeigen:

(1) Als Irrtumsvorbehalt: So kann man sich z.B. fragen: „Ich habe mit meinen diagnostischen Möglichkeiten und aufgrund meines Wissens Perspektiven entwickelt, wie sich das Problem des Dialogpartners (bzw. eines Teams oder eines Projekts usw.) verstehen und bewältigen lässt. Aber ob meine Perspektiven des Verstehens und Handelns richtig sind, bleibt beständig zu überprüfen, und gegebenenfalls muss ich meine Arbeitshypothesen revidieren."

(2) Als Ganzheitsvorbehalt: Dann ist die Frage wichtig: „Was weiß ich eigentlich von einer Person (bzw. einem Team usw.), wenn ich weiß, dass sie auf dem Hintergrund ihrer kulturellen Prägungen dieses oder jenes Problem hat, das man so und so einordnen kann? Was habe ich von dem

Dasein dieser Person wirklich verstanden, in dem Sinne, dass ich ihre individuelle Verwirklichung von Leben gesehen hätte? Wie weit bin ich in der Lage, sie als einzigartige Person ernst zu nehmen und ihr wirklich zu begegnen?" Und weiterhin ist zu berücksichtigen, dass man nicht wissen kann, welche kurz- und langfristigen Wirkungen eine Intervention auf das Ganze einer Person (bzw. einer Organisation oder eines Projekts) tatsächlich haben wird.

(3) *Als Kulturvorbehalt:* Dies betrifft die Frage, ob und wieweit unsere Wertvorstellungen, etwa im Hinblick auf moralische Prinzipien, allgemeine Menschenrechte, Lebensformen, das Geschlechterverhältnis, kulturell vermittelte Ideale usw., jeweils angemessen sind, zumal sie hier wie anderswo einem Wandel unterworfen sind.

Diesen Dimensionen gemeinsam ist das Loslassen von den „Krücken" eines als gesichert erscheinenden Fachwissens (das sich anzueignen allerdings notwendig bleibt) und ein möglichst freies Sich-Öffnen für das, was einem in der jeweiligen dialogischen Situation begegnet.

Blockierungen oder Widerstände eines Dialogpartners gegen die Bemühungen eines Beraters können damit eine veränderte Bedeutung erhalten: Aufgrund eines sicher erscheinenden oder dogmatisierten Wissens entstehen leicht Machtphantasien, Machtansprüche und Formen der Machtausübung, die den anderen entmündigen, ihn zu einem Objekt der eigenen Beurteilung machen, ohne ihn in seinem Eigen-Sein wahrzunehmen und anzuerkennen. Als „Wissender" mag jemand das Recht in Anspruch nehmen, andere zu abhängigen „Klienten" zu machen und sich damit aus der dialogischen Situation, gekennzeichnet durch die Gleichberechtigung bzw. die prinzipielle Gleichheit der Beteiligten, herauszuheben. Der Widerstand des Dialogpartners kann demgegenüber die Qualität eines sinnvollen Selbstschutzes erhalten; er kann auch dazu dienen, den Berater in die dialogische Situation zurückzurufen und ihn an die Autonomie seines Gegenübers zu erinnern.

Dialogik bedeutet, dem fremden Anderen und dem Fremden im Anderen in respektvoller, wertschätzender Weise zu begegnen. Dies setzt einerseits voraus, sich selbst wertschätzen zu können, und andererseits die Bereitschaft, vom hohen Ross eines vermeintlich sicheren Wissens herabzusteigen und sich damit zu öffnen für das jeweilige Gegenüber. In einer dialogischen Beziehung bleibt der Andere dem eigenen (erkennenden und handelnden) „Zugriff" letztlich unverfügbar.

Eben hierin aber liegt die Freiheit für wirkliche Begegnung, nämlich in der Überwindung der Gefangenheit eines ichbezogenen Strebens, etwas haben oder kontrollieren zu wollen. Dieses „Heraustreten" aus solchen Beschränkungen und Deformationen ist ein altes, aber nach meiner Überzeugung nach wie vor gültiges Modell für den „Dialog mit dem Fremden" in seiner grundsätzlichen, allgemeinen Bedeutung der Verständigung zwischen verschiedenartigen Menschen ebenso wie in der engeren Bedeutung des interkulturellen Dialogs.

Literatur

Buber, M. (1984): Das dialogische Prinzip. Heidelberg. - EA 1923
Humboldt, W. von (1956): Die Theorie der Bildung des Menschen. Schriften zur Anthropologie und Bildungslehre. Hg. von W. Flitner. Düsseldorf u.a. - EA 1793.
Hoffmeister, J. (Hg.) (1955): Wörterbuch der philosophischen Begriffe. 2. Aufl. Hamburg.
Lévinas, E. (1983): Die Spur des Anderen. Freiburg. - Orig.: La trace de l'autre. Paris 1963.
Nietzsche, F. (1980): Menschliches, Allzumenschliches. In: Sämtliche Werke. Krit. Stud.-Ausg. Bd. 2. München u.a. - EA 1878.
Peters, B. (1993): Die Integration moderner Gesellschaften. Frankfurt/M.
Picht, G. (1969): Wissen des Nichtwissens und Anamnesis: Der Übergang von Sokrates zu Platon. In: *Ders.:* Wahrheit, Vernunft, Verantwortung. Philosophische Studien. Stuttgart, 87-107.
Picht, G. (1986): Kunst und Mythos. Stuttgart.
Picht, G. (1990): Platons Dialoge „Nomoi" und „Symposion". Stuttgart.
Platon (1967): Sämtliche Werke. 5. Aufl. Köln u.a.
Raupach-Strey, G. (1997): Grundregeln des Sokratischen Gesprächs. In: *Krohn, D. u.a. (Hg.):* Neuere Aspekte des Sokratischen Gesprächs. „Sokratisches Philosophieren". Bd. 4. Frankfurt/M., 145-162.
Schein, E.H. (1995): Unternehmenskultur. Ein Handbuch für Führungskräfte. Frankfurt/M.
Schmidt, H. (1969): Philosophisches Wörterbuch. 18. Aufl. Stuttgart.
Schmidt-Lellek, C.J. (1999): Die sokratische Dialogik als Modell. Überlegungen zur dialogischen Grundhaltung der Helferpersönlichkeit. In: Transpersonale Psychologie und Psychotherapie 5, 2, 33-48.
Strohmaier, E. (1979): Dialoge des Sokrates. In: *Heinrichs, W./Rump, G.C. (Hg.):* Dialoge. Beiträge zur Interaktions- und Diskursanalyse. Hildesheim, 99-115.

Fred J. Hanna / Fred Bemak / Rita Chi-Ying Chung

Weisheit – ein „neues" Paradigma
für die multikulturelle Beratung[1]

1. Die Entstehung eines „neuen" Paradigmas

Über die Kenntnisse, die für effektives Arbeiten im multikulturellen Umfeld erforderlich sind, ist viel geschrieben worden (z.b. Pedersen u.a. 1996; Ponterotto u.a. 1995; Sue/Sue 1990). Die Forschung hat in den letzten Jahren zunehmend nachweisen können, dass die Persönlichkeit des Beraters das Ergebnis stärker beeinflusst als sein theoretischer Ansatz (Goldfried u.a. 1990; Lambert 1992; Whiston/Sexton 1993). Entsprechend haben sich manche Wissenschaftler stärker auf die Untersuchung der Eigenschaften konzentriert, die einen effektiven Berater kennzeichnen, als auf die Wirksamkeit bestimmter Theorien oder Ansätze. Diese Veränderung hat für das Konzept der Weisheit in der multikulturellen Beratung eine besondere Bedeutung.

Hanna/Ottens (1995) haben gezeigt, dass die menschlichen Eigenschaften, die unter dem Oberbegriff Weisheit zusammengefasst werden, auch erstaunlich genau den effektiven Berater beschreiben; und sie haben die These aufgestellt, der Unterschied zwischen sehr effektiven und mäßig effektiven oder ineffektiven Beratern sei auf Weisheit zurückzuführen. Diese These basiert auf zahlreichen wissenschaftlichen Arbeiten aus der Intelligenzforschung und der Entwicklungspsychologie (z.B. Arlin 1990; Baltes/Smith 1990; Kramer 1990; Orwoll/Perlmutter 1990; Pascual-Leone 1990; Sternberg 1986; 1990a/b). In diesem Artikel soll dargelegt werden, dass sich mit dem Konzept der Weisheit umfassend erklären lässt, was einen effektiven multikulturellen Berater ausmacht. Wir schlagen deshalb vor, dass kulturübergreifende Berater über den herkömmlichen Fundus an theoretischen und praktischen Kenntnissen hinaus das Konzept der Weisheit in der Entwicklung ihrer eigenen Fähigkeiten aufgreifen.

Sue/Ivey/Pedersen (1996) haben bei der Vorstellung einer neuen Theorie der multikulturellen Beratung dargelegt, dass diese, so wie sie gegenwärtig gelehrt und praktiziert wird, ihren Zielen nicht gerecht wird. Sue/

Sue (1990) gingen in ihrer Kritik der herkömmlichen Beratungstheorie und -praxis noch weiter und behaupteten, sie habe ernsten Schaden angerichtet. Unserer Meinung nach entspricht das Konzept Weisheit dieser Kritik weitgehend und kann vielleicht ein fehlendes Element beim Verständnis des effektiven multikulturellen Beraters darstellen. Die These dieses Artikels lautet daher: Der effektive multikulturelle Berater ist ein „weiser" Berater.

Wir wollen im Folgenden den Begriff Weisheit definieren und beschreiben und die derzeitigen Forschungen dazu durchsehen. Außerdem werden wir den Unterschied zwischen Weisheit und Intelligenz untersuchen. Dialektisches Denken und Metakognition, zwei charakteristische Eigenschaften der Weisheit, werden ebenfalls diskutiert, um das Konzept der Weisheit in einem multikulturellen Kontext verständlicher zu machen. Schließlich befassen wir uns mit der zunehmenden Kritik an der Beratungsausbildung und fragen, wie die Aufnahme des Konzepts der Weisheit neue Wege in diesem wichtigen Bereich eröffnen kann. Vor allem wollen wir mit diesem Artikel explorieren, wie sich der Beratungsprozess und das Spezifische eines effektiven multikulturellen Beraters mit dem Konzepts der Weisheit verstehen lässt.

2. Definition der Weisheit

Obwohl Weisheit ein uraltes transkulturelles Konzept ist, wurde es von der westlichen Verhaltenswissenschaft bis in die 80er Jahre kaum ernsthaft beachtet. Mit dem Niedergang der Paradigmen des logischen Positivismus und des radikalen Behaviorismus gewann das Konzept der Weisheit in Entwicklungs- und Intelligenzforschung zunehmend an Bedeutung (Robinson 1990). Im Folgenden geht es um die Merkmale der Weisheit, wie sie von Wissenschaftlern im Kontext der multikulturellen Beratung beschrieben werden. Obwohl in manchen Kulturen Alter mit Weisheit assoziiert wird, ist Alter doch ganz offensichtlich kein notwendiger Bestimmungsfaktor für den Grad an Weisheit einer bestimmten Person. In hinduistischen, taoistischen und buddhistischen Kulturen gilt Weisheit als das Ergebnis spiritueller Errungenschaften und Einsichten. Das Alter wird in diesen Kulturen zwar respektiert und sogar verehrt, aber als Schlüssel zur Weisheit wird die spirituelle Entwicklung angesehen. Entsprechend können nach den Erkenntnissen der westlichen Entwicklungspsychologie jüngere Menschen höhere Entwicklungsstufen (Loevinger 1976) oder einen höheren Grad an Weisheit erreichen als Erwachsene. Nach dem klassischen Entwicklungsschema von Erikson (1964) gibt es keine Gewissheit, dass ältere Menschen Weisheit erlangen. Andererseits muss ein weiser Mensch nicht besonders bekannt oder angesehen sein, sondern sucht vielleicht gerade Ruhm und Bekanntheit zu vermeiden. Außerdem sei gleich zu Beginn festgehalten, dass mehrere Forscher wie Ivey (1986, 1991) und Blocher (1983) zwar bestimmte Aspekte der Weisheit, besonders die entwicklungspsychologischen und dialektischen Aspekte, angeschnitten, aber nicht das gesamte Konzept erfasst haben.

Weisheit lässt sich definieren als ein Zusammenspiel bestimmter kognitiver und affektiver Merkmale, die mit Lebenserfahrungen und mit einem Verstehen verbunden sind, welche für ein gutes Leben, Lebenserfüllung, ein effektives Bewältigen und für Einsichten in die Natur des eigenen Selbst, der anderen, des Umfelds und der zwischenmenschlichen Interaktionen erforderlich sind. Baltes/Smith (1990) definierten Weisheit als „Expertenwissen" hinsichtlich der „grundlegenden Lebenspraxis" (a.a.O., 95), das eine „hervorragende Einsicht in die menschliche Entwicklung und die Dinge des Lebens" ebenso beinhalte wie ein „hervorragendes Urteilsvermögen" im Hinblick auf „Lebensplanung, Lebensrückschau und Lebensgestaltung" (a.a.O., 97). Sternberg (1990a), ein Forscher in den Bereichen Intelligenz und Weisheit, stellte fest, Weisheit setze sich aus verschiedenen Merkmalen zusammen wie z.B. der Fähigkeit zuzuhören, der Sorge um andere, Reife, einem tiefen psychologischen Verständnis anderer, einer großen Fähigkeit zur Selbsterkenntnis und Selbst-Awareness, Empathie, Probleme überblicken können, Fehler eingestehen und aus ihnen lernen können und die Fähigkeit zu Umdeutungen; auch intuitives Verstehen erkannte er als ein Merkmal von Weisheit.

Interessant hierbei ist, dass diese Eigenschaften in vielen Kulturen oft hoch bewertet werden, kulturelle Grenzen leicht überschreiten und nahezu universale Gültigkeit besitzen. Arlin (1990) berichtete, bei der Problemlösung sei Weisheit die Fähigkeit, ein zu lösendes Problem richtig zu erkennen und angemessen einzugrenzen, so dass eine Lösung keine neuen Probleme verursache (sie beschrieb dies als „Problem finden"). Kramer (1990) meinte, Weisheit hänge mit der Fähigkeit zusammen, Gefühle und Emotionen wahrzunehmen und zu identifizieren. Pascual-Leone (1990) und Kramer (1990) erklärten, Empathie sei ein wesentliches Merkmal der Weisheit und eines weisen Menschen. Mit diesen Definitionen und Merkmalen wird der Zusammenhang zwischen Weisheit und den Eigenschaften eines effektiven Beraters offensichtlich (Hanna/Ottens 1995). Abb. 1 zeigt eine Auflistung von Eigenschaften, die der Weisheit zugeordnet werden.

AFFEKTIVE EIGENSCHAFTEN UND AWARENESS

Empathie	Einfühlungsvermögen in andere Menschen, ihre Gefühle und Perspektiven; ein Verstehen von anderen aus deren subjektiver Sicht und mit einer nicht selbstzentrierten Perspektive
Anteilnahme	Mitgefühl für andere, Sorge für das Wohl der Lebewesen und der Umwelt
Erkennen von Affekten	Erkennen der wechselseitigen Abhängigkeit von Kognition und Affekt; Awareness für Emotionen und Gefühlszustände
Deautomatisierung	Widersteht den Tendenzen zu habituellen, automatisierten Verhaltens- und Denkmustern; betont die Awareness für Handlungen und verantwortliche Entscheidungen
Scharfsinn	Zuhörfähigkeit, tiefe Einsicht in und Awareness für Menschen und Beziehungen; ausgeprägte Selbsterkenntnis und die Fähigkeit zum Selbsttranszendieren und aus Fehlern zu lernen

KOGNITIVE EIGENSCHAFTEN

Dialektisches Denken	Erkennen des Kontexts, der wechselseitigen Beeinflussung von Phänomenen, Situationen und des Zusammenspiels von gegensätzlichen Sichtweisen; berücksichtigt alle Aspekte eines Themas; ist auf positive Veränderungen ausgerichtet
Effizientes Coping	Die Fähigkeit, mit ganz unterschiedlichen Menschen und Lebenssituation optimal umzugehen; die Fähigkeit, ein erfülltes, sinnvolles Leben zu führen
Ambiguitätstoleranz	Die Einsicht in die innere Widersprüchlichkeit der Natur des Menschen und seiner Interaktionen mit anderen und der Welt; die Fähigkeit, Zwischentöne wahrzunehmen, anzuerkennen und zu integrieren
Durchblick	Die Fähigkeit, Situationen zu „durchschauen", sich nicht leicht täuschen zu lassen, die Umwelt intuitiv zu verstehen und richtig zu deuten; schaut über das Erscheinungsbild hinaus
Probleme finden und lösen	Die Fähigkeit, ein Problem zu erkennen und angemessen einzugrenzen, so dass eine Lösung wirksam ist und keine neuen Probleme schafft; Fähigkeit, Probleme und Situationen in andere Zusammenhänge zu stellen
Metakognition	Die Beschäftigung mit den Grenzen und Voraussetzungen des Wissens; Bewusstsein des Bewusstseins; Wissen über das Wissen; Denken über das Denken; intuitives Wissen

© Hanna/Ottens 1995; Sternberg 1990a

Abb. 1: Eigenschaften von Weisheit

3. Die Unterscheidung von Weisheit und Intelligenz

Forscher im Bereich der Entwicklungspsychologie haben zwischen Weisheit und Intelligenz unterschieden. Diese Unterscheidung kann zu einem tieferen Verständnis von Weisheit beitragen, wobei aufgezeigt werden kann, dass Weisheit für eine wirksame Beratung viel wichtiger ist als Intelligenz. Sternberg (1986, 1990a) nannte z.b. die Unterscheidung, dass Weisheit sich mit den Grenzen, den Voraussetzungen und dem Wissen des Wissens beschäftige und Intelligenz mit dem Erinnern, Analysieren, Klassifizieren und Anwenden von Wissen; Weisheit suche eher die Tiefe und Intelligenz eher die Breite des Verstehens. Als weiteren Unterschied betonte er, dass Weisheit „mit Widersprüchlichkeit gut umgehen kann", während Intelligenz Widersprüchlichkeit schlecht erträgt und „Widersprüchlichkeit als etwas betrachtet, das besser früher als später aufgelöst werden muss" (Sternberg 1990a, 155). Widersprüche auszuhalten (Ambiguitätstoleranz), ist ein Kennzeichen höherer Entwicklungsstufen. Auch der Weisheit geht es darum, Widersprüchlichkeit aufzulösen, aber indem sie zulässt, dass sich aus Widersprüchen heraus eine neue Klarheit entwickelt, ohne dass diese durch eine übermäßige Komplexitätsreduktion erzwungen würde (Hanna/Giordano/Bemak 1996).

So gibt es z.B. Hunderte von Beratungstheorien, doch konnte die Forschung bisher nicht feststellen, dass irgendeine von ihnen eindeutig überlegen sei. Neuerdings entsteht in diesem Bereich eine neue Klarheit, indem die Bedeutung von allgemeinen Faktoren (*„common factors"*) oder die Integration von Theorien anerkannt wird (Hanna 1994; Norcross/Goldfried 1992). Diese neu entstehende Klarheit verlangt auch, dass die Perspektiven und Bedürfnisse des Klienten mit den jeweiligen kulturellen Hintergründen und Entwicklungsstufen beachtet werden, statt den Klienten den Bedürfnissen und Annahmen der jeweiligen Theorie anzupassen.

Dazu ein einfaches Beispiel: Ein Vorteil der Zugehörigkeit zum afroamerikanischen Kulturkreis ist in vielen Fällen die bemerkenswerte Fähigkeit, den Kern einer Situation oder Kommunikation zu erfassen (Asante 1987). Wenn die herrschende Gruppe etwa von Gleichheit spricht, schauen viele über den vordergründigen Anschein hinaus und erkennen die Inkongruenz zwischen Gleichheitsbehauptungen und -versprechungen und der mangelhaften oder gänzlich fehlenden Unterstützung für Veränderungen in der Gesellschaft. Afroamerikaner erfassen häufig sehr genau, dass die tatsächliche „Botschaft" von Gleichheit bloße Propaganda ist und dass sich an der rassistischen Diskriminierung bei den beruflichen oder den allgemeinen Lebensbedingungen wohl nichts ändern wird, wodurch eine lange Geschichte falscher Versprechungen und Lippenbekenntnisse fortgesetzt wird.

Ein weiterer Aspekt der Weisheit ist die Tendenz, habituelle Denk- und Verhaltensroutinen zu deautomatisieren, was in etwa der Zielsetzung von kognitiven und Verhaltenstherapien entspricht. Sternberg (1990a, 153) beobachtete, dass der „weise Mensch sich der Automatisierung des Denkens widersetzt, sie aber bei Anderen zu verstehen sucht", während „der intelligente Mensch Automatisierung begrüßt." Weisheit will habituelles oder einem „Skript" folgendes menschliches Verhalten und das Prinzip dieses Verhaltenstyps verstehen. Intelligenz dagegen schätzt automatisierte Denkroutinen und ist bestrebt, sie zu erweitern, um schneller und effizienter Aufgaben lösen und Ziele erreichen zu können. Von Intelligenz geprägtes Denken ist vielleicht brillant, aber eng, oder es ist vollkommen logisch und dabei ziemlich blind für andere Gesichtspunkte. Skinner z.B. war wohl ein hochintelligenter Mensch, aber in seinem Denken durch seinen Dogmatismus eingeschränkt (Mahoney 1989). Hanna/Ottens (1995) zeigten, dass man zwar dogmatisch und intelligent zugleich sein könne, aber nicht dogmatisch und weise (vgl. Hanna/Giordano/Bemak 1996). Demgemäß mangelt es einem hochintelligenten antisozialen Menschen leider so gut wie immer an Weisheit.

In Abb. 2 werden die Merkmale von Weisheit und Intelligenz verglichen: eine Auflistung der Unterschiede zwischen Weisheit und Intelligenz im Hinblick auf verschiedene Lebensaspekte. Die zwei Modalitäten werden nicht als sich ausschließende Gegensätze, sondern als komplementär dargestellt, so dass sie sich im Idealfall ergänzen (Hanna/Ottens 1995; Sternberg 1990a). Obwohl die beiden Konzepte zur Verdeutlichung klar voneinander unterschieden werden, gibt es in mancherlei Hinsicht auch Überschneidungen. Es bleibt aber klar, dass die Merkmale der Weisheit für eine wirksame Beratung wichtiger sind als die der Intelligenz. Natürlich sollten die beiden im Idealfall sich gegenseitig ergänzen und nicht als sich ausschließende Gegensätze angesehen werden. So merkwürdig dies zunächst klingen mag, können viele Intelligenzmerkmale, wenn sie nicht von Weisheit geleitet sind, tatsächlich für den Beratungsprozess nachteilig sein. Forschungsergebnisse zeigen, dass dogmatische Berater eher ineffektiv sind (Sexton/Whiston 1991; vgl. Hanna/Giordano/Bemak 1996). Und während Intelligenz Denk- und Verhaltensabläufe zu automatisieren bestrebt ist, sucht Weisheit sie zu deautomatisieren, so dass sie umstrukturiert oder zum Besseren verändert werden können. Problematische habituelle Denkmuster, wie die von Beck (1976) erwähnten automatischen Gedanken oder die von Meichenbaum (1977) erwähnten negativen „Selbstgespräche", werden durch einen Beratungsprozess, der die wesentlichen Merkmale der Weisheit aufweist, deautomatisiert. Weisheit ist für den Beratungsprozess auch deshalb relevanter als Intelligenz, weil dabei auf die Awareness sowie auf Affekte und Gefühle geachtet wird. Intelligenz scheint Gefühle außer Acht zu lassen, während Weisheit die Integration von Denken und Fühlen als Optimum betrachtet (Arlin 1990).

Kategorie	Intelligenz	Weisheit
Wissen	Erinnern, Klassifizieren, Analysieren und Anwenden von Wissen	Erkennen von Grenzen, Voraussetzungen und Ursprüngen von Wissen
Verstehen	Umfang und Breite des Verstehens	Tiefe des Verstehens
Lernen	Empfiehlt Automatisierung von Denkprozessen zu besserer Effizienz und Schnelligkeit	Sucht eine Deautomatisierung von Denkroutinen zu besserer Awareness und Einsicht
Denken	Logisch, analytisch, mathematisch; weithin durch den Kontext begrenzt	Dialektisch, fließend, intuitiv, integrativ und erfahrungsbezogen; den Kontext überschreitend
Probleme	Fokussiert auf Lösungen, Aufgabenstellung und Zielerreichung; neigt dazu, im Kontext zu bleiben	Fokussiert auf genaues Eingrenzen und Identifizieren des Problems in Relation zu anderen Kontexten
Menschen	Vorhersage und Kontrolle von Verhalten; strebt nach Anpassung	Strebt nach Eigenständigkeit und Befreiung durch einfühlendes Verstehen und Mitgefühl
Affekt	Sieht Affekte und Emotionen als unwesentlich und randständig	Sieht Affekte als notwendigen und wesentlichen Bestandteil eines integrierten Denkens
Beziehungen	Sieht Beziehungen als Mittel zur wechselseitigen Bedürfnisbefriedigung	Sieht Beziehungen im Kontext von Verbindung, Fürsorge und Empathie
Umwelt	Benutzt die Umwelt effektiv als Ressource	Betrachtet die Umwelt im Sinne wechselseitiger Abhängigkeit, Harmonie und als Teil eines globalen Ganzen
Widersprüchlichkeit	Widersetzt sich Widersprüchen, neigt zu einer Entweder-oder-Haltung, sucht einfache, saubere Lösungen	Verträgt Widersprüche, schätzt Zwischentöne, sieht Widersprüchlichkeit als Teil von Lösungen

© Hanna/Ottens 1995; Sternberg 1990a

Abb. 2: Weisheit und Intelligenz – Gegensatz und komplementäre Ergänzung

4. Weisheit und Kultur

Das hier dargestellte Weisheitskonzept ist keineswegs auf die euroamerikanische Kultur beschränkt. In vielen Kulturen wird Weisheit hoch geschätzt und über die Intelligenz gestellt, manchmal seit Tausenden von Jahren. In diesen Fällen werden die hier diskutierten Eigenschaften von bestimmten religiösen Führern hochgehalten. Ein Beispiel dafür bieten die buddhistischen Kulturen, die der Weisheit einen sehr hohen Stellenwert beimessen. Viele buddhistische Texte wie das *Prajnaparamita Sutra* und das *Dhammapada* sind speziell der Entwicklung von Weisheit und dialektischem Denken gewidmet. Auch in anderen buddhistischen Schulen, wie *Theravada, Madhyamika* und *Yogacara*, lässt sich die hier präsentierte Weisheitsdefinition wiederfinden. Weisheit, die auch nach unserer Beschreibung eine spirituelle Komponente hat, wird in Kulturen und Ländern wie Sri Lanka, Indien, Burma, Thailand, China und Japan hervorgehoben. In der tibetanischen buddhistischen Kultur wird der Führer traditionellerweise von seherisch begabten Mönchen ausgewählt, solange er noch ein Kind ist, um in einer strengen Ausbildung auf seine spirituelle Führungsposition vorbereitet zu werden. Dieser Führer, der Dalai Lama, gilt als weise, was Menschen und das Leben angeht, und wird wegen dieser Weisheit verehrt. Sein Name bedeutet wortwörtlich übersetzt: „der Lehrer, dessen Weisheit so groß ist wie der Ozean" (Fischer-Schreiber u.a. 1991, 51).

Weisheit ist auch der afroamerikanischen Kultur eigen. Die sieben Regeln des „Nguzo-Saba-Systems" (Robinson/Howard-Hamilton 1994) sind voller Weisheit, sie entsprechen den in Abb. 1 genannten Eigenschaften. Sie betonen Kreativität, gesunden Widerstand, kollektive Arbeit, Selbstbestimmung, Einigkeit und Verantwortung. Außerdem ist die Fähigkeit, zum Kern eines Problems oder einer Situation vorzudringen (Asante 1987), ein spezifisches Weisheitsmerkmal der Nguzo-Saba-Kultur.

Weisheit hat ebenfalls in den indianischen Kulturen Nordamerikas eine große Bedeutung, wo weise Führer sich nicht nur um die Führung des Stammes, sondern auch um die spirituelle Entwicklung der einzelnen Stammesmitglieder kümmern (Lame Deer/Erdoes 1992). Als weiteres Beispiel kann der Hinduismus herangezogen werden, in dem Lehrer wie Ramana Maharshi und Shankaracharya Selbsterkenntnis und Selbstüberschreitung lehrten. Entsprechend unserer Definition hatten auch afrikanische Geistliche wie Desmond Tutu und Afroamerikaner wie Malcolm X und Martin Luther King von Weisheit getragene Führungsfunktionen ausgeübt. Heiler und Schamanen aus neuen und alten Kulturen rund um die Welt sind in

Weisheitstraditionen des Heilens und Helfens verwurzelt (Eliade 1964; Harner 1990). In diesen Traditionen wird Weisheit großenteils in Geschichten oder Erzählungen überliefert – eine Tradierungsform, die in der westlichen Psychologie und Psychotherapie zunehmend Beachtung erfährt (Howard 1991; Zimmerman/Dickerson 1996). Natürlich garantiert die Tatsache, dass jemand ein designierter Lehrer, Berater oder spiritueller Führer ist, noch nicht, dass er auch weise ist.

Weisheit wird wie Intelligenz mit der Fähigkeit zur Problemlösung in Verbindung gebracht (Arlin 1990; Sternberg 1990a). Doch bei der Weisheit liegt der Schwerpunkt darauf, Lösungen zu entwickeln, die nicht weitere Probleme nach sich ziehen. So löst z.b. die Produktion von technischen Wunderdingen in dieser Gesellschaft viele Probleme, schafft aber auch neue durch die Umweltverschmutzung. Weisheit ginge verantwortlich mit technischem Fortschritt um, ohne die Umwelt zu missachten. Baltes/Smith (1990) heben diesen Aspekt hervor, wenn sie Weisheit als Erfahrungswissen charakterisieren, um das Leben zu verstehen und es zu leben. Empathie, ein besonders wichtiger Aspekt in der Beratung, wurde von Pascual-Leone (1990) und Kramer (1990) als ein Hauptmerkmal der Weisheit hervorgehoben. Und „emotionale Intelligenz", ein gegenwärtig populäres Thema (Goleman 1995), lässt sich ebenfalls als Bestandteil von Weisheit betrachten, der sich leicht in den größeren Rahmen der Weisheitsdefinition einordnen lässt.

5. Weisheit, Kultur und dialektisches Denken

Sternberg (1990a), Kramer (1990) und Arlin (1990) haben dialektisches Denken als wichtiges Weisheitsmerkmal hervorgehoben. Dialektisches Denken erkennt und nutzt die Wechselwirkung von entgegengesetzten Sichtweisen in Denkprozessen (Tolman 1983). Gleichzeitig werden nutzlose intellektuelle Abstraktionen vermieden, indem man nahe an der eigentlichen menschlichen Erfahrung bleibt (Hanna 1994; Hanna/Giordano/Bemak 1996). Dialektisches Denken bedeutet auch, zum Kern eines Problems vorzudringen, ohne zu sehr zu vereinfachen. Großartige Beispiele dialektischen Denkens aus verschiedenen Kulturen finden sich im *Tao Te King* des Laotse oder in dem brillanten Klassiker der Dialektik, dem *Mulamadhyamikacarika* des indischen Philosophen Nagarjuna (1970). Kramer (1990) meinte, dialektisches Denken könne verschiedene Bedeutungsebenen in Kommunikationen erfassen. Basseches (1980; 1984;

s.a. Kegan 1982) erklärte, es sei kennzeichnend für höhere Entwicklungsstufen. Orwoll/Perlmutter (1990, 164) legten dar, dass Menschen, die „Empathie, Verstehen und Fürsorge" mit dialektischem Denken verbinden
würden, zu „durchdringenden zwischenmenschlichen Einsichten und Wahrnehmungen" fähig seien. Eben dieses Durchdringen zwischenmenschlicher Beziehungen gilt als typisch für die afroamerikanische Kultur. Die
Schriften und Reden von Frederick Douglass, Malcolm X und Martin
Luther King sind reich an Einsichten, die durch ihre Tiefe und weitrei-
chenden Konsequenzen beeindrucken.

Um solche dialektische Einsichten bei multikulturellen Beratern zu fördern, ist es nicht damit getan, bestimmte Techniken einzuüben oder die
Eigenheiten und Gebräuche verschiedener Kulturkreise auswendig zu lernen. Ein kambodschanischer Klient, der mit einem verstorbenen Ahnen
spricht und Rat und Trost sucht, mag nach Maßstäben der herkömmlichen
westlichen Medizin als wahnhaft oder psychotisch gelten. Eine genauere
Betrachtung zeigt jedoch, dass dieses Verhalten eine bemerkenswerte
Ähnlichkeit mit der bekannten Technik des „leeren Stuhls" in der Gestalttherapie aufweist. Ein dialektisch orientierter multikultureller Berater kann
mühelos eine Brücke zwischen solchen unvereinbar scheinenden Handlungen schlagen und sie zum therapeutischen Nutzen kreativ miteinander
kombinieren.

Mit einem dialektischen Denken erkennt man die Bedeutung des Kontexts; man ist in der Lage, kontextabhängige Einschränkungen zu erkennen und zu überschreiten. So kann man sich z.B. auch frei zwischen verschiedenen Kulturen bewegen, ohne sich vereinnahmen, verstricken oder
zurückweisen zu lassen. Dialektisches Denken ist offen für den Gebrauch
von Metaphern und für Umdeutungen, indem man Wissen von einem Kontext auf einen anderen übertragen kann. In der Beratung ist es geeignet,
die vielfältigen Theorien zu Beratung bzw. Therapie aus den Kontexten
der Einzel-, Familien- oder Gruppentherapien aufzugreifen und sie entsprechend der jeweiligen Situation und den Bedürfnissen des Klienten zu
nutzen. Ein Berater denkt dialektisch, wenn er die Wechselwirkungen
zwischen diesen verschiedenen Modalitäten mit einbezieht (Hanna 1994;
Hanna/Giordano/Bemak 1996).

Hofstede (1980, 1986, 1992, 1993) beschrieb als erster Konstrukte zum
Verständnis komplexer kultureller Unterschiede, aus denen sich weitrei-
chende Konsequenzen für die Beratung ergeben: (1) Individualismus vs.
Kollektivismus als Möglichkeit, soziale und kulturelle Neigungen eines
Menschen zu untersuchen; (2) Macht und Gleichheit aufgrund von sozia-
lem Status und Einkommen; und (3) Vermeidung vs. Nichtvermeidung

von Unberechenbarkeit und Chaos im menschlichen Leben, was sich darin widerspiegelt, welche Bedeutung Riten, Regeln und Traditionen im Gegensatz zu Flexibilität und Spontaneität erhalten. Diese Dimensionen sind gute Beispiele für kulturübergreifende Perspektiven auf der Basis eines dialektischen Denkens. In der Tat ist dialektisches Denken in der Lage, die Einschränkungen durch „Schmalspurdenken" oder durch eindimensionale Deutungen („one-note interpretive framework"; s. Chandler/Holliday 1990, 139) zu überwinden.

Ein einfaches Beispiel für dialektisches Denken wäre es, über den eigenen Ethnozentrismus hinauszusehen. Personen wie Frederick Douglass und Mahatma Ghandi hatten eine außerordentliche Fähigkeit, die Annahmen und Einschränkungen von Mehrheitskulturen ebenso wie die Einschränkungen der eigenen Kultur aufzuzeigen. Eben dies ermöglicht ein Überschreiten des Selbst ebenso wie der Kultur. Dialektisches Denken ist flüssig, flexibel und kann vielfältige Gesichtspunkte einbeziehen. Es kann im Gegensatz Harmonie und in der Komplexität Klarheit finden, ohne dazu einen Reduktionismus zu benötigen (Rychlak 1976; 1988). Es ist die Antithese zu starren, dogmatischen, stereotypen und doktrinären Denkstilen.

Manchmal müssen Mitglieder einer unterdrückten Minderheitskultur sich in der Auseinandersetzung mit der dominanten Kultur dialektisches Denken als Basis oder als Strategie der Befreiung aneignen. Beispiele hierfür sind das Denken von Mahatma Ghandi und von Martin Luther King, die beide ihre dominanten Kulturen zu verstehen suchten, um in diesem Kontext einen Weg der Befreiung zu entwerfen. Demgegenüber fehlt den Mitgliedern der dominanten Kultur vielleicht der Antrieb, dialektisch zu denken, da die Zugehörigkeit zur Mehrheit häufig mit einem Gefühl der Selbstzufriedenheit und dem Einverständnis mit den vorherrschenden Meinungen und Denkmustern einhergeht (Miller 1986). Für den Kontext der multikulturellen Beratung hat Ivey (1995) die Psychotherapie als Weg zur Befreiung vorgestellt. In diesem Sinne bedeutet Weisheit Eigenverantwortung, d.h. Emanzipation, Befreiung und die Förderung existentieller Freiheit. Chandler/Holliday (1990, 122) vertraten durch ihre Arbeit über Habermas die Ansicht, Weisheit sei insofern emanzipatorisch, als sie einen Versuch darstelle, „sich selbst von den Zwängen der Natur und der sozialen Strukturen zu befreien, die das Verstehen seiner selbst einschränken." Dies impliziert die Befreiung von den Einschränkungen der eigenen Kultur, so dass man sich auf eine Identifikation mit der ganzen Menschheit zu bewegt, die Alfred Adler (1956) als „soziales Interesse" oder „Gemeinschaftsgefühl" bezeichnet hat.

6. Weisheit, Awareness und Metakognition

Awareness (Bewusstheit, Gewahrsein, bewusste Wahrnehmung) ist eine der wichtigsten Komponenten der Weisheit sowie des Beratungsprozesses (Kottler 1991; s.a. Kottler/Blau 1986). Das hängt mit den metakognitiven Aspekten der Weisheit zusammen (Sternberg 1990a). Gewöhnlich wird Metakognition definiert als das Denken über das Denken oder das Wissen über das Wissen. Pesut (1990, 109) bezeichnete Metakognition als „die Fähigkeit, seine *Awareness* wahrzunehmen". Flavell (1979) definierte sie als ein aktives Überwachen, Regulieren und Koordinieren von Gedächtnis, Aufmerksamkeit, Denken, Lernen und Sprache; er nannte sie auch das Entscheiden, Überwachen und Kontrollieren von Selbstregulation, Selbstinstruktion und der Integration von Erfahrungen (s. Meichenbaum/Asarnow 1979). Daher hat jedes Reden von Bewusstwerden oder dem Erlangen von Awareness durch Beratung etwas mit metakognitiven Weisheitsfunktionen zu tun, ebenso wie die Selbstkontrolle in der Verhaltenstherapie. So gesehen ist die Erkenntnis nicht überraschend, dass metakognitive Prozesse bei therapeutischen Veränderungen eine wesentliche Rolle spielen (Hanna/Ritchie 1995; Hanna/Giordano/Dupuy/Puhakka 1995). Slife/Weaver (1992) fanden heraus, dass mangelhafte metakognitive Fähigkeiten bei einer Depression beteiligt sein können.

Vielleicht ist die metakognitive Ebene des Bewusstseins in einigen Kulturen stärker ausgeprägt als in anderen. So fördern die Weisheitstraditionen in der Hindukultur Indiens oder in den buddhistischen Kulturen Asiens durchgehend eine Awareness, die sich als maßgeblicher Bestandteil der spirituellen Entwicklung in verschiedenen Meditationstechniken feststellen lässt. Miller (1986) legte dar, dass Minderheitskulturen dazu tendieren, eine genaue Awareness für die dominante Kultur zu entwickeln, so dass sie mit dem Mangel an Macht und Status besser umgehen können. Sie stellte fest, diese Awareness sei bei Mitgliedern der dominanten Kultur selten zu finden, sie sei aber überlebensnotwendig für Menschen, deren Macht und Status eingeschränkt sind. Ein weiterer Aspekt dieser Awareness ist die Fähigkeit, Täuschungen und Halbwahrheiten zu durchschauen, was Beratern, etwa in der Drogenberatung, so häufig begegnet.

7. Kultur als Kontext

Da jede Kultur in einem Kontext steht (Scharfstein 1989), ist die Fähigkeit, Kontexte zu überschreiten und zwischen verschiedenen Kontexten hin und her zu wechseln, eine Funktion von Weisheit. Jeder Kulturkontext beinhaltet intern konsistente Bedeutungen, die den Grundannahmen oder Weltanschauungen der Kultur entsprechen und darauf hinweisen, wie wir Sinn und Bedeutung von Welt konstruieren. Die jeweilige Welterfahrung beinhaltet Werte, Meinungen, Haltungen und Konzepte und beeinflusst Verhalten, kognitive Prozesse und Sinnkonstruktion (Sue/Sue 1990) der Einzelnen und der Mitglieder einer Kultur insgesamt.

Kulturübergreifende Beratung erfordert ein Verstehen der verschiedenen Bedeutungen von Systemen und Kontexten. Die Beratung von Personen mit demselben kulturellen Hintergrund scheint einfacher, wenn Bedeutungen leichter zu erfassen sind und die Feinheiten des kulturellen Kontexts nicht erst erläutert werden müssen. Arbeitet man mit anderen Kulturen und mit verschiedenen Kontexten, stellt das für den Berater eine größere Herausforderung dar. Es verlangt, vom Klienten ebenso wie vom Berater, ein beständiges Betrachten, Überprüfen, Abwägen, Vergleichen, Wechseln und Neudefinieren von Bedeutungen innerhalb und außerhalb dieser kulturellen Zusammenhänge (Hanna/Ottens 1995). Wirksame multikulturelle Beratung verlangt vielleicht mehr als jede andere Form der Beratung einen solchen dialektischen Ansatz.

Ein Beispiel hierfür wäre ein spanischer Berater vom Stadtrand, der mit einem asiatischen Klienten aus der Innenstadt arbeitet. Diese Konstellation würde nicht nur Awareness und Sensibilität für die kulturellen Stereotype und Unterschiede verlangen, sondern auch die nötige Weisheit, um eine Brücke von der Welt des Beraters zu der des Klienten zu schlagen und eine tragfähige therapeutische Beziehung herzustellen. Gelingt dies, wird Weisheit nach unserer Überzeugung die Beziehung vertiefen und durch kulturelle Metaphern oder therapeutische Analogien Übergänge schaffen, die für das Arbeitsbündnis förderlich sind. Es mag Vorurteile geben im Hinblick auf urbane oder ländliche Klienten mit spanischem oder asiatischem Hintergrund. In einem kulturübergreifenden Austausch müssen Berater den soziopolitischen und wirtschaftlichen Einfluss der dominanten Kultur auf den Klienten untersuchen, die verbalen und nonverbalen Hinweise verstehen und sie genau interpretieren, die stereotypen Annahmen des Klienten aufschlüsseln und zugleich die eigenen Vorurteile überprüfen.

Wenn der asiatische Klient die Vermutung äußert „Sie können doch nicht verstehen, was ich durchgemacht habe", wäre ein empathisches Paraphrasieren, Reflektieren oder Nachfragen, was genau vorgefallen ist, eine angemessene Reaktion. Wenn der spanische Berater jedoch den Kontext wechselt, um einen gemeinsamen Boden erfahrbar zu machen, kann er antworten: „Sie haben Recht. Ich verstehe vielleicht nicht ganz, was Sie durchgemacht haben, aber ich kenne Schmerz, und den spüre ich bei Ihnen. Ich wüsste gerne, wodurch er verursacht wurde, wenn Sie darüber sprechen möchten." Diese Antwort überschreitet den kulturellen Kontext und stellt einen gemeinsamen Boden mit dem asiatischen Klienten her. Der Ansatz ist insofern dialektisch, als er die Botschaft des Klienten über die Unterschiede aufgreift und zugleich eine Gemeinsamkeit im gemeinsamen menschlichen Erleben findet sowie das Interesse signalisiert, eine bedeutsame Beziehung aufzubauen.

Kontext beeinflusst praktisch alle Denkprozesse grundlegend. Bateson (1979, 15) stellte fest: „Ohne Kontext haben Worte und Handlungen keine Bedeutung. Das gilt nicht nur für die verbale menschliche Kommunikation, sondern für jegliche Kommunikation, für alle mentalen Prozesse, für allen Geist." So betonte Scharfstein (1989) auch die Notwendigkeit, den Kontext als inneren Aspekt des Denkens zu erkennen. Feministinnen wie Daly (1973, 1978) und Miller (1986) haben mit Hilfe von Kontextanalysen subtile Bedeutungs- und Sprachstrukturen aufzudecken versucht, die sexistische, patriarchale Haltungen und Verhaltensweisen nach sich ziehen. Demgegenüber neigt ein nur durch Intelligenz geprägtes Denken dazu, die Bedeutung unterschiedlicher Kontexte zu ignorieren oder zu vernachlässigen.

8. Weisheit und multikulturelle Beratung

Traditionelle Kulturen haben bestimmte Mitglieder der Gesellschaft als weise identifiziert und respektiert. Das hohe Maß an Achtung für diese Personen gilt ihrem Mitgefühl, ihrer Empathie und ihrem tiefen Verständnis von weltlichen und spirituellen Bereichen. Schon ein oberflächlicher Blick auf die in Abb. 1 dargestellten Eigenschaften macht deutlich, dass es sich dabei praktisch um dieselben Eigenschaften handelt, die sich bei einem effektiven Berater oder Therapeuten feststellen lassen (Hanna/Ottens 1995). Professionelle im psychosozialen Bereich können also ihre Effektivität erhöhen, indem sie lernen, ihre Weisheit zu entwickeln und zu verstehen. Wenn z.B. ein Familientherapeut ein traditionelles hierarchisches Familiensystem effektiv miteinbeziehen will, wäre es weise, die Familienmitglieder auf ihre Rolle, ihren Status und auf das ihnen zugeschriebene Wissen anzusprechen statt auf das im Vordergrund stehende Problem. Erwartungen und Offenheit der Klienten in Bezug auf den Berater oder Therapeuten (bzw. den kulturellen Heiler) und ihr Glaube an deren Fähigkeit „zu heilen" wäre weitaus größer, wenn ihnen dessen Verständnis für ihr kulturelles Bezugssystem erkennbar wäre.

In westlichen Kulturen werden psychotherapeutische Professionelle, vor allem Psychiater, traditionell als besonders kenntnisreich im Hinblick auf die Psyche und ihre Heilung angesehen, was gewöhnlich auf ihren Titel und ihre Ausbildung zurückgeführt wird. Frank/Frank (1991) haben gezeigt, dass die Heilungskräfte, die Psychotherapeuten zugeschrieben werden, durch solche kulturell gebundenen Annahmen und Symbole festgelegt sind. Sie stellten fest, dass es umso einfacher ist, die Heilerrolle anzunehmen, je einheitlicher die Weltanschauung der jeweiligen Gesellschaft ist. Daher wird in dieser Kultur ein Berater für weise gehalten, ob zu Recht oder nicht; und auch die Effektivität der Beratung wird durch den kulturellen Kontext und die kulturelle Homogenität signifikant beeinflusst. Anders gesagt, in der Kultur wird davon ausgegangen, Berater und Heiler seien weise. Unglücklicherweise ist jedoch die Zuschreibung von Weisheit keine Garantie dafür, dass ein Berater oder Heiler tatsächlich weise ist. Dennoch bleibt Weisheit wohl der entscheidende Faktor für den Unterschied zwischen effektivem Helfen und bloßem Abspulen von Routinen.

In multikulturellen Settings ist Weisheit als ein tiefes, fließendes und umfassendes Verstehen von fundamentaler Bedeutung. Vielfältige divergierende Erfahrungen zu integrieren, kann einem Menschen helfen, in jedem Einzelnen das universale Menschseins zu erkennen ebenso wie das je einzigartige kulturelle Erbe und die Eigenheiten eben dieses Menschen. Carkhuff (1969a/b; s.a. Truax/Carkhuff 1967; Carkhuff/Berenson 1977) hat durch umfassende Forschungen zentrale Eigenschaften eines effektiven Beraters isoliert, nämlich Empathie, Echtheit, Wertschätzung und Konkretheit. Wir meinen, dass Weisheit diese Parameter umfasst und sie zugleich überschreitet: Es ist die Fähigkeit einer gesteigerten Empathie, z.B. einem Klienten jenseits der üblichen Reflexionen und Umschreibungen zu signalisieren, dass er verstanden wird (Ottens/Shank/Long 1995). Dies ist ein zentraler Aspekt von Weisheit (Kramer 1990; Pascual-Leone 1990; Sternberg 1990a) und eine wesentliche Grundlage für effektive multikulturelle Beratung. Auch der Entwicklungsaspekt von Iveys Ansatz (1986, 1991) ist hilfreich bei der Ausbildung von Weisheit. Eine zusätzliche und gleichermaßen wichtige Eigenschaft ist die Weisheit zu verstehen, was man in einem anderen Menschen wahrnimmt, und zwar mit allen Konflikten, Paradoxien und Widersprüchen im Klienten ebenso wie in einem selbst.

Der weise Berater ist ein Mensch mit einem außergewöhnlichen Maß an Empathie, Sensibilität und Awareness, mit besonderer Beziehungsfä-

higkeit und tiefer Menschenkenntnis. Als Berater Weisheit zu haben, bedeutet nicht einfach, über bestimmte Fähigkeiten oder Kenntnisse zu verfügen. Es gibt viele professionelle Berater mit hervorragenden Fähigkeiten, umfassendem „Schulbuchwissen" und einer soliden theoretischen
Fundierung. Viele Professionelle haben sich intellektuell mit anderen Kul-
turgruppen auseinandergesetzt und arbeiten und leben vielleicht kulturübergreifend. Aber selbst wenn dies der Fall ist, so kann ihnen doch die
notwendige Weisheit fehlen, solange sie sich nicht die Zeit nehmen, diese
Erfahrungen in einer solchen Weise zu reflektieren, zu hinterfragen, zu
internalisieren und zu integrieren, die über einen traditionellen Ausbil-
dungs- und Wissensstand hinausgeht. Vielleicht muss man, um weise zu
werden, die definierten Parameter, die traditionell als kulturübergreifend
dargeboten werden, hinter sich lassen, um zu einem tieferen, reicheren
Verständnis zu gelangen. Das ist ebenso eine Frage des Charakters und
der persönlichen Entwicklung, wie es auch eine Fähigkeit ist.

9. Berufsausbildung und das Messen von Weisheit

In den westlichen Bildungssystemen wird die Entwicklung von Weisheit weitgehend vernachlässigt, und zwar infolge einer einseitigen Über-
bewertung der Intelligenz nach dem Modell der Mathematik, der exakten
Wissenschaften und der Technologie (Robinson 1990). Über die Folgen
dieser Haltung und über ihre negativen Auswirkungen auf die Umwelt
und die zwischenmenschlichen Beziehungen ließe sich vieles sagen. Wie
dem auch sei, wenn die Merkmale der Weisheit und die eines effektiven
Beraters sich tatsächlich so bemerkenswert entsprechen, dann wäre es eine
lohnende Aufgabe, auf Weisheit aufbauende Ausbildungsmethoden zu
explorieren oder zu entwickeln. Aber das würde eine grundlegend veränderte Haltung zur Beraterausbildung verlangen. Eine solche Änderung
könnte von vitaler Bedeutung sein. Die bisherige Ausbildung war nicht
durchgängig erfolgreich damit, Berater und Therapeuten hervorzubringen,
die effektiver wären als paraprofessionelle Berater und Therapeuten mit
einer relativ geringen Ausbildung.
Tatsächlich wurden die gegenwärtigen Ausbildungsmethoden und
-ansätze in den letzten zehn Jahren häufig kritisiert wegen ihrer unange-
messenen Ergebnisse (Christensen/Jacobson 1994; Dawes 1994; Humphreys 1996; Peterson 1995). Eine sehr sorgfältig durchgeführte Meta-
analyse von Hattie u.a. (1984) zeigte, dass professionelle Berater trotz
hohem Ausbildungsstand und jahrelanger Berufserfahrung nicht effekti-

ver sind als paraprofessionelle. Berman/Norton (1985) schlussfolgerten, eine professionelle Ausbildung scheine die Effektivität der Therapeuten trotz Supervision, Weiterbildung und Curriculum nicht zu erhöhen. Dumont (1991) zeigte auf, dass Berufserfahrung die Effektivität sogar verringern kann, wie bereits Hattie u.a. (1984) vermuteten. Stein/Lambert (1995) gelangten bei ihrem Versuch, diese Ergebnisse zu überprüfen, zu dem Schluss, dass eine jahrelange Ausbildung Therapeuten hervorbringt, die Paraprofessionelle an Effektivität nur gering übertreffen. Sie bemerkten, es fände sich kein zwingender Beweis für den Erfolg gegenwärtiger Ausbildungsmethoden.

Warum ist das so, und was hat das mit multikultureller Beratung zu tun? Der Unterschied ist vielleicht auf die vernachlässigte Entwicklung von Weisheit zurückzuführen. Berater und andere psychosoziale Professionelle besitzen kein Monopol darauf; wir vermuten, dass Weisheit, da sie in der Ausbildung nicht direkt angesprochen wird, sich mit einer Zufallsverteilung in der Bevölkerung findet (Hanna/Ottens 1995). Daher können viele Personen, denen es an Weisheit fehlt, sich für eine Beraterausbildung bewerben, angenommen und graduiert werden. Trotz ihrer Ausbildung und ihres guten Abschneidens (teilweise aufgrund ihrer Intelligenz) werden sie vielleicht niemals kompetente Berater. Bei der Zulassung von Studenten zur Beraterausbildung ist Weisheit kein Thema. Auf derselben Linie haben Loevinger/Wessler (1970) mit ihren Untersuchungen über die von professionellen Helfern erreichte Persönlichkeitsentwicklung gezeigt, dass diese keine höhere Entwicklungsstufe aufwiesen als die übrige Bevölkerung. Da die höheren Entwicklungsstufen nach Loevingers Entwicklungsschema den Weisheitsmerkmalen zu entsprechen scheinen (Kramer 1990), ist die Annahme nicht unvernünftig, dass beide zufallsverteilt sind.

Es stellt sich also die hypothetische Frage, ob Ausbildungsprogramme effektivere Berater hervorbringen würden, wenn sie bei den Studenten Weisheit entwickeln könnten. Es wäre möglich, durch eine Konzentration auf Weisheit die von diesen Studien dargestellten Probleme professioneller und paraprofessioneller Berater zu mildern. Aber wie misst man Weisheit? Kramer (1990) meinte, dass die Merkmale einer Person, die die höheren Stufen nach Loevingers Entwicklungsschema erreicht, den Merkmalen der Weisheit entsprechen. Er betonte auch, dass die Ich-Entwicklung (Loevinger 1985: „Charakterentwicklung") eine notwendige Bedingung darstellt für die Entwicklung von Weisheit. Loevingers Stufenmodell trägt tatsächlich der ganzen Breite der hier diskutierten Weisheitsmerkmale Rechnung.

Daher könnte der *Washington University Sentence Completion Test of Ego Development* (Loevinger 1976, 1985; Loevinger/Wessler 1970; Loevinger/Wessler/Redmore 1970; Redmore/Loevinger/Tamashiro 1978) besonders nützlich sein für das Entdecken von Weisheit in Ausbildung und Supervision. Dieser Ansatz wurde bereits früher vorgeschlagen (Swenson 1980), ist aber kaum rezipiert worden. Nach Carlozzi u.a. (1983) erwies sich dieses Instrument als hilfreich beim Messen von Empathie. Basierend auf Kramers Annahme, Weisheit entspreche den höheren Stufen von Loevingers Schema, müsste dieses Instrument generell beim Erfassen von Weisheit nützlich sein: ein vielversprechendes Thema für weitere Studien.

Die Suche nach Ausbildungsmethoden, die beim Begründen und Fördern von Weisheit hilfreich sein könnten, steckt noch in den Kinderschuhen. Diese Aufgabe entspricht der Suche nach einer Möglichkeit, einem Berater oder überhaupt einem Menschen zu helfen, in seiner Entwicklung voranzuschreiten. Jedenfalls wäre es für die Kultivierung von Weisheit sicherlich hilfreich, dialektisches Denken zu lehren (Hanna/Giordano/Bemak 1996; Hanna/Ottens 1995). Dazu könnte man Awareness-Techniken aus der Gestalttherapie übernehmen, wie z.B. die Wahrnehmung von Kontakt und von Erregung, therapeutische Frustration, Zentrierungsübungen und ein Denken in Polaritäten. Existential-phänomenologische Methoden zum Erkunden des Seins und zum Transzendieren des Selbst können die Entwicklung von Scharfsinn fördern (Hanna 1993a/b). Auch Ansätze des Erfahrungslernens könnten hierzu vermehrt eingesetzt werden. Methoden der islamischen Sufi-Tradition (wie Nachgeben und Paradoxien) könnten hilfreich sein. Ebenso könnten metakognitive Fähigkeiten, wie man sie z.B. durch die buddhistische Vipassana-Meditation lernt (eine auf aufmerksamer Awareness basierende Einsichtsmeditation), eine tiefere Awareness und das Potential zu einer entwicklungsbezogenen psychotherapeutischen Veränderung fördern (Hanna/Giordano/Dupuy/Puhakka 1995). Rein akademische oder gelehrte Aufgabenstellungen sind für die Ausbildung effektiver Berater, ob multikulturell oder sonstwie, überhaupt nicht hilfreich (Sternberg/Williams 1997).

10. Schlussfolgerung:
Für ein höheres Niveau von Wirksamkeit

Durch die Jahrhunderte und über viele Kulturen hinweg gab es zahllose Reisen auf der Suche nach Weisheit. Ein gemeinsames Merkmal all dieser

Bestrebungen ist die Fähigkeit, neue Einsichten und Erfahrungen in die verschiedenen Formen des Verstehens und Denkens aufzunehmen. Im Bereich der multikulturellen Beratung bedeutet das ein beständiges Überprüfen und Integrieren von sich widersprechenden Weltsichten, Bedeutungssystemen, Bräuchen, Traditionen, Wahrnehmungen und Vorurteilen vor dem größeren Hintergrund von gemeinsamen fundamentalen menschlichen Bedingungen.

Die Fortbildungen für multikulturelle Belange und die traditionellen Beraterausbildungen sind im Hinblick auf das Erlangen von Weisheit sehr begrenzt; und sie bleiben weitgehend stecken in einer an Intelligenz orientierten Ausbildungsmodalität. Unglücklicherweise führt dies zu Absolventen, die (nur) die richtige Rhetorik beherrschen und sich politisch korrekt auszudrücken wissen. Wenn man darüber hinaus geht, sich mehr als bloße Informationen aneignet und Ausbildungsprogramme hat, die Weisheit hervorheben und fördern, so lässt sich für den gesamten Bereich der Beratung vielleicht ein neues Niveau von Wirksamkeit erlangen. Dazu ist es erforderlich, dass Beraterausbilder und Forscher auch die Tiefe und die Weite der eigenen automatisierten Denkgewohnheiten, Grundannahmen und subtilen Vorurteile erkunden – was schon ein weiteres Merkmal von Weisheit ist.

In diesem Artikel haben wir versucht, über traditionelles bzw. konventionelles Denken hinauszusehen und persönliche Eigenschaften zu erhellen, die einen wirksamen multikulturellen Berater ausmachen. Es ist noch viel Forschungsarbeit notwendig, um Weisheit und Beratereffektivität zu untersuchen. Ironischerweise bedeutet die Tatsache, dass jemand über Weisheit forscht oder schreibt, noch lange nicht, dass er oder sie diese Eigenschaft für sich in Anspruch nehmen könnte. Obwohl Weisheit ein höchst erstrebenswertes Ziel ist, kann dies wohl niemals ganz erreicht werden. Wie so vieles in diesem Bereich bleibt es eine Angelegenheit steter Entwicklung und Annäherung.

Weisheit enthält das Wesen von persönlichem Wachstum und Entwicklung. In der Beratungsliteratur scheint Weisheit vor allem durch Abwesenheit zu glänzen. Durch ein Ermutigen von metakognitiven Fähigkeiten, fortgeschrittener Empathie, dialektischem Denken, von Durchblick und Scharfsinn in Praxis, Ausbildung und Forschung können wir vielleicht lernen, Meisterberater (Berater mit Weisheit) heranzubilden. Paradoxerweise kann Weisheit, so alt sie als Konzept ist, in der Forschung als ein „neues" Paradigma dienen, um die Merkmale, Fähigkeiten und Eigenschaften eines effektiven multikulturellen Beraters zu bestimmen.

Anmerkungen

1 Aus dem Amerikanischen von Christoph J. Schmidt-Lellek; orig.: Toward a „New" Paradigm for Multicultural Counseling. In: Journal of Counseling and Development, Spring 1999, Vol. 77, 125-133. Übersetzung und Veröffentlichung mit freundlicher Genehmigung durch Autoren, Zeitschrift und Verlag.

Literatur

Adler, A. (1956): The individual psychology of Alfred Adler. Hg. H.L. Ansbacher, R.R. Ansbacher. New York.- Dt.: Alfred Adlers Individualpsychologie. München 1972.

Arlin, P.K. (1990): Wisdom: The art of problem finding. In: *Sternberg, R.J. (Hg.):* Wisdom: Its nature, origins, and development. New York, 230-243.

Asante, M.K. (1987): The Afrocentric idea. Philadelphia.

Baltes, P.B./Smith, J. (1990): Toward a psychology of wisdom and its ontogenesis. In: *Sternberg, R.J. (Hg.):* Wisdom: Its nature, origins, and development. New York, 87-120.

Basseches, M. (1980): Dialectical schemata: A framework for the empirical study of the development of dialectical thinking. In: Human Development 23, 6, 400-421.

Basseches, M. (1984): Dialectical thinking and adult development. Norwood, NJ.

Bateson, G. (1979): Mind and nature. New York. - Dt.: Geist und Natur. Eine notwendige Einheit. Frankfurt/M. 1982.

Beck, A.T. (1976): Cognitive therapy and the emotional disorders. New York.

Berman, J.S./Norton, N.C. (1985): Does professional training make a therapist more effective? In: Psychological Bulletin 98, 2, 401-407.

Blocher, D.H. (1983): Toward a cognitive developmental approach to counseling supervision. In: The Counseling Psychologist 11, 1, 27-33.

Carkhuff, R.R. (1969a): Helping and human relations: A primer for lay and professional helpers. Vol. 1: Selection and training. New York.

Carkhuff, R.R. (1969b): Helping and human relations: A primer for lay and professional helpers. Vol. 2: Practice and research. New York.

Carkhuff, R.R./Berenson, B.G. (1977): Beyond counseling and therapy. 2. ed. New York.

Carlozzi, A.F./Gaa, J.P./Liberman, D.B. (1983): Empathy and ego development. In: Journal of Counseling Psychology 30, 113-116.

Chandler, M.J./Holliday, S. (1990): Wisdom in a postapocalyptic age. In: *Sternberg, R.J. (Hg.):* Wisdom: Its nature, origins, and development. New York, 121-141.

Christensen, A./Jacobson, N.S. (1994): Who (or what) can do psychotherapy: The status and challenge of nonprofessional therapies. In: Psychological Science 5, 1, 8-14.

Daly, M. (1973): Beyond God the father: Toward a philosophy of women's liberation. Boston.

Daly, M. (1978): Gyn/ecology: The metaethics of radical feminism. Boston.

Dawes, R.M. (1994): House of cards: Psychology and psychotherapy built on myth. New York.

Dumont, F. (1991): Expertise in psychotherapy: Inherent liabilities of becoming experienced. In: Psychotherapy 28, 3, 422-428.

Eliade, M. (1964): Shamanism: Archaic techniques of ecstasy. Princeton.

Erikson, E.H. (1964): Insight and responsibility. New York.

Fischer-Schreiber, I./Ehrhard, F.-K./Diener, M.S. (1991): The Shambhala dictionary of Buddhism and Zen. Boston.

Flavell, J.H. (1979): Metacognition and cognitive monitoring: A new area of cognitive developmental inquiry. In: American Psychologist 34, 10, 906-911.

Frank, J.D./Frank, J.B. (1991): Persuasion & healing: A comparative study of psychotherapy. 3. ed. Baltimore, Md.

Goldfried, M.R./Greenberg, L.S./Marmar, C. (1990): Individual psychotherapy: Process and outcome. In: Annual Review of Psychology 41, 659-688.

Goleman, D. (1995): Emotional intelligence. New York.

Hanna, F.J. (1993a): The transpersonal consequences of Husserl's phenomenological method. In: The Humanistic Psychologist 21, 1, 41-57.

Hanna, F.J. (1993b): Rigorous Intuition: Consciousness, being, and the phenomenological method. In: Journal of Transpersonal Psychology 25, 2, 181-198.

Hanna, F.J. (1994): A dialectic of experience: A radical empiricist approach to conflicting theories in psychotherapy. In: Psychotherapy 31, 1, 124-136.

Hanna, F.J./Giordano, F.G./Bemak, F. (1996): Theory and experience: Teaching dialectical thinking in counselor education. In: Counselor Education and Supervision 36, 1, 14-24.

Hanna, F.J./Giordano, F./Dupuy, P./Puhakka, K. (1995): Agency and transcendence: The experience of therapeutic change. In: The Humanistic Psychologist 23, 2, 139-160.

Hanna, F.J./Ottens, A.J. (1995): The role of wisdom in psychotherapy. In: Journal of Psychotherapy Integration 5, 3, 195-219.

Hanna, F.J./Ritchie, M.H. (1995): Seeking the active ingredients of psychotherapeutic change: Within and outside the context of therapy. In: Professional Psychology: Research and Practice 26, 2, 176-183.

Harner, M. (1990): The way of the shaman. San Francisco.

Hattie, J.A./Sharpley, C.E./Rogers, H.J. (1984): Comparative effectiveness of professional and paraprofessional helpers. In: Psychological Bulletin 95, 3, 534-541.

Hiegel, J.P. (1992): Use of indigenous concepts and healers in the care of refugees: Some experiences from the Thai border camps. In: *Marsella, A.J. u.a. (Hg.):* Amidst peril and pain, 293-309. Washington, DC.

Hofstede, G. (1980): Culture's consequences: International differences in work-related values. London.

Hofstede, G. (1986): Cultural differences in teaching and learning. In: International Journal of Intercultural Relations 10, 301-320.

Hofstede, G. (1992): Cultures and organizations: Software of the mind. London.

Hofstede, G. (1993) Organisationsentwicklung in verschiedenen Kulturen. In: *Fatzer, G. (Hg.):* Organisationsentwicklung für die Zukunft. Ein Handbuch. 2. Aufl. Köln 1999, 327-348.

Howard, G.S. (1991): Culture tales: A narrative approach to thinking, cross-cultural psychology, and psychotherapy. In: American Psychologist 46, 3, 187-197.

Humphreys, K. (1996): Clinical psychologists as psychotherapists: History, future and alternatives. In: American Psychologist 51, 3, 190-197.

Ivey, A.E. (1986): Developmental therapy: Theory into practice. San Francisco.

Ivey, A.E. (1991): Developmental strategies for helpers: Individual, family, and network interventions. Pacific Grove, Ca.

Ivey, A.E. (1995): Psychotherapy as a liberation: Toward specific skills and strategies in multicultural counseling and therapy. In: *Ponterotto, J.G. u.a. (Hg.):* Handbook of multicultural counseling. Thousand Oaks, Ca, 53-72.

Kegan, R. (1982): The evolving self: Problem and process in human development. Cambridge, Ma.

Kottler, J.A. (1991): The complete therapist. San Francisco.

Kottler, J.A./Blau, D.S. (1986): The imperfect therapist. Learning from failure in therapeutic process. San Francisco. - Dt.: Wenn Therapeuten irren. Versagen als Chance. Köln 1991.

Kramer, D.A. (1990): Conceptualizing wisdom: The primacy of affect-cognition relations. In: S*ternberg, R.J. (Hg.):* Wisdom: Its nature, origins, and development. New York, 279-313.

Lambert, M.J. (1992): Psychotherapy outcome research: Implications for integrative and eclectic therapists. In: *Norcros, J.C./Goldfried, M.R. (Hg.):* Handbook of psychotherapy integration. New York, 94-129.

Lame Deer, A.F./Erdoes, R. (1992): Gift of power: The life and teachings of a Lakota medicine man. Santa Fe, NM.

Loevinger, J. (1976): Ego development. San Francisco.

Loevinger, J. (1985): Revision of the sentence completion test for ego development. In: Journal of Personality and Social Psychology 48, 2, 420-427.

Loevinger, J./Wessler, R. (1970): Measuring ego development. I. San Francisco.

Loevinger, J./Wessler, R./Redmore, C. (1970): Measuring ego development. II. San Francisco.

Mahoney, M.J. (1989): Scientific psychology and radical behaviorism: Important distinctions based in scientism and objectivism. In: American Psychologist 44, 11, 1372-1377.

Meichenbaum, D.B. (1977): Cognitive-behavior modification: An integrative approach. New York.

Meichenbaum, D.B./Asarnow, J. (1979): Cognitive-behavioral modification and metacognitive development: Implications for the classroom. In: *Kendall, P.C./Hollon, S.D. (Hg.):* Cognitive-behavioral interventions: Theory, research and procedures. New York, 11-35.

Miller, J.B. (1986): Toward a new psychology of women. Boston.

Nagarjuna (1970): Mulamadhyamikacarika. In: *Inada, K.K. (Hg. u. Übers.):* Nagarjuna: A translation of his Mulamadhyamikacarika with an introductory essay. Tokyo [Orig. ca. 200]

Norcross, J.C./Goldfried, M.R. (Hg.) (1992): Handbook of psychotherapy integration. New York.

Orwoll, L./Perlmutter, M. (1990): The study of wise persons: Integrating a personality perspective. In: *Sternberg, R.J. (Hg.):* Wisdom: Its nature, origins, and development. New York, 160-177.

Ottens, A.J./Shank, G.D./Long, R.J. (1995): The role of abductive logic in understanding and using advanced empathy. In: Counselor Education & Supervision 34, 3, 199-211.

Pascual-Leone, J. (1990): An essay on wisdom: Toward organismic processes that make it possible. In: *Sternberg, R.J. (Hg.):* Wisdom: Its nature, origins, and development. New York, 244-278.

Pedersen, P.B./Draguns, J.D./Lonna, W.J./Trimble, J.E. (1996): Counseling across cultures. 4. ed. Thousand Oaks, Ca.

Pesut, D.J. (1990): Creative thinking as a self-regulatory metacognitive process: A model for education, training, and further research. In: Journal of Creative Behavior 24, 2, 105-110.

Peterson, D.R. (1995): The reflective educator. In: American Psychologist 50, 975-983.

Ponterotto, J.G. u.a. (Hg.) (1995): Handbook of multicultural counseling. Thousand Oaks, Ca.

Redmore, C./Loevinger, J./Tamashiro, R. (1978): Measuring ego development: Scoring manual for men and boys [unveröff.]

Robinson, D.N. (1990): Wisdom through the ages. In: *Sternberg, R.J. (Hg.):* Wisdom: Its nature, origins, and development. New York, 13-24.

Robinson, T.L./Howard-Hamilton, M. (1994): An Afrocentric paradigm: Foundation for a healthy self-image and healthy interpersonal relationships. In: Journal of Mental Health Counseling 16, 3, 327-339.

Rychlak, J.F. (1976): The multiple meanings of dialectic. In: *Rychlak, J.F. (Hg.):* Dialectic: Humanistic rationale for behavior and development. New York.

Rychlak, J.F. (1988): The psychology of rigorous humanism. New York.

Scharfstein, B. (1989): The dilemma of context. New York.

Sexton, T.L./Whiston, S.C. (1991): A review of the empirical basis for counseling: Implications for practice and training. In: Counselor Education and Supervision 30, 4, 330-354.

Slife, B.D/Weaver, C.A. (1992): Depression, cognitive skill, and metacognitive skill in problem solving. In: Cognition and Emotion 6, 1, 1-22.

Stein, D.M./Lambert, M.J. (1995): Graduate training in psychotherapy: Are therapy outcomes enhanced? In: Journal of Consulting and Clinical Psychology 63, 2, 182-196.

Sternberg, R.J. (1986): Intelligence, wisdom, and creativity: Three is better than one. In: Educational Psychologist 21, 3, 175-190.

Sternberg, R.J. (1990): Wisdom and its relations to intelligence and creativity. In: *Sternberg, R.J. (Hg.):* Wisdom: Its nature, origins, and development. New York, 142-159.

Sternberg, R.J. (Hg.) (1990): Wisdom: Its nature, origins, and development. New York.

Sternberg, R.J./Williams, W.M. (1997): Does the Graduate Record Examination predict meaningful success in the graduate training of psychologists? In: American Psychologist 52, 6, 630-641.

Sue, D.W./Ivey, A.E./Pedersen, P.B. (1996): A theory of multicultural counseling and therapy. Pacific Grove, Ca.

Sue, D.W./Sue, D. (1990): Counseling the culturally different: Theory and practice. New York.

Swenson, C.H. (1980): Ego development and a general model for counseling and psychotherapy. In: Personnel and Guidance Journal 58, 382-388.

Tolman, C. (1983): Further comments on the meaning of „dialectic". In: Human Development 26, 320-324.

Truax, C.B./Carkhuff, R.R. (1967): Toward effective counseling and psychotherapy. Chicago.

Whiston, S.C./Sexton, T.L. (1993): An overview of psychotherapy outcome research: Implications for practice. In: Professional Psychology: Research and Practice 24, 1, 43-51.

Zimmerman, J./Dickerson, V. (1996): If problems talked: Adventures in narrative therapy. New York.

II. Teil

Kommunikation und Beratung
in Kontexten kultureller Vielfalt

Barbara Heimannsberg

Interkulturelle Beratung
Ein Leitfaden für Prozessbegleiter

Kulturelle Vielfalt ist in vielen Lebens- und Arbeitsbereichen ein All-
tagsphänomen. Ob man kulturelle Unterschiede eher als Problem sieht
oder als Ressource, ist abhängig von der jeweiligen Einstellung. In vielen
Teams, Unternehmen oder Gemeinschaften werden kulturelle Unterschiede
jedoch gar nicht offen thematisiert – nicht weil sie nicht da wären, sondern weil die politisch korrekte Direktive lautet: „Wir sind hier alle gleich."
Diese scheinbar weltoffene Haltung heißt in der Konsequenz nicht selten:
„Wer anders ist, sollte sich schleunigst anpassen." Wenn man die kulturelle Integration nicht allein dem Zufall oder der naturwüchsigen Gruppendynamik überlassen will, empfiehlt sich ein anderer Weg: nämlich der der
bewussten Thematisierung von Unterschieden im Rahmen eines moderierten Prozesses mit dem Ziel, mögliche negative Auswirkungen kultureller Vielfalt zu begrenzen und ihr positives Potential zu entfalten. Überlegungen und Ansätze dazu sind Gegenstand des folgenden Beitrags. Die
Struktur des Artikels folgt dem Verlauf und der Themenabfolge einer ide-
altypischen interkulturellen Beratung.

Kultur

Der Begriff der Kultur stellt auf Differenz und Vergleiche ab. Häufig
werden Kultur vs. Natur, Alltagskultur vs. Hochkultur oder eigene und
fremde Kulturmuster gegenübergestellt. Kultur ist eine mit anderen geteilte Praxis und zugleich Handlungsorientierung, d.h. ein System von
Werten, Normen und Grundannahmen. Kultur ist auch Sprachspiel und
Kommunikation. Es gibt über 50 Kulturbegriffe, je nach Fachbereich und
theoretischer Schule. Die knappste Definition lautet: „Culture is bias",
Kultur ist Wertung (Mary Douglas 1989).
Für Berater und Prozessbegleiter, die sich im Felde angewandter Sozialpsychologie, Managementtheorie und Lerntheorie bewegen, taugt nur
ein Kulturbegriff, der den entsprechenden Referenztheorien genügt. Er soll

von der Nationalkultur auf der Makroebene bis zur Organisations- oder Unternehmenskultur auf der Mesoebene reichen. Unser Kulturbegriff muss elastisch genug sein, den Wandel einer Kultur als Ganzes ebenso zu erfassen wie den individuellen Spielraum innerhalb einer Kultur. Die Zugehörigkeit einer Person zu mehreren Kulturen muss denkbar sein, ebenso Abweichungen, Widersprüche und individuelle Freiheitsgrade. Es gibt immer Interpretationsspielräume. Kulturen sind nicht monolithisch. Es darf nicht aus dem Blick geraten, dass wir handelnde Menschen mit je eigenen Zielen und Motiven beraten, auch wenn diese von ihrem kulturellen Hintergrund beeinflusst sind.

In der interkulturellen Beratung meint Kultur ein Ensemble von Symbolen, Ritualen und Praktiken. Im Einzelnen handelt es sich um kollektive Gewohnheiten des Denkens, Bewertens, Fühlens und Handelns, die sich wandeln können. Sie wirken in ihrer Gesamtheit wie ein Filter, durch den wir die Welt wahrnehmen. Diese Weltsicht entscheidet mit darüber, welche Probleme wir angehen, welche Chancen wir nutzen und wie wir dabei vorgehen. Häufig ist uns diese Tatsache nicht bewusst. Gemischt-kulturelle Settings machen den Akteuren die Kulturabhängigkeit der eigenen Vorstellungen und Praktiken oft erst bewusst. Die Antworten auf die unterschiedlichen Traditionen entscheiden dann darüber, ob die Zukunft kulturelle Stagnation oder Weiterentwicklung bringt.

Interkulturelle Beratung

Der spezielle Fokus interkultureller Beratung ist die Interaktion, Kommunikation und Kooperation in kulturell heterogenen Settings. Die Akteure sollen in einen Dialog treten und verbindliche Regelungen treffen, die dem jeweiligen Handlungszusammenhang und der daraus resultierenden gemeinsamen Verantwortung gerecht werden. In sozialwissenschaftlichen Kategorien geht es um Assimilation, Akkulturation und Integration; in der Sprache der Managementtheorie handelt es sich um eine Form der Teamentwicklung bzw. Organisationsentwicklung; und alltagssprachlich geht es um ein produktives Miteinander von Angehörigen unterschiedlicher Kulturen.

Wie in jedem professionell begleiteten Prozess werden zunächst Ziele und Verfahrensregeln abgestimmt. Folgende Faktoren beeinflussen den Prozess:

(1) die persönlichen Ziele und Erwartungen der Beteiligten sowie der Arbeitsauftrag bzw. die Zielausrichtung des übergeordneten Systems;

(2) die Binnenstruktur der zu beratenden Einheit, z.b. formale Hierarchien, Rollen und informelle Beziehungen;

(3) der Kontext, z.b. gesellschaftliche und historische Rahmenbedingungen und kontextabhängige Machtkonstellationen.

Kulturelle Vielfalt kann sich in jedem dieser Aspekte zeigen und auch in der Haltung zu ihnen. So kann das Denken, Fühlen, Wollen und Handeln bezüglich der Aufgabenstellung, der Kontextbedingungen oder der Hierarchie kulturspezifisch variieren. Die Vielfalt, mit der es umzugehen gilt, kann aber auch ganz andere Quellen haben, z.B. die Persönlichkeit der Teilnehmer, ideologische Ausrichtungen und alters- oder geschlechtsspezifische Unterschiede. Nicht jede Differenz ist kulturell. Außerdem ist keine Kultur in sich konsistent. Es geht also darum, die vorgefundene Vielfalt zu würdigen. Wir sollten nicht einfach unterstellen, die anderen fühlten und dächten wie wir selbst.

Interkulturelle Beratung ist ein Ansatz, der in dem oben beschriebenen Sinne kultursensibel vorgeht, ohne kulturelle Unterschiede zu übergehen, einzuebnen oder alles auf kulturelle Differenzen zu reduzieren. Es geht darum, die vorgefundene Vielfalt für gemeinsame Ziele fruchtbar zu machen und wechselseitiges Lernen zu fördern. Das ist nicht zu verwechseln mit dem Multikulturalismus postmoderner Beliebigkeit. Wenn gemeinsame Aufgaben zu bewältigen sind, führt bloße Toleranz für ein buntes Nebeneinander nicht zum Ziel. Ebenso wenig ist hier kosmopolitische Nonchalance angebracht. Kulturelle Unterschiede können zu Missverständnissen, Konflikten und Brüchen führen – nicht zuletzt deshalb, weil das kulturelle Selbstbewusstsein eine starke Triebfeder für kollektives wie individuelles Handeln ist. Kulturelle Zugehörigkeit stützt die Identität und Selbstachtung von Menschen. Das will respektiert sein. Um den Chancen und Herausforderungen gemischt-kultureller Settings angemessen zu begegnen, müssen Vielfalt und Einheit in Balance gehalten werden. Es soll offen über Unterschiede diskutiert werden, aber nicht ohne den dazu notwendigen Boden von Gemeinsamkeiten zu stärken.

Prozessbegleitung

Ein interkultureller Berater, eine Beraterin wird auf diese Balance in der Prozessbegleitung besonders achten und seine/ihre Methoden danach ausrichten. Die angebotenen Strukturhilfen sollen den Teilnehmern die

nötige Sicherheit geben, ohne zu sehr einzuengen. Der Komplexität interkultureller Situationen wird nur ein Ansatz gerecht, der sich der Vielfalt
öffnet und selbst vielfältig ist. Die Themen gemischt-kultureller Gruppen
werden auf der Grundlage unterschiedlicher theoretischer Folien mehrperspektivisch beleuchtet und bearbeitet. Die ethische Orientierung folgt
dabei dem Diskursmodell im Sinne eines partnerschaftlichen Dialogs in
gegenseitiger Wertschätzung. Das Wechselspiel der Blickwinkel umfasst:

(1) die Perspektive des handelnden Subjektes mit seiner individuellen Ge-
     schichte, seiner Einzigartigkeit, seinen Freiheitsgraden und seiner Ver-
     antwortung;

(2) die Perspektive sozialer und kultureller Zugehörigkeit, geteilte Erfah-
     rungen sowie geteilte Werte und Normen als Quelle von Identität und
     Selbstachtung;

(3) die systemische Perspektive der Beteiligten als soziales System, als Team
     oder Gruppe.

Zum methodischen Repertoire gehören Instruktionen aus verschiedenen Wissensfeldern, moderierte Prozesse, erlebnisaktivierende Verfahren
und Übungssequenzen. Die Haltung des Prozessbegleiters/der Begleiterin
ist dabei wichtiger als die angewandten Techniken. Mitmenschliches Interesse und Engagement sind hier entscheidend. Zur geforderten interkulturellen Kompetenz gehören außerdem Toleranz, Geduld, Offenheit und
Empathie sowie die Fähigkeit, mit Widersprüchlichem und Mehrdeuti-
gem zu leben. Um alle Beteiligten für den gemeinsamen Prozess zu sensibilisieren und zu motivieren, ist nicht nur die Fähigkeit zur Einfühlung in
fremde Lebenswelten unverzichtbar, sondern auch die Bereitschaft, die
eigenen kulturellen „Vorurteile" zu reflektieren: „Kultur ist Wertung." Das
gilt natürlich auch für die angewandten Modelle und wissenschaftlichen
Standards. Sie alle sind kulturell eingefärbt. Alternative Vorgehensweisen
sind möglich (und müssten dann wahrscheinlich auch anders begleitet
werden). Spätestens hier wird deutlich, dass der Prozess immer von einer
dominanten Kultur imprägniert bzw. in eine Kontextkultur eingebettet ist.
Dessen gilt es, sich bewusst zu sein.

Orientierung und Ausrichtung

Wenn gemischt-kulturelle Gruppen zusammenkommen, machen sie erste
Erfahrungen mit der kulturellen Passung. Man muss eine gemeinsame
Sprache finden, sich verständigen und Vereinbarungen treffen. Doch zu-

nächst werden die Erwartungen an das gemeinsame Vorhaben gesammelt, Ziele abgesteckt und ein vorläufiger Ablaufplan vorgestellt. Erste Regeln für ein pflegliches Miteinander werden vereinbart: Welche Regeln und Vereinbarungen brauchen wir, um mit kulturellen Unterschieden konstruktiv umzugehen? Was brauchen wir, um die Vielfalt zu nutzen und Synergien zu erzeugen? Wie können wir voneinander lernen? In dieser ersten Ideensammlung werden die Einstellungen der Teilnehmer und ihre Bilder von interkultureller Kompetenz transparent. Mit den gesammelten Aspekten (z.b. offene und klare Kommunikation, zuhören und aufeinander eingehen, gegenseitiges Vertrauen und Wertschätzung, Flexibilität, Interesse an anderen Menschen und ihren Erfahrungen, Einfühlung in fremde Lebenswelten, Geduld usw.) lassen sich dann die vorher erarbeiteten Regeln für den gemeinsamen Prozess durch weitere Vereinbarungen ergänzen.

Akkulturation ist Wandel durch die Übernahme von Elementen aus einer anderen Kultur. Dabei werden Techniken, Verhaltensmuster, Werte, Institutionen übernommen und je nach Gegebenheit geändert bzw. angepasst. Beim Kulturwandel gibt es theoretisch drei Grundvarianten: (1) Kultur-Evolution als allmählicher Wertewandel, der z.B. durch Lernprozesse vorangetrieben wird, (2) Kultur-Revolution durch plötzlichen massiven Problemdruck und (3) Akkulturation als Anpassungsprozess, der einseitig oder wechselseitig verlaufen kann. Auch bei asymmetrischen Machtverhältnissen ist wechselseitiges Lernen möglich. Im Idealfall kommt es in kulturellen Überschneidungssituationen auch zu kreativen Lösungen, die verschiedenen Interessen gerecht werden.

Social Awareness

Die Exploration der kulturellen Vielfalt soll mit einer Stärkung des sozialen Zusammenhalts Hand in Hand gehen. Die Beziehungsebene ist ein zentraler Aspekt in kulturellen Überschneidungssituationen. Um so mehr, da die kulturelle Heterogenität für den Einzelnen eine mehr oder minder große Verunsicherung mit sich bringt. Der gewohnte Orientierungsrahmen, die einschätzbaren Routinen, die Sicherheiten fehlen oder sind eingeschränkt. Sprachliche Verständigungsschwierigkeiten sind davon nur ein Teil. Multikulturellen Gruppen und Teams hilft das Gewahrsein von Gemeinsamkeiten, um sich konstruktiv mit kulturellen Unterschieden auseinander zu setzen. Als Stütze in diesem Sinne dienen gemeinsame Erfahrungen, Interessen und Ziele. Was teilen wir? Was macht uns aus? Wer sind wir als Team, Gruppe oder Gemeinschaft?

Auf der Ebene der informellen Kontakte sind es die allgemein menschlichen und zugleich sehr persönlichen Themen, die am schnellsten Verständnis füreinander wecken: z.B. das „berufliche Nomadentum", die Trennung von der Familie, Sorge um die Kinder usw. Der Raum für persönliche Kontakte hat in diesem Zusammenhang eine wichtige vertrauensbildende Funktion.

Ein geeignetes mentales Modell für die Gestaltung wertschätzender Beziehungen trotz divergierender Positionen ist die dialektische Logik oder das Zusammen-Denken von Disparatem. Widersprüchliches muss ja nicht in die Kategorien von „richtig" und „falsch" gezwungen werden, Mehrdeutiges muss nicht auf eine einzige Bedeutung verengt werden. Wechselseitiges Lernen ist möglich, wenn man sich darauf einigen kann, in der gemeinsamen Welt nicht nur unterschiedliche Sichtweisen zuzulassen, sondern auch Gegensätzliches und Widersprüchliches.

Interkulturelle Zusammenarbeit ist jedoch nicht zu haben ohne ein Minimum an Anpassung oder Einigung auf gemeinsame Standards. Das heißt, es stellt sich dann automatisch die Frage: Wer passt sich wem an? Wer lernt von wem? Ist die Anpassung wechselseitig? Welche Kulturelemente haben die größere Chance, sich in den aktuellen Machtkonstellationen durchzusetzen? Die Modelle eines guten Miteinanders aus den unterschiedlichen Kulturen sind eine Sache – die Machtrelationen, die darüber entscheiden, welches Modell sich durchsetzt, eine andere. Interkulturelle Beratung muss beide Dimensionen berücksichtigen und in beide Richtungen Bewusstheit fördern. *Social Awareness* heißt in diesem Zusammenhang die Thematisierung der sozialen Beziehungen und Einflussfaktoren. Das heißt Bewusstheit schaffen über die soziale Binnenstruktur, also die formale Hierarchie, die Rollenverteilung und die informellen Netzwerke. Sonst bleibt ein entscheidender Realitätsbezug unberücksichtigt.

Zum Einstieg in die Analyse des sozialen Gefüges der Teilnehmer eignen sich ein Organigramm, ein Soziogramm oder besser noch Skulpturarbeit. Nähe und Distanz, Rollenzuschreibungen, Unter- und Überordnung sowie Beziehungsqualitäten können so prägnant gemacht werden. Sehr direkt lässt sich das Machtthema angehen, indem man die Teilnehmer bittet, sich zwischen den Polen „größte Chance, Entscheidungen zu beeinflussen" und „geringste Chance dazu" zu positionieren. Anhand dieser Aufstellung lässt sich dann im Weiteren erkunden, worauf sich die Macht stützt (z.B. formaler Status, Expertentum, Zugang zu Informationen, Gruppenzugehörigkeit etc.). In der Einzelarbeit kann man das individuelle Erleben von Machtrelationen mit Power-Maps in freier Gestaltung mit Papier, Farbstiften und Collagenmaterialien explorieren.

Nach Bedarf werden die Explorationsmethoden durch theoretische Inputs ergänzt, etwa zur Funktionalität und Legitimation von Macht, zu unterschiedlichen Machtbegriffen und zur Dialektik asymmetrischer Beziehungen. Es gilt zu realisieren, dass auch bei einem Machtgefälle gegenseitige Abhängigkeiten bestehen – frei nach dem afrikanischen Sprichwort: „Der König ist nur König durch seine Untertanen."

Das jeweilige Verständnis von „legitimer" Macht, vom „richtigen" Umgang mit Autoritäten und vom „angemessenen" Verhalten in den unterschiedlichen Positionen der Hierarchie ist natürlich kulturabhängig. Indem dies bewusst gemacht wird, können dann unterschiedliche Auffassungen und Haltungen der Teilnehmer zu diesen Fragen zur Sprache kommen. Sollte die konkrete Exploration der Machtrelationen in der gegebenen Situation zu brisant sein, kann man sich auch zunächst auf die theoretischen Inputs beschränken, um zu einer späteren Gelegenheit darauf zurückzukommen.

Cultural Awareness

Kulturen unterscheiden sich zum einen durch beobachtbare Phänomene wie Kleidung, Verhalten und Organisationsformen, zum anderen durch lebensweltliche Regeln und Werthaltungen. Diese Grundüberzeugungen der Tiefenstruktur, die in ihrer Verknüpfung das Weltbild, Menschenbild und Gesellschaftsbild ausmachen, sind schwerer zugänglich. Alle Kulturen kennen implizite Regeln darüber, was sich in bestimmten Situationen schickt und was nicht. Solche Regeln lassen sich oft nur in ihrem genuinen Zusammenhang würdigen. Man muss die Logik verstehen, in die sie sich einordnen. Der Sinnzusammenhang erschließt sich oft nur aus der Binnenperspektive. Kulturvergleichende Forschungen aus der Außenperspektive unterliegen deshalb Einschränkungen. So haben ihre Ergebnisse oft eine Schieflage, je nach Herkunft der Forscher und ihrer Ausrichtung.

Ich werde im Folgenden einige der kulturvergleichenden Kategorien darstellen. Am bekanntesten und umfassendsten sind die Befragungen von Hofstede, einem niederländischen Psychologen und Mitarbeiter in einem US-amerikanischem Unternehmen. Hofstedes Untersuchungen stützen sich auf eine Datenbasis von 116.000 Befragten. Diese stammen von IBM-Mitarbeitern unterschiedlicher Berufsgruppen und Hierarchieebenen aus 40 Ländern. Trompenaars, ebenfalls Niederländer, untersuchte Dimensionen der Wertorientierung vornehmlich bei Managern. Er stützte sich dabei auf Antworten von 15.000 Befragten aus 47 Ländern. Den Ergebnissen beider Autoren wird eine westliche „Bias" vorgeworfen.

Die Verwendung solcher Ergebnisse aus kulturvergleichenden Studien im Sinne pauschaler Zuschreibungen verbietet sich von selbst, und zwar nicht nur, weil sie selbst kulturell eingefärbt sind, sondern weil sie in einem bestimmten Kontext gewonnen wurden. Die Befragten haben über ihre Werthaltungen Auskunft gegeben. Man kann diese Ergebnisse nicht ungefragt auf andere Gruppen übertragen. Anders gesagt, man kann die Teilnehmer in einem interkulturellen Setting nicht einfach auf die Kulturstandards ihrer Herkunftskulturen festlegen. Zumindest würden dabei individuelle Mischformen, Anpassungsprozesse und Spielräume ignoriert. Und gerade um diese Entwicklungen geht es ja in interkulturellen Prozessen. Zudem verletzen Charakterisierungen von außen, mögen sie auch noch so wissenschaftlich begründet sein, das menschliche Bedürfnis nach Selbstbestimmung und Selbstdefinition. Die Selbstbilder und Selbstkonzepte der Beteiligten haben also Vorrang. Gleichwohl kann es sinnvoll sein, Ergebnisse aus der vergleichenden Kulturforschung als Hypothesen zur Diskussion zu stellen, um die Exploration der Tiefenstruktur anzuregen.

Aus Studien der kulturvergleichenden Forschung von Hofstede (1982) stammen folgende Dimensionen zur Charakterisierung von Kulturen:

(1) Machtgefälle bzw. Machtunterschiedstoleranz
In welchem Maße wird ungleiche Machtverteilung akzeptiert? Eine hohe Machtunterschiedstoleranz heißt, ungleiche Machtverteilung wird als „natürlich" akzeptiert. In einer Kultur mit geringem Machtabstand soll Ungleichheit minimiert werden. Gleichberechtigung und Gleichwertigkeit werden betont.

(2) Unsicherheitsvermeidung
Werden ungewisse Situationen als Bedrohung empfunden? Wieviel Wert wird in einer Kultur auf Sicherheit gelegt? Geringe Unsicherheitsvermeidung kann heißen: Risikobereitschaft, Toleranz, Fremde und Fremdes lösen Neugier aus, Mobilität, Kreativität und Innovation.

(3) Individualismus vs. Kollektivismus
Individualistisch orientierte Kulturen betonen die Verantwortung des Einzelnen und unterstellen ihm eine größere emotionale Unabhängigkeit von der Gemeinschaft, während kollektivistisch orientierte Kulturen die Gemeinschaft betonen. Harmonie und die Loyalität zur Gruppe sind dort hohe Werte. Konfrontation und Konflikte werden vermieden oder gelten als unhöflich.

(4) Maskulinität vs. Femininität
Maskulinität kennzeichnet Gesellschaften, in denen die Rollen der Geschlechter stark voneinander abgegrenzt sind und maskuline Werte (wie Unabhängigkeit, Selbstbehauptung, Wettbewerb) dominieren. Feminini-

tät charakterisiert Gesellschaften, in denen sich die Rollen der Geschlechter überschneiden und feminine Werte (wie Fürsorge, Lebensqualität, Pflege sozialer Kontakte) zumindest gleichermaßen geschätzt werden.

Trompenaars (1993) hat vornehmlich Manager befragt, und zwar solche, die an seinen interkulturellen Trainings teilnahmen. Seine Daten beziehen sich also auf Probanden mit einer vergleichsweise hohen interkulturellen Kompetenz. Im Gegensatz zu Hofstede, der nicht in kommunistisch geprägten Ländern forschen konnte, hat Trompenaars auch Osteuropa in seine Studien einbezogen. Er benutzte folgende Dimensionen:

(1) Universalismus vs. Partikularismus
Universalisten legen großen Wert auf die Einhaltung von Regeln und Prinzipien, während bei den Partikularisten die spezifische Situation, die besonderen Beziehungen bei Entscheidungen Vorrang haben.

(2) Individualismus vs. Kollektivismus
Hier ist die Frage, ob sich Individuen bei ihren Entscheidungen eher an den eigenen Interessen ausrichten oder ob sie sich den Interessen eines Kollektivs unterordnen.

(3) Affektivität vs. Neutralität
Diese Dimension spricht die Bedeutung von Gefühlen und Beziehungen an. In „neutralen" Kulturen steht die Instrumentalität und Rationalität von Handlungen im Vordergrund.

(4) Spezifität vs. Diffusität
In „diffusen" Kulturen lassen sich die unterschiedlichen Lebensbereiche des Individuums nicht voneinander trennen (z.B. Arbeit und Familie).

(5) Selbst erreichter Status vs. vorgegebener Status
Wird den Individuen ihr Status qua Alter, Herkunft o.ä. zugeschrieben oder wird er durch eigene Leistung erzielt?

(6) Sequentielles vs. synchrones Zeiterleben
Beim sequentiellen Zeiterleben ist die Abfolge von Vergangenheit, Gegenwart und Zukunft linear gedacht. Beim synchronen Zeitverständnis verschwimmen Vergangenheit, Gegenwart und Zukunft. Die Interdependenz wird hervorgehoben.

(7) Verhältnis zur Umwelt
Besteht eine starke Tendenz, Kontrolle über die Natur zu gewinnen, oder handelt es sich um eine Kultur, in der sich der Mensch der Natur unterwirft.

Es bietet sich an, die Hypothesen zu kulturellen Unterschieden möglichst lebensnah zu formulieren, das heißt Dimensionen zu wählen, die für die gemeinsame Praxis oder den gemeinsamen Alltag der Teilnehmer Relevanz haben. Hier kann man sich auch konkret auf die zuvor erarbeitete gemeinsame Basis beziehen. Die Hypothesen können zunächst in kulturell relativ homogenen, später in heterogenen Kleingruppen diskutiert werden. So werden in der Exploration unterschiedliche Kulturstandards bzw. deren Abweichungen und Mischformen transparent.

Die erlebnisaktivierende Erkundung der kulturell prägenden Vorgeschichten und Erfahrungen der Teilnehmer vertieft im Weiteren das wechselseitige Verständnis. Dazu eignen sich Visualisierungen auf der Basis analoger und projektiver Zugänge. Unterschiede lassen sich auf diese Weise sammeln, kartieren und betrachten, ohne sie ordnen zu müssen. Mehrdeutiges und Widersprüchliches oder Komplexes kann so in der Zusammenschau erfasst werden. Begriffe wie „kulturelle Wurzeln", „zusammenwachsen", „verflechten", „überlagern", „zusammenfließen" haben Aufforderungscharakter. Sie evozieren entsprechende kreative Darstellungen. Mit Farben und Collagematerialien lassen sich Mischungen, Schattierungen und Schichtungen gestalten. Das Wurzelbild ist z.B. eine Möglichkeit, kulturelle Einflüsse und Entwicklungen abzubilden.

Als Patchwork lässt sich das Nebeneinander von Kulturen in einem Team oder einer Gruppe symbolisieren. Man muss sich dabei nicht auf Nationalkulturen beschränken. Berufsgruppen-, Branchenkulturen und Lifestyle-Communities können dabei ebenfalls eine Rolle spielen. Auch hier lassen sich Mischungen und Überlagerungen darstellen. „Wurzelbild" und „Patchwork" sind nur Beispiele, die Teilnehmer finden ihre eigenen analogen Ausdrucksformen. Nur sollte man sich bei der Exploration kultureller Vielfalt nicht allein auf die kognitive Ebene verlassen, zuviel ginge verloren. Gefühlsmäßige Bindungen, Sehnsüchte, Anmutungen, Ahnungen, Ambivalenzen lassen sich besser durch Bilder und Metaphern ausdrücken.

Bei der Auswertung des erarbeiteten Materials geht es darum, das Erlebte, Wahrgenommene und Erfahrene in Sprache zu heben, und zwar im Sinne der Selbsterkundung und Selbstvergewisserung. Zuschreibungen und Interpretationen von außen sind auch hier hinderlich. Der Austausch über das Erlebte soll Transparenz und wechselseitiges Verstehen fördern. Die Auswertung muss sorgsam begleitet werden, damit die Bilder nicht zerredet werden. Die Definitionsmacht einiger weniger darf nicht dominieren. Es geht an dieser Stelle nicht um Konsens. In dieser Phase ist es wichtig, nicht vorschnell zu bewerten. Man läuft sonst Gefahr, dass Unterschiede gegeneinander ausgespielt oder scheinbar Unpassendes ausgegrenzt wird. Die Bewertung der kulturellen Ressourcen mit Blick auf aktuelle Problemstellungen oder Aufgaben ist erst zu einem späteren Zeitpunkt sinnvoll. Der freie Fluss der Ideen würde sonst von den Bewertungskriterien „brauchbar", „unbrauchbar", „praktikabel", „nicht praktikabel" etc. blockiert. In diesem Stadium der Exploration geht es zunächst darum, die vorhandenen Unterschiede als Teile eines gemeinsamen Fundus zu sehen.

Konflikte

Kulturelle Unterschiede haben ein beträchtliches Konfliktpotential und können zu zahlreichen Missverständnissen führen. Solche Konflikte sind ein Motor für Klärungen und schaffen Nähe, wenn es gelingt, sie konstruktiv zu bewältigen. Aber es ist nicht gesagt, dass alle Konflikte in gemischt-kulturellen Gruppen Kultur- oder Wertekonflikte sein müssen. Es kann zu Verschiebungen kommen. Oft sind es gar nicht mal die Unterschiede selbst, sondern der Umgang mit ihnen, der zu Irritationen führt. Wir finden die ganze Palette von Konflikttypen: Sachkonflikte, zwischenmenschliche Konflikte auf der Basis von Persönlichkeitsmerkmalen, Konflikte zwischen konkurrierenden Cliquen, Rollenkonflikte, Auseinandersetzungen um Regel- und Normenverstöße, Konflikte um Ehre und Status oder „Revierverletzungen" und vieles mehr. Es besteht durchaus das Risiko, dass diese unterschiedlichen Aspekte oder Konfliktarten auf nur eine Dimension, nämlich die der kulturellen Unterschiede reduziert werden. Die interkulturelle Prozessbegleitung steuert dagegen (sucht dem zu widerstehen) und besteht auf einer sorgfältigen Konfliktanalyse.

Dazu wird zunächst (wie zu Beginn des gesamten Prozesses) den Erwartungen und Befürchtungen Raum gegeben. Regeln und Vorgehensweisen werden verabredet. Erst dann beginnt die eigentliche Konfliktanalyse: Wer sind die Konfliktpartner oder -parteien? Wer ist unmittelbar involviert, wer am Rande, oder wer ist neutral? Wie die einzelnen Personen zum Konflikt und zueinander stehen, lässt sich mittels Skulpturarbeit visualisieren. Im nächsten Schritt wird erkundet, wie sich die Beteiligten fühlen: Welche Wünsche, Bedürfnisse und Impulse haben sie? Und woran werden sie erkennen, dass der Konflikt gelöst ist? An dieser Stelle werden die Ziele der Konfliktbearbeitung geklärt. Zur weiteren Klärung wird von den Konfliktparteien benannt, was auf der Verhaltensebene beobachtbar ist und welches die vermuteten Hintergründe sind. Schließlich sind die Themen und Sichtweisen zu explorieren: Was ist das Kernthema? Was ist strittig? Nicht zu vergessen ist die Einschätzung der Eskalationsstufe. Denn danach richten sich die Erfolgschancen der im Weiteren zu erarbeitenden Lösungsvorschläge oder Interventionen (vgl. Glasl 1997; Berkel 1997).

Bei der Suche nach Lösungsmöglichkeiten lassen sich Ressourcen der unterschiedlichen Kulturen nutzen: Welche Wege der Konfliktbewältigung haben sich in den Herkunftskulturen bewährt? Es wird zunächst nur gesammelt, noch nicht bewertet. Lösungsideen werden auf Kärtchen oder einer Zurufliste festgehalten; ihre Umsetzbarkeit wird geprüft und gemeinsam eine akzeptable Auswahl getroffen. Ideal sind Lösungen oder Bewältigungsformen, von denen alle Konfliktparteien profitieren. Es werden dazu konkrete Vereinbarungen getroffen und nachprüfbare weitere Schritte festgelegt. Mit Rückmeldungen über den Ablauf und die Emotionen dazu wird die Konfliktbearbeitung abgerundet und das Gelingen eventuell mit einem kleinen Ritual gefeiert.

Bei fortgeschrittener Eskalation, wenn es in offenen oder verdeckten Kämpfen z.B. nur noch darum geht, welche Seite sich durchsetzt, braucht man entsprechende Mediations- und Schiedsverfahren. Gegebenenfalls ist auch der Einsatz von Machtmitteln erforderlich, z.B. um die Seiten zu trennen, wenn Gewalt ins Spiel kommt. In jedem Fall müssen die Mediatoren und Vermittler kultursensibel vorgehen, kulturelle Unterschiede achten und Transparenz dazu herstellen. Kulturelle Konflikte und Machtkonflikte vermischen sich, wenn kulturelle Anpassung erzwungen werden soll. Sind die Chancen der Durchsetzung der eigenen kulturellen Standards ungleich verteilt, was meist der Fall ist, geht es auch darum, dies zu thematisieren. Meine Position dazu ist: Denjenigen, die größere Chancen haben, ihre Standards durchzusetzen, kommt auch die größere Verantwortung zu, dass mit kulturellen Unterschieden konstruktiv umgegangen wird. Das heißt, dass die Ressourcen kultureller Vielfalt mit Blick auf gemeinsame Ziele und Aufgaben auch genutzt werden.

Stereotype

Gerade bei Konflikten in gemischt-kulturellen Gruppen kommt es oft zu pauschalen Zuschreibungen. Kulturstereotype unterstellen einer Gruppe von Menschen bestimmte Charakteristika, so als sei sie in diesem Punkt weitgehend homogen. Individuelle Abweichungen werden vernachlässigt. Stereotype sind positiv oder negativ wertende, meist emotional gefärbte Vorstellungen. Sie wirken wie Denkschablonen, die verhindern, dass neue Sachverhalte und Abweichungen wahrgenommen werden können. Das heißt, Stereotype sind durch neue Erfahrungen kaum veränderbar. Auch die durch vergleichende Kulturforschung immerhin wissenschaftlich gewonnenen Kulturstandards können eine selektive Wahrnehmung fördern. Sie beschreiben fixierte Muster und sind deshalb nicht geeignet, Anpassungsprozesse, also kulturellen Wandel, zu erfassen. Für Expatriates, die von ihrer Firma ins Ausland entsandt werden, mag die Vermittlung von Kulturstandards z.B. in einem interkulturellen Training eine erste Orientierung bieten und in diesem Sinne hilfreich sein. Zu bedenken ist allerdings, dass die Verwendung von Kulturstandards Raster nahe legt, die Voreingenommenheiten produzieren: deutscher Formalismus, asiatische Zurückhaltung, lateinamerikanische Emotionalität, arabischer Familiensinn usw. Wissenschaftlich exlaborierte Kulturstandards können einerseits der Orientierung dienen, andererseits aber auch zur Induzierung stereotyper Zuschreibungen führen. Dieser Ambivalenz sollten wir uns bewusst sein.

Wenn die Beziehungen untereinander von kollektiven Zuschreibungen dominiert werden, gilt es genau dieses Phänomen zu thematisieren und anzugehen. Solange die Beteiligten lediglich als Repräsentanten ihrer Kultur wahrgenommen werden, agieren sie auch als solche. Das heißt, es geht dann weniger um die Kooperation in einer gemischt-kulturellen Gruppe und um wechselseitiges Lernen, sondern um die Loyalität zur Herkunftskultur und die Verteidigung von Ehre und kultureller Zugehörigkeit. Die Beteiligten sollen also als Personen mit ihrer je eigenen Identität Kontur gewinnen und Wertschätzung erfahren. Wenn Menschen gemeinsam Aufgaben zu bewältigen haben, treffen sie Absprachen, beziehen sich aufeinander als Personen, erkennen ihre Stärken und Schwächen, differenzieren ihre Rollen, unterstützen sich gegenseitig usw. Im Alltag vollzieht sich die soziale Integration quasi naturwüchsig durch soziale Kontakte, es sei denn, Misstrauen, Vorurteile und Stereotype überwiegen und behindern diesen Prozess. Bestimmen Stereotype hartnäckig zwischenmenschliche Beziehungen, dann verweisen sie auf ernst zu nehmende Fehlentwicklungen. Werden sie gar offizielle Meinung und Maßstab politischer Entscheidungen, dann droht das Extrem der Umwertung von Unrecht in Recht. Hier sind moralische Kategorien unverzichtbar, speziell wenn es um Entwertung, Ausgrenzung und Gewaltanwendung geht. Tatsache ist aber auch, dass Typisierungen zum Alltag gehören. Sie reduzieren Komplexität. In der interkulturellen Beratung und Prozessbegleitung können Stereotype in mehrere Richtungen exploriert und bearbeitet werden:

(1) Ein Aspekt ist der Realitätsgehalt. Auf welche Beobachtungen, Wahrnehmungen stützen sich die Stereotype? Welchen Realitätsgehalt haben sie?

(2) Eine zweite Dimension ist die der Unterstellungen und Annahmen. Welche Vermutungen werden damit geäußert, welche Zusammenhänge konstruiert?

(3) Die dritte Dimension fragt nach den Emotionen. Welche Gefühle kommen zum Ausdruck, und welche werden angesprochen bzw. ausgelöst? Und wie wirkt sich das auf die Beziehungen aus?

(4) Ein vierter Aspekt sind die dahinter stehenden (guten) Absichten. Wozu dienen die Stereotype? Werden sie als „Kampfmunition" eingesetzt? Dienen sie dazu, Distanz zu wahren? Dienen sie als Schutz gegen Überforderung? Welche Konflikte, welche strukturellen Probleme sollen so bewältigt werden?

(5) Ein fünfter Aspekt fragt nach den emotionalen und materiellen „Kosten". Was geht dadurch verloren? Was wird verhindert? Welche Kosten ziehen die Stereotype nach sich?

Die Exploration zum Thema „Vorurteile und Stereotype" und der Austausch darüber sollten in einer möglichst entspannten Atmosphäre stattfinden, in einem Klima, das auch Raum für Humor lässt. Es darf „menscheln", und es darf über die eigenen Unvollkommenheiten gelacht werden. In einer angeleiteten Introspektion können sich die Teilnehmer die eigenen „Lieblingsvorurteile" bewusst machen. Die werden dann in Zweiergruppen besprochen oder auf Kärtchen aufgeschrieben und verdeckt gesammelt. Der Autor oder die Autorin des Kärtchens kann, aber muss sich nicht dazu äußern. Fragen zur Weiterarbeit können z.B. lauten: In welchem Kontext sind die Vorurteile aufgetaucht, auf dem Hintergrund welcher Vorerfahrung? Wie wirken sie auf die Betroffenen? Werden sie als entwertend, kränkend, despektierlich oder ironisch erlebt? Liegt ein „Körnchen Wahrheit" drin? Welche Gefühle werden ausgedrückt/ausgelöst? Welche Botschaft soll transportiert werden? Man kann die Arbeit an diesen Fragen durch ein wechselseitiges Feedback abrunden, wobei sich Partner zusammenfinden sollten, die bisher wenig direkten Kontakt miteinander hatten.

Kohäsion

Die Kohäsion gemischt-kultureller Gruppen kann auf verschiedenen Ebenen gefördert werden. Die folgenden sozialwissenschaftlichen Kategorien (vgl. Peters 1993) sind in der Praxis gewöhnlich miteinander verflochten. Ihre Trennung dient analytischen Zwecken, um mögliche Integrationsdefizite und -ressourcen besser zu erkennen.

(1) Auf der Ebene der *funktionalen Koordination* geht es um Verfahrensroutinen einer planmäßigen Kooperation mit dem dazugehörigen Knowhow. Die entsprechenden fachlichen Standards orientieren sich an Wis-

sensbeständen und technischen Regeln, die oft transkulturelle Geltung haben. Beispiele hierfür sind der internationale Flugverkehr, Transaktionen auf den Finanzmärkten oder Dienstleistungen via Internet. Der persönliche Kontakt und der kulturelle Hintergrund spielen dabei keine oder nur eine marginale Rolle.

(2) Die Ebene der *moralischen Integration* stützt sich auf gegenseitige Verpflichtungen und Solidaritätserwartungen auf der Basis gemeinsamer ethischer Standards, z.B. gleicher Menschenwürde und Verletzbarkeit. Die Verbundenheit beruht auf allgemeinen Vorstellungen von einem guten Leben, auf Werten wie Gerechtigkeit, Frieden, wirtschaftlichem Fortschritt, Umweltschutz usw. Sie ist ein entscheidender Faktor für die Entwicklung von wechselseitigem Vertrauen.

(3) Gemeinsame Erfahrungswelten, Sinndeutungen und Formen der Selbstverwirklichung gerieren Zusammenhalt auf der Ebene der *expressiven Gemeinschaft*. Das Wir-Gefühl stützt sich hier auf gemeinsame Erlebnisse, persönliche Kontakte, Zugehörigkeit aufgrund gemeinsamer Visionen, Glaubenssätze und Interessen oder einfach auf Lifestyle-Elemente. Man hat an derselben Universität studiert, fühlt sich als Kampfgenosse für die eine oder andere Sache, hat an ähnlichen Projekten gearbeitet, hat ähnliche Erfahrungen gesammelt, man begeistert sich gleichermaßen für Fußball oder Golf, man teilt Wünsche, Sehnsüchte und Ängste oder einen äußeren Feind.

Es ist immer wieder zu beobachten, dass sich disparate Gruppierungen gegen Druck und Widrigkeiten von außen zusammenschließen. Doch solche Zweckbündnisse sind instabil und lösen sich wieder auf, wenn die Bedrohung von außen nachlässt. Doppler (1992) spricht angesichts hochstilisierter Außenfeinde oder Bedrohungsszenarios zu Recht von einem „Schnellkleber", der nur dann gerechtfertigt ist, wenn auch schnell gehandelt werden muss. Integration vollzieht sich vornehmlich auf der Basis zwischenmenschlicher Kontakte im Kontext gemeinsamer Praxis. Gegenseitiges Vertrauen und Sympathie aufgrund persönlicher Qualitäten wie Verlässlichkeit, Offenheit, Empathie, Toleranz usw. spielen dabei eine entscheidende Rolle.

Man kann die Fokussierung auf integrative Ressourcen mit einer Bilanz des bisherigen Miteinanders beginnen: Wie ist der gemeinsame Prozess gelaufen? Was haben wir bisher erreicht? Welche Rollen haben sich herauskristallisiert? Wie war das Klima, die Stimmung? Es kann sogar sein, dass der Blick sehr weit zurückführt und alte Wunden, alten Groll beleuchtet. Gibt es Reste, die die Beziehungen belasten? Möglicherweise ist es nötig, alte Szenen noch einmal anzuschauen. Man kann sie nicht ungeschehen machen, aber die Gefühle, die sie auslösten, anerkennen und so den Weg frei machen für neue Erfahrungen. Im Rollenspiel und Rollentausch können schwierige Situationen erkundet und neue Verhaltensweisen entwickelt werden. Am Ende ist sorgfältig zu differenzieren: Was brauchte es damals, was braucht es hier und heute? Um was geht es jetzt?

Welche Gemeinsamkeiten gibt es jetzt schon? Worauf können wir aufbauen?

– Gemeinsame Aufgabenstellungen und Arbeitsfelder oder Teilhabe an übergeordneten Kontexten.
– Geteiltes Wissen, gemeinsame Kompetenzen, Erfahrungen und Entsprechungen in der Vorgeschichte.
– Geteilte Grundwerte, Verpflichtungen, Regeln und Normen, gemeinsame Ideale und Visionen.
– Gemeinsames symbolisches Kapital, ähnlicher Status oder Lebensstil, gemeinsame Zuschreibungen von außen.
– Gemeinsame Zugehörigkeiten zu Gruppen, Organisationen, Gemeinschaften, *professional communities* etc.

Was klappt bereits ganz gut? Was klappt noch nicht gut? Was brauchen wir noch? Via Zukunftsprojektion lassen sich die Visionen für ein gutes Miteinander erkunden. Wo wollen wir gemeinsam hin? Welche Metaphern und Slogans fallen uns dazu ein? Es wäre falsch, als Prozessbegleiter hier vorschnell eine gemeinsame Vision zu forcieren. Vielmehr ist es sinnvoll, weiter zu fragen: Woran erkennt man eine gute Kooperation und gelungene Integration? Welche Modelle für Partnerschaften und Zusammenarbeit gibt es in den Herkunftskulturen? Welche Entsprechungen gibt es dort für „Teamwork"? Welche Formen von Zusammenspiel, Zusammenwirken haben sich bewährt? Welches Reservoir an Erfahrung und Wissen ist verfügbar? Lassen sich daraus Elemente in andere Kontexte einordnen, abwandeln?

In Kleingruppenarbeit können solche Elemente zusammengetragen und anschließend in einem eigens eingerichteten „Museum der Kulturen" gezeigt werden. Stilbrüche sind erwünscht, es darf alles mit allem kombiniert werden – aus allen Epochen, aus allen Weltgegenden. Auf diesen Fundus kann man dann zurückgreifen. Die Kartierung solcher Wissens-Ressourcen mit kreativen Medien ermöglicht ganzheitliches Arbeiten, bei dem kognitive und emotionale Zugänge verbunden werden.

Im Prozess ist es immer wieder nötig, Transparenz über die Ziele herzustellen. Dazu gehören die persönlichen Ziele der Teilnehmer, die Zielvereinbarungen für den interkulturellen Prozess und natürlich aufgabenbezogene Zielsetzungen. In den übergeordneten Zielen sollte Konsens angestrebt werden: Wo wollen wir hin, und was können die einzelnen Bereiche, Ebenen, Personen dazu beitragen? Woran erkennen wir und andere, dass wir unser Ziel erreicht haben? Alle Beteiligten verpflichten sich, Mitverantwortung für das gemeinsame Vorhaben und sein Gelingen zu übernehmen.

Spielräume für unterschiedliche Herangehensweisen sollen dabei allerdings erhalten bleiben. Zwischenziele und konkrete Schritte werden deshalb nicht vorab festgelegt. Wichtig ist nur, dass ausreichend kommuniziert wird, um Transparenz herzustellen. Reger Austausch und Rückmeldungen über Unterschiede ohne Zwang zum Konsens sind hier entscheidend. Die Ausdifferenzierung von Regeln und Rollen ist in diesem Prozess fließend. Das notwendige Maß an Struktur wird in wechselseitigen Rückmeldungen austariert. Eventuell werden entsprechende Verabredungen getroffen und Regeln neu vereinbart. Grundlage dafür sind Feedbackprozesse, in denen persönliche und kulturelle Unterschiede wahrgenommen und praktikable Lösungen ausgehandelt werden: „Wir lernen gemeinsam!" Rechthaberei und persönliche Schuldzuweisungen sind unangebracht. Die formalen Standards orientieren sich an Vorgaben der dominanten Kultur, d.h. sie spiegeln die Machtverteilung, aber in der Praxis werden sie dennoch entweder unterlaufen oder abgewandelt. Es entstehen jene Misch- und Hybridformen, die den Alltag ausmachen. Das wird in sozialen Prozessen ausgehandelt. Kulturelle Integration ist soziale Integration, d.h. Arbeit an den Beziehungen. Interkulturelle Beratung macht diese Prozesse des Aushandelns bewusst und entwickelt sie systematisch.

Zusammenfassung

Kulturelle Überschneidungssituationen betreffen alle gesellschaftlichen Bereiche. Es geht nicht nur um nationalkulturelle Differenzen, sondern auch um divergierende Branchen- und Unternehmenskulturen, um unterschiedliche Zugehörigkeiten, Weltbilder und Denkmuster. Interkulturelle Beratung begleitet Menschen unterschiedlicher kultureller Herkunft in gemischt-kulturellen Settings und Aktionsfeldern.

Zweierlei Bewusstheit ist erforderlich, um das interkulturelle Miteinander aktiv zu gestalten: Social Awareness und Cultural Awareness. Zur *Social Awareness* gehört die Wahrnehmung der Ungleichverteilung von Einflusschancen im aktuellen Machtgefüge und auch die Wahrnehmung wechselseitiger Abhängigkeiten. Wenn eine Seite die eigenen Standards mit Macht durchzusetzen sucht, riskiert sie damit auf der Beziehungsebene irreparablen Schaden. Gleichermaßen verfehlt wäre es, die eigenen Selbstverständlichkeiten aus Ignoranz zum Maßstab zu erheben. Zur *Cultural Awareness* gehört die Wahrnehmung der Unterschiede zwischen den Kulturen, der Nuancen innerhalb einer Kultur und die Wahrnehmung der Kulturgebundenheit der eigenen Wertungen und Routinen.

Um das Zusammenspiel und den Zusammenhalt in gemischt-kulturellen Settings zu entwickeln, bedarf es einer basalen Metakultur der Handhabung von Unterschieden und des wertschätzenden Umgangs miteinander. Dazu gehört die realistische Einschätzung des Konfliktpotentials der Vielfalt und zugleich deren Würdigung als Ressource und Fundus kreativer Lösungen. Zur Pflege der Beziehungsebene, d.h. zum Aufbau von Vertrauen und Verständnis, gehört gegenseitige Akzeptanz, offene Kommunikation und Einfühlung in andere Lebenswelten. Die Betonung vorhandener Gemeinsamkeiten, die Entwicklung der internen Vernetzung und Zugehörigkeit sowie das Aushandeln gemeinsamer Regeln stützen den integrativen Prozess.

Literatur

Berkel, K. (1997): Konflikttraining. Konflikte verstehen, analysieren, bewältigen. Arbeitshefte Führungspsychologie. Heidelberg.

Doppler, K. (1992): Die Integration managen – Kernaspekte, Vorgehen, Methoden und Instrumente. In: Organisationsentwicklung, Spezial 1: Integration – Modelle der Integration in Wirtschaft, Staat und Gesellschaft, 60-67

Douglas, M. (1989): A typology of cultures. In: *Haller, M./Hoffmann-Nowotny, H.J./Zapf, W. (Hg.):* Kultur und Gesellschaft. Verhandlungen des 24. Deutschen Soziologentags. Zürich.

Glasl, F. (1997): Konfliktmanagement. Ein Handbuch für Führungskräfte, Beraterinnen und Berater. 5. Aufl. Bern u.a.

Heimannsberg, B. (1997): Interkulturelle Supervision. Ein Konzept. In: Organisationsberatung, Supervision, Clinical Management 4, 3, 247-264.

Hofstede, G. (1982): Culture's consequences. International differences in work-related values. Beverly Hills, Ca.

Peters, B. (1993): Die Integration moderner Gesellschaften. Frankfurt/M.

Petzold, H.G. (1998): Integrative Supervision, Meta-Consulting & Organisationsentwicklung. Modelle und Methoden reflexiver Praxis. Paderborn.

Trompenaars, F. (1993): Riding the waves of culture. Understanding cultural diversity in business. London.

Schmid, St. (1996): Multikulturalität in der internationalen Unternehmung. Konzepte – Reflexionen – Implikationen. Wiesbaden.

Arist von Schlippe / Mohammed El Hachimi

Konzepte interkultureller systemischer Therapie und Beratung
Ein Beitrag zur interkulturellen Kompetenz

1. Multikulturelle Kontexte verlangen interkulturelle Konzepte

Menschen, die aus anderen Kulturkreisen nach Deutschland gekommen sind, machen schon seit langem einen beträchtlichen Anteil an der Gesamtbevölkerung aus[1]. Demgegenüber liegen bisher nur vergleichsweise wenige und vereinzelte Umsetzungen therapeutischer Konzeptionen auf interkulturelle Fragestellungen vor; mit Bade (1994c, 71) kann man vermuten, dass sich darin die im Osten wie im Westen unseres Landes zu findenden „folgenschweren politischen Erkenntnisverweigerungen, Tabuisierungen und Verdrängungen" widerspiegeln.

Nach Bade (a.a.O., 81) war es auch erst der Schock der Wellen der ausländerfeindlichen Gewalt im Herbst 1991, der nachhaltigere Anstöße zu politischem Umdenken gab, das in jüngerer Zeit unter anderem in der Entwicklung neuer Strukturen der Versorgung seine Umsetzung findet – von spezialisierten Beratungszentren für Migranten und Flüchtlinge bis hin zu ethnomedizinischen Zentren (s. Beauftragte der Bundesregierung für Ausländerfragen 1999, 2000b). Es ist zu hoffen, dass sich mit diesen neuen Strukturen langsam auch die Bilder von den Möglichkeiten und Chancen der Multikulturalität in der Bevölkerung verändern. So sollte immer deutlicher erkennbar werden, dass Menschen anderer Kulturen in unsere Gesellschaft auch die Farben ihrer verschiedenen Kulturen einbringen und dass dies nicht notwendigerweise Spannungsfelder erzeugen muss, sondern auch eine Bereicherung darstellen kann; weiterhin sollte anerkannt werden, dass Integration nicht nur ein notwendiger, sondern auch ein lohnender Prozess ist und dass es gilt, die Realitäten einer multikulturellen Gesellschaft in Deutschland wahrzunehmen, damit die in ihr schlummernden Kräfte zur Entfaltung kommen können. Es ist in der komplexen Welt, in der wir leben, nicht möglich, das Fremde „draußen" zu lassen. Die Kategorien von „drinnen" und „draußen" verschieben sich, mit zunehmender globaler Vernetzung werden sie in ihrer bisherigen Form überflüssig. Das Fremde ist längst zu „einem Teil von uns" geworden, und wenn wir es nach wie vor als „fremd" bezeichnen, reproduzieren wir Beschreibungen und Bilder, die mit dazu beitragen, dass Vorurteile und Rassismus und in ihrem Gefolge Diskriminierung, Hass, Gewalt und Einsamkeit entstehen können (Erdheim 1994).

Sich das Fremde vertraut zu machen, die Grenzen von „bekannt, vertraut" und „fremd" zu verschieben, ist sowohl eine individuelle Aufgabe als auch eine, die die Gesellschaft als Ganzes ergreift und herausfordert. Das Problem einer multikulturellen Gesellschaft liegt nicht so sehr in der Einwanderung, als vielmehr in den Beschreibungen, die darüber erzeugt werden. Und darum geht es in der systemischen Therapie insgesamt und auch insbesondere in der Arbeit mit multikulturellen Systemen: nach Beschreibungen zu suchen, die in Systemen vorgenommen werden, und diese daraufhin zu befragen, welche „Landkarten" der Orientierung in der Welt sie anbieten, welche Muster sich in ihnen reproduzieren und wie hilfreich diese Muster für ein glückliches und erfülltes Leben sind.

2. Niemand ist allein belastet

Belastung und eine jeweils unterschiedliche Konfliktsituation stehen im Allgemeinen am Beginn eines Beratungsauftrags. Für Migranten ist das Leben in der aufnehmenden Gesellschaft meist mit einem Minoritätenstatus und einer entsprechenden sozialen Etikettierung verbunden. Auch wenn Migration nicht zwangsläufig mit Stress einhergehen muss, ist eine Person im Prozess der Akkulturation doch potenziell einer Vielzahl von Belastungen ausgesetzt und daher stressgefährdeter als eine andere (Faltermaier 2000), je nachdem, wie sich migrationsbedingte Belastungen und kritische Lebensereignisse[2] kombinieren und welche Akkulturationsstrategie sie wählt (Berry 1992). Doch niemand ist allein belastet, niemand steht allein unter Stress. In einer systemischen Perspektive erscheint der von einer Person erlebte Stress dabei nicht allein als intrapsychisches Phänomen, das eine Person nur für sich erlebt. Vielmehr wird die Art und Weise, wie das engste soziale Bezugssystem dieser Person seine „Geschichten" erzählt, als sehr wesentlich dafür angesehen, wie der Akkulturationsprozess gemeinsam gestaltet wird.

Ein junger Mann aus Bosnien entschied sich während des Bosnienkrieges, mit seiner Frau das Land zu verlassen. Auf der Flucht wurde das erste Kind geboren, die Familie fand in Deutschland eine Unterkunft. Der junge Vater durfte als Bürgerkriegsflüchtling mit Duldungsstatus nicht arbeiten, so dass alle drei lange Zeit des Tages in der engen Behausung verbrachten. Der Bruder der Frau wurde im Krieg schwer verwundet. Dieses Ereignis führte zu einer zunehmenden Verschärfung der familiären Situation: Sie warf ihrem Mann vor, ein „Drückeberger" zu sein, der sein Land im Stich gelassen habe, ja, dies ging bis zu der Aussage, er sei mittelbar für die Verwundung ihres Bruders verantwortlich – Spannungen, die zu handgreiflichen Auseinandersetzungen des Paares und schließlich zur Trennung führten. Nach Ende des Bosnienkrieges zog die Frau mit dem Kind zurück, der Mann lebt bis heute in Deutschland (mit immer wieder für einige Monate verlängerter Aufenthaltsgenehmigung), und offenbar von schweren Schuldgefühlen geplagt, beschreibt er sein Lebensgefühl so: „Ich habe weder in Bosnien noch in Deutschland eine Heimat. Ich kann nicht hier sein, ich kann aber auch nicht zurück."

Stress, den eine Person erlebt, wird ganz zentral durch die im jeweiligen Mikrosystem vorherrschenden Glaubenssysteme („family paradigm"; Reiss/Olivieri 1983) bestimmt. Daher ist es aus unserer Sicht unerlässlich, im Allgemeinen die Familie eines Klienten direkt oder zumindest indirekt (über bestimmte Fragen, s.u.) in die systemische interkulturelle Beratungsarbeit mit einzubeziehen. Jeder erste Schritt in einer Beratung muss dabei darin liegen, die Einzigartigkeit der jeweiligen Familie zu verstehen; denn „gemeinsam ist dieser Personengruppe nur eine Migrationsgeschichte" (Schwabe/Palmowski 1999). Es geht immer und zuerst darum, wie sich eine spezifische Migrationserfahrung auf eine spezifische Familie ausgewirkt hat (Fisek 1998)[3] und wie sie vor dem Hintergrund ihres jeweiligen „Familienparadigmas" ihre Erfahrungen in Geschichten transformiert hat, die den Erlebnissen der Einzelnen Sinn und Bedeutung zuweisen.

Welche Fähigkeiten und Qualitäten sind auf Seiten der Berater/innen hilfreich, um sich auf diese besondere Art von Belastung einzustellen? Hier bietet sich das Konzept der „interkulturellen Kompetenz" an, definiert als die Fähigkeit, angemessen und erfolgreich mit den Angehörigen einer anderen Kultur zu kommunizieren und sich in einer fremden kulturellen Umgebung angemessen zu bewegen (Hinz-Rommel 1996). Das bedeutet im Sinne einer (nur selten voll erfüllbaren) Maximalforderung zunächst, über Hintergrundwissen über die jeweilige Kultur, Herkunft, Religion und Sprache der Migrantenfamilie zu verfügen; konsequenterweise verbindet sich dies mit der Forderung nach multikulturell zusammengesetzten Teams. Ein sehr wesentlicher kulturunspezifischer Faktor ist jedoch auch die *Haltung*, die der Berater oder die Beraterin dem anderen gegenüber einnimmt (Koray 2000): eine respektierende und achtungsvolle Grundhaltung im Sinne einer „Steigerung sozialer Interaktionsfähigkeit" (a.a.O, 23). In der systemischen Therapie wird in diesem Zusammenhang von einer „Grundhaltung der respektvollen Neugier" gesprochen (Cecchin 1988), nicht als Sensationslust verstanden, sondern im Sinne eines offenen, nicht von Wertungen oder Urteilen verstellten Zugangs auf die jeweilige andere Kultur, etwa im Sinne Foucaults, der eine Form von Neugier fordert, die sich nicht anzueignen versucht, was zu erkennen ist, sondern die sich gestattet, sich von sich selbst zu lösen (zit. n. von Schlippe/Schweitzer 1996, 122). Methoden und Zugänge der systemischen Therapie lassen sich unseres Erachtens als Werkzeuge zur Entwicklung und Erweiterung des Konzeptes der „interkulturellen Kompetenz" nutzen (s.a. von Schlippe/Schweitzer 1996; El Hachimi/von Schlippe 2000).

3. Bereiche interkultureller systemischer Arbeit

3.1 Joining und affektive Abstimmung

Mit *Joining* ist in der systemischen Therapie die primäre Aufgabe bezeichnet, sich an das Rat suchende System „anzuschließen", mit den Einzelnen in Kontakt zu kommen und damit sowohl Mitglied des therapeutischen Systems zu werden als auch die Funktion der Steuerung des Prozesses zu übernehmen. Dies erfolgt zunächst darüber, dass man versucht, einen kurzen, nicht problembezogenen Kontakt zu jedem Familienmitglied herzustellen. Dies geschieht nicht nur verbal, sondern vor allem durch eine affektive Einstimmung auf das jeweilige System und seine Mitglieder (Levold 1997). Die Konzentration auf Sprache allein lässt die Aufgabe des Joining dabei einfacher erscheinen als sie ist. Schon die unterschiedliche Bedeutung von Blickkontakt in den jeweiligen Kulturen kann die Feinabstimmung erschweren: Ist es gut, eine Frau in Anwesenheit ihres Mannes direkt anzuschauen und anzulächeln? Was bedeutet es, wenn der Blick nicht erwidert wird? Wann passt es, die Kommunikation durch Körperkontakt zu unterstreichen, wie es (unter Männern) in vielen arabischen Kulturen geschieht? Wann wäre das ein eklatanter Fauxpas?

Es wird deutlich, dass das Problem der Abstimmung in multikulturellen Zusammenhängen nicht nur mit der gesprochenen Sprache zusammenhängt, sondern mit dem, was wir im weitesten Sinn als die „gemeinsame Erzeugung von Sinn" verstehen. In der systemischen Erkenntnistheorie wird bekanntlich die Bedeutung der Sprache in diesem weit gefassten Sinn besonders akzentuiert als Instrument, durch das in sozialen Systemen

„Wirklichkeit" gemeinsam „erschaffen" wird (Efran u.a 1992; Gergen 1996). Sprache wird dabei weniger als Mittel gesehen, durch das die Welt angeeignet wird, als vielmehr als Mittel, durch das Bedeutung von Welt erst (gemeinsam) konstituiert wird.

3.2. Die zentrale Aufgabe: Zugänge finden

In der therapeutischen Arbeit mit Menschen aus fremden Kulturen (dies gilt besonders für die erste Migrantengeneration) ist das gegenseitige Sprach*verstehen* reduziert, gelingt die Koordination über die Sprachgrenzen hinweg nur unvollkommen. Die Entwicklung gemeinsamer Beschreibungen ist umso schwieriger, je komplexer die Sinngehalte der Kommunikation sind: Es ist natürlich leichter, in einem ausländischen Restaurant ein Menü zu bestellen als darüber zu sprechen, wie ein innerer Schmerz erlebt, gestaltet und bewältigt wird.

In den 30er Jahren prägten Sapir und Whorf die Hypothese der „*linguistischen Relativität*". Kurz gesagt, bedeutet sie, dass äußerlich vergleichbare Begriffe in verschiedenen Kulturen völlig unterschiedliche Bedeutungsfelder besetzen können. Sie gingen bereits damals von der Überlegung aus, dass die Sprache den Gedanken formt und dass in unterschiedlichen Kulturen durch die unterschiedlichen Sprachen ganz verschiedene Bilder von Wirklichkeit erzeugt werden. Also darf auch bei gelungener sprachlicher Koordination an der Oberfläche nicht zwangsläufig auf eine geglückte gemeinsame Konstitution von Sinn geschlossen werden. Sogar wenn der gleiche Begriff verwendet wird, muss das nicht bedeuten, dass auch das gleiche gemeint ist.

Tuna (1998) verweist in diesem Zusammenhang auf die Unterscheidung zwischen internalisierenden und externalisierenden Kulturen. In ersteren wird das Gewicht auf die Internalisierung von Eigenverantwortlichkeit bezüglich der Einhaltung von Richtlinien und Verboten gelegt (mit starken Anforderungen an die „Moral" und das „Gewissen" des Einzelnen); in der externalisierenden Kultur wird durch strenge Kontrolle situativer Faktoren die Einhaltung gesellschaftlicher Regeln gewährleistet, was zwar einerseits dem Individuum einen wesentlich geringeren Spielraum lässt, was aber andererseits zu einem viel stärkeren Bewusstsein von Verbundenheit und Kollektivität führt.

„Unterschiede in der Bewertung der Eigenverantwortlichkeit aus der Sicht der orientalischen Kulturen werden besonders in der Kindererziehung deutlich. Kindliches Verhalten, welches nicht den erwarteten Standards und Normen entspricht, wie z.B. ungebührliches Verhalten bei Besuchen, Lügen oder Stehlen, wird nicht als Schwäche der kindlichen Persönlichkeit, sondern als Schwäche und Versäumnis der Älteren, die Situation entsprechend zu strukturieren, angesehen" (Tuna 1998, 50).

Es lässt sich leicht vorstellen, welch unterschiedliche Konzepte vom „Ich" und seiner Beziehung zu anderen in diesen verschiedenen Kulturen konzeptualisiert werden. Die eher individualistische Färbung des Begriffs „Ich" wie etwa in Deutschland ist in externalisierenden Kulturen in dieser Form nicht zu finden. Hier wird das „Ich" als „Ich in Beziehung" entwikkelt: „Ich bin der Sohn von...". Es verwundert nicht, wenn Forscher dann Schwierigkeiten haben, in solchen Kulturen Begriffe zu finden, die sich auf so etwas wie ein „inneres Befinden" beziehen (Gergen 1996, 34). Veränderungen in Beziehungen können sich auch im Namen widerspiegeln, etwa wenn ein arabischer Vater nach der Geburt seiner Tochter als „Abu Nina" (Vater von Nina) angesprochen wird (von Schlippe u.a. 1997). Ähnliches berichtet Gergen (1996, 32 f) über den Umgang mit Namen in balinesischen Kulturen. Auch dort werden Eltern als „Vater von...", „Mutter von..." bezeichnet, später dann als „Großvater/-mutter von..." – und mit dem Urenkel ändert sich der Name wieder. Die Namensverwendung geht „weicher" vor sich, als wir dies kennen; sie hat eher die Aufgabe, die Zugehörigkeit einer Person zu ihrer jeweiligen Gruppe zu kennzeichnen. Ein Kindername verschwindet, wenn das Kind die Adoleszenz erreicht hat, Namen werden verwendet, um die Position eines Menschen in seinem Sippengefüge zu kennzeichnen, nicht um ihn persönlich zu identifizieren: „alle solche Annahmen darüber, ‚wie wir wirklich sind', [...] sind Produkte einer bestimmten Kultur und eines bestimmten Zeitpunkts in der jeweiligen Geschichte" (Gergen 1996, 40 f). Die ethnozentrische Verzerrung (van Quekelberghe 1991), die im Universalitätsanspruch vieler westlicher psychologischer Modelle liegt, wird im Spiegel der anderen Kultur deutlich, ja mehr noch, mit der Begrenzung der Prämissen westlicher Forschung wird auch die Begrenztheit psychologischen Wissens erkennbar, was Gergen (1996, 36) zu der überspitzten Aussage führte, „Tatsachen" über die westliche Psyche sollten besser als „Meinungen oder Mythen" betrachtet werden.

Für die therapeutische Praxis bedeutet dies, nicht nur sensibel zu sein im Aufnehmen und Verwenden der Metaphorik des Klientensystems, sondern skeptisch gegenüber einem zu schnellen Verstehen zu sein im Sinne der oben beschriebenen Haltung der Neugier: „Die Idee, eine oder gar die richtige Beschreibung gefunden zu haben, tötet jegliche Neugier auf weitere mögliche Beschreibungen" (von Schlippe/Schweitzer 1996, 121). Es gilt immer wieder abzugleichen und nachzufragen, welchen Sinn Begriffe in der jeweiligen Kultur haben (Eberding 1995). Damit werden Klienten, „Kunden" als Experten ihrer eigenen Kultur angesprochen. Einige Beispiele:

- In vielen Kulturen wird die Zeit nicht durch die in der westlichen Kultur vorherrschenden Kategorien strukturiert. So geht in dem zentralafrikanischen Staat Zambia die Sonne das ganze Jahr über um sechs Uhr auf, um 18 Uhr beginnt die Dämmerung, um 19 Uhr ist Nacht. Da elektrisches Licht fehlt, ist der Tagesablauf ganz von der Sonnenzeit bestimmt, nach der auch Verabredungen getroffen werden: Durch Handzeichen wird der Sonnenstand bestimmt. „Was bedeutet in Ihrer Kultur Zeit?" könnte dann die naheliegende Frage sein, ehe man sich über das Zuspätkommen einer Familie ärgert.

- Die „Neugier" auf die Bedeutungsfelder von Begriffen in den jeweiligen Kulturen würde heißen, sich einen Begriff (z.B. das Wort „Krise") in der Heimatsprache der Familie sagen zu lassen, um die Übersetzung des Wortsinns zu bitten und das Wort zu wiederholen: „Habe ich es so richtig ausgesprochen?" Insbesondere gilt dies für Namen, die (was tatsächlich häufiger geschieht, als man denkt) nach „Aktenlage" ausgesprochen werden. Dann wird aus einem Herrn Cücük ein Herr Kückück – und dieser wagt aus Höflichkeit nicht mehr zu korrigieren.

- Ein mögliches Kontraktangebot, das die Kulturspezifität der Begriffe respektiert bzw. nutzt: „Ich gehe davon aus, dass Sie alle gerne möchten, dass die Beratung erfolgreich ist. Ich werde mich bemühen, verständlich zu sprechen. Bitte sagen Sie mir sofort Bescheid, wenn etwas für Sie unverständlich ist! Unterbrechen ist hier wichtig und höflich. Danke."

Ähnlich wie beim Joining bezieht sich diese kreativ-neugierige Form des Missverstehens auf mehr als nur sprachliche Bereiche. Es geht darum, dass auch die Atmosphären und die Unterschiede des gewohnten Umfeldes der Familie im Vergleich zur gegenwärtigen Situation deutlich werden. Das konkrete Alltagsleben in der Fremde unterscheidet sich gravierend von dem in der Heimat. Viele Familien kommen aus Großfamilien, bzw. sie lebten in hochgradig vernetzten Nachbarschaftsstrukturen. In der Fremde erleben sie sich ganz auf sich selbst gestellt, ohne die Selbstverständlichkeit von Kontakt. Als Zugang zu diesen Familienwelten und ihren Atmosphären bietet sich die Methode des Genogramms an: Die Struktur der Familie wird visualisiert, Namen, Alter und Herkunft der verschiedenen Angehörigen werden notiert. Damit ist ein guter Anknüpfungspunkt für das Erzählen vielfältiger Geschichten gegeben, über die die Atmosphären der Familie bzw. der jeweiligen Familienteile lebendig werden können (Estrada/Haney 1998).

3.3 Die Schwelle vor der Tür des Beratungszimmers

Eine weitere Besonderheit ergibt sich aus dem Postulat kultureller Relativität der Bedeutungen. Es kann nicht selbstverständlich davon ausgegangen werden, dass Beratungseinrichtungen in unterschiedlichen Kulturkreisen jeweils identisch als „unverbindliches Angebot" angesehen werden. Was bedeutet „Beratung"? Was wird in einer entsprechenden Stelle erwartet? Kein Wunder, dass eine Auftragsklärung schwer ist, wenn die Klientenfamilie diese als Teil einer (Kontroll-)Behörde definiert oder als Klinische Instanz (miss-)versteht, in der medizinische Maßnahmen angeboten werden – und vielleicht ja auch bezahlt werden müssen. Schwabe/Palmowski (1999) weisen darauf hin, dass die bestehende Struktur der Organisation von Beratungsangeboten gerade Migranten nur selten erreichen bzw. zumindest eine erfolgreiche Zusammenarbeit erschweren. Das Aufweichen einer Geh-Struktur und die Einrichtung niedrigschwelliger Angebote sind in diesem Bereich besonders zu fordern, z.B. Modelle stadtteilbezogener Gesundheitsförderung, Kooperationen mit Grundschulen, die Einrichtung von „Eltern-Cafés" usw. Ausführlich stellen Schwabe/Palmowski solche Konzepte vor (1999), über ähnliche Initiativen im Rahmen interkultureller Altenpflege berichtet Geiger (1998; s.a. *Beauftragte der Bundesregierung für Ausländerfragen* 2000b).

3.4 „Der Dolmetscher ist mehr als eine Telefonleitung"

Die Überlegungen zur Sprache machen die Forderung, dass Therapeut/in und Supervisor/in die Sprache der jeweiligen ethnischen Gruppe beherrschen sollten, nachvollziehbar. Doch selbst für die Gruppe türkisch sprechender Ratsuchender, für die am ehesten sprachkompetente Therapeut/innen zur Verfügung stehen, ist sie nur (zu) selten praktikabel. In vielen Fällen bleibt man auf Übersetzer angewiesen. Systemisch gesehen, stellt jedes Setting eine Intervention dar, da über ein Setting immer auch Information übermittelt wird. Mit der Einführung einer zusätzlichen Person steigt die Komplexität exponentiell an, vor allem wenn es sich um nicht geschulte Dolmetscher handelt, deren Betroffenheit genauso Prozesse verzögern oder verwirren lassen kann wie gegebenenfalls eine mangelnde Feinfühligkeit für bestimmte Sprachnuancen.

Aus der Therapie traumatisierter Einzelklienten wird berichtet, dass sich ein „Opfer-Verfolger-Retter"-Dreieck konstellieren kann, in dem der Dolmetscher (oft von der gleichen Nationalität wie der Klient) die „Retterposition" übernimmt und aggressive Gefühle gegenüber dem Therapeuten entwickelt, der sich so in die Position des „Verfolgers" gedrängt sieht (Haenel 1997). Auch die klare Definition des Dolmetschers als Mitglied des therapeutischen Teams und nicht als Bestandteil des Klientensystems schützt nicht vor der Dynamik möglicher Konkurrenz (Koray 1991).

Innerhalb von Familien kommt es nicht selten vor, dass sich durch unterschiedliche Sprachkompetenzen in der Fremde traditionelle Familienstrukturen dramatisch verschieben (Hehl/Ponge 1997). Dies gilt insbesondere für die Rolle von Kindern. Meist büßen die Eltern einen beträchtlichen Teil ihrer Autorität ein, weil ihre Kinder die neue Sprache schneller erwerben und sich insgesamt schneller in der neuen Umgebung zurechtfinden als sie. Kinder übernehmen oft Elternfunktionen, sie erledigen Behördengänge, füllen Formulare aus, gehen mit einkaufen und fungieren oft wie selbstverständlich als Dolmetscher. Hierdurch wird es in Beratung und Supervision zwar oft möglich, sprachliche Nuancen zu vermitteln, jedoch um den Preis einer ungewollten „strukturellen Intervention" in das jeweilige System. Wir warnen daher davor, Familienmitglieder, insbesondere Ehepartner oder gar Kinder Beratungsgespräche übersetzen zu lassen. Das kann ein familiäres Machtgefälle zementieren und die Irritation vertiefen. Auch Küchen- oder Reinigungspersonal stellt kein geeignetes Reservoir für Dolmetscher dar. Diese Möglichkeiten sollten nur im äußersten Notfall oder in unverfänglichen Situationen benutzt werden (z.B. für Erklärungen über alltägliche Dinge). Wenn eine sprachliche Verständigung schwierig ist und keine muttersprachlichen Fachkräfte zur Verfügung stehen, sollte man sich Zeit nehmen, langsam und deutlich sprechen, mit Gesten und Mimik, mit Synonymen und Bildern sowie mit Papier und Bleistift arbeiten. Wichtige Gespräche sollten verschoben werden, bis eine muttersprachliche Fachkraft oder ein Fachdolmetscher zur Verfügung steht. Wenn das alles nicht möglich ist, kann die Familie gebeten werden, Nachbarn oder Freunde (also eine enge Vertraute, die möglichst nicht direkt zur Familie gehört) zur Übersetzung mitzubringen.

4. Erwartungs-Erwartungen und Stereotype

Der von Luhmann (1984) in die systemische Theoriebildung eingebrachte Begriff der Erwartungs-Erwartungen ist unseres Erachtens von besonderer Bedeutung für die systemische Therapie. Damit rückt nämlich die Frage in den Blick, wie Kommunikation als *gemeinsame Konstruktion von Bedeutung* zwischen den Interaktionspartnern abläuft. Aus der gegenseitigen Einschätzung der Kommunikationspartner und ihrer Interpretationen der Aussagen des anderen resultieren wechselseitige Erwartungen an das zukünftige Verhalten des anderen. Diese Erwartungen sind jedoch auch *rekursiv*: Die Erwartungen des jeweils anderen werden antizipiert, die gegenseitigen Erwartungs-Erwartungen strukturieren den Kommunikationsprozess. Das Verhalten und Erleben von Menschen wird oft weniger davon bestimmt, was sie denken, was sie wollen, was sie möchten, sondern viel öfter davon, wovon sie vermuten, dass andere es von ihnen wünschen (entweder indem sie dem dann Folge leisten oder sich dagegen abgrenzen). In vielen, vor allem in klinischen Familien wird nur wenig Zeit darauf verwandt, eigene Visionen zu verfolgen, als vielmehr darüber nachzugrübeln, *ob*, oder sogar ganz sicher davon auszugehen, *dass* man nicht geschätzt, nicht geachtet, nicht geliebt wird. Im Sinn selbsterfüllender Prophezeiung erzeugt das entsprechende Verhalten von Person A bei Person B genau das Klima von Anspannung, das nötig ist, um die negativen Erwartungs-Erwartungen von Person B ebenfalls zu bestätigen: die „Selbstorganisation zwischenmenschlichen Unglücks."

Im Laufe der Zeit entwickeln sich auf der Basis dieser Erfahrungen in Interaktionssystemen Erwartungsstrukturen, redundante Beziehungsmuster, deren Regeln ihrerseits die Kommunikation und das Erleben der Personen bestimmen. Nach Mead (1934) verfestigen sich die Erwartungsstrukturen im Laufe der Zeit zur Vorstellung eines *„generalisierten Anderen"* (Mead 1980) als Symbol dafür, was eine Person vermutet, dass an Verhalten von ihr erwartet wird.

Was bedeutet dies für interkulturelle Beratung? Welche Bilder bestehen auf beiden Seiten über den „generalisierten Fremden"? Der Fremde – das Fremde – kann Angst machen, kann als interessant, exotisch und faszinierend erlebt werden, und nicht zuletzt kann das Engagement für entrechtete Personen in der Dritten Welt intensive Bemühungen in Gang setzen, zu helfen, zu retten, zu trösten. Doch auch positive Stereotype bleiben Stereotype. Mitleid ist ebenso wenig eine gute Basis für Therapie und Beratung wie Faszination oder Empörung. Stereotype entstehen in dem Moment, wo Gruppen kategorisiert werden. Es scheint sich um einen sozial-

und kognitionspsychologisch erklärbaren Mechanismus zu handeln, der nahe legt, die Ähnlichkeiten innerhalb der jeweiligen Gruppe und die Unterschiede zur jeweils anderen überzubetonen und diese Unterscheidung dann zur Grundlage selbstwertstabilisierender Selbstbeschreibung zu machen („‚Wir' sind ‚besser' als ‚die'"). Diese Stereotype bilden dann die Grundlage für „narrative Traditionen" einer jeweiligen sozialen Gruppe (von der Familie bis zur Gesellschaft) und tendieren damit dazu, sich über Generationen immer massiver zu stabilisieren und zu perpetuieren. Ausführlich beschreibt Al-Issa (1997) diese Prozesse.

So ist es in der interkulturellen Beratungsarbeit noch wichtiger als sonst, den eigenen Erwartungs-Erwartungen nicht unreflektiert zu unterliegen, sondern sie ständig zu reflektieren – was die Notwendigkeit eines wie auch immer gearteten Selbsterfahrungsprozesses einschließt.

Beispielsweise kann eine Supervision dazu genutzt werden, in eine Meta-Position zu gehen, die hilft, sich selbst in Frage zu stellen: Was sind die eigenen unausgesprochenen Vorstellungen darüber, was etwa „die türkischen Familien" besonders bräuchten – z.B. entweder besonders viel Emanzipation der Frau: „Das ist ja unerträglich, wie die Frauen da unterdrückt werden" oder gerade nicht: „Da darf man nicht eingreifen, das muss man respektieren"; gemeinsamer Nenner ist: Man „weiß", was gut ist für die jeweilige Familie! Selbst wenn man wohlwollend agiert, kann es geschehen, dass sich ein Stereotyp zwischen sich und die Familie schiebt.

Immer wieder geht es darum, feine Unterschiede herzustellen und davon auszugehen, dass bei der einen Familie die Konfliktlage zwar *ähnlich* sein kann wie in der anderen, dass es aber vor allem darum geht, zu einem je *spezifischen Kontrakt* mit *einer spezifischen Familie* zu gelangen. Genau darum geht es aber auch in der interkulturellen Beratung, in deren Verlauf man dann möglicherweise feststellen wird, dass die Familientherapie „(fast) so ist wie bei deutschen", wie es Akgün (1991, 36) für die Erfahrungen mit türkischen Familien postulierte.

5. Betroffenheit, Engagement und Abstand

„Wir haben nur die Welt, die wir zusammen mit Anderen hervorbringen, und nur die Liebe ermöglicht uns, diese Welt hervorzubringen" (Maturana/Varela 1987, 267). Liebe ist eine zentrale therapeutische Qualität. Gleichzeitig ist sie auch die Kraft, die uns in der systemischen Therapie immer wieder das Thema von Nähe und Distanz, von Kontakt und Abgrenzung vor Augen führt. Dies ist schon im therapeutischen Alltag schwer, bei vielen multikulturellen Themen kann der Berater / die Beraterin mit Berichten konfrontiert werden, die es schwer machen, eine neutrale therapeutische Distanz zu wahren – und oft ist dies auch gar nicht angebracht. Gerade in multikulturellen Problemkonstellationen geht es vielfach um Ereignisse, denen man als Berater nie in der Weise ausgesetzt gewesen ist und von denen man sich – vor allem bei Extremtraumatisierung – oft nicht einmal vorstellen kann, dass man sie selbst hätte ertragen können. Sich betreffen zu lassen, das eigene Engagement nicht hinter therapeutischer Neutralität zu verstecken, ist hier eine wesentliche Forderung[4]. Viel mehr als in anderen Beratungskontexten geht es daher darum, die Balance zu halten zwischen der Selbstverständlichkeit *solidarischer Partizipation* und der gleichzeitigen Notwendigkeit, soviel Distanz zum Erleben des Klienten zu bewahren, dass man nicht selbst in Entsetzen versinkt und hilfsunfähig, erstarrt dem Klienten / der Klientin gerade die Hilfe und Stütze versagt, derer er oder sie besonders bedarf. Der Berater / die Beraterin darf nicht mit der „leidenden Seite" der Ambivalenz in eine so starke Identifikation gehen, dass daraus eine Festschreibung der Opferposition wird (Skutta 1998). Dies gelingt aus unserer Erfahrung dann besonders gut, wenn man als Berater nicht isoliert ist, z.B. durch eine gute Eingebundenheit in einem Team, durch die Arbeit mit Reflektierenden Teams oder durch eine Supervisionsgruppe, durch die die Tabuisierung extremer Gefühle aufgefangen werden kann.

Ein Beispiel aus einer Live-Supervision in Anwesenheit der Supervisionsgruppe (nach El Hachimi/von Schlippe 2000): Eine kurdische Familie wird wegen extremer Verhaltensauffälligkeiten des dreijährigen Sohnes durch das Jugendamt betreut. Der Vater befindet sich seit einem halben Jahr in Haft, nachdem er wegen des Verdachts auf Mitgliedschaft in der PKK mit einer dramatischen Polizeiaktion aus dem Haus geholt worden war. Seitdem wird die Mutter (23 J.) von ihren Nachbarn gemieden und lebt in der Wohnsiedlung völlig isoliert mit ihrer 16-jährigen Schwester und ihrem Sohn. Zum Gespräch kommen die Mutter, die Schwester und der Junge, alle sprechen einigermaßen gut deutsch. Die Mutter sagt, sehr zum Erstaunen der Gruppe, sie habe keine Probleme mit den vielen Menschen, sie sei so etwas von ihrer Familie her gewohnt. Vom Vorgehen her wird vereinbart, dass in ein oder zwei Unterbrechungen des Gesprächs alle Gruppenmitglieder jeweils kurz ausdrücken, wo sie jeweils innerlich sind, sei es in Form eines Bildes oder eines Gefühls. In einem ersten Austausch dieser inneren Bilder geht die Gruppe sehr auf die „Kraftseite" („Beeindruckend, was Sie alles geschafft haben...!") – wohl nicht ganz ehrlich, weil sich darin so etwas wie eine Tabuisierung des Schreckens abzeichnet. Glücklicherweise bringt dann ein Gruppenmitglied eigene Gefühle von Beklemmung und Angst zum Ausdruck. Das wirkt erkennbar erleichternd, wie eine Erlaubnis: Die Frau erzählt viel von den ständigen Tieffliegerangriffen durch irakische Truppen, vom schrecklichen Tod eines kleinen Bruders, die Schwester zeigt ihre von einer Granate verstümmelte Hand, die sie vorher verborgen hatte. Für die Therapeutin war es das Schlimmste, die eigene Sprachlosigkeit angesichts dieses Leids auszuhalten. Für sie war die atmosphärische Geborgenheit, die die Gruppe vermittelte, eine wichtige Ressource, nicht von dem Schmerz überwältigt zu werden. Die Frau beschrieb es als Befreiung, diese Geschichten endlich einmal erzählen zu können: „Das ist das erste Mal, dass sich jemand dafür interessiert!" Hier vermittelte das von Liebe getragene Engagement der Gruppe eine Kontrasterfahrung zu der ansonsten überall erfahrenen Ausgrenzung.

Durch das Gespräch ergab sich übrigens ein vertieftes Verständnis der extremen Verhaltensauffälligkeiten des kleinen Sohnes. Dieser begann bei den Tränen der Mutter zunächst, laut zu schreien und auf das Spielzeug zu treten. Als er sah, dass die Therapeutin zur Mutter ging und sie in den Arm nahm, wurde er ruhiger. Bei der zweiten Situation, in der die Mutter weinte, ging er nur noch zu ihr und fasste sie an, beim dritten Mal beobachtete er dann von der Spielecke aus genau, was passierte, am Schluss spielte er ruhig, still und konzentriert außerhalb des Kreises. Er war ganz offenbar entlastet, seine schwere Aufgabe loslassen zu können, die Mutter zu trösten.

6. „Mit Landkarten spielen"
Spezifische Zugänge zu multikulturellen Kontexten

Wir können die Welt nicht anders erleben als über die Beschreibungen, die wir im Laufe unserer Sozialisation darüber erworben haben, „Landkarten" also, die uns Orientierung in der Welt bieten, die wir jedoch nicht mit der Welt selbst verwechseln sollten. Die Einbeziehung multikultureller Kontexte verlangt immer wieder, die jeweiligen „Landkarten" des betroffenen Systems genau zu erforschen und den eigenen Landkarten gegenüber besonders kritisch zu bleiben. Was für einen Deutschen „enge Wohnverhältnisse" sind, kann für eine Familie in einer anderen Kultur gerade richtig und gemütlich sein. Von dort aus wird auf die Isolation einer Kleinfamilie in einer westeuropäischen Wohnung vielleicht auch nur mit Kopfschütteln geschaut. Ähnliches gilt für die Erarbeitung von Therapiezielen: So stellen moderne Problemlösungsansätze Werte wie Eigenverantwortlichkeit, Unabhängigkeit und Entscheidungskraft in den Vordergrund; damit werden jedoch unter Umständen Kompetenzen gefördert, die nach den Vorstellungen über das Zusammenleben aus Sicht einer anderen Kultur eventuell gerade nicht förderlich sind (Tuna 1998). In den Rat suchenden Familiensystemen sind unterschiedliche Strömungen oft auch unterschiedlich stark ausgeprägt (Güc 1991): „Progressive" Familienmitglieder, die sich an den Werten westlicher Kulturen orientieren, stehen Mitgliedern gegenüber, die in den Werten der Heimatkultur verwurzelt sind. Die Betonung einer Seite kann dieses Spannungsfeld verstärken. Wenn es möglich ist, sich als Berater/in zum „Anwalt der Ambivalenz" zu machen, kann eine wertschätzende Haltung gegenüber der Gesamtdynamik eingenommen werden.

Es ist eine zentrale Forderung der systemischen Therapie, in ihren Interventionen darauf zu achten, dass die Zahl der zur Verfügung stehenden Möglichkeiten erweitert wird – entsprechend einem erkenntnistheoretisch fundierten Imperativ, wie ihn Heinz von Foerster (1988) formulierte. Beschreibungen aus einer anderen Kultur sollten entsprechend daraufhin überprüft werden, ob sie den Rahmen der Betroffenen, aktiv als Handelnde ihren Bereich zu gestalten, erweitern oder nicht. Auch hier zeigt sich eine multikulturelle Perspektive als Ressource: Was in dem einen Bezugssystem als krank, schlecht, böse, „eine Katastrophe" gilt, – wie sieht es in dem anderen Bezugssystem aus? Der jeweils andere Rahmen kann als Ausgangspunkt für ein Reframing des beklagten Problems genutzt werden.

Fragen, insbesondere das zirkuläre Fragen als zentrale systemtherapeutische Methode lässt sich nutzen. Spezifische Fragen können hier geeignet sein, multikulturelle Kontexte zu erhellen und die Relativität der Standorte von Klientensystem, Berater/in und Supervisor/in zu verdeutlichen. Insbesondere können spielerisch Außenstehende aus der jeweiligen Kultur mit diesem Instrument einbezogen werden.

Beispiel: Ein bikulturelles Paar kommt zur letzten Sitzung. Durchgehende Themen der Therapie waren Konkurrenz, Kampf um Identität, Nähe und Distanz gewesen. Das Paar, eine Afrikanerin und ein Deutscher, hatte sich entschieden, zusammenzubleiben. Einige Zeit vor der Sitzung hatte die Frau einen schweren Unfall gehabt, der sie beinahe das Leben gekostet hatte. Mitten in der Stunde erzählt die Frau einen Traum: „Ein Monster sitzt im Stuhl und hat einen riesigen Käfer in den Händen mit der Absicht, ihn zu fressen. Der Käfer zittert, und die Träumerin zittert mit ihm. Nach einer Weile verschluckt der Riese das Tier, dieser schreit, während er geschluckt wird, nach Hilfe." Sie selbst, so die Frau, sei dieser Käfer. Der Therapeut stellt diesen Traum in einen bestimmten Rahmen: „Gesetzt den Fall, Sie haben mit ihrer Grenzerfahrung gegenüber Ihrem Mann und mir einen Vorsprung. Vielleicht haben Sie einen besonderen Zugang zu der Welt der Vorahnungen. Wenn das so wäre – was glauben Sie, wie diese Vorahnung von Ihren Vorfahren daheim für Ihre Beziehung gedeutet werden würde?" Sie antwortet nach einigen Minuten: „Wir sollten darauf achten, dass keiner den anderen schlucken darf."

Die folgende Liste möglicher Fragen ist eine Zusammenstellung, die teils eigener Erfahrung (unter anderem El Hachimi/von Schlippe 2000) entstammt, teils aus der Literatur[5] (Bezugnahmen sind gesondert vermerkt).

– Was bedeutet es für Sie, dass ich Sie als Deutscher/Ausländer berate? Worin könnte die Chance liegen, worin eine Schwierigkeit?
– Was bedeutet Ihr Name/Vorname/Name des Kindes[6] in Ihrer Sprache bzw. im heimatlichen Kontext?
– Wer traf die Entscheidung zur Migration? Unter welchen wirtschaftlichen, politischen, familiären Umständen? Wer war am ehesten einverstanden mit der Entscheidung, wer am wenigsten? Welche anderen Optionen hätten bestanden? Wie sehen etwa die Großeltern diese Entscheidung? (Oesterreich 1998)
– Angenommen, Sie wären hier in Ihrem Heimatland, wie würden Sie dann das Problem beschreiben? Würden die gleichen Probleme eine andere Bedeutung haben? Wer in Ihrer Familie/Nachbarschaft würde das Problem wie erklären, Ihnen welche Vorschläge zur Lösung machen?
– Angenommen, ich wäre mit meiner Familie in Ihrem türkischen Heimatdorf. Wie würde es meiner Familie dort ergehen? Von wem würde ich am ehesten Unterstützung bekommen? (Schwabe/Palmowski 1999).
– Wer im weiteren Familienkreise könnte am ehesten das „progressive" Familienmitglied verstehen, wem ist er/sie vielleicht am ehesten verbunden? Wer könnte das traditionelle Familienmitglied eher verstehen, wem ist es am ehesten verbunden? Was würde verloren gehen, wenn eine der beiden Seiten in der Familie verschwinden würde, z.B. weil sich die andere durchsetzt? (Daran kann sich ein Reframing der Lösung der Familie anschließen, die es schafft, sich einerseits den Herausforderungen dieser kulturellen Spannungssituation zu stellen, andererseits aber auch die Verbindung zur Heimat und ihren Werten zu bewahren.)
– Wer schätzt hier in diesem Lande, was Sie bis jetzt geschafft haben, wer unterschätzt es eher?
– Wer würde als erstes merken, wenn sich das Problem verschärft? Welchen Einfluss hätte das auf die Frage, ob die Familie in die Heimat zurückkehren würde? Würde es die Wahrscheinlichkeit einer Rückkehr erhöhen oder verringern? (Oesterreich 1998). Wer würde eher mitkommen, wer unter Umständen entscheiden hier zu bleiben?

- Wie ist es mit der Sprache – welche Sprache „springt" zuerst hoch bei Ihnen, ist es die neue oder die alte? Sagen Sie doch Ihren Ärger / Ihre Freude / Ihre Trauer einmal in Ihrer Muttersprache!
- Wenn Sie das Gefühl von Zugehörigkeit zu Ihrem Land in Ihrem Körper verorten sollten, wo würden Sie es fühlen, wie fühlt es sich an, welche Farbe/Ton/Musik/Bild usw. hätte es? Wenn ich Ihnen diese Frage in Ihrem eigenen Land stellen würde, würden Sie mir das Gleiche antworten oder andere Symbole finden?
- Welche Kräfte, welche „guten Geister" sind mit Ihnen in die Emigration gegangen? Wer hat sie mitgegeben, und was glauben Sie, was ihr Sinn hier ist?
- Wenn etwas geschieht, wie beurteilen Sie es eher – mit den alten Regeln oder/und mit den neuen Regeln?
- Was haben Sie von wem in Ihrem Herzen mitgenommen, das Ihnen Kraft gibt (auch wenn der Betreffende vielleicht nicht mehr lebt)?
- Mit welchen Bildern könnten Sie mir Ihre Heimat vorstellen? (jeden Einzelnen genau befragen, auch die Kinder; evtl. malen lassen; das geht auch für andere Sinnesmodalitäten wie z.B. Lieder oder Speisen usw.)
- Wie war zu Hause Ihre Familie organisiert – Hierarchie, Regeln, Frau/Mann, Tabuthemen? Wie haben Sie zu Hause Entscheidungen getroffen, wie hier? Welche dieser Regeln haben Sie mitgenommen, welche haben Sie verändert, welche glauben Sie, müssen/werden Sie hier noch verändern? Welche Veränderungen fallen Ihnen/ Ihrem Partner leichter/schwerer?
- Welche Jahresfeste, welche religiösen Rituale aus der Heimat feiern Sie hier, welche nicht? (auch hier kann die Differenzierung nach Familienmitgliedern den Blick auf die Familienstrukturen ermöglichen: wer nimmt teil, wer nicht?). Welche Sprichwörter sind in Ihrem Leben am wichtigsten, und wonach leben Sie? Welche Geschichten, Märchen werden bei Ihnen erzählt? Welche fallen Ihnen zu Ihrem Problem (bzw. zu Ihrer Familie/ Ihrem Kind usw.) ein?
- Wie begrüßen Sie sich zu Hause?
- Wie würde ein/e Weise/r in Ihrem Heimatort Ihnen helfen dies Problem zu lösen? Bei welchem Thema hätte er (und damit ich) nicht das Recht zu fragen?

7. Elterliche Präsenz

Viele Migrantenfamilien haben eine Fluchtphase oder zumindest eine Zeit der Destabilität in der Migration erlebt. Diese Phase kann dazu geführt haben, dass die Familien sich enger zusammengezogen haben, um diese Zeit zu überstehen. Dazu wurden bestimmte Regeln außer Kraft gesetzt, andere Regeln wurden neu geschaffen: aufgesetzte Harmonie statt Trauer, Kontrolle statt Freiheit, Gemeinsamkeit statt Individualität. Nicht selten wird auch versucht, mehr die Sprache des Gastlandes zu sprechen als die eigene. Von besonderer Bedeutung erscheint uns, wie schon im Abschnitt über Sprache und Dolmetschen erwähnt, dass sich das Familiengefüge verschieben kann und mit ihm die „elterliche Präsenz" verloren geht: Die Eltern rücken an den „Rand der Familie", sie übernehmen immer weniger elterliche Funktionen (Omer 2000). Es ist manchmal so, als hätten die Eltern mit der Heimat auch den „festen Boden" verloren, ihre Vorstellungen angemessen umzusetzen. In der fremden Kultur erleben sie sich verunsichert: Welche Werte gelten noch, welches sind die „richtigen" Maßstäbe? Damit drohen jedoch alle Maßstäbe verloren zu gehen und mit ihnen die Orientierungsfunktion der Eltern.

Im Gespräch mit einer türkischen Familie, die erst seit fünf Jahren in Deutschland lebte, kam es dazu, dass die beiden halbwüchsigen Kinder ihren Eltern vorwarfen, sie „überhaupt nicht erzogen" zu haben. Neben der positiven Seite von Freiheit war für sie das Gefühl: „Ich habe mich selbst erzogen" bestimmend, verbunden mit Gefühlen von Schuld, da die Eltern zwar wenige Grenzen setzten, jedoch über die Induktion von schlechtem Gewissen ihr Missfallen und Bedauern über den Weg der Kinder ausdrückten. Die Eltern wirkten verunsichert; der Berater fragte sich, ob die Eltern kein Erziehungskonzept hatten oder sich nicht trauten, es durchzusetzen? Daher schickte er die Kinder nach Hause und setzte das Gespräch allein mit den Eltern fort. Schnell berichteten die Eltern von sehr klaren Gedanken, wie sie sich die Erziehung vorstellten, sich jedoch in der für sie noch fremden Kultur nicht trauten, dieses so durchzusetzen, wie sie es in der Heimat getan hätten. Diese Erziehungsvorstellungen wurden ausgiebig in mehreren Sitzungen besprochen. Schließlich wurden die Eltern mit einer Reihe von Hausaufgaben entlassen, die darin bestanden, in verschiedenen Gesprächen den Kindern ohne Schuldinduktion ihre Vorstellungen von Erziehung zu vermitteln und eine Reihe von spezifischen Vorstellungen (z.B. über die Zeit des Heimkommens und Zubettgehens) eindeutig, mit klaren, vorhersehbaren Sanktionen, aber gewaltlos durchzusetzen, auch gegen die Widerstände der Kinder (s. Omer 2000).

Die Beratung veränderte sich damit zu einer Art Coaching der Eltern, in der sie darin unterstützt wurden, ihren Platz als Eltern wieder einzunehmen, die elterliche Präsenz wieder herzustellen und gleichzeitig ihre jeweiligen Erziehungsvorstellungen mit dem Berater auf die „interkulturelle Tauglichkeit" zu prüfen; hier wurde von den Eltern immer wieder ein klares Feedback des Beraters abgefragt (z.B. bei Themen wie dem Kontakt des Mädchens zu gleichaltrigen Jungen). Gegen Ende der Therapie wurden die Kinder erneut eingeladen und befragt. Sie bestätigten die Präsenz der Eltern – auch wenn es nun mehr Auseinandersetzungen gebe. Die Tochter formulierte es so: „Ich weiß, wer meine Eltern sind, ich erkenne jetzt meine Grenzen, für mich ist es jetzt einfacher." Die Familie wurde entlassen mit der Einladung, dass jedes der vier Familienmitglieder sich melden könne, wenn deutlich werde, dass das Familienleben wieder in das alte Muster umkippe.

8. Vom Umgang mit Überlebensschuld

Das anfängliche Beispiel des Mannes aus Bosnien zeigt ein Phänomen, mit dem in der Beratungsarbeit mit Migranten immer gerechnet werden muss. Das Bewusstsein, das eigene Überleben, vielleicht die eigene gute Lebenssituation dem Opfer einer oder mehrere anderer Personen zu verdanken, mit dem/ mit denen man verbunden ist, sei es über familiäre Bindung, sei es über die Zugehörigkeit zum gleichen Volk, kann eine bedeutsame Rolle für das eigene Befinden und den Beratungsverlauf haben. Dies wurde erstmals bei Überlebenden aus den Konzentrationslagern des Dritten Reiches berichtet (z.B. Stoffels 1991): Die eigene Depression, das eigene Unglück ist dann so etwas wie eine systemische Funktion, die die Verbindung zu den Toten oder den Leidenden zu Hause herstellt. Ein therapeutisches oder beratendes Vorgehen, das diese systemische Funktion ignoriert, indem etwa die Steigerung der Lebensqualität angesteuert wird, kann kontraproduktiv sein, denn das Gefühl des Verrats würde sich nur noch verstärken. Es muss darum gehen, die Bindung zu respektieren und aus diesem Respekt heraus einen neuen Bedeutungsrahmen anzubieten. Wie dies möglich werden kann, soll in einem Beispiel verdeutlicht werden.

G., eine etwa 45-jährige Frau aus dem Iran, lebt seit langer Zeit in Deutschland. Sie nahm an einer familientherapeutisch ausgerichteten Gruppentherapie teil (zu den im Rahmen eines solchen Konzeptes verwendeten Methoden wie Genogramm, Familienskulptur, zirkuläres Fragen usw.: von Schlippe/Schweitzer 1996). G. war als kritisch engagierte Studentin schnell in Widerspruch sowohl zum Schah-Regime als auch zur darauf folgenden Diktatur unter Khomeini geraten. Sie wurde wegen rezidivierender Magenschmerzen ohne organische Ursache in die Gruppentherapie überwiesen, der sie skeptisch gegenüberstand, schließlich gehe es ihr gut, wenn nur die

Symptomatik nicht wäre. Sie wirkt sehr rational gesteuert, auch als sie ihr Genogramm vorstellt, in dem sich ein Muster erkennen lässt: Zwei Tanten wurden gegen ihren Willen mit Männern verheiratet, die sie nicht liebten, eine Tante starb mit 48 Jahren an Krebs. Mit deren Tochter M. hatte G. in der Kindheit ein sehr enges Verhältnis, sie seien wie Schwestern gewesen. Vor zwölf Jahren war diese junge Frau im Widerstand aktiv gewesen, wurde gefasst und hingerichtet. Die Schwester von G. selbst wurde vor Kurzem wegen des Verteilens von Flugblättern zu zehn Jahren Gefängnis verurteilt. Offenbar stehen die Frauen in der Familie in der Spannung, entweder den Weg der Selbstaufgabe oder Tod bzw. Gefängnis zu wählen.

Eine emotionale Bewegung spürt G. in den Erzählungen nicht, nur die Gruppe reagiert betroffen. Sie selbst findet keine klare Frage an ihre Familie, spricht nur recht abstrakt von „Liebe und Tod". Einer Eingebung folgend, schlägt der Therapeut ihr vor, für diese beiden Begriffe jeweils einen Rollenspieler zu wählen und aus ihnen eine Skulptur zu erstellen mit dem Ziel, über die Identifikation der Rollenspieler einen Zugang zu den mit den Begriffen verbundenen Gefühlen zu ermöglichen. Beide Rollenspieler berichten schnell von einer ungeheuren Spannung, die sie zwischen sich spüren, die „Liebe" ringt mit dem „Tod", der sehr gelassen bleibt: „An mir kommt keiner vorbei!" G. reagiert auf dieses Bild einerseits fassungslos, andererseits mit Magenschmerzen. Auch für die Fassungslosigkeit und die Magenschmerzen wird je eine Rollenspielerin gesucht und aufgestellt. G. selbst erlebt keine Empfindung, als sie sich selbst in die Skulptur hineinstellt.

Durch den Verlauf des Prozesses verdichtet sich beim Therapeuten ein Bild: Die Fassungslosigkeit könnte für die hingerichtete Kusine stehen. Er fordert G. auf, zu der Rollenspielerin, die die Fassungslosigkeit symbolisiert, zu sagen: „Du bist mir wie eine Schwester". Langsam wird eine emotionale Bewegung in G. spürbar. Als der Therapeut vorschlägt, die Fassungslosigkeit mit dem Namen von M. anzusprechen, kommt es zu einem heftigen Sturm von Gefühlen, von Schmerz, Wut und Trauer, den G. in den Armen ihrer Gruppenmitglieder erlebt: „Warum, warum, warum?" Szenen der Kindheit werden wach von intimer Nähe der beiden Mädchen im Spiel und in Gesprächen. Immer wieder von heftigem Weinen erschüttert, berichtet sie, was sie von der Schreckensgeschichte von M. weiß, die nach einem Suizidversuch ins Krankenhaus gebracht worden war, nach der Heilung weiter bis zur Hinrichtung schwerste Folterungen zu ertragen hatte. „Wenn ich im Iran geblieben wäre, wäre ich auch tot!"

Hier taucht erstmals das Thema der Überlebensschuld auf. Der Therapeut fordert G. auf, zu M. zu sagen: „Du bist tot, ich lebe!" Dieser Satz wird wieder von heftigen Gefühlsausbrüchen begleitet: „Ich habe solche Schuldgefühle!" Die Überlebensschuld ist G. nicht zu nehmen, Schuldgefühle allerdings verhindern die Annahme der Schuld. So sagt sie nach Aufforderung zu ihrer Kusine: „Du bist tot, ich lebe, und das ist meine Schuld!"

Gerade dieser Satz braucht lange und bringt heftige Gefühle mit sich, vor allem dann, wenn sie aufgefordert wird, ihn auf persisch zu sagen. Schließlich wiederholt sie ihn immer und immer wieder in der Muttersprache. In dieser Phase geht es vor allem darum, G. körperlich zu halten und dafür zu sorgen, dass sie in Blickkontakt zu der Rollenspielerin bleibt, die für die ermordete Kusine steht. Als dies ausgesprochen ist, als statt der Schuldgefühle die Überlebensschuld angenommen ist, wird es ihr möglich, ruhiger zu ihrer „Kusine" zu sagen: „Bitte schau freundlich auf mich, wenn ich noch eine Zeit lebe und lebendig bin". Erst danach wird es ihr möglich, die Kusine „in ihr Herz" zu nehmen, ihr dort einen Platz zu geben und ihr zu vermitteln: Weil das Opfer der Kusine das höchste war, das ein Mensch geben kann, soll es nicht umsonst gewesen sein, so dass sie gerade deshalb ein erfülltes und frohes Leben führen möchte, „auch dir zu Ehren, liebe M."
Die Wendung, dass ein glückliches Leben das größte Geschenk für die leidende und ermordete Angehörige sei, ja dass dann, wenn sie selbst ein bedrücktes und depressives Leben führe, das Opfer der Kusine gänzlich umsonst gewesen sei, ist für G. eine Befreiung. Eine seit über zwölf Jahren abgespaltene Erfahrung hat sie sich wieder zu eigen gemacht.

9. Chancen systemischer Live-Arbeit

Systemische Arbeit findet oft „live" statt, also beim Gespräch ist ein Team anwesend, sei es hinter dem Einwegspiegel oder, wie von uns zunehmend mehr praktiziert, im gleichen Raum, z.B. in Form eines „Reflektierenden Teams". In multikulturellen Zusammenhängen kann es erforderlich sein, dass die Gruppe sich mehr als „üblich" zur Verfügung stellt, sei es durch persönliche Anteilnahme oder durch persönliches Engagement. Eine besondere Möglichkeit besteht darin, dass die Gruppe genutzt wird, um eine Familienskulptur aufzustellen. Neben den Familienmitgliedern können dann auch nicht-anwesende Verwandte in die Darstellung mit einbezogen werden, – vielleicht jene, die zurückgeblieben sind, Vermisste oder Verstorbene. Wege und Umwege der Migration können anschaulich dargestellt werden, das Team kann denen, die nicht sprechen können, Sprache leihen und aussprechen, welche Gefühle den Verlust begleiten.

Beispiel: In einer Supervisionssitzung stellt die Therapeutin eine türkische Familie vor, deren Mitglieder nur teilweise und auch nur sehr schlecht deutsch sprechen. Da sie das Türkische beherrscht, möchte sie das Gespräch gern in der Muttersprache führen, die der Rest der Gruppe nicht versteht. Wie kann die Gruppe hier hilfreich sein? Es kommt zu einem Experiment: Die Therapeutin wird das Gespräch gelegentlich kurz für die Gruppe zusammenfassen, so dass ungefähr klar ist, um welche Thematik es geht. Gleichzeitig werden aus der Gruppe Personen ausgewählt, die sich jeweils mit einem Familienmitglied besonders identifizieren und das Gespräch, vor allem die nonverbale Seite, aus dieser Identifikation heraus verfolgen. In einer Gesprächspause versuchen dann diese Personen, in einer Familienskulptur das Nachgespürte in Körperhaltungen umzusetzen. Der Gesprächsverlauf zeigt, dass die Familie sich durch die Skulptur in besonderer Weise verstanden fühlt. Die Einfühlung einzelner Teilnehmer berührt die Familienmitglieder tief. So reagiert der älteste Sohn der Familie sehr heftig darauf, dass sein Stellvertreter in der Skulptur immer wieder betont, dass er am liebsten die Augen zumachen wolle, um all das Leid in seiner Familie nicht zu sehen: „Woher weiß er, dass es mir so geht?" Für ihn war diese Sitzung ein wichtiger Punkt in seinem Leben, endlich die Augen aufzumachen.

10. „Multikulturelle Schätze": Rituale und Geschichten

Multikulturelle Einflüsse können das Handwerkszeug nicht nur systemischer Beratung bereichern; dies sollen zwei Beispiele zeigen. In dem ersten Beispiel soll deutlich werden, dass Rituale und Ritualbestandteile aus anderen Kulturen in der Beratungsarbeit nutzbar gemacht werden können.

Ein bikulturelles Paar kam zur Therapie mit dem Anliegen, sich über den weiteren gemeinsamen Weg klar zu werden. Die (deutsche) Frau wollte ein Kind, der Mann, ein Ägypter, war unentschieden. Ambivalenz kennzeichnete den Weg dieses Paares über Jahre hinweg: Seit 20 Jahren waren sie zusammen, hatten sich in der Zeit siebenmal getrennt und waren wieder zusammenkommen. Der Mann war seit langem drogenabhängig mit einer langen Geschichte von Therapie und Rückfällen.
    Nach einem ausführlichen Gespräch über dieses Muster der Ambivalenz zeigten sich beide entschieden, es zu beenden, auch wenn sie diese Entscheidung in heftige Turbulenzen führen sollte (s. Lenz u.a. 1995). Daher wurden sie aufgefordert, sich jeder für sich zehn Minuten Zeit zu nehmen und für sich zu entscheiden, von was sie Abschied nehmen müssten, um aus diesem Muster herauszutreten, und was sie in ihrem Leben auf keinen Fall aufgeben wollten. Nach der Pause sagte der Mann: „Ich werde meine Sucht nicht aufgeben. Abschied nehme ich von der Vorstellung, clean zu leben, und von der Vorstellung, Vater zu werden!" Die Frau entschied, auf keinen Fall den Wunsch nach einem Kind aufzugeben, und damit entschied sie sich, von ihrem Mann Abschied zu nehmen. Dieser für beide klärende und gleichzeitig sehr schmerzliche Prozess der Beendigung eines langjährigen quälenden

Musters wurde durch ein Ritual besiegelt, in das der marokkanische Therapeut (El Hachimi) Elemente seiner eigenen Kultur einfließen ließ: Er nahm zwei Tongefäße und füllte sie mit Milch. Der Mann sagte zur Frau: „Ich trinke diese Milch als Symbol für das, was du mir an Jahren geschenkt hast, und als Symbol für all das, was ich von dir mitnehme." Sie antwortete: „Ich trinke diese Milch als Symbol für das, was du mir an Jahren geschenkt hast, und als Symbol für all das, was ich von dir mitnehme." Im nächsten Schritt überreichte der Mann ihr das leere Gefäß mit den Worten: „Ich schenke dir dieses leere Gefäß als Symbol dafür, dass es nichts gibt, was ich dir vorwerfe." Mit den gleichen Worten überreichte die Frau ihr leeres Gefäß.

Die Tradition des Erzählens von Geschichten ist in der Psychotherapie schon früh genutzt worden; nicht zuletzt waren es Therapeuten aus dem arabischen Kulturkreis, die diese Möglichkeiten als Geschenke ihrer Kultur in die therapeutische Arbeit einführten, etwa Peseschkian (1982) oder Schami (1997). Im zweiten Beispiel wird ebenfalls von dem arabischen Therapeuten (El Hachimi) eine Geschichte genutzt, um einen Zugang zu einer verfahrenen Beratungssituation herzustellen.

Eine zusammengesetzte Familie, bestehend aus der Mutter Françoise und ihrem Sohn Louis (16) aus erster Ehe, dem Stiefvater Bernard und der gemeinsamen Tochter Christine (4). Der Vater von Louis war an Krebs gestorben, als dieser sechs Jahre alt gewesen war. Anlass für die Familientherapie war das Verhalten von Louis. Er zeigte sich aggressiv bis gewalttätig gegen seine Mitschüler, das Familienleben war unerträglich geworden, vor allem waren die Spannungen zwischen Bernard und Louis extrem und bedrohlich. Alle Versuche, die Situation zu beruhigen, halfen nicht. Die Familie beschloss schließlich, ihm eine eigene Wohnung einzurichten in der Hoffnung, dass ein Auszug die Lage entspannen würde. Die Dringlichkeit des Falles und die ständigen akuten Dramen, mit denen die Familie kam, verhinderten anfangs, dass das Gespräch auf den leiblichen Vater kam. Erst als in einer Supervision die Hypothese ausgesprochen wurde, dass der Junge sich möglicherweise allen männlichen Vorbildern gegenüber verschließe, um seinem Vater die Treue zu halten, wurde beschlossen, das Thema in der nächsten Sitzung anzusprechen. Es entspann sich ein Dialog:
„Louis, hast du im Augenblick ein männliches Vorbild?"
„Nein!"
„Überhaupt niemanden?"
„Nein, keiner ist mein Vorbild!"
„Und wie ist es mit Bernard?"
„Nein, der ist auch kein Vorbild!"
„Wie wäre es mit mir als Therapeut?"
„Ich bin doch nicht schwul!"

„– und dein leiblicher Vater?"

„Den kenne ich doch kaum."

„Was würde er dir denn wohl sagen, wenn er noch leben würde? Was meinst du, was er dir raten würde, wie du dein Leben jetzt gestalten solltest?"

„Er war beliebt, geachtet und sehr gesellig. Ich glaube, er würde sagen, ich soll mir Freunde suchen und mich nicht so viel schlagen!"

Louis reagierte sehr betroffen, es wurde deutlich, wie sehr es ihn quälte, dass er seinen leiblichen Vater so wenig kannte – und ihn damit auf eine Weise idealisierte, dass der Stiefvater „keine Chance" dagegen hatte.

„Louis, ich möchte dir eine Geschichte erzählen, die die meinige ist. Meine Mutter hat ihren Vater, meinen Großvater, mit drei Jahren verloren. Die Familie lebte in Rabat, in Marokko am Meer, und er war Seemann, weißt du. Eines Tages kam er nicht mehr vom Meer zurück, er ist wohl ertrunken, doch genau weiß man es bis heute nicht. Meine Mutter hat ihren Vater sehr vermisst. Als sie 40 Jahre alt war, klopfte eines Tages ein Bote vom Hafen an ihre Tür: Es war dort eine alte Kiste gefunden worden, eine Kiste mit Unterlagen von ihrem Vater, die im Hafen gefunden worden war. Meine Mutter kann nicht lesen, also mussten wir ihr vorlesen. Alles, was in der Kiste war, waren Papiere, Aufzeichnungen vom Großvater. Und fast jeden Tag mussten wir ihr aus den Unterlagen was vorlesen, mal ich, mal mein Bruder, mal meine Schwester. Sie fragte solange, bis sie alle Dokumente auswendig kannte, sie konnte genau sagen, was darauf stand, obwohl sie es nicht lesen konnte. So hat sie sich den verlorenen Vater wiedergeholt, bis ihr Bild vom Großvater vollständig war."

Die Familie, besonders Louis, hörte sehr interessiert zu. Befragt, ob Louis eines Tages vielleicht auch so eine Kiste finden würde, meinte die Mutter, symbolisch gesehen habe sie ja so eine Kiste, die Geschichten über den Vater, die Fotoalben, er könne sie ja danach fragen. Der Stiefvater erlebte erstmals Verständnis für Louis und die mögliche Bedeutung des leiblichen Vaters für ihn. In der Folge besserte sich zunächst die häusliche Situation, später auch die schulische. Ein Auszug wurde nicht mehr erwogen.

11. Schlussbemerkung

Jedes „Merkmal", das einen Menschen oder eine Familie „besonders" macht, sie von dem gewohnten Bild unterschiedet, verführt dazu, den Blick zu sehr auf dieses „Merkmal" zu richten, was auch immer es sei. In der systemischen Therapie wird der Begriff der „Problemtrance" dafür verwendet, um den Prozess zu beschreiben, wie der Blick auf das jeweilige Problem den Blick verengen kann und die Aufmerksamkeit des jeweiligen Beraters absorbiert (von Schlippe/Schweitzer 1996). Die zentrale

Aussage dieses Beitrages besteht darin, dass interkulturelle Kompetenz bedeutet, eine „Kulturtrance" zu vermeiden, den Blick für die Einzigartigkeit jedes Menschen, jeder Familie aus einer fremden Kultur zu behalten, sich nicht von der Fremdheit „hypnotisieren" zu lassen oder gar in eine vorschnelle Position von „Wissen" zu gehen (s.o. Schmidt-Lellek, *Dialog mit dem Fremden*). Aber „Nicht-Wissen" darf nicht mit Ignoranz verwechselt werden: Interkulturelle Kompetenz erfordert paradoxerweise, gerade sehr genau über die Bereiche Bescheid zu wissen, zu denen man Fragen stellen muss, und über Werkzeuge und Erfahrung zu verfügen, Prozesse zu steuern, die sich aus diesen Fragen ergeben. Mit einem Zitat einer für uns sehr bedeutsamen Lehrerin, Virginia Satir, möchten wir daher schließen: „It's simple, – but not easy!"

Anmerkungen

[1] Die Ausländerquote lag laut dem letzten Bericht der Beauftragten der Bundesregierung für Ausländerfragen im Jahr 2000 bei knapp neun Prozent, in bestimmten Regionen weitaus darüber, so ist in Berlin-Kreuzberg oder Wedding etwa jeder dritte Bürger ausländischer Herkunft (Kentenich 1998). Diese Zahlen relativieren sich schnell, wenn man sich bewusst macht, dass ja auch eine nicht exakt zu bestimmende Zahl von Aussiedlern und Migranten mit deutschem Pass hier leben, deren Akkulturation sich ja nicht mit der Erteilung des Passes sozusagen „instant" erledigt.

[2] Faltermaier schlägt vor, dabei eher vom „Lebensereigniskomplex" Migration zu sprechen (a.a.O.).

[3] Diese basale Forderung gilt unseres Erachtens unabhängig davon, ob es sich um Familien handelt, die als Folge politischer Verfolgung zur Migration gezwungen wurden (vgl. z.B. Bittenbinder 1992), die als Arbeitsmigranten nach Deutschland kamen (vgl. z.B. Tufan 1998) oder die als Aussiedler vor allem Osteuropa verlassen haben (vgl. z.B. Müller-Wille 1996). Die Facetten dieser Unterscheidungen (Bade 1994a) sollen an dieser Stelle nicht weiter diskutiert werden, ebenso werden wir nicht explizit auf die Therapie traumatischer Belastungsstörungen eingehen; wir verweisen auf die umfangreiche Literatur (z.B. Graessner u.a. 1996; Bittenbinder 2000; Langkafel 2000)

[4] Oesterreich (1998) verlangt in diesem Zusammenhang „engagierte Neutralität"

[5] Ein ausführlicher Fragenkatalog findet sich auch bei Oesterreich (1998)

[6] In dem Fallbeispiel der kurdischen Flüchtlingsfamilie bedeutete der Name des Kindes: „Retter der Kurden", was natürlich Ausgangspunkt eines intensiven Gespräches wurde.

Literatur

Akgün, L. (1991): Strukturelle Familientherapie bei türkischen Familien. In: Familiendynamik 16, 1, 24-36.

Al-Issa, I. (1997): The psychology of prejudice and discrimination. In: *Al-Issa, I., Tousignant, M. (Hg.):* Ethnicity, immigration, and psychopathology. New York, 17-32.

Bade, K.J. (1994a): Ausländer – Aussiedler – Asyl: Eine Bestandsaufnahme. München.

Bade, K.J. (Hg.) (1994b): Das Manifest der 60. Deutschland und die Einwanderung. München.

Bade, K.J. (1994c): Tabu Migration: Belastungen und Herausforderungen in Deutschland. In: *Bade, K.J. (Hg.):* Das Manifest der 60. Deutschland und die Einwanderung. München, 66-85.

Beauftragte der Bundesregierung für Ausländerfragen (Hg.) (1999): Gesundheit und Migration. Handlungsbedarf und Handlungsempfehlungen. Bonn, Büro der Beauftragten der Bundesregierung für Ausländerfragen.

Beauftragte der Bundesregierung für Ausländerfragen (Hg.) (2000a): Bericht über die Lage der Ausländer in der Bundesrepublik Deutschland. Berlin u.a., Büro der Beauftragten der Bundesregierung für Ausländerfragen.

Beauftragte der Bundesregierung für Ausländerfragen (Hg.) (2000b): Handbuch zum interkulturellen Arbeiten im Gesundheitsamt. Berlin u.a., Büro der Beauftragten der Bundesregierung für Ausländerfragen.

Berry, J.W. (1992): Acculturation and adaptation in a new society. In: International Migrations 30, 69-85.

Bittenbinder, E. (1992): Krieg, Verfolgung und Folter überleben. In: Systhema 6, 2, 3-17.

Bittenbinder, E. (2000): Trauma und extreme Gewalt – systemische Psychotherapie mit Überlebenden von Folter und die Bedeutung „innerer Bilder". In: Psychotherapie im Dialog 1, 1, 38-44.

Cecchin, G. (1988): Zum gegenwärtigen Stand von Hypothetisieren, Zirkularität und Neutralität – eine Einladung zur Neugier. In: Familiendynamik 13, 3, 190-203.

David, M.; Borde, Th.; Kentenich, H. (Hg.) (1998): Migration und Gesundheit. Zustandsbeschreibung und Zukunftsmodelle. Frankfurt/M.

Eberding, A. (1995): Sprache und Migration. Frankfurt/M.

Eberding, A.; Schlippe, A. von (2000): Gesundheit und Migration: Konzepte der Beratung und Behandlung von Migranten. In: *Marschalck, P./Wiedl, K.H. (Hg.):* Migration – Krankheit und Gesundheit. Aspekte von Mental Health und Public Health in der Versorgung von Migranten. IMIS-Schriften 10. Osnabrück.

Efran, J./Lukens, M./Lukens, R. (1992): Sprache, Struktur und Wandel. Dortmund.

El Hachimi, M./Schlippe, A. von (2000): Systemische Therapie und Supervision in multikulturellen Kontexten. In: System Familie 13, 3-13.

Erdheim, M. (1994): Das fremde Böse. In: Praxis der Kinderpsychologie und Kinderpsychiatrie 43, 7, 242-247.

Estrada, A./Haney, P. (1998): Genograms in a multicultural perspective. In: Journal of Family Psychotherapy 9, 2, 55-62.

Faltermaier, T. (2000): Migration und Gesundheit: Fragen und Konzepte aus einer salutogenetischen und gesundheitspsychologischen Perspektive. In: *Marschalck, P./Wiedl, K.H. (Hg.):* Migration – Krankheit und Gesundheit. Aspekte von Mental Health und Public Health in der Versorgung von Migranten. IMIS-Schriften 10. Osnabrück.

Fisek, G. (1998): Auswirkungen der Migration auf die Familienstruktur. In: Koch, E. u.a. (Hg.): Chancen und Risiken von Migration. Deutsch-türkische Perspektiven. Freiburg, 102-115.

Foerster, H. von (1988): Abbau und Aufbau. In: *Simon, F. (Hg.):* Lebende Systeme. Berlin u.a., 19-33.

Geiger, I. (1998): Altern in der Fremde. Zukunftsweisende Herausforderungen für Forschung und Versorgung. In: *David, M./Borde, Th./Kentenich, H. (Hg.):* Migration und Gesundheit. Zustandsbeschreibung und Zukunftsmodelle. Frankfurt/M, 167-184.

Gergen, K. (1996): Das gesättigte Selbst. Heidelberg.

Graessner, S./Gurris, N./Pross, Ch. (Hg.) (1996): Folter. An der Seite der Überlebenden. Unterstützung und Therapie. München.

Güc, F. (1991): Ein familientherapeutisches Konzept in der Arbeit mit Immigrantenfamilien. In: Familiendynamik 16, 1, 3-23.

Haenel, F. (1997): Spezielle Aspekte und Probleme in der Psychotherapie mit Folteropfern unter Beteiligung von Dolmetschern. In: Systhema 11, 2, 136-144.

Hehl, F./Ponge, I. (1997): Der Prozess der Aussiedlung – Veränderung von familiären Strukturen. In: System Familie 10, 1, 10-20.

Heise, Th. (Hg.) (1998): Transkulturelle Psychotherapie. Hilfen im ärztlichen und therapeutischen Umgang mit ausländischen Mitbürgern. Berlin.

Hinz-Rommel, W. (1996): Interkulturelle Kompetenz und Qualität. In: IZA, 3; 4.

Kentenich, H. (1998): Einführung. In: *David, M./Borde, Th./Kentenich, H. (Hg.):* Migration und Gesundheit. Zustandsbeschreibung und Zukunftsmodelle. Frankfurt/M., 11-15.

Koch, E. u.a. (Hg.) (1998): Chancen und Risiken von Migration. Deutsch-türkische Perspektiven. Freiburg.

Koray, S. (1991): Beratung und Therapie von Migrantenfamilien unter besonderer Berücksichtigung des Sprachaspekts in der Therapeut-Klient-Interaktion. In: Familiendynamik 16, 1, 57-62.

Koray, S. (2000): Interkulturelle Kompetenz – Annäherung an einen Begriff. In: *Beauftragte der Bundesregierung für Ausländerfragen (Hg.):* Handbuch zum

interkulturellen Arbeiten im Gesundheitsamt. Berlin u.a., Büro der Beauftragten der Bundesregierung für Ausländerfragen, 23-26.

Langkafel, M. (2000): Die posttraumatische Belastungsstörung. In: Psychotherapie im Dialog 1, 1, 3-11.

Lenz, G./Osterhold, G./Ellebracht, H. (1995): Erstarrte Beziehung – heilendes
Chaos. Freiburg.

Levold, T. (1997): Affekt und System. Plädoyer für eine Perspektivenerweiterung.
In: System Familie 10, 3, 120-127.

Luhmann, N. (1984): Soziale Systeme, Grundriss einer allgemeinen Theorie. Frankfurt.

Marschalck, P./Wiedl, K.H. (Hg.) (2000): Migration – Krankheit und Gesundheit.
Aspekte von Mental Health und Public Health in der Versorgung von Migranten. IMIS-Schriften 10. Osnabrück.

Maturana, H./Varela, F. (1987): Der Baum der Erkenntnis. München.

Mead, G.H. (1980): Geist, Identität und Gesellschaft. Frankfurt/M. - EA 1934.

Müller-Wille, Ch. (1996): Systemische Familienberatung für Aussiedler. In: Systhema 10, 3, 5-14.

Oesterreich, C. (1998): Systemische Therapie an den Grenzen unterschiedlicher
kultureller Wirklichkeiten. In: *Heise, Th. (Hg.):* Transkulturelle Psychotherapie. Hilfen im ärztlichen und therapeutischen Umgang mit ausländischen
Mitbürgern. Berlin, 143-158.

Omer, H. (2000): Parental presence. Reclaiming a leadership role in bringing up
our children. Phoenix.

Peseschkian, N. (1982): Der Kaufmann und der Papagei. Frankfurt/M.

Quekelberghe, R. van (1991): Klinische Ethnopsychologie. Einführung in die transkulturelle Psychologie, Psychopathologie und Psychotherapie. Heidelberg.

Reiss, D./Olivieri, M. (1983): Family paradigm and family coping. In: *Olson, D./
Miller, B. (Hg.):* Family studies review yearbook 1, 113-126.

Schami, R. (1997): Gesammelte Olivenkerne. Aus dem Tagebuch der Fremde.
München.

Schlippe, A. von/Schweitzer, J. (1996): Lehrbuch der systemischen Therapie und
Beratung. Göttingen.

Schlippe, A. von/El Hachimi, M./Jürgens, G. (1997): Systemische Supervision in
multikulturellen Kontexten. In: Organisationsberatung, Supervision, Clinical Management 4. 3, 207-224.

Schwabe, K./Palmowski, W. (1999): Aspekte systemischer Beratung mit Migrantenfamilien. In: Zeitschrift für systemische Therapie 17, 2, 76-85.

Simon, F. (Hg.) (1988): Lebende Systeme. Berlin u.a.

Skutta, S. (1998): Systemische Ansätze in der psychotherapeutischen Arbeit mit
türkischen Migrantinnen. In: *Heise, Th. (Hg.):* Transkulturelle Psychotherapie. Hilfen im ärztlichen und therapeutischen Umgang mit ausländischen
Mitbürgern. Berlin, 159-167.

Stoffels, H. (1991): Schicksale der Verfolgten. Psychische und somatische Auswirkungen von Terrorherrschaft. Berlin.

Tufan, B. (1998): Migration von Arbeitnehmern aus der Türkei. Prozesse der Migration und Remigration. In: *Koch, E. u.a. (Hg.):* Chancen und Risiken von
Migration. Deutsch-türkische Perspektiven. Freiburg, 38-51.

Tuna, S. (1998): Psychotherapie im interkulturellen Kontext. Beziehungsaufbau
und Beziehungsstörungen in der Psychotherapie mit Migranten. In: *Heise,
Th. (Hg.):* Transkulturelle Psychotherapie. Hilfen im ärztlichen und therapeutischen Umgang mit ausländischen Mitbürgern. Berlin, 49-56.

Gerhild Brüning

Interkulturelle Kompetenz als Qualitätsmerkmal von Verwaltungen und (Selbsthilfe-)Organisationen von Migrant/innen

Das Zusammenleben von Deutschen und Nicht-Deutschen ist trotz langjähriger Migrationserfahrungen bzw. Erfahrungen im Umgang mit Nicht-Deutschen längst nicht so selbstverständlich geworden, wie es den Anschein hat. Deutschland wird aus der politischen Sicht nicht als Einwanderungsland gesehen. Das hat auf verschiedenen Ebenen Konsequenzen und erleichtert nicht die auch von öffentlicher Seite geforderte Integration der Migrant/innen in die deutsche Gesellschaft. Durch die Anforderungen, die die EU stellt, wie auch die Anforderungen, die der gesellschaftliche Wandel hin zu einer Dienstleistungsgesellschaft mit sich bringt, müssen auch die Bedingungen des Zusammenlebens überprüft werden. Verbesserungsmöglichkeiten gibt es auf verschiedenen Ebenen, wie die Ergebnisse der Tagungen belegen, die vermehrt zu dem Thema der interkulturellen Öffnung der sozialen Dienste durchgeführt werden. Die Integration der Migrant/innen in das deutsche Gesellschaftssystem ist nicht nur als Bringschuld der Minderheiten zu verstehen, sondern es muss auch Schritte von der Mehrheit geben, um Integration zu ermöglichen bzw. zu erleichtern.

Interkulturelle Kompetenz ist zum Zauberwort geworden. Sofern diese Kompetenz vorhanden ist, kann adäquat auf die Anforderungen und Probleme, die sich aus der Kommunikation und Interaktion mit Migrant/innen ergeben, reagiert werden, – so lässt es sich aus den vielen Diskussionen zu diesem Thema heraushören. Hinz-Rommel definiert diese Kompetenz als „die Fähigkeit, angemessen und erfolgreich in einer fremdkulturellen Umgebung oder mit Angehörigen anderer Kulturen zu kommunizieren" (zit. n. Kalpaka 1997, 13). Kommunikation dient damit der Äußerungs- und Vermittlungsform, über die individuelle Einstellungen und gesellschaftliche Orientierungen verbreitet werden.

Zur Ausdifferenzierung der Fragestellungen, was interkulturelle Kompetenz eigentlich sei, wie verbesserte Integrationsmöglichkeiten für Migrant/innen geschaffen werden können und welche Rolle Weiterbildung und Beratung dabei spielen können, wurde vom Deutschen Institut für Erwachsenenbildung e.V. (DIE) Frankfurt, ein Projekt initiiert, das die „Entwicklung und Erprobung von Konzepten zur Förderung von interkultureller Kompetenz in der Verwaltung und in (Selbsthilfe-)Organisationen von Migranten und Migrantinnen im ländlichen Raum" zum Thema hat. Das Projekt wird vom hessischen Sozialministerium, dem Wetteraukreis als ländlichem Großflächenkreis im Norden Frankfurts und dem DIE finanziert.

Im Folgenden soll der Ansatz dieses Projekts vorgestellt werden. In einem weiteren Teil soll auf spezielle Formen der Kommunikation eingegangen werden, und zwar auf die Kommunikation in der Verwaltung wie auf die Spezifika interkultureller Kommunikation. Im letzten Teil werden die ersten Ergebnisse des Projekts vorgestellt sowie die Konsequenzen, die daraus für supervisorisches, andragogisches und organisationales Handeln zu ziehen sind. In diesem Zusammenhang soll auch noch einmal auf den Begriff der interkulturellen Kompetenz eingegangen werden.

1. Projektkonzeption

Ausgangspunkt der Konzeption ist eine der zentralen gesellschaftlichen Herausforderungen für Deutschland wie für andere europäische Länder, für ein partnerschaftliches Zusammenleben von Mehrheit und Minderheiten realitätsnahe und demokratische Rahmenbedingungen zu schaffen. Multikulturalität ist mittlerweile nicht mehr als kurzfristiger Sonderfall anzusehen, sondern als alltägliche Normalität. Integration und Partizipation sind die zukunftsweisenden Wege, um das Zusammenleben von Mehrheit und Minderheiten zufriedenstellend zu gestalten (Deutscher Bundestag 1996, 7 f). Integration ist als vielschichtiges Phänomen zu verstehen. Ganz allgemein bedeutet sie die gleichberechtigte Teilhabe und Mitwirkung aller unter Anerkennung von Verschiedenheiten, wobei die politische Gleichberechtigung eine Grundvoraussetzung wäre. Dazu gehören aber auch die instrumentelle Dimension (Kenntnis der Sprache und des gesellschaftlichen Systems), die ökonomische (Teilhabe am ökonomischen Leben durch den Zugang zu Bildung und Arbeit) und die kulturelle wie die soziale (Verhalten und Kontakte zwischen Gruppen unterschiedlicher Herkunft) (Wischer 1997, 30). Integrationsbemühungen werden danach von der einheimischen Mehrheit gleichermaßen gefordert wie von den Minderheiten. „Gelungene Integration von Mehrheit und Minderheiten setzt aber veränderte Einstellungen, positive Handlungen und gewandelte Rahmenbedingungen bei *allen* Beteiligten voraus" (a.a.O., 30). Um Integration zu erreichen, sind ein politischer Wille und entsprechende Rahmenbedingungen vonnöten, z.B. durch die Gesetzgebung. Aber auch Bildungs- wie Beratungskonzepte und -maßnahmen sind erforderlich, um Mehrheit und Minderheiten besser mit den Kompetenzen auszustatten, die für ein Zusammenleben in einer pluralistischen Gesellschaft (multikulturell, multiethnisch, multireligiös) notwendig sind. Die staatliche Gesetzgebung umreißt den Rahmen, in dem sich Mehrheit und Minderheiten zu bewegen haben. Aber auch sie muss auf strukturelle Diskriminierung und Rassismus hin überprüft werden. Ein geschichtlicher Rückblick zeigt, dass zu Anfang des Jahrhunderts die gesetzlichen Rahmenbedingungen für den Zuzug von Migrant/innen viel liberaler waren als heute.

Die Kommunen bzw. Stadtteile und Kreise sind der Ort, wo das Zusammenleben konkret erfahrbar wird und wo auch die Spannungen, Konflikte und Diskriminierungen tagtäglich erlebt werden. Sie sind daher auch der Ort, wo Konflikte ausgetragen und überwunden werden können und müssen. Hier setzt das Projekt an. Sein Ziel ist es, eine Konzeption zur Förderung der interkulturellen Kompetenz im öffentlichen Leben durch Fortbildung der lokalen Verwaltung und der (Selbsthilfe-)Organisationen von Migrant/innen zu entwickeln und zu erproben.

Als Zielgruppen wurden stellvertretend jeweils für die Mehrheit und die Minderheiten einerseits die Verwaltung und andererseits die (Selbsthilfe-)Organisationen der Migrant/innen ausgewählt, und zwar aus folgenden Gründen: Im Bereich der öffentlichen Dienstleistungen sind die Behörden als Teil-/Subsystem der Gesellschaft die unmittelbaren Ansprechpartner einer immer heterogener werdenden Migrantengesellschaft. Sie geben die Bedingungen des Zusammenlebens vor und regeln sie. Für Migrant/innen dient der Kontakt mit der Behörde häufig der existentiellen Selbsterhaltung (z.B. Aufenthaltsstatus). Es gibt für sie nicht die Entscheidungsmöglichkeit, ob sie diesen Kontakt wollen oder nicht, sondern sie sind verpflichtet, die Behörden aufzusuchen. Behörden „sind daher Akteure einer zunehmend komplexer werdenden ‚zwangskommunikativen‘ Interaktion" (Berth/Esser 1997, 3), die häufig mit Konfliktpotential beladen ist, wie Praxiserfahrungen und Untersuchungsergebnisse zeigen (s. Seifert 1996).

Der Wetteraukreis, mit dem das Projekt kooperiert, befindet sich seit 1992 in einem strukturellen Wandel. Die Verwaltungsmodernisierung, der er sich verschrieben hat, mit ihrem Anspruch auf Kundenorientierung (für *alle* Kund/innen) erfordert ein verändertes Verständnis von Verwaltung und damit ein verändertes Qualifikationsprofil der Professionellen in der

Verwaltung und in der Beratung, zu dem auch der kompetente Umgang mit Kund/innen anderer Ethnien als selbstverständliche Schlüsselqualifikation gehört bzw. gehören sollte.

Die (Selbsthilfe-)Organisationen der Migrant/innen (wie z.b. Ausländerbeiräte und Vereine) verstehen sich als Vertreter der Interessen und Bedürfnisse der *ethnic communities*. Sie sind zu einem wichtigen Unterstützungsinstrument bei den Integrationsbemühungen der Migrant/innen in die deutsche Gesellschaft geworden. In der Regel werden sie von den Minderheiten und der Mehrheit bzw. den Behörden auch als solche anerkannt und akzeptiert. Diese Gremien sind oft multikulturell besetzt. Um ihre integrationsfördernde Funktion zu erfüllen und um auch untereinander kooperationsfähig zu sein, brauchen sie ein hohes Maß an gegenseitiger Akzeptanz, Kooperationsbereitschaft und Frustrationstoleranz. Ausgrenzungen und Abwertungen gibt es auch unter den ethnischen Minderheiten. Migrationserfahrungen haben zwar oft zu einer erhöhten Sensibilität für Benachteiligungen und Diskriminierungen geführt, aber nicht automatisch zu einem sicheren und kompetenten interkulturellen Handeln. Dazu gehört z.b. ein Bewusstsein der Relativität und Veränderbarkeit von kulturellen, sozialen, politischen und gesellschaftlichen Systemen und ihrer historischen Bedingtheit, die Reflexion der eigenen Sozialisationserfahrungen und die Offenheit für Neues und Fremdes.

Beide genannten Gruppen in die Entwicklung, Gestaltung und Durchführung der Fortbildung mit einzubeziehen, trägt dem Anspruch von Integration und Partizipation Rechnung. Gleichzeitig wird damit eine neue Qualität von (Weiter-)Bildung angestrebt, die nicht von einer dichotomischen Sichtweise (interkulturelle Banausen vs. interkulturell Versierte) und von einem Defizitansatz ausgeht. Das Novum des Projektes besteht darin, dass die unterschiedlichen individuellen Erfahrungs- und Wahrnehmungsebenen gleichberechtigt in die Fortbildungen mit einbezogen werden. Aufgrund der unterschiedlichen Lebens- und Arbeitszusammenhänge sieht das Fortbildungskonzept sowohl gemeinsame wie auch gruppenspezifische Seminare/Workshops vor.

Ausgehend von dem Prinzip der Partizipation basierte die Festlegung der Seminarinhalte auf einer Befragung der Ausländerbeiräte und Mitglieder von (Selbsthilfe-)Organisationen der Migrant/innen sowie der zu den Seminaren angemeldeten Verwaltungsangestellten zu ihren Erfahrungen mit der jeweils anderen Gruppe. Als vorläufiges Ergebnis stellte sich eine insgesamt eher unproblematische Sicht auf die jeweils andere Gruppe heraus. Dennoch gibt es Probleme und Konflikte im gegenseitigen Kontakt. Diese sollen in den Seminaren gesammelt und ihre Ursachen analysiert werden. In einem weiteren Schritt sollen die Seminarteilneh-menden Lösungsmöglichkeiten und Umsetzungsschritte entwickeln. In-terkulturalität wird dadurch nicht nur als Thema behandelt, sondern sie wird in den Seminaren im Umgang mit den anderen erlebt und reflektiert. Auch die Leitung der Seminare ist interkulturell und interdisziplinär (Päd-agogin, Soziologin/Supervisorin) besetzt, was die Basis für Handlungs-möglichkeiten erweitert und die Glaubwürdigkeit des theoretischen An-satzes erhöht.

Für die Mitarbeiter/innen aus verschiedenen Ämtern der Verwaltung und für die Migrant/innen wurden zum Einstieg getrennte Workshops durchgeführt, aber mit denselben Inhalten. In ihnen fand eine Einführung in die interkulturelle Kommunikation aus sozialkonstruktivistischer Sicht statt. „Dabei sind auch die Phänomene sozialer Wahrnehmung zu beach-ten, die kollektiv determinierten Interpretationsmuster und damit Kon-struktionsprinzipien von *Wirklichkeit* unterliegen. Das Geschehen in Pro-zessen sozialer Interaktion und Kommunikation wird durch kollektiv ver-ankerte Parameter bewertet und [...] kontrolliert"(Petzold 1998, 47). Die gruppenspezifischen Seminare dienten inhaltlich wie didaktisch-metho-disch dazu, für beide Gruppen eine ähnliche Ausgangsbasis für die ge-meinsamen Seminare zu schaffen und die Offenheit für die jeweils andere Gruppe zu erhöhen.

Als besonders wichtig erachten wir jedoch die gemeinsamen Seminare der Verwaltungsmitarbeiter/innen und der Migrant/innen, die auch das Kernstück des Projektes bilden. Hier soll auf dem Hintergrund unterschied-licher Sichtweisen *(cross cultural training)* geübt werden, Lebenslagen, Erfahrungen, Deutungen, Missverständnisse, Konflikte usw. aus kulturel-ler, politischer, struktureller und sozialer Perspektive zu betrachten und partnerschaftlich Verbesserungsvorschläge zu erarbeiten. Diese mehrper-spektivische Vorgehensweise ist „eingebettet in Prozesse der ‚Ko-respon-denz' [...], d.h. der diskursiven Auseinandersetzung zwischen Menschen in einem gegebenen Kontext über ein Thema (Probleme, Aufgaben, Pro-jekte), die zu Konsens führen können, der zu Konzepten ausgearbeitet wird und Kooperation [...] begründet" (a.a.O., 133). Bei den Themen und Sicht-weisen, bei denen es keine Klärung oder keinen Konsens gibt, soll die Feststellung der Unvereinbarkeit möglich sein, ohne dass es dadurch zu einer Abwertung der Personen kommt. Der Konsens bestünde dann darin, dass es einen Dissens gibt. Ein interkultureller Austausch ist nur dann er-folgversprechend, wenn es übergreifende Wissensbestände, Werte, Inter-essen und Zielperspektiven gibt, die für die Beteiligten so wichtig sind, dass sie zu einem tragfähigen Miteinander kommen (wollen). Durch die

Teilnahme an den Seminaren wurde diese Voraussetzung bei den Verwaltungsangestellten und Migrant/innen als gegeben angesehen.

Vertreter/innen der Mehrheit und der Minderheiten gemeinsam in einen dialogischen Fortbildungsprozess zu involvieren, verfolgt auch das Ziel der Nachhaltigkeit der Ergebnisse über das Ende des Projekts hinaus. Beide Gruppen wollen in ihren jeweiligen Kontexten (Arbeitsalltag bzw. ehrenamtliche Tätigkeit) den Transfer der Seminarerfahrungen und die Umsetzung der Lösungsvorschläge sicherstellen. Den konzeptuellen Rahmen bietet der oben erläuterte Integrationsbegriff. Den gesellschaftlichen Bezugsrahmen stellen zum einen die Verwaltungsmodernisierung (insbesondere Kundenorientierung) und zum anderen der Wandel der Migrationsgesellschaft (Pluralisierung und Individualisierung der Lebensformen) dar.

2. Der kommunikationstheoretische Rahmen

Die Kommunikation zwischen den Bediensteten von Behörden und Migrant/innen steht vor doppelten Schwierigkeiten. In der konkreten Interaktion zwischen dem deutschen Verwaltungsangestellten und dem ausländischen Klienten/Kunden stößt die bürokratische Teilkultur der Mehrheitsgesellschaft auf zahlreiche subkulturell-segregierte Immigrantenkulturen ethnischer Minderheiten in ihrer je individuellen Ausprägung. Die Verständigung findet über ein verbales wie nonverbales Symbolsystem statt. Das verbale Symbolsystem ist die deutsche Sprache, und zwar auf der Verständigungsebene der Alltagssprache wie auf der Sprachebene der Behörden. Die Besonderheit dieser Kontaktsituation soll analytisch-theoretisch unter folgenden Aspekten betrachtet werden: (1) kommunikationstheoretische Grundlagen, (2) Behördenkommunikation als Symbol der Verwaltungsstruktur, (3) Spezifika interkultureller Kommunikation.

2.1 Kommunikationstheoretische Grundlagen

Unter Kommunikation ist der Austausch von Mitteilungen zwischen zwei und mehr Interaktionspartnern zu verstehen, der durch intentionale und bewusste Verwendung eines gegenseitig verständlichen Symbolsystems gekennzeichnet ist. Das Symbolsystem ist geprägt durch den jeweiligen Kontext, in dem die Kommunikation stattfindet, sowie durch einen Vergangenheits- (Biografie) und Zukunftshorizont (Erwartungen). „Kommunikation transportiert Informationen nach bestimmten generellen (genetisch disponierten) und spezifischen (kultur-, familien- und personenabhängigen) Regeln in symbolischer, nicht-sprachlicher und sprachlich gefasster Form, so dass sie aufgrund von gemeinsamem Zeichenvorrat und Regelwissen von den an den Kommunikationsprozessen Beteiligten ‚gelesen' werden können. Die kommunizierten Informationen werden identifiziert, zur Herstellung von Sinnbezügen interpretiert und gegebenenfalls zu sinngeleitetem Handeln verwandt", welches wiederum auf die vorhandenen Kommunikations- bzw. Interaktionspartner zurückwirkt (a.a.O., 435). Kommunikation ist demnach ein zirkulärer Prozess von Wahrnehmung, Interpretation, Bewertung und Deutung von Situationen und der Reaktion darauf. Die Art und Weise der Wahrnehmung und Interpretation ist soziokulturell vermittelt und wird im Laufe der Sozialisation erworben. Allerdings ist sie nicht statisch festgelegt, sondern wandlungsfähig, d.h. die Wahrnehmungs- und Deutungsmuster unterliegen bewussten wie unbewussten Veränderungen, die auch die Folge einer veränderten sozialen Umwelt sein können, z.B. durch Wohnortwechsel, Berufswechsel oder Migration. Kommunikation und Interaktion sind lediglich auf der theoretischen Ebene definitorisch zu trennen. Während Kommunikation dem Austausch von Informationen dient, beinhaltet Interaktion auch den Handlungsvollzug.

Nach Watzlawik enthält jede Kommunikation „einen Inhalts- und einen Beziehungsaspekt, derart, dass letzterer den ersteren bestimmt" (Watzlawik u.a. 1985, 56). In jeder Kommunikation – auch über ein Sachthema – stecken Hinweise, wie die jeweilige Aussage verstanden werden soll und wie die Kommunikationspartner ihre Beziehung definieren. Diese Hinweise drükken sich in der Art und Weise der Wortwahl, der Intonation und in nonverbalen Äußerungen aus. Um diese Hinweise verstehen zu können, müssen die Beteiligten ähnliche Erfahrungen mit ihnen gemacht und daraus ähnliche Regeln für ihr Handeln gezogen haben. Und sie müssen sich über diese Hinweise verständigen können. Zudem unterlegen Kommunikationspartner ihren Mitteilungen eine Struktur, die an den individuellen Erwartungen und dem Ziel der Kommunikation ausgerichtet ist. Daran orientiert sich auch der Kommunikationsverlauf. Eine Verständigung ist dann möglich, wenn die unterlegten Bedeutungszuschreibungen wegen ihrer Ähnlichkeit oder durch Erklärungen verstanden werden und wenn das antizipierte Ziel der Kommunikation erreichbar erscheint. Wenn die gemeinte Struktur und die darauf bezogenen Hinweise nicht verstanden werden, weil den Entschlüsselungssystemen unterschiedliche Deutungs- und Bewertungsmuster zugrunde liegen, so kommt es zu kommunikativen Missverständnissen. Verständigungsprobleme können auf unterschiedlichen Ebenen auftreten:

- Probleme, die aufgrund von mangelnden kommunikativen Kompetenzen entstehen, wie z.b. Schwierigkeiten in der Formulierung und dem Verstehen der Sprache und in der Darstellung von Sachverhalten (Seifert 1996, 12). Dazu gehören auch die Schwierigkeiten, die für den jeweiligen Kontext notwendigen kommunikativen Regeln zu kennen und konstruktiv anzuwenden.
- Probleme, die auf mangelnde Kommunikationsbereitschaft und Motivation einer oder mehrerer an der Interaktion beteiligten Personen zurückzuführen sind.
- Probleme, die darauf basieren, dass die an die Kommunikationssituation geknüpften Erwartungen nicht hinreichend koordiniert und synchronisiert sind und somit nicht zu dem gewünschten Ziel führen.

2.2 Behördenkommunikation als Symbol der Verwaltungsstruktur

Der Ort, an dem die ethnischen Minderheiten in der Regel am existenziellsten mit dem deutschen Gesellschaftssystem und mit den Deutschen konfrontiert werden, ist die für sie zuständige kommunale Verwaltung. An ihr macht sich ein wesentlicher Teil des Bildes fest, das Migranten von Deutschland und von den Deutschen entwickeln. Verwaltung wird als bürokratisch, unflexibel und unpersönlich gesehen – auch von deutscher Seite. In ihr herrscht eine besondere Form der Kommunikation und eine Vorgehensweise vor, die mit gesundem Menschenverstand häufig nicht nachvollziehbar ist. Ist der Kontakt mit der Verwaltung wegen der Intransparenz der Verfahrensweise schon für Deutsche in der Regel schwierig, so stellt er für Migrant/innen eine besondere Hürde dar. Zum einen ist die Vorgehensweise nicht für sie nachvollziehbar, und zum anderen besteht für sie ein akuter, meist nicht aufschiebbarer Handlungsbedarf. Die seit einigen Jahren vorangetriebene Verwaltungsmodernisierung mit dem Teilziel der Kundenorientierung basiert auf dem Abbau dieser Schwierigkeiten und dem Aufbau einer bürgerfreundlichen Verwaltung, die im Kontext von Rechtsstaat und Demokratie auch ein normatives Gebot darstellt (Riehle/ Zeng 1998, 5). Als Beispiel der Neuorientierung sei die Einrichtung von Bürgerbüros genannt. Damit wird sich langfristig auch das Menschenbild, das in Verwaltungen herrscht, ändern müssen. Historisch gesehen war die Einrichtung einer bürokratischen Ordnung als Schutz des Einzelnen vor der Willkür des Staates gedacht. Individuelle, feudalistische Machtausübung wurde durch eine strukturelle, rational bestimmte Macht ersetzt. In ihrer negativen Ausprägung wirkt diese Macht jedoch anonym und reduziert den Einzelnen mit seinem Anliegen zum Bittsteller.

Die Organisationsform der Verwaltung konstituiert sich durch eine detailliert geplante formalisierte Binnenstruktur, die eine maximale Zielerreichung garantieren soll. Die Ziele der Verwaltung liegen in der Aufrechterhaltung und im optimalen Funktionieren der Gesellschaft, die sie aufgrund gesellschaftlicher Beschlüsse, d.h. durch Gesetze, Verordnungen, Erlasse und Bestimmungen durchsetzt. Sie übt damit Macht aus, die einerseits Lebensunsicherheit reduziert und damit eine Entlastung für den Einzelnen bedeutet. Andererseits kann sie aber zur existentiellen Bedrohung werden, wenn die Auslegung der Gesetze zur Aufrechterhaltung der gesetzlichen Grundlagen dient und nicht die Erfordernisse der individuellen Situation berücksichtigt, z.B. bei einer Abschiebung von Asylbewerbern.

Gespräche in der Verwaltung sind in diesen funktionalen Kontext eingebunden und werden von ihm determiniert. Dadurch werden sie in eine bestimmte Richtung gelenkt und schränken die Kommunikations- und die Handlungsmöglichkeiten der Beteiligten (der Verwaltungsangestellten wie der Klienten/Kunden) ein. Der Gesprächsablauf gliedert sich in der Regel in (1) Begrüßung, (2) Vortragen und Bearbeiten des Anliegens und (3) Verabschieden. Smalltalk oder ein langsames Annähern an das Anliegen, wie es in anderen Gesellschaften und anderen Kontexten gehandhabt wird, passen nicht in diesen Rahmen.

Die Kommunikation in einer Behörde verläuft asymmetrisch. Als ausführendes Organ gesetzlicher Bestimmungen verfügt der Sachbearbeiter qua Funktion über deren Durchsetzungsfähigkeit, d.h. er hat Macht, die auch dann wirkt, wenn er sie nicht einsetzt. Er besitzt zudem das notwendige *abstrakte Fachwissen* und eine große Routine in der Ausführung des institutionellen Handelns. Der Klient/Kunde kommt mit seinem individuellen Anliegen als einem *konkreten Fallwissen*. Um die Kommunikation zufriedenstellend verlaufen zu lassen, müssen Übereinstimmungen von dem Fallwissen mit dem abstrakten Fachwissen gefunden werden. Die Umsetzung der „nicht-professionellen Kommunikation" (d.h. des Anliegens) des Antragstellers in eine „professionelle Kommunikation" kann dazu führen, dass das eigentliche persönliche Anliegen für den Klienten selbst nicht mehr als solches erkennbar bleibt (Berth/Esser 1997, 7). Zwar kann davon ausgegangen werden, dass die Sachbearbeiter/innen der Verwaltung in der Regel im Interesse des Antragstellers entscheiden, da die gesetzlichen Vorgaben auf demokratischen Prinzipien beruhen und von der Gleichbehandlung der Personen ausgehen. Dennoch bleibt die Machtposition der Verwaltung bestehen. Insbesondere bei ablehnenden Bescheiden gibt es zu wenig Transparenz, ob die Verwaltung ihre Ermessensspielräume im Interesse des Einzelnen genutzt hat oder ob sie vorrangig dem obrigkeitsstaatlichen Prinzip verhaftet geblieben ist und die Durchsetzung der Gesetze um der Aufrechterhaltung der Gesetze willen betrieben hat.

Neben diesem System der funktionalen Gliederung hat jede Verwaltung ein geistig-kulturelles Subsystem mit eigenständigen Grundwerten, Orientierungsmustern, Normen, Mythen und Ritualen, die das Verhalten der Bediensteten und die Funktionsbereiche sehr wirkungsvoll prägen. Dieses System ist im Gegensatz zur funktionalen Gliederung nicht schriftlich fixiert. Institutionskulturen entwickeln sich aus der Art und Weise des Zusammenarbeitens und der bevorzugten Wege des Denkens und Problemlösens in der Verwaltung heraus. Werden die daraus entstehenden Orientierungsmuster zur Selbstverständlichkeit und von allen mehr oder weniger zur Voraussetzung des eigenen Handelns gemacht, so hat sich eine Institutionskultur entwickelt, die wiederum das Situationsverständnis und die Handlungsmaximen der in einer Verwaltung Tätigen prägt. Als Klima und Image wirkt die Kultur nach innen wie nach außen. Die Institutionskultur regelt auch, wie der Kontakt mit den Klienten abzulaufen hat, was an Persönlichem und Emotionalem zulässig ist und was nicht.

Zur Kultur der Verwaltung gehört auch, dass sich neben der funktionalen Hierarchie eine informelle Hierarchie in der Wertigkeit/Beliebtheit der Ämter herausbildet. Wie in informellen Gesprächen zu erfahren war, wird z.B. die Tätigkeit im Sozialamt nicht sehr hoch bewertet. Sachbearbeiter in der Ausländerbehörde fühlen sich in dieses Amt „abgeschoben". Sie machen also ähnlich negative Erfahrungen mit der Verwaltung wie ihre Kund/innen. Es ist zu vermuten, dass diese Bewertungen auch Einfluss haben auf den Umgang der Sachbearbeiter/innen mit den Migrant/innen. „Kulturgefühl und Kulturbewusstsein spielen eine bedeutende Rolle für den Grad der Identifikation von Mitarbeitern mit ‚ihren' Unternehmen, für ihr Engagement und Commitment" (Petzold 1998, 315).

Die Vorgaben des geistig-kulturellen Subsystems können auch Orientierungen vorgeben, die im Widerspruch zu den offiziellen Vorgaben stehen. So berichteten einige Migrant/innen, dass das Ausländeramt die Gesetze „streng" auslege; sie hätten den Eindruck, dass keine weiteren Ausländer nach Deutschland kommen sollten. Es wäre also zu überprüfen, ob es zur Kultur der Verwaltung (also zu den ungeschriebenen Gesetzen) gehört, Bestimmungen eng auszulegen und eher Ablehnungen auszusprechen als Bewilligungen. Trotz der funktionalen Vorgaben zur Aufgabenerledigung und den impliziten Vorgaben des geistig-kulturellen Subsystems bleibt immer auch ein individueller Handlungsspielraum der Verwaltungsangestellten bestehen, der je nach Individualität und Erfahrungen enger oder weiter ausgelegt und genutzt wird.

2.3 Interkulturelle Kommunikation

Der oben erwähnte Kommunikationsbegriff impliziert, dass die Kommunikationspartner von ähnlichen Situationsdefinitionen und einem ähnlichen zugrunde liegenden Symbolsystem ausgehen, um sich zu verständigen, und dass zur Übermittlung der Inhalte ähnliche Deutungsschemata verwendet werden. Interkulturelle Kommunikation, wenn sie gelingen soll, bedarf weiterer Voraussetzungen. Die Definition muss insofern erweitert werden, als der Versuch der Verständigung zwischen „(national bzw. ethnisch definierten) Angehörigen unterschiedlicher Kultur- und Sprachgemeinschaften" stattfindet, „deren kulturelle Wahrnehmungsmuster, Wissensbestände und Symbolsysteme unterschiedlich genug sind, um die Kommunikationssituation zu verändern und zu problematisieren" (Seifert 1996, 19). Der Begriff der kulturellen Differenz greift also zu kurz, da unter ihn auch Subkulturen wie z.b. Jugendliche fallen können. Er muss nach Knapp/Knapp-Potthoff ergänzt werden durch den Aspekt der Sprache, „dass sich einer der an ihr beteiligten Kommunikationspartner typischerweise einer zweiten oder fremden Sprache bedienen muss, die nicht eine Varietät seiner eigenen ist" (a.a.O.).

Elemente von Kulturen und ihre Unterscheidungsmerkmale sind aus verschiedenen Perspektiven kategorisiert worden. Auf sie soll hier nicht weiter eingegangen werden. Nach Loenhoff kann die theoretische Analyse interkultureller Kommunikation unter folgenden Aspekten betrachtet werden:

– Maß der Kongruenz der Deutungsmuster,
– Maß der Kongruenz der Bezugssysteme,
– doppelte Übersetzungsproblematik: Migranten müssen, um sich verständigen zu können, ihre Handlungen in den Sprach- wie in den Deutungs- und Handlungskontext der anderen Kultur transformieren,
– unterschiedliche Kontextualisierungshinweise erschweren die Deutung von Gesprächsstrukturen,
– unterschiedliche Kommunikationsstile erschweren die Verständigung und führen zu Störungen,
– ein eingeschränkter metakommunikativer Spielraum erschwert die Möglichkeit, sich über die Art und Weise der Kommunikation und damit über ihre Qualität zu verständigen (vgl. Seifert 1996, 20).

Gerade wenn es um Kommunikation zwischen Angehörigen unterschiedlicher soziokultureller Systeme geht (und das sind ethnische Minderheiten), muss auch ein Misslingen der Kommunikation antizipiert werden.

Daher sollten die Bereitschaft und die Fähigkeit der Kommunikationspartner vorhanden sein, Störungen und Missverständnisse auch als solche
der Kommunikation wahrzunehmen, anzusprechen und zu ihrer Klärung
beizutragen.

Differenzen werden häufig unter negativen Vorzeichen gesehen. Sie
können jedoch auch als Heterogenität betrachtet werden. Wichtig wäre
z.b. zu fragen, „wann welche Unterschiede eine besondere Relevanz bekommen, was für Funktionen sie unter bestimmten Lebensbedingungen
erfüllen und wozu beide Seiten die Hervorhebung oder Leugnung von
Differenzen brauchen" (Kalpaka 1997, 12). Nicht die Verschiedenheit an
sich ist das Dubiose, sondern die sich dahinter verbergenden Machtver-
hältnisse, die bewusst und unbewusst eingesetzt werden.

3. Projektergebnisse

Das Projekt fällt zeitlich in eine Phase, in der die Kreisverwaltung sich
bereits in einem Veränderungsprozess befindet und der Blick auf eine zu
verbessernde Kundenorientierung nicht neu ist; d.h. es gibt bereits eine
gewisse Offenheit auch für die Bedürfnisse der Zielgruppe „Migrant/in-
nen". Die Thematisierung von Verständigungsproblemen zwischen Mi-
grant/innen und Verwaltung hat bereits durch die Ankündigung des Projektes im Landkreis Aufmerksamkeit (positiv wie negativ) erregt. Vermutlich sind sich einige Ämter bewusst, dass die Balance zwischen der Orientierung an den gesetzlichen Grundlagen einerseits und an den Interessen
der Kunden andererseits häufiger als es wünschenswert wäre zu einer Gratwanderung zwischen unterschiedlichen Rationalitäten gerät. Insbesondere diejenigen, die sich im direkten Kontakt mit den Kunden befinden (So-
zialabeiter/innen und Sachbearbeiter/innen), müssen die Widersprüche aushalten. Die Ämter geraten dadurch auch unter Rechtfertigungsdruck.

Die Aufmerksamkeit, die das Projekt gleich zu Anfang erhalten hat, hat
bewirkt, dass im Rahmen der Verwaltungsmodernisierung – möglicherweise schneller als geplant – eine Befragung der Angestellten im Ausländeramt zur Arbeitszufriedenheit und eine Befragung der Migrant/innen,
die ins Ausländeramt kommen, zur Zufriedenheit mit der Bearbeitung ihres Anliegens durchgeführt werden wird.

Bei den Ausländerbeiräten und (Selbsthilfe-)Organisationen der Migrant/
innen des Wetteraukreises wurde das Projekt schriftlich und mündlich
vorgestellt. Es ist mit großem Interesse aufgenommen worden. Allein die
Tatsache, dass von deutscher Seite – und zwar nicht von Verwaltungsan-

gehörigen – nach den Erfahrungen mit der Verwaltung gefragt wurde, ist positiv bewertet worden und hat in den meisten Fällen ein offeneres Gesprächsklima hervorgerufen. Einige Ausländerbeiräte haben für die Vorstellung des Projektes eine außerordentliche Sitzung einberufen. Als vorläufige Ergebnisse dieser Gespräche kann festgehalten werden:

- Die berichteten Erfahrungen bezogen sich häufig allgemein auf das Zusammenleben in Deutschland und nicht nur auf den Kontakt mit der Verwaltung.
- Die Verwaltungsebenen wurden nicht als unterschiedlich (kommunal, Kreis, Land) wahrgenommen.
- Die Erfahrungen im Umgang mit der Verwaltung wurden insgesamt als gut bezeichnet. Es wäre zu klären, inwiefern diese Bewertung mit dem politischen Status der jeweils befragten Migrant/innen zusammenhängt.
- Differenzierungen in der Bewertung der Kontakte mit der Verwaltung ergaben sich erst bei näherem Nachfragen.
- Durch die Befragung sind trotz Erklärungen des Projekthintergrundes auch Missverständnisse entstanden. Es gab Enttäuschungen darüber, dass sich aus den Befragungen nicht sofort Hilfsangebote zur Problemlösung ergeben haben.

Als sekundäre Ergebnisse können festgehalten werden:

- Die Mitglieder der Ausländerbeiräte haben sich in dieses Ehrenamt wählen lassen, weil sie bereits in irgendeiner Form aktiv sind. Das Amt im Ausländerbeirat ist eine zusätzliche Aufgabe, die noch neben der Berufstätigkeit ausgeübt wird. Das Engagement im Ausländerbeirat steht damit unter dem Druck, Berufliches, Privates und Ehrenamtliches miteinander zu vereinbaren.
- In der Regel wird dem Ausländerbeirat ein Schriftführer aus der Verwaltung zugeordnet, der diese Aufgabe ebenfalls zusätzlich erledigen soll und sich in diese Aufgabe erst einarbeiten muss. Damit bleiben die erhofften Unterstützungs- und Synergieeffekte hinter den Erwartungen zurück.
- Über Verfahrensweisen, die Möglichkeiten der inhaltlichen Umsetzung der Satzung und der Programme gibt es sowohl bei den Ausländerbeiräten als auch bei den Verbindungspersonen der Verwaltung zu wenig Fachkenntnisse, so dass politische Potentiale ungenutzt bleiben.
- Die kommunalen Verwaltungen selbst haben die Ausländerbeiräte nicht oder sehr wenig über ihre Struktur und Verfahrensweise informiert. Diese Informationen mussten die Beiratsmitglieder sich selbst erarbeiten, oder sie haben allgemeine Informationen über die Arbeitsgemeinschaft der Ausländerbeiräte in Hessen (AGAH) erhalten.

- Vernetzungen untereinander und Kooperationen mit den Ämtern der Verwaltung stehen noch am Anfang. Das Interesse an gegenseitigen Kontakten ist groß. Die bisherigen Erfahrungen sind positiv.

Auch bei den Ausländerbeiräten hat das Projekt zu einer Steigerung der Aktivitäten und zu einer Intensivierung der inhaltlichen Diskussion geführt.

Auf der Grundlage der Befragung wurde ein erstes Fortbildungskonzept für die Verwaltungsangestellten wie für die Migrant/innen entwickelt. Das erste Seminar wurde getrennt für Verwaltungsangestellte und Migrant/innen durchgeführt. Es vermittelte jedoch für beide Gruppen die gleichen Inhalte. Das Interesse an den Seminaren war größer, als wir aufgrund von Erfahrungen aus anderen Projekten mit diesen Zielgruppen erwartet hatten. Die meisten der Migrant/innen waren Mitglieder von Ausländerbeiräten oder hatten eine andere ehrenamtliche Funktion. Die Verwaltungsangestellten kamen aus unterschiedlichen Ämtern der Kreisverwaltung. Es waren alles Deutsche; für alle gehörten auch Migrant/innen zu ihrer Klientel.

In Übungen wurde die individuelle soziokulturelle Bedingtheit für den Einzelnen erfahrbar gemacht und auf dem Hintergrund von Definitionen von Kultur und ihrer Relativität reflektiert. In dem Seminar mit den Migrant/innen fiel auf, dass es ein großes Bedürfnis gab, von den eigenen Erfahrungen in Deutschland wie von den Erfahrungen bei den Besuchen im Herkunftsland zu erzählen. Einige bedauerten, dass selbst in den eigenen Familien Erzählungen über die Migrationserfahrungen wenig Raum hätten.

Um Fremdheit und ihre Auswirkungen erlebbar zu machen, wurden in einem nonverbalen Simulationsspiel Kleingruppen im Rotationsverfahren mit unterschiedlichen, nicht untereinander vermittelten Spielregeln konfrontiert. Die unterschiedlichen Deutungsmuster führten zu einer gravierenden Verunsicherung im Verhalten. In dem Seminar mit den Verwaltungsangestellten zeigte sich darüber hinaus, dass die Verunsicherung über die Gültigkeit von Spielregeln bei denjenigen besonders hoch war, die von einer Kleingruppe zur nächsten gewechselt sind, d.h. im übertragenen Sinn bei denjenigen, die „migriert" sind. Diejenigen, die nicht mobil waren, setzten ihre Spielregeln durch, waren dadurch im Vorteil und haben gewonnen. Selbst als aufgrund eines Anweisungsfehlers die Hälfte einer Kleingruppe sich in einer anderen Kleingruppe wiederfand, so dass die neue Kleingruppe zur Hälfte aus „Wanderern" und zur Hälfte aus „Zurückgebliebenen" bestand, setzten die „Zurückgebliebenen" ihre Regeln durch. Von den Zuwanderern gab es gegen dieses Vorgehen keinen nennenswerten Widerstand.

In der Reflexionsphase wurden die unterschiedlichen Verhaltensweisen betrachtet, die sich als Reaktion auf die unterschiedlichen, konfligierenden Spielregeln ergeben haben. Bei allen war erst einmal Verwirrung zu spüren. Einige gingen in die Offensive und versuchten, ihre Regeln durchzusetzen, was nur einer Gruppe (s.o.) durchgängig gelang. Andere beteiligten sich weiter an dem Spiel, aber mit deutlichem Desinteresse, Rückzug und Resignation. Ähnliche Verhaltensweisen lassen sich auch bei Migrant/innen konstatieren, wenn ihre gewohnten Verhaltensweisen nicht die erwarteten Resonanzen auslösen. Es wurde in der Diskussion festgestellt, dass diejenigen Personen sich durchsetzten, die sich selbst als mächtig sahen und deren Macht von den anderen auch akzeptiert wurde. „Wanderer" waren eher bereit, Macht von anderen zu akzeptieren, als diejenigen, die nicht mobil waren bzw. sein mussten.

Beide Gruppen äußerten nach diesen Seminaren unabhängig von einander ein starkes Interesse an den gemeinsamen Seminaren mit dem Wunsch, sich besser kennen zu lernen, die Gründe für die von beiden Seiten konstatierten Probleme herauszufinden und Lösungen zu erarbeiten.

In der Zwischenzeit hat das erste *Cross-Culture-Seminar* mit Verwaltungsangestellten und Migrant/innen stattgefunden. Es hatten sich mehr Migrant/innen zu diesem Seminar angemeldet, als wir erwartet hatten. In ihm ging es um Wahrnehmung und Kommunikation. Dabei stellte sich heraus, dass wir im Alltag ganz selbstverständlich Gegenstände, die in anderen Ländern hergestellt werden, verwenden (Zigaretten, Kerzen, Nudeln, Autos, Aufkleber, Gläser usw.). Und auch umgekehrt gibt es deutsche Produkte mit mehrsprachigen Anleitungen und Inhaltsbeschreibungen, d.h. die Lebenswirklichkeit ist bereits durch Menschen und Produkte multikulturell geprägt. Diese Vielfältigkeit hat aber in den individuellen und gesellschaftlichen Bewertungen und Normen keinen oder nur einen geringen Niederschlag gefunden. So ist das Ausländergesetz restriktiv; Arbeitsmöglichkeiten sind für Migrant/innen z.T. erheblich eingeschränkt; in Behörden sind Migrant/innen als Verwaltungsangestellte selten; die schulischen Rahmenbedingungen gehen nicht auf die migrationsspezifischen Bedingungen ihrer Schüler ein; der Pizzabäcker wird weniger akzeptiert als die Pizza usw.

In dem Cross-Culture-Seminar wurde deutlich, dass der Problemdruck auf Seiten der Verwaltung wie auf Seiten der Migrant/innen im Kontakt miteinander sehr hoch ist. Das lässt sich aus der Geschwindigkeit schließen, mit der in den Seminaren die Probleme, die beide Gruppen miteinander haben, gesammelt wurden. Die Probleme wurden relativ unbefangen vorgetragen, da beide Gruppen sich auf der gleichberechtigten Ebene des Seminars befanden. Es bestand somit keine gegenseitige Abhängigkeit. Das Interesse, zu gangbaren Wegen zu kommen, ist auch an der Vielzahl der Lösungsvorschläge ablesbar. Die Probleme wie die Lösungsvorschläge liegen auf unterschiedlichen Ebenen, und zwar auf der Ebene der gesetzlichen Bestimmungen, auf der Ebene der organisationalen Struktur der Verwaltung, auf der Ebene des konkreten Kontakts der Verwaltungsangestellten mit Migrant/innen und auf der individuellen Ebene der Verwaltungsangestellten wie der Migrant/innen:

Der gesetzliche Rahmen

Von den Migrant/innen wurde angeführt, der gesetzliche Rahmen verdeutliche ihnen, dass sie als Bürger nicht gern gesehen seien. Dabei werde ausgeblendet, wie viel die Migrant/innen zum Wohlstand der Gesellschaft beitragen und welche Integrationsleistungen sie bereits vollbringen. Die Seminarteilnehmenden waren sich bewusst, dass Veränderung des gesetzlichen Rahmens nur durch politische Interventionen möglich sind. Dies sprengt jedoch den Projektauftrag.

Organisationale Struktur der Verwaltung

Auf dieser Ebene wurden die meisten Probleme sowohl von den Verwaltungsangestellten selbst als auch von den Migrant/innen angesiedelt (lange Wartezeiten im Amt, fehlende Informationen für die Migrant/innen, häufiges Vorsprechen wegen desselben Anliegens, zu wenig qualifiziertes Personal). Dabei scheinen die Probleme von den Sachbearbeiter/innen bzw. Sozialarbeiter/innen anders wahrgenommen zu werden als von den Amtsleitern. Die Sachbearbeiter/Sozialarbeiter waren sehr an der Lösung der Probleme ihres konkreten Alltags interessiert, z.B. an der Vereinbarkeit von hohen Richtzahlen und ihrem Verständnis von qualitätsvoller Arbeit (ausreichend Zeit, Geduld, Eingehen auf den Klienten) oder zu wenig Hintergrundwissen über andere Länder oder verfolgte Minderheiten. Amtsleiter scheinen eher das funktionale Ordnungsprinzip der Verwaltung zu vertreten. Dies wird deutlich in Kommentaren wie z.B.: „Ausführliche Informationen über den Sozialhilfebezug machen den Staat bankrott", oder: „Im Ausländeramt erfolgt die Bearbeitung der Anliegen nach dem Zufallsprinzip, um die Sachbearbeiter nicht der Gefahr der Bestechlichkeit auszuliefern." Diese Aussage kann unter dem Aspekt der Fürsorge für den Sachbearbeiter/Sozialarbeiter gesehen werden; sie kann aber auch dazu dienen, von sozialen Problemen der Migrant/innen, z.B. der

Existenzsicherung, abzulenken, die durch die Gesetzgebung verstärkt werden. Darüber hinaus wird den Sachbearbeitern Bestechlichkeit unterstellt, was eine vertrauensvolle Zusammenarbeit schwierig macht. Selbstverständlich geht es auch um Sparzwänge der Verwaltung, denen durch eine restriktive Gesetzesauslegung entgegengekommen werden soll.

Es fragt sich, ob hier die Ziele der Kundenorientierung nicht den funktionalen Zielen der Verwaltung widersprechen bzw. wo für die Verwaltung die Grenzen der Kundenorientierung liegen. Es ist auch zu hinterfragen, ob diese beiden unterschiedlichen Hierarchieebenen das gleiche Verständnis von Qualität der Arbeit haben. Wenn dies nicht der Fall sein sollte, müsste untersucht werden, welche Auswirkungen sich daraus für die Verwaltung und für die Kunden/Migrant/innen ergeben.

Probleme und Lösungsvorschläge im Kontakt von Verwaltungsangestellten und Migrant/innen

Als Probleme im persönlichen Kontakt zwischen Verwaltungsangestellten und Migrant/innen wurden affektive Aspekte (Frechheit) sowie Vorurteile, Willkür, Unfreundlichkeit, fehlendes gegenseitiges Verständnis und Akzeptanz (türkische Männer akzeptieren eine Frau nicht als Expertin) genannt. Die Erwartungen, die die Verwaltungsangestellten an die Migrant/innen hatten, wie auch die Erwartungen, die die Migrant/innen an die Verwaltungsangestellten hatten, ähnelten sich: Wissen um politische, soziale kulturelle Zusammenhänge, Auseinandersetzungsbereitschaft, Offenheit, Toleranz, Lernbereitschaft für Neues und Fremdes, Einfühlungsvermögen, vorurteilsfreie Einstellungen. Diese Themen liegen auf der personalen Ebene und erfordern eine individuelle Reflexions- und Veränderungsbereitschaft, was häufig mit Abwehr und Angst verbunden ist. Daher sind sie eher in längerfristigen Weiterbildungen anzusiedeln oder in berufsbegleitenden Supervisionen, in denen konkrete Situationen des Alltags in einem vertrauten Umfeld reflektiert werden können.

Bei der Auflistung der Probleme wurde von beiden Gruppen aber sehr deutlich festgestellt, dass die meisten Probleme, die im persönlichen Kontakt von Verwaltungsangestellten und Migrant/innen auftauchen, ihre Ursachen in strukturellen Bedingungen haben (fehlende Dolmetscher, Info-Mängel über andere Länder, hohe Richtzahlen, fehlende Experten, Sparzwänge). Die Lösungsvorschläge, die gesammelt wurden, sollen im nächsten Cross-Culture-Seminar auf ihre Realisierungsfähigkeit überprüft und entsprechende Umsetzungsschritte erarbeitet werden. Dabei wird auch das Argument der finanziellen Kosten berücksichtigt werden. So wurde z.B. gegen den Einsatz von Dolmetschern mit der Kostenfrage argumentiert.

Untersuchungen in Großstädten (Bonn, Göttingen) haben jedoch ergeben, dass die Kosten durch eine schnellere und effektivere Bearbeitung langfristig sowohl die finanzielle wie die individuelle Belastung senken. Dadurch wird die Arbeitszufriedenheit wie die Kundenzufriedenheit erhöht. Auch eine bessere Vorinformation der Migrant/innen durch die Verwaltung über Verfahrenswege reduziert die Arbeitskosten und -belastung.

Probleme und Lösungsvorschläge auf der Seite der Migrant/innen

Die Verwaltungsangestellten sahen in den hohen Erwartungen der Migrant/innen an die Behörden, in den geringen Verfahrenskenntnissen über die Verwaltung und in den Sprachschwierigkeiten die größten Probleme. Sprachschwierigkeiten führen zu den weiter oben genannten Kommunikationsstörungen. Sie beziehen sich nicht nur auf Nicht-Verstehen, sondern auch auf Kommunikationsstile und auf einen nicht der Situation angepassten Wortschatz, der in anderen Kontexten erworben wurde. Als Lösungen, die nicht ausschließlich in den Verantwortungsbereich der Migrant/innen fallen, sondern auch als Aufgabe der Verwaltung gesehen werden, wurden folgende Vorschläge gemacht: Vernetzung der (Selbsthilfe-) Organisationen der Migrant/innen, Orientierungshilfen für das Leben in Deutschland, Informationen über Amtswege und Ermessensspielräume, kostenlose bzw. kostengünstige Sprachkurse, insgesamt mehr Kenntnisse über Deutschland, Informationsveranstaltungen gemeinsam mit der Verwaltung zu aktuellen Fragen.

Als Ergebnis aus den bereits durchgeführten Seminaren ist festzuhalten, dass ein großer Bedarf an gegenseitigen Kontakten besteht, um sich besser kennen zu lernen und um notwendige Hintergrundinformationen zu erhalten. Die Treffen müssten jedoch auf einer Ebene stattfinden, auf der die Migrant/innen gleichberechtigter sind, als dies im normalen Arbeitsalltag der Verwaltungsangestellten geschieht. Daher wurden wiederholt Vernetzungen mit unterschiedlichen Gremien vorgeschlagen: sowohl der Ämter untereinander wie mit den Ausländerbeiräten und auch der Ausländerbeiräte untereinander, um sich auszutauschen, sich gegenseitig zu informieren und zu beraten. Allerdings müssen hier für beide Seiten gangbare Wege gefunden werden. Für Gespräche zwischen der Verwaltung und den Ausländerbeiräten sind externe Moderatoren sinnvoll, weil sie bei Konflikten durch ihre Neutralität und Exzentrizität besser vermitteln können. Die Kontakte zwischen Verwaltung und Migrant/innen werden wahrscheinlich während der Arbeitszeit der Verwaltungsangestellten stattfinden. Die Vertreter/innen der Ausländerbeiräte und der (Selbsthilfe-)Organisationen leisten ihre Arbeit ehrenamtlich und sind während der normalen Bürozeiten selbst beruflich tätig. Welche Lösungen hier möglich und effektiv sind, muss ausprobiert werden. Dies ist letztlich eine politische Entscheidung.

4. Parameter für interkulturelles Handeln in der Verwaltung und in (Selbsthilfe-)Organisationen von Migrant/innen

Interkulturelle Kompetenz ist seit einigen Jahren zu einem Schlüsselbegriff in der Fachdiskussion geworden. Auch im Namen des hier vorgestellten Projekts taucht der Begriff auf. Als Bestandteile dieser Kompetenz werden Fähigkeiten genannt wie Interaktionsfreudigkeit, Selbstsicherheit, eigenkulturelles Bewusstsein, Stresstoleranz, die Fähigkeit, Widersprüchlichkeiten zu ertragen, Empathie und Sprachkenntnisse. Ostendorf (1998, 44) ergänzt diese Definition um die Zielkategorien: Einsicht in die Relativität von Weltinterpretationen und das Erkennen und Vermeiden von Vorurteilen. Schwerpunktsetzungen hinsichtlich der Bedeutung der verschiedenen Kategorien für interkulturelle Kompetenz erfolgen je nach theoretischer und disziplinärer Ausrichtung.

Die genannten Definitionen enthalten vor allem Kategorien, die auch in der Definition von sozialer und kommunikativer Kompetenz zu finden sind und vorwiegend personale Anteile enthalten. Damit wird jedoch nur ein Teil der Realität erfasst. Hinz-Rommel betont, je länger er sich mit diesem Begriff beschäftige, desto undeutlicher und verschwommener werde er (1998, 13). Die Konzentration auf den Kulturbegriff verdeckt zu schnell soziale und strukturelle Bedingungen, die z.B. Diskriminierungen, Fremdenfeindlichkeit, Ausgrenzungen und Rassismus zur Folge haben können. Er berücksichtigt auch keine Machtbeziehungen, die gerade im Kontakt der Migrant/innen mit der Verwaltung offen zutage treten. Hafeneger warnt ebenfalls vor einer Kulturalisierung des Blicks, da dadurch die Gefahr bestehe, „ethnisierende Fremd- und Selbstdeutungen anzubieten bzw. zu verfestigen, statt dazu beizutragen, dass sich Einzelne als selbstbestimmungsfähige Individuen, die über eine komplexe kulturelle und soziale Identität verfügen, erkennen und anerkennen" (1997, 169 ff).

Die ersten Ergebnisse des Projekts weisen darauf hin, dass auf der individuellen Einstellungsebene der Verwaltungsangestellten, aber auch der Migrant/innen, Veränderungen wünschenswert wären, z.B. mehr Geduld, Toleranz und Offenheit. Erst in der Auseinandersetzung mit einem konkreten Gegenüber , unter der „wechselseitigen Anerkennung der subjektiven Integrität" (Petzold 1998, 177) lerne ich mich und mein Gegenüber mit Stärken und Schwächen kennen und respektieren. Erst in der Auseinandersetzung kann auch Kontakt entstehen und eine individuelle Erweiterung der Perspektiven. Das trägt zur Selbstvergewisserung und Persönlichkeitsentwicklung bei. Damit würde auch das möglich sein, was die Migrant/innen als Wunsch an die Verwaltungsangestellten geäußert haben: als Mensch gesehen zu werden und nicht als „Ausländer" oder „Asylbewerber".

Bei einer näheren Betrachtung zeigt sich aber, dass der Mangel an diesen Verhaltensweisen häufig seine Ursache in schwierigen Arbeits- und Lebensbedingungen hat. Diese Erfahrungen werden auch aus anderen Projekten bestätigt. So wurden z.B. Weiterbildungsangebote nicht angenommen, wenn sie als Verbesserung der interkulturellen Kompetenz angeboten wurden. Dagegen erhielten Seminare, die Stressbewältigung und Zeitmanagement als Thema hatten, großen Zulauf. Auch in unserem Projekt lassen sich viele Probleme der Verwaltungsangestellten, die mit der Zielgruppe der Migrant/innen in Zusammenhang gebracht werden, auf der strukturell-organisatorischen Ebene lösen.

Das spezifisch Interkulturelle von interkultureller Kompetenz kann auch als eine besondere Offenheit und Akzeptanz gegenüber Fremden und Fremdem gesehen werden. Für den Einzelnen heißt dies ein erhöhtes Maß an Reflexion über eigene Vorurteile, Attributionen, Umgang mit Fremden, aber auch geschichtliches Wissen über die Zusammenhänge von Migration und Herrschaft sowohl in den Minderheitengesellschaften wie in der Mehrheitsgesellschaft. Die Art und Weise des Umgangs der Mehrheitsgesellschaft mit Migrant/innen, z.B. individueller wie institutioneller Rassismus, hat in diesen geschichtlichen Erfahrungen seine Wurzeln. Zu erweitern wäre auch der verallgemeinernde Blick auf die Migrant/innen, der sie als Hilfsbedürftige sieht, die zwischen den Stühlen sitzen. Die größere interkulturelle Beweglichkeit von Migrant/innen und ihr umfangreicheres Verhaltensrepertoire wie auch die Migrationserfahrungen könnten auch als Bereicherung und Vielfalt von Handlungsmöglichkeiten gesehen werden und nicht nur als Belastung. Auch hier wäre zu klären, warum eine Defizitzuschreibung durch die Mehrheitsgesellschaft erfolgt und die positiven Aspekte der Vielfalt nicht gesehen werden.

Die Vielgestaltigkeit des Begriffs interkulturelle Kompetenz wird auch daran sichtbar, dass diese Kompetenz organisationalen Systemen zugeschrieben wird. Danach bedeutet interkulturelle Kompetenz z.B. für soziale Dienste oder für Verwaltungen, wenn sie sich öffnen und Migrant/innen entsprechend ihrem Anteil an der Gesellschaft als Angestellte einstellen. Die Normalität des Alltags unter Einbeziehung der Migrant/innen bedeutet jedoch nicht, diese z.B. in der Verwaltung an die Stellen zu setzen, wo es viel Kontakt mit Migrant/innen gibt. Das würde die Zuschreibung „Ausländer" unterstreichen. Gleichberechtigte Normalität ist erst dann erreicht, wenn Stellen mit Migrant/innen besetzt werden, auf die sie sich aufgrund ihrer Qualifikation beworben haben. Die Person sollte gemeint sein, nicht die Ethnie. Dann erhielten Migrant/innen auch eine Vorbildfunktion für andere.

Immer häufiger wird anstelle des Begriffs interkulturelle Kompetenz der Begriff interkulturell kompetentes Handeln verwendet. Mir scheint diese Erweiterung sehr sinnvoll zu sein, weil er Mehrheitsgesellschaft und Minderheiten positiv in Beziehung setzt. Zum erforderlichen fachspezifischen Wissen gehört dann der tatsächliche Handlungsbezug. Das Wissen muss in adäquates, den Zielsetzungen entsprechendes Handeln umgesetzt werden können. Eine Fortbildung in interkultureller Kompetenz impliziert nicht automatisch interkulturell kompetentes Handeln, wenn die Weiterbildung nicht handlungsorientiert, selbstreflexiv, inter- bzw. multikulturell und mehrperspektivisch angelegt ist. Für die Situationsanalyse in Beratung, Weiterbildung und Supervision bedeutet dies, dass die Wirklichkeit aus verschiedenen Blickwinkeln (Sachbearbeiter, Migranten, Ausländerbeirat, Amtsleiter usw.) mit unterschiedlichen Optiken (migrationsspezifisch, organisationssoziologisch, gesellschaftspolitisch, individualpsychologisch) betrachtet werden muss, um neue Aspekte zu sehen und die vorhandene Komplexität zu erfassen. Deutungsmuster und Interpretationsschemata der an der Interaktion beteiligten Personen und (Teil-)Systeme müssen mit unterschiedlichen Brillen angeschaut werden.

Neben der persönlichen Einstellung und dem Verhalten des Einzelnen muss auch dem Kontext im engeren (z.B. Verwaltung, Ausländerbeirat) und weiteren Rahmen (z.B. gesellschaftliches System und Subsysteme) und den Veränderungsbedingungen wie -notwendigkeiten besondere Aufmerksamkeit gewidmet werden. Dabei müssten auch die inhärenten Machtstrukturen gerade in Bezug auf die Migrationsbedingungen stärker in den Blick genommen werden (wem dienen sie? was kann und was soll nicht verändert werden?). Die Erfahrungen aus dem Projekt zeigen, dass aus einer so verstandenen „Ko-respondenz" gemeinsam (Vertreter der Mehrheitsgesellschaft und Vertreter der Minderheiten) Konzepte für sinngeleitetes Handeln entwickelt werden können. Diese müssen in der Praxis jedoch auf ihre Angemessenheit und Durchsetzbarkeit überprüft, angepasst und gegebenenfalls verändert werden. Daraus entwickelt sich ein zyklischer Prozess von Analyse, Erarbeitung von Handlungskonzepten und Überprüfung der Konzepte in der Realität.

Literatur

Berth, H.; Esser, U. (1997): „Miteinander reden": Kommunikationsprobleme von Ausländern und deutschen Behörden. Forschungsbericht. Technische Universität Dresden, Institut für pädagogische Psychologie und Entwicklungspsychologie.

Deutscher Bundestag (Hg.) (1996): 1. Beschlussempfehlung des Ausschusses für Arbeit und Sozialordnung des Deutschen Bundestages. 13. Wahlperiode, Drucksache 13/6252 vom 26.11.1996, 7 f.

Hafeneger, B. (1997): Kritik am kulturalistischen Verständnis innerhalb der kulturellen Pädagogik. In: Interkulturelles Lernen in der beruflichen Ausbildung. Düsseldorf 1998.

Hinz-Rommel, W. (1998): Interkulturelle Kompetenz als Qualitätsmerkmal in sozialen Diensten. In: *Paritätisches Bildungswerk Bremen (Hg.):* Interkulturelle Kompetenz als Anforderungsprofil für pädagogische und soziale Arbeit. Dokumentation einer Fachtagung, Bremen.

Kalpaka, A. (1997): Interkulturelle Kompetenz. Kompetentes (sozial)pädagogisches Handeln in der Einwanderungsgesellschaft. In: Betrifft 4.

Ostendorf, A. (1998): Simulationsspiele. Förderung interkultureller Kompetenz in der Berufsausbildung. In: Berufsbildung 52.

Petzold, H.G. (1998): Integrative Supervision, Meta-Consulting & Organisationsentwicklung. Paderborn.

Riehle, E./Zeng, M. (1998): Kommunikation und Kommunikationsprobleme zwischen Migranten und Verwaltung in Thüringen. Erfurt, Institut für Devianzforschung und Delinquenzprophylaxe (IDD).

Seifert, M. (1996): Verstehen und verstanden werden. Probleme interkultureller Kommunikation in rheinland-pfälzischen Behörden. Mainz, Landesbeauftragte für Ausländerfragen bei der Staatskanzlei Rheinland-Pfalz.

Stroebe, W./Hewstone, M./Stephenson, G.M. (Hg.) (1996): Sozialpsychologie. 2. Aufl. Berlin.

Watzlawik, P./Beavin, J.H./Jackson, D.D. (1985): Menschliche Kommunikation. 7. Aufl. Bern.

Wischer, Ch. (1997) Zusammen leben: Die Integration der Migranten als zentrale kommunale Zukunftsaufgabe. In: Aus Politik und Zeitgeschichte B46, 30.

Regine Wolfart / Svetlana Vucelic

„Über Vorurteile spricht man nicht – man hat sie"
Erfahrungen auf Tagungen zu Ausländerfragen

„Eine Vorform der verfeinerten Grenzüberschreitung ist die Grenzerfahrung. Wer sie macht, behält immer noch festen Boden unter den Füßen; er
oder sie schwankt nur. Dabei handelt es sich wahrscheinlich um eine
neuere Erscheinung, weil sie im Wörterbuch nicht vorkommt. Eine
Grenzerfahrung ist z.b., wenn jemand an einer Séance teilnimmt, um sich
mit dem Geist seiner verstorbenen Tante zu unterhalten. [...] Manchmal
meint eine Grenzerfahrung die Konfrontation mit einem irritierenden
Sachverhalt, für den nichts von dem so richtig passt, was an Vorerfahrungen vorhanden oder an Handhabungstechniken möglich bzw. statthaft ist.
Eine Grenzerfahrung ist also sozusagen die Esoterik im Ausländerrecht.
Sie hat aber nichts mit Mächten zu tun. Übernatürlichen jedenfalls."
(Treppte 1997, 24)

Von 1986 bis 1998 fanden jährlich in der Evangelischen Akademie Arnoldshain die sogenannten „Behördentagungen" statt. Obwohl eine ganze
Reihe Veranstalter verantwortlich zeichneten, geriet das Wort „Behörden"
in den Blickpunkt, vermutlich, weil diese auf Akademietagungen seltener
zu finden sind, jedenfalls selten unter den Mitveranstaltern. Ab 1989 erhielten die Treffen den Obertitel „Interkulturelle Gespräche", gefolgt von
dem jeweiligen Tagungsthema. Schon 1986 traten als Einladende neben
der Akademie die Stadt Frankfurt auf (Ausländerbehörde und Sozialamt),
die Ökumenische Werkstatt Frankfurt (eine Fortbildungseinrichtung in
kirchlicher Trägerschaft) sowie der Evangelische Regionalverband Frankfurt am Main (der Zusammenschluss der Frankfurter Evangelischen Gemeinden und übergemeindlicher Einrichtungen, hier vertreten durch den
Fachbereich Ökumene und Ausländerarbeit). Diese Vorbereitungsgruppe
blieb in den folgenden Jahren konstant, auf Seiten der Stadt traten später
an die Stelle des Sozialamtes das Amt für Aus- und Fortbildung, das Amt
für Multikulturelle Angelegenheiten und das Jugendamt.
    Da die „Interkulturellen Gespräche Arnoldshain" über den Kreis der
Teilnehmenden hinaus bekannt geworden sind (nicht zuletzt dank der

Dokumentationen, die über mehrere Jahre hinweg von Carmen Treppte erstellt wurden) und auch für ähnliche Versuche in anderen Städten Modell standen, fassen wir in dem folgenden Beitrag unsere Erfahrungen zusammen und geben einen Überblick über die Tagungsthemen. Damit auch andere Teilnehmerinnen und Teilnehmer zu Wort kommen, haben wir Interviews geführt und ausgewertet, die den zweiten Teil des Beitrags ausmachen. Unsere Schlussfolgerungen enden mit einem Ausblick auf die gegenwärtigen Bemühungen, das in der bisherigen Gestalt nicht mehr weiterverfolgte Konzept auf neue Füße zu stellen.

Es wäre ein Leichtes, die guten Erfahrungen für sich sprechen zu lassen. Dass die Tagungen in der beschriebenen Konstellation über zwölf Jahre hindurch stattgefunden haben und nicht schon viel früher gescheitert sind, etwa an den konträren Arbeitsvorgaben von Behörden und Beratungsstellen, ist an sich schon ein großer Erfolg. Schließlich wurde dieser Zeitraum auch durch ein zunehmend schärferes politisches Klima bestimmt: die wachsenden Arbeitslosenzahlen; die Ära der Innenminister Zimmermann und Kanther mit ihren immer restriktiveren ausländer- und arbeitsrechtlichen Gesetzesauflagen; die auf jährlich über 400.000 Personen angestiegenen Flüchtlingszahlen; die Aufnahme der Kriegsflüchtlinge aus Bosnien und die damit verbundenen Probleme der Kommunen; der Ausbau der „Festung Europa", – um nur einige der politischen Rahmenbedingungen zu nennen. Frankfurt hat mit fast 30 Prozent Wohnbevölkerung nicht-deutscher Herkunft aus 175 Nationen den bundesweit höchsten prozentualen Ausländeranteil aller deutschen Großstädte. In keiner Weise ist die Ausstattung der städtischen Behörden mit Personal oder auch nur mit Dolmetschern diesen Bedingungen gewachsen. Und da tritt eine Handvoll optimistischer Insider an, um das Klima zu verbessern? Wenn die Veranstalter glaubten, mit einer gelungenen Tagung etwas erreicht zu haben, genügten ein Blick auf die Aktenberge der Sachbearbeiter in der Ausländerbehörde oder die Diskussion um „Sozialhilfeschnorrer", um auch den Berg an Skepsis wieder wachsen zu lassen.

Eine andere Schwierigkeit bestand in dem Korsett, in welches die Tagungen durch das den Behörden auferlegte Wort „Lehrgang" gezwängt wurden. Auf Lehrgängen wird gelernt, sonst gibt's kein Geld und keine Dienstbefreiung, mit „Psychokram" wie Klärung des eigenen Standpunkts oder der persönlichen Motivation ist da kein Staat zu machen. Auch nicht mit dem Hinterfragen der politischen Großwetterlage und dem Bemühen um eine vielleicht menschenfreundlichere Auslegung von Paragraphen. Aber worauf sollten sich die Hoffnungen der Veranstalter gründen, wenn nicht auf die Änderung persönlicher Einstellungen? Von „oben" war keine Hilfe zu erwarten, weder von städtischen Dezernenten noch von vorgesetzten hessischen Behörden oder gar vom Bundesinnenministerium – alle waren zu bestimmten Tagungen einmal eingeladen. Im Gegenteil, solche Gesprächsrunden gehörten zu den unproduktivsten und enttäuschendsten Tagungserfahrungen. Also musste mit jedem Tagungsthema von neuem die Gratwanderung zwischen sachbezogenem Lernen und prozessorientiertem Arbeiten in den Gruppen gefunden werden.

Immer erneut brach auch der Widerspruch auf zwischen dem im weitesten Sinne „politischen" Anliegen der freien Beratungsstellen, „Einfluss auf die Entscheidungen der Behörden zu gewinnen" (so formulierte es ein leitender Mitarbeiter der Ausländerbehörde) und dem berechtigten Anliegen der Verwaltungsmitarbeiter/innen, mehr Sicherheit in der Anwendung von Gesetzen, Verwaltungsvorschriften, Erlassen, und was der Anweisungen mehr sind, zu bekommen. Sie jedenfalls reisten in der Regel nicht an, um sich etwa mit Fällen behördlicher Fehleinschätzung in Sachen „Scheinehe" verunsichern zu lassen. Darüber zum Nachdenken anzuregen, war aber genau ein Anliegen der entsprechenden Arbeitsgruppe. Was den Reiz der unterschiedlichen Zusammensetzung der Tagungsteilnehmer/innen ausmachte, war der Streit um den eigenen Standpunkt. Aus diesem Disput konnte man durchaus mit gefestigtem Selbstbewusstsein hervorgehen, auch wenn man die Überlegungen der anderen Seite als gleichfalls berechtigt akzeptieren musste. Jedoch beklagten die Behördenleute, besonders bei den ersten Tagungen, eine gewisse Arroganz oder moralische Überheblichkeit der Sozialarbeiter/innen und Pädagog/innen, während diese die Hoffnung nicht aufgeben mochten, es sollte doch möglich sein, durch das eigene gute Vorbild auch das Wohnungsamt von vielleicht rassistisch motivierten Benachteiligungen von Wohnungssuchenden ohne deutschen Pass abzubringen. Oder waren die Klagen der Klienten etwa allesamt unberechtigt?

Stoff genug für Aggressionen auf allen Seiten. Wie mit ihnen umgehen? Tagungen, auf denen sich zum Thema „Ausländer" staatliche Stellen und Beratende lautstark die Meinung sagten, gab es immer wieder. Teilnehmerinnen und Teilnehmer hatten ihrem Herzen Luft gemacht und gingen auseinander. Unsere Vorbereitungsgruppe wollte etwas anderes: geduldige Überzeugungsarbeit über einen langen Zeitraum in einer möglichst gleichbleibenden Konstellation, und zwar auf der Ebene, auf der täglich kontrolliert, entschieden und beraten wird. Es ging uns nicht um die Prominenten unter den Ausländerfeinden dieser Republik. Vielleicht war dieses Anliegen mit ein Grund für die Zurückhaltung beim Austragen von Konflikten, manches Mal hätten deutliche Worte, von welcher Seite auch immer, die Luft vielleicht besser gereinigt und die unterschiedlichen Erfahrungen auf den Punkt gebracht. Zu diesem Thema mehr in den Interviews.

Mit einem Wort: Wenn in diesem Beitrag auch von Schwierigkeiten und von Misslungenem berichtet wird, so heißt das nicht, dass der Versuch letztendlich gescheitert wäre. Die Tagungsbesucher haben miteinander und voneinander viel gelernt, Vorurteile ausgesprochen und gelegentlich auch aufgelöst, in einer guten Atmosphäre gearbeitet, manchmal Schweigende zum Sprechen gebracht, gestritten, aber auch gelacht. Im begleitenden kulturellen Abendprogramm gab es Sternstunden und hin und wieder eine erhellende Explosion im Kopf, etwa wenn der iranische Dichter Said von seinem doppelten Exil in Deutschland und im Iran Khomeinis berichtete, oder der Film *Lamerica* von Gianni Amelio vor Augen führte, warum ein Albaner möglicherweise sein Vaterland verlassen möchte, oder wenn ausländische Jugendliche mit witzigen Videos ihre Sicht auf das Multikultileben in Frankfurt festhielten. Und erhoben sich nicht gelegentlich auch Sachbearbeiter/innen und Berater/innen von ihren Stühlen und tanzten gemeinsam zu fremdländischer Musik? Gründe genug, diese Gespräche „interkulturell" zu nennen und zur Nachahmung zu empfehlen.

1. Anfangsüberlegungen und Dauerthemen

„Denken Sie nur einmal an Albanien. Jahrelang haben sie nett hinter dem Eisernen Vorhang gehockt und sich um nichts gekümmert. Da haben sich Leute erst eine Diktatur ausgesucht, und hinterher glauben sie gleich, sie hätten jetzt ein Recht darauf, irgendwo anders hinzukommen. ‚Weil sie so viel gelitten haben.' Wo kommen wir denn da hin? Es ging ja nur darum, dass sie dort raus dürfen. Aus Prinzip. Weil das mit Freiheit zu tun hat, die in Europa sehr viel bedeutet. Aber deswegen müssen sie doch nicht gleich wegrennen. Ein Europäer kneift nicht." (Treppte 1997, 14)

Wer konkret mit wem das Projekt ins Rollen gebracht hat, ließ sich nicht mehr zurückverfolgen. Mit Sicherheit standen am Anfang gute Kontakte zwischen Mitarbeitern verschiedener Beratungsstellen und der Ausländerbehörde. Die Idee war jedenfalls, Ämter der Stadt Frankfurt mit einem hohen Anteil von nicht-deutschem Publikum sollten sich mit Einrichtungen freier Träger mit ebensolchem Publikum zusammensetzen. Anlass waren die immer wieder auftauchenden Klagen von Ausländer/innen über „schlechte Behandlung" in Amtsstuben. Lag es an der Einstellung der Leute in der Verwaltung? Wurden Ermessensspielräume nicht genutzt zugunsten der Ausländer, oder gab es keine solchen Spielräume? Waren die Behörden zu wenig informiert über die Hintergründe von Flucht oder Arbeitsmigration? Waren Ausländer schlicht nur unerwünscht? Oder waren die Migranten überempfindlich, sprachunmündig, zu unverschämt oder zu ängstlich? Kamen an mit einer Flasche Raki statt mit den geforderten Papieren, weil das in ihrer Heimat so üblich sei? Oder die Beratungsstellen argumentierten sich um Kopf und Kragen für ihre Klientel, statt schlicht die Gesetzeslage anzuerkennen, soweit sie diese überhaupt kannten.

Die Initiator/innen suchten nach Antworten und nach Wegen, die Kommunikation zu verbessern, und zwar möglichst umfassend, denn Klagen sollten gar nicht erst auftauchen, oder im Konfliktfall sollte doch zumindest der oder die am anderen Ende der Leitung bekannt sein, und das Hinterhertelefonieren bei Problemen könnte erfreulicher ablaufen. Mit einem Wort: Es ging um die tägliche Arbeitswirklichkeit der Tagungsteilnehmer/innen, zum Teil auch um Exkurse in politische Hintergründe, weniger um Forderungskataloge an Verantwortliche auf den obersten Ebenen. Alle Tagungsthemen setzten somit am Arbeitsalltag an und suchten Blockaden auf dieser Ebene zu finden und zu lösen.

Als Anwälte der Nicht-Deutschen fühlten sich die Beratungsstellen – Sozialarbeiter, Psycholog/innen, Pädagog/innen, darunter eine ganze Reihe sogenannte Muttersprachler. Sollte die Migrantenklientel auch eigenmündig ihre Klagen auf den Tagungen vortragen? Oder sollten die Beratungsstellen die Mittler sein? Wer von den Behörden (z.B. Ausländerbehörde, Sozialamt, Wohnungsamt) sollte mit wem konfrontiert werden? Jeweils konkret der Kläger mit dem oder der Beklagten? Auf die erste Tagung 1986 wurde noch eine (handverlesene) Anzahl von Migrant/innen eingeladen, die ihre Behördenerfahrungen schildern sollten. Trotz einer guten Moderation versprach dieser Ansatz wenig Erfolg, zu viele Abrechnungsgelüste auf verschiedenen Seiten witterten Morgenluft. In der in den folgenden Jahren immer wieder aktualisierten Konzeption ging es deshalb nicht mehr um die direkte Konfrontation, sondern, explizit oder implizit, um die Verbesserung der Kommunikation zwischen Behörden und Beratungsstellen, zwischen Behörden und Behörden, zwischen „Ausländern" und „Inländern" und, ganz generell, zwischen Klienten und Institutionen.

Obwohl von Anfang an alle Tagungen von Behörden und Beratungsstellen gemeinsam vorbereitet wurden, hielt sich durch alle zwölf Tagungsjahre ein hartnäckiges „die dort – wir hier". Unter den Verwaltungsangestellten gab es, mit Ausnahme der Tagung 1998, so gut wie keine Migranten, so dass die Mitarbeiter/innen der Beratungsstellen zum einen als Fürsprecher, zum anderen, soweit sie ausländischer Herkunft waren, auch noch als „Betroffene" argumentierten. Diese Gegebenheit verstärkte zusätzlich den Verlauf der Fronten. Aber es war ein wichtiges Ergebnis im Lauf der Jahre: Migrant/innen hatten nicht nur ihre eigenen Erfahrungen mit Rassismus in Deutschland, sie wehrten sich auch, oft unerschrockener als die deutschen Kolleg/innen, gegen schwer erträgliche Verhaltensweisen mancher ausländischer Ratsuchender. Oder sie griffen ein, wenn einseitig deutsche schlechte Erfahrungen mit Ausländern in Zweifel gezogen wurden.

Doch aufs Ganze gesehen halfen gegen das „die dort – wir hier" keine gemeinsamen Lernerfahrungen mit dem neuen Ausländergesetz ab 1990, keine prozessorientierten Arbeitsgruppen zum Thema „Vorurteile" und keine gemeinsamen Abende beim Bier. Was den moralisch gebotenen Umgang mit Ausländern, schier grenzenlose Geduld und Redegewandtheit betraf, hatten die Beratungsstellen den Kopf vorn. Dafür hatte die Behördenebene die politische Großwetterlage mit den entsprechenden Gesetzen und die Entscheidungsgewalt auf ihrer Seite. Was also ließ sich an gemeinsamem Wissen und Verständnis erarbeiten?

Für die Tagungen von 1993 bis 1997 konnten wir uns die schon mehrfach zitierte Protokollantin Carmen Treppte leisten, selbst vom Fach, mit Durchblick und der Fähigkeit, komplizierte Sachverhalte treffend und witzig zusammenzufassen. Aus ihren „Anmerkungen zur Fortbildungstagung *Über Vorurteile spricht man nicht – man hat sie"* (1993, 53 ff) zitieren wir die abschließenden Überlegungen, und zwar zur Frage: Wurden Lernziele erreicht?

„Da es bei dem eingeschlagenen Ansatz kaum möglich ist, erreichte ‚Lernziele' abzufragen, ist der ‚Effekt' der Veranstaltung schwer zu bestimmen. Er ist möglicherweise ebenso vielfältig wie die insgesamt angesprochenen Themen und darüber hinaus abhängig von persönlichen Voraussetzungen und den Bedingungen, die am Arbeitsplatz jeweils vorgefunden werden. Insgesamt waren die Rückmeldungen der Tagungsteilnehmerinnen und Teilnehmer sehr positiv:
• Die Möglichkeit, eigene Frustrationen benennen zu dürfen, wurde als entlastend empfunden. Hierzu gehörte auch die Möglichkeit, eigene Vorurteile überhaupt erst einmal zuzugeben bzw. wahrzunehmen, dass Angehörige anderer Berufsgruppen durchaus ebenfalls ihre Vorurteile haben, aber möglicherweise anders mit ihnen umgehen. In diesem Zusammenhang wurde verschiedentlich die Absicht geäußert, sich in Zukunft weniger leicht von eigenen Ohnmachtgefühlen hinreißen zu lassen und zu-

nächst einmal die individuellen Möglichkeiten zur aktiven Gestaltung einer Situation zu prüfen. Andere formulierten die Absicht, derzeit nicht umsetzbare Anregungen im Hinblick auf eine spätere Realisierbarkeit im Kopf zu behalten.

• Es wurde insbesondere darauf hingewiesen, dass das Bild von Behördenmitarbeiter/innen ins Wanken geraten sei. Dies wurde mit einer größeren Kenntnis der in diesen Arbeitsbereichen bestehenden Arbeitsbedingungen und Zwänge begründet. In diesem Zusammenhang fiel mehrfach das Wort Respekt.

• Eigene Schwellenängste gegenüber Behörden, die z.T. auf negative Vorerfahrungen zurückgeführt wurden, konnten abgebaut werden. Für die Zukunft wurde eine größere Bereitschaft formuliert, bei auftretenden Problemen zunächst einmal das persönliche Gespräch zu suchen.

• Zahlreiche Teilnehmerinnen und Teilnehmer gaben an, hinsichtlich ihrer Klientel zu einer anderen Sichtweise gekommen zu sein. Es wurde die Absicht geäußert, bislang gehegte Pauschalierungen sorgfältiger zu hinterfragen bzw. selbstkritisch zu prüfen, inwieweit als unangenehm empfundene Reaktionen möglicherweise durch eigene Verhaltensweisen überhaupt erst provoziert werden.

Kritische Anmerkungen bezogen sich z.B.

– auf die Tatsache, dass der Diskussionsverlauf sehr stark auf die äußeren Arbeitsbedingungen bezogen war. Persönliche vorurteilshafte Einstellungen konnten sich so allzu leicht hinter ‚Sachzwängen‘ verstecken;

– auf ein gewisses Ungleichgewicht im Diskussionsverlauf. Es entstand streckenweise der Eindruck einer verbalen, tendenziell moralisierenden Dominanz seitens der Beratungsmitarbeiterinnen und -mitarbeiter, von der sich Behördenmitarbeiterinnen und -mitarbeiter manches Mal ‚an die Wand geredet‘ fühlten;

– auf die tendenzielle Ausklammerung von Rassismus. Von Seiten der Teilnehmerinnen und Teilnehmer wurde verschiedentlich angemerkt, dass es wichtig gewesen wäre, hier zu einer klaren Begriffsbestimmung zu kommen.

Wenn auch im Großen und Ganzen die während der Veranstaltung gemachten Erfahrungen positiv eingeschätzt wurden, wiesen einige Teilnehmerinnen und Teilnehmer doch deutlich auf die Grenzen dieser Verständigung hin: Der Einblick in die Wirklichkeit anderer Berufsgruppen ist zwar überaus wertvoll, wurde gesagt, macht aber zugleich die Grenzen dieser Verständigung bewusst, da sie sich notwendigerweise immer wieder an strukturellen Zwängen bricht. Die Frage, wie der/die Einzelne sich diesen Zwängen einpasst oder zur Steigerung der eigenen Lebensqualität, aber auch zum Nutzen anderer ‚Sand ins Getriebe‘ zu streuen vermag, ist eine Entscheidung, die jede Teilnehmerin und jeder Teilnehmer für sich selbst zu treffen hat.“

2. Chronologischer Überblick über die Tagungen

„Die Experten der Ausländerbehörde und des Jugendamtes hatten je zwei Thesen formuliert, in denen sie ihre persönliche Stellungnahme zu dem Thema ‚Ausweisungstatbestand, Straffälligkeit, Migration und Delinquenz' abgaben. Als Wandpapier waren sie für alle Teilnehmer/innen sichtbar. Diese wurden aufgefordert, sich für eine der Thesen, die seiner oder ihrer besonderen Zustimmung entsprach, zu entscheiden und dieses durch einen gelben Klebepunkt zu dokumentieren. Am Ende der zweitägigen Gruppenarbeit wurde die gleiche Prozedur mit einem blauen Punkt wiederholt. Jeder Teilnehmer und jede Teilnehmerin konnte für sich selbst entscheiden, ob er bzw. sie diesen Punkt derselben These oder nun einer anderen zuordnen wollte. Am Ende bekam die erste These A auffallend mehr Punkte. Der Text der Thesen:

(A) Jedes Kind hat ein Recht auf Erziehung. Ausländische Jugendliche sind Inländer, wenn auch ausländischer Herkunft. (Punkte: gelb 4, blau 8,5).

(B) Anerkennung des Erziehungsgedankens im Jugendstrafrecht: Resozialisierungsmaßnahmen dürfen nicht durch ausländerrechtliche Maßnahmen eingeschränkt oder gar verhindert werden. (Punkte: gelb 4; blau 0,5).

(C) Rechtsstaatsprinzip. Die Ausländerbehörde schafft sich nicht ihre eigenen Rechte, sondern setzt sie nur um. (Punkte: gelb 3; blau 2).

(D) Integrität der Mitarbeiter/innen. Es werden nicht nur die Entscheidungen der Ausländerbehörde, sondern auch die Mitarbeiter/innen bekämpft. (Punkte: gelb 3; blau 2)" (Evangelische Akademie Arnoldshain 1994, 113)

Der Überblick soll auch versuchen, einen Einblick sowohl in die gelungenen Überlegungen bei der Tagungsvorbereitung als auch in die Irrwege zu zeigen. Nicht immer stimmte das Tagungsklima mit der im Nachhinein abgefragten Resonanz überein, diese konnte durchaus sehr viel kritischer, zum Teil aber auch positiver ausfallen. Die behördeninterne Auswertung besonders der Ausländerbehörde war ein wichtiger Wegweiser für die jeweils nächste Planung.

(1) Oktober 1986: Wie begegnen sich Deutsche und Ausländer in unseren Behörden?

Die Einladung lautete: „Fortbildungstagung für Mitarbeiter des Frankfurter Ordnungsamts und des Sozialamts". Der Ausschreibungstext nennt als Ziel, „den deutschen Teilnehmern einen tieferen Einblick in die politischen und kulturellen Hintergründe zu geben, die viele Ausländer zur

Auswanderung oder Flucht in die Bundesrepublik veranlassten und ihr Verhalten weiterhin bestimmen. Zugleich sollen die ausländischen Teilnehmer ein besseres Verständnis für die spezifischen Aufgaben und Arbeitsbedingungen der deutschen Behördenvertreter gewinnen." Viel Zeit wurde für Arbeitsgruppen reserviert, in denen sich Behördenvertreter und Ausländer/innen paritätisch ihre jeweiligen Probleme beschrieben. Auch sollte die Angst vor Äußerungen im großen Plenum abgebaut werden. Aber schon der Einladungstext machte deutlich, dass sich die Vertreter der Beratungsstellen als die Wissensvermittler verstanden, Aufklärung war das Zauberwort.

Die Tagungsauswertung zeigte, dass Hintergrundwissen und die Konfrontation mit rassistisch empfundener Behandlung kaum ausreichen, um „menschenfreundlichere" Entscheidungen der Verwaltung zu bewirken. Doch die geknüpften Kontakte erwiesen sich auch nach der Tagung als wichtig.

(2) September 1987: Auf der Flucht

Zitat aus der Tagungseinladung: „Ein besonderer Schwerpunkt soll auf der Diskussion der Erfahrungen der unterschiedlich mitwirkenden Behörden mit den Problemen der asylsuchenden Flüchtlinge liegen." Eine Reihe hervorragender Referentinnen und Referenten, unter anderem aus dem UNHCR Bonn, trug vor. Die lokale Verwaltungsebene war durch Vertreter eines Landratsamts und des Sozialamts präsent, die in einem Rundgespräch Flüchtlingsprobleme aus der Sicht der Behörden diskutierten. Zeit für einen Austausch in Arbeitsgruppen wurde nicht vorgesehen. Insofern blieb offen, wie das Gehörte im Arbeitsalltag, besonders der Behörden, umgesetzt werden könnte. Kontakte zwischen Behördenleuten und Berater/innen mussten im informellen Teil stattfinden. Eigentlich ein Rückfall in Tagungskonzepte, die für die Zielgruppe der typischen, speziell interessierten Akademiebesucher entwickelt wurden. Ganz offensichtlich sind die Initiatoren noch auf der Suche nach einem Konzept.

(3) September 1989: Treffpunkt Behörde. Interkulturelle Gespräche III

Die Tagung griff noch einmal das Anliegen des ersten Seminars auf, nämlich die Begegnung ausländischer „Bittsteller" mit deutschen Entscheidungsträgern in Ausländerbehörde und Sozialamt. Diesmal erhalten Ausländerbehörde und Sozialamt breiten Raum für einen Problemaufriss aus ihrer Sicht. Der Vertreter der Frankfurter Ausländerbehörde stellte das Ausländerrecht als Polizeirecht vor, das der Gefahrenabwehr dient. Die

Ausländerbehörde habe von sich ein Negativbild, sie treffe, politisch gewollt und teils auch aus vorauseilendem Gehorsam, inhumane Entscheidungen. Sozialarbeiter stünden a priori auf der humanen Seite. In den Diskussionen ging es folgerichtig um die Frage, ob Behörden Ermessensspielräume auch zugunsten der Ausländer nutzen und ob Außenstehende dazu beitragen können. Erstmals rückte der Komplex „Macht ausüben hinter dem Schreibtisch" ins Blickfeld. Im von den Behörden jetzt ausdrücklich eingeforderten „Lehrgangsteil" (das neue Konzept sah einen „zwischenmenschlichen" und einen Lernteil vor) erörterten ein Vertreter des Hessischen Innenministeriums und ein Anwalt neue Entscheidungen im Ausländer- und Asylrecht. Noch hatten wir es mit dem alten Ausländergesetz zu tun, das der Behördenebene wesentlich mehr Macht einräumte als die minutiösen Regelungen des ab 1.1.1990 in Kraft tretenden neuen Gesetzes. Es lohnte sich demnach, die Beweggründe für ablehnende oder zustimmende Entscheidungen zu hinterfragen.

(4) - (7) 1990 bis 1992: Vier Tagungen zum neuen Ausländerrecht

Auf diesen Tagungen wurde gemeinsam gelernt. Neben der Frankfurter und der den Frankfurtern nach der Wende 1989 zur Fortbildung zugeteilten Leipziger Ausländerbehörde waren eine Reihe umliegender Ausländerbehörden anwesend, außerdem zahlreiche andere, von den neuen ausländerrechtlichen Regelungen indirekt betroffene Behörden. Nach zwei Lerntagungen entschlossen wir uns 1992 zu einer zweiten Tagung in diesem Jahr, auf der die politisch verantwortlichen Frankfurter Dezernenten und die hessische Regierungsebene ihre Sicht der ausländerpolitischen Entscheidungen darlegen sollten. Mit über 100 Teilnehmer/innen zeigte sich nicht nur das starke Interesse an einer solchen Diskussion, sondern auch die Hoffnung auf Hilfe und Verständnis angesichts der immer komplizierteren Gesetze, mit denen die steigenden Ausländerzahlen kontrolliert werden sollten.

Das Ergebnis waren Enttäuschung und Ernüchterung. Verwaltungs- wie Beratungsebene sahen sich auf ihre eigenen Fähigkeiten verwiesen, der Situation Herr zu werden. Dazu wurde ein regelmäßiger intensiver Austausch der Frankfurter Behörden untereinander unter Einbeziehung verschiedener Beratungsstellen geplant; gezielt sollten Schwachstellen abgebaut werden, die vor allem auch Ärger und Mehrarbeit für alle Betroffenen vor und hinter den Schreibtischen bedeuteten. Ein Projekt, das zwar verheißungsvoll in Angriff genommen wurde, für das aber bedauerlicherweise in der Folge der lange Atem fehlte (s.u. Interview Diether Heesemann).

Die letzte Tagung dieser Reihe („Das neue Ausländerrecht in der Praxis" 1992) bezog die Regelungen anderer europäischer Länder ebenso ein wie die Abkommen von Schengen, Dublin und Maastricht. Dieser wichtige Blick über die nationalen Grenzen war zugleich, eher überraschend, das Ende der „Schulungen". Die große Resonanz und die gemeinsamen Erfahrungen hatten uns Mut gemacht, zu neuen Themen aufzubrechen.

(8) - (10) 1993 bis 1995: Drei Tagungen zum Thema „Vorurteile" und Umgang mit besonders ungeliebten „Randgruppen"

Die Tagung vom Oktober 1993 „Über Vorurteile spricht man nicht – man hat sie" hat bei allen Teilnehmenden einen nachhaltigen Eindruck hinterlassen. Im Einladungstext heißt es: „Im Rahmen des Zusammentreffens von Deutschen und Ausländern werden Bilder und Vorstellungen von dem jeweils anderen mobilisiert und reaktiviert, die das Verhältnis der verschiedenen ethnischen Gruppen untereinander maßgeblich prägen". Um diese Vorstellungen hervorzulocken und bewusst zu machen, standen zu Beginn jeder Tagungseinheit je ein Impuls-Referat aus ausländischer und aus deutscher Sicht, die den Einstieg in die Tiefen der eigenen Klischees und festgefahrenen Bilder erleichterten. Es wurde überwiegend in Arbeitsgruppen mit Moderatorinnen gearbeitet. Da im Interviewteil dieses Textes einige Erfahrungen mitgeteilt werden und das Fazit der Protokollantin bereits zitiert wurde, sei hier nur darauf hingewiesen, dass diese Tagung der Gesamtintention der Veranstalter sicher am nächsten kam. Was die 75 Teilnehmer/innen an Offenheit bereit waren einzubringen, wurde hier eingelöst, der Gruppenprozess war entscheidend.

Ähnlich intensiv verliefen auch die beiden folgenden Tagungen „Die Lebenslage von Jugendlichen ausländischer Herkunft in Frankfurt" (1994) und „Grenzerfahrungen mit dem Ausländerrecht. Von der Kunst, angemessen zu entscheiden" (1995). Im Vorwort zur Dokumentation der letztgenannten Tagung heißt es: „Die Aufgabe besteht darin, zwischen Paragraphen und Akten das Individuum und seine spezifische Geschichte in den Blick zu nehmen, seine Entscheidungen zu respektieren und zugleich den gesellschaftlichen Rahmenbedingungen Rechnung zu tragen" (Heesemann/Kiesel 1997, 8). Die in den Blick genommenen Individuen waren unter anderem Roma, illegal eingereiste Prostituierte und delinquente Jugendliche. Manche waren persönlich anwesend. Folgerichtig gab es in den Arbeitsgruppen teils heftige Debatten, teils realitätsnahe Rollenspiele.

In der Auswertungsrunde problematisierten Behördenvertreter die „konfrontative Einstellung" mancher Teilnehmer/innen, die Beratungsstellen hingegen einen Mangel an Konfrontation. Ein leitender Mitarbeiter der Ausländerbehörde vermisste einen deutlichen Praxisbezug und damit die Möglichkeit, die Tagungserfahrungen in den Arbeitsalltag umzusetzen. Wir waren offensichtlich an eine Grenze gelangt: Wer sich persönlich von Schicksalen betreffen ließ, wollte sich deshalb noch lange nicht für die Missstände in der Ausländerpolitik verantwortlich fühlen. Was konnte er schon ändern auf der untersten ausführenden Ebene? Die Tagungen sollten aber weiterhin stattfinden, und die Vorbereitungsgruppe entschied sich für ein „Sachthema", nämlich Europa.

(11) Oktober 1996: „Wir hier drinnen – ihr hier draußen"

Es ging um Themen wie die Rechte von Staatsangehörigen aus Drittstaaten im Vergleich zu denen von EU-Bürgern und um internationale Abkommen. Der Blick der nahezu 100 Teilnehmenden richtete sich auf komplizierte Rechtslagen und weniger auf bedrängende Einzelschicksale. Die Resonanz war überwiegend positiv, für die Beratungsarbeit wurde Wissen vermittelt und gleichzeitig der Blick geschärft für die Rechtspraxis in anderen Ländern. Ein Arbeitsgruppenthema war auch hier wieder die Lebenslage von Jugendlichen, die uns in unterschiedlicher Schwerpunktsetzung seit drei Tagungen begleitete. Hier trafen besonders hart, und vom Gesetzgeber zumindest nicht ausgeräumt, Ausländergesetz und Jugendhilferecht aufeinander. Dieses Spannungsverhältnis wurde 1997 in einer eigenen Tagung aufgegriffen mit dem Titel

(12) 1997: Zum Wohle der Kinder!? Kinder und Jugendliche im Spannungsfeld von Familienrecht und Ausländergesetz

Am Beispiel von Kindern und Jugendlichen wurden auch die Rechtssysteme der Türkei und Marokkos dargelegt. Die Einladung nennt als Ziel außerdem: „In der Tradition der Interkulturellen Gespräche versteht sich die Tagung nicht nur als Informationsquelle, sondern insbesondere auch als Forum für den interdisziplinären Austausch von Wissen und Erfahrung." So zeigte das Frankfurter Jugendamt an einem vorbereiteten Fallbeispiel, dass sein vehementer Einsatz für eine Familienzusammenführung letztendlich wohl weniger auf einer richtigen Einschätzung der Familienkonstellation beruhte als der wesentlich skeptischeren der Ausländerbehörde. Es ging nicht mehr nur ums Rechthaben, sondern um die gemeinsame Arbeit an einer schwierigen Materie.

Aus einer der Arbeitsgruppen ging ein Kreis interessierter Teilnehmer hervor, der sich zum Thema „Kindeswohl" unter Federführung des Jugendamts weiterhin trifft.

Nach wie vor kamen weit über achtzig Teilnehmer/innen zu den Tagungen, und nach wie vor waren auch die Rückmeldungen überwiegend zustimmend. Aber in der Vorbereitungsgruppe kam ein Konsens bei der Themenfindung zwischen Behörden und Beratungsstellen zunehmend schwerer zustande.

(13) 1998: Kommunikation lohnt sich! Voraussetzungen und Chancen für die Beratungs- und Entscheidungspraxis unter interkulturellen Bedingungen

Die Tagungseinladung zu der bisher letzten Tagung bietet Mitarbeiter/innen aus Behörden und Beratungsstellen ein Kommunikationstraining an „mit dem Ziel, Einstellungen und Verhalten zu reflektieren und zu verändern". In Rollenspielen wurden festgefahrene Gesprächssituationen aus der Berufspraxis durchgearbeitet. Als besonders gelungen hoben die Teilnehmer die Ausgewogenheit zwischen Theorie und Praxis und das offene Klima ohne Berührungsängste in den Arbeitsgruppen hervor. Eine spannende Diskussion entstand um die Frage, welche Chancen und Schwierigkeiten sich ergeben, wenn Verwaltungsangestellte nicht-deutscher Herkunft mit ihren Landsleuten zu tun haben.

3. Woran erinnern sich andere Teilnehmer/innen der Tagungen?

„Wer die Bestimmungen des Ausländergesetzes durchzusetzen hat, bietet eine hervorragende Projektionsfläche für all diejenigen, die im Interesse der eigenen Psychohygiene gerade um ein gesundes Feindbild verlegen sind. Hinzu kommen als weitere Belastung Arbeitsbedingungen, die ihr Möglichstes dazu beitragen, die Beteiligten einem Gefühl von Überforderung zu überlassen und sie in schlechte Laune zu versetzen. Soll das gesund sein? ‚Ich habe nur noch wenig Toleranz für die Eigenheiten anderer Menschen', berichtet eine Mitarbeiterin der Ausländerbehörde über die Folgen ihres beruflichen Alltags." (Treppte 1996, 62)

Wir haben sechs Teilnehmer/innen der „Arnoldshainer Interkulturellen Gespräche" gebeten, über ihre Wahrnehmungen und Erinnerungen zu berichten und die Vielfalt von Prozessen auf der Beziehungs- und Inhaltsebene zu analysieren. Das war nicht ohne fragende Bewertung möglich. Zwei der Befragten (der eine leitender Mitarbeiter der Ausländerbehörde, der andere Leiter einer kirchlichen Fortbildungseinrichtung) gehörten von Anfang an der Vorbereitungsgruppe an und haben an allen Tagungen teilgenommen, die vier anderen haben die Tagungen zumindest mehrfach

besucht. Vier Statements kommen von der städtischen, d.h. der Behörden-
seite, davon ist ein Befragter zur Zeit der Tagungen Mitarbeiter des Allgemeinen Sozialdienstes der Stadt gewesen, also kein Verwaltungsmitarbei-
ter. Die zwei weiteren Interviewten kommen von der Seite der freien Träger.

Allen Gesprächsteilnehmern stellten wir dieselbe Frage: „Über zwölf
Jahre hinweg wurde in den Arnoldshainer Interkulturellen Gesprächen der
Dialog zwischen Behörden und Beratungsstellen freier Träger gepflegt.
Es wurde mit- und voneinander gelernt, es wurde gestritten und gelacht.
Die Intention der Tagungen war von Anfang an – neben dem jeweiligen
Tagungsinhalt – auch der Abbau von Feindbildern und das Sichtbarma-
chen von Vorurteilen auf beiden Seiten. Zwölf Tagungen waren es, was
haben sie für Sie persönlich und für Ihren Arbeitsalltag gebracht, und wel-
che Erwartungen sind nicht erfüllt worden?"

Wir haben die Antworten nach Themen geordnet und davon zwei Haupt-
gruppen ausgewählt, nämlich „Vorurteile – Feindbilder, Ängste – Aggressionen" und „Konstruktives Streiten, gemeinsame Wege und Lösungen,
Akzeptanz". Alle Interviewten haben zu diesen Stichworten aussagekräf-
tige Überlegungen. In den zum Teil sehr persönlichen Aussagen etwa über
die Angst, wegen bestimmter Äußerungen an den Pranger gestellt zu werden, spielt auch die Frage eine Rolle: Wann bin ich Rassist? Wenn ich die
Vorschriften befolge, Nein sage und einen uneinsichtigen Migranten aus
dem Büro werfe? Oder bin ich Rassist, wenn ich mithelfe, Menschen wieder zurück in eine gefährliche und ungewisse Zukunft zu schicken, wenn
ich Familien per Verwaltungsakt trenne?

Dahinter taucht die ganze Dimension von Behördenhandeln auf, das
sich gegen existentielle Bedürfnisse von Menschen richtet. Ist eine menschlich neutrale Ausländerpolitik überhaupt machbar, und wenn, wie nimmt
sie sich aus angesichts der historischen deutschen Vergangenheit? Es ist
ein halbes Jahrhundert her, dass man sich zum Rassismus bekannt hat und
Ausländerpolitik unter der Prämisse der genetischen Vernichtung und
Manipulation betrieben hat. Durch Grundgesetz und Ausländergesetze
wurde im Nachkriegsdeutschland Liberalismus von oben verordnet, aber
dabei wurde die Gleichheit aller nicht verinnerlicht. Durch das gesetzliche Ghetto wird die gleichberechtigte Auseinandersetzung mit ausländischen Mitbürgern zur ständigen Utopie.

Oder ist konstruktives Streiten, das Akzeptieren anderer Standpunkte
überhaupt möglich, wenn die Einheitlichkeit der Behördenmeinung gewahrt werden muss, wenn die Arbeit ohne institutionellen Konsens nicht
durchzuhalten ist? Und wie sieht es mit dem Gruppenkonsens auf der Sei-

te der freien Träger aus? Könnte einer da einfach sagen „Ich finde auch, das Boot ist voll"? Wie könnten kommunikativ erarbeitete Lösungen, gemeinsam entwickelte Kompromisse aussehen, wenn doch „die Ausländerbehörde als Gefahrenabwehrbehörde [...] ein reines Kontrollorgan" ist (der stellvertretende Leiter der Ausländerbehörde Heiko Kleinsteuber)? Dieses Kontrollorgan ist mit Macht ausgestattet, die notfalls durch Gewalt abgesichert wird. Endet nicht dort die Kommunikation, wo gemeinsam erarbeitete Lösungen in der Praxis an der Verwaltungshierarchie scheitern?

Bei dem Versuch, Antworten auf diese Fragen zu finden, sehen wir uns immer wieder auf die Wirkung des Dialog-Prozesses bei jeder und jedem Einzelnen verwiesen. Einige Aussagen in den Interviews lassen, stellvertretend für viele Tagungsbesucher/innen, den Spagat erahnen, den viele aushalten mussten. Unsere Interviewpartner/innen waren:

- Diether Heesemann, Studienleiter, Leiter der Ökumenischen Werkstatt in Frankfurt,
- Heiko Kleinsteuber, stellvertretender Leiter der Ausländerbehörde Frankfurt,
- Karin Abel, Gruppenleiterin in der Ausländerbehörde/Asylangelegenheiten,
- Farah Haidari, Diplom-Sozialarbeiterin, Leiterin des „Regenbogen – Internationale Stadtteilarbeit Am Bügel" im Evangelischen Regionalverband Frankfurt am Main,
- Bernd Grafenburg, Diplom-Sozialarbeiter, zur Zeit der „Interkulturellen Gespräche" Sozialarbeiter im „Allgemeinen Sozialdienst" innerhalb des Jugendamtes der Stadt Frankfurt,
- Irene Khateeb, Referentin des Dezernats VI des Senats für Schule, Bildung und multikulturelle Angelegenheiten.

3.1 Themen: Konstruktives Streiten, gemeinsame Wege und Lösungen, Akzeptanz

„Das beharrliche Ringen um Heiligenscheine führt während der Tagung streckenweise zu heftigen Konfrontationen und geht nicht ohne Verletzungen ab. Dort, wo die Diskussion sachlich bleibt und gesetzliche Rahmenbedingungen nicht mit ausführenden Personen verwechselt werden, kommt es schnell zu einem intensiven Informationsaustausch, der mehr Transparenz für alle Beteiligten mit sich bringt und schließlich zu konkreten Absprachen für eine bessere Zusammenarbeit in der Zukunft führt." (Treppte 1996, 64)

1. Interview: Diether Heesemann

Es gab sicherlich von Anfang an auch immer eine Hoffnung und Zielsetzung, die ich als politisch bezeichnen möchte, die weit über das hinausgingen, was ich als dialogisch bezeichne, die mit der Hoffnung verbunden waren, für Einanderer/innen und Flüchtlinge in Frankfurt ein besseres Klima der Begegnung mit offiziellen deutschen Stellen zu schaffen, Frankfurt sozusagen eine bessere Visitenkarte zu geben, die Sensibilität der Behörden zu erhöhen für diese Aufgabe und diese Verantwortung. Wir haben das am Anfang vielleicht etwas zu einseitig gesehen und uns, als die Fachleute auf der Seite der Beratungsstellen, eher als die Guten und Wissenden verstanden und die „Behördenmenschen" als die zu Belehrenden, zu Sensibilisierenden. In dieser Hinsicht haben wir von Anfang an Lernprozesse durchgemacht, uns mehr und mehr selbstkritisch betrachtet, erkannt, wo Vorurteile auf unserer Seite sind, wo wir schwarz-weiß gemalt haben.

Wir haben auch die Illusion gepflegt, dass Ratsuchende uns gegenüber offener reden würden als den Behörden gegenüber, und wir haben manchmal lernen müssen, dass auch wir instrumentalisiert werden können und auch wir manchmal nützliche Idioten waren für die Klientel. Andererseits haben wir natürlich immer im Auge gehabt: Wie ergeht es dieser Klientel in dieser Gesellschaft, wie ergeht es Menschen, die neu hierher kommen, die ganz andere Erfahrungen mit Obrigkeit, mit Behörden, mit Polizei, mit Uniformen haben, mit der Erreichbarkeit von Zielen, mit der Gleichheit vor dem Gesetz, die gelernt haben, dass ohne Bestechung nichts geht. All diese Dinge haben wir thematisiert und gemeinsam versucht, daraus Schlüsse zu ziehen für den Umgang miteinander.

Ich glaube, dass man zwischen verschiedenen Phasen dieser ganzen Seminarreihe von mehr als zwölf Jahren unterscheiden kann und innerhalb der einzelnen Veranstaltungen auch noch unterscheiden sollte zwischen den vorbereitenden Phasen und der Durchführung und der Auswertung. Es gab bis zum vorläufigen Ende dieser Reihe mehrfach Durststrecken, Phasen, wo ich nicht sicher war, ob wir eine weitere Veranstaltung zuwege bringen, Phasen, wo ich frustriert war und mich gefragt habe: Lohnt sich der Aufwand? Ist es nicht viel einfacher, du machst als Veranstalter in der Ökumenischen Werkstatt mit ein oder zwei Mitstreitenden eine Tagung, statt in diesem breiten Bündnis mit dieser zeitraubenden Themensuche, mit dieser zeitraubenden Absprache?

Dabei hat es manchmal Blessuren gegeben. Wir haben uns manchmal ziemlich zusammenraufen müssen, und zwar auch wieder auf unterschiedlichen Ebenen. Auf der Seite der Beratungsstellen haben wir anfangs ja ziemlich stark versucht, auch direkt ausländerrechtlich zu arbeiten, zu schulen und, wie wir hofften, dabei den Behörden unsere Sicht der Dinge mit Hilfe von guten Anwälten und guten Richtern näher bringen zu können. Als die Behörden ihrerseits dann ab einem bestimmten Zeitpunkt verlangt haben, bestimmte Anwälte, die mit ihrer fundierten juristischen Ausbildung tagtäglich die Anliegen ihrer Mandanten gegen Behördenentscheidungen durchzusetzen versuchten, nicht mehr als Referenten einzubeziehen, da gab es heftige Auseinandersetzungen darüber, ob wir jetzt an der falschen Stelle Kompromisse machten, ob wir den Behörden zu weit entgegengekommen waren, ob wir „Kreide gefressen" hatten oder ob wir vertretbar vorgegangen sind aus der Einsicht heraus, dass die Teilnehmer/innen städtischerseits, die wir erreichen wollten und erreichten, nicht beliebig in ihren Jobs und in ihrem Rollenverständnis belastbar waren und manche unserer Positionen und manche Auseinandersetzung mit Referenten oder Teilnehmern von unserer Seite als Zumutung empfunden haben.

2. Interview: Heiko Kleinsteuber

Zu Beginn, als die Mitarbeiter die Gelegenheit erhielten, an dieser externen Kommunikation und Fortbildungsmaßnahme teilzunehmen, waren natürlich, bedingt durch die Tätigkeit und bedingt durch die Reaktion, die man erhalten hat oder die man glaubte, zu erhalten, Ängste vorhanden, an den Pranger gestellt oder in eine bestimmte Ecke gestellt zu werden, und dass Personen als Mitarbeiter/innen mit der Tätigkeit so identifiziert werden, dass man die Person selbst nicht mehr erkennen konnte. Die Ängste wurden natürlich auch in Arnoldshain formuliert, wurden aufgenommen. Man hat auch im Übrigen festgestellt, dass die Ängste auf der Gegenseite natürlich auch vorhanden waren, und jetzt passiert dann genau das, was ich vorhin beschrieben hatte, dass man außerhalb des standardisierten Rahmens, außerhalb der Amtsstuben oder des Normalverhaltens in fast schon einer privaten Atmosphäre Gelegenheit erhielt, über diese Ängste zu reden, Gemeinsamkeiten festzustellen, und dann doch ein Verständnis hervorgerufen wurde, so dass bei einem Großteil der Mitarbeiter/innen die zunächst vorhandenen Widerstände und Ängste hinsichtlich der Kommunikation mit einem „Gegner" abgebaut werden konnten, was dann im Dienst selbst, in der praktischen Tätigkeit, sehr wohl berücksichtigt wurde. Und auch das war sehr, sehr wichtig, dass man den Gesprächspartner nicht nur vom Telefon, vom Namen her kannte, sondern auch als Person kannte, und durch diese persönliche Verbindung wurde es möglich, sachbezogen zu argumentieren, sachbezogene Entscheidungen zu treffen, ohne dass man Angst haben musste, dass die möglicherweise falsch verstanden würden.

3. Interview: Karin Abel

Die Vorurteile, die wir als Behördenvertreter schon oft sehr deutlich gespürt haben, haben mich oft sehr erregt und betroffen und wütend gemacht. Und es hat eine Weile gedauert, bis ich in der Lage war, solchen Leuten gegenüber offen Position zu beziehen, und wenn ich das jetzt so reflektiere, hat es eigentlich dazu geführt, dass ich hinsichtlich meiner Position und meines Arbeitsauftrages hier doch auch ein Stück weit mehr Selbstbewusstsein entwickelt habe. ... Also ich denke, wenn man einen solchen Job macht, wie ich ihn mache, steckt auch möglicherweise viel Angst dahinter, dies überhaupt einmal zu hinterfragen. Also, da gab es oft ganz kritische Situationen, auch in diesen Arbeitsgruppen ... das war oft schwierig auszuhalten. ... Ich bin nie angstfrei in eine solche Gruppenarbeit oder in diese Plenumsbesprechungen hineingegangen, weil man da sehr erregt war ... In diesem Zusammenhang erinnere ich mich an eine Situation: Wir waren in Einzelgruppen, und es wurde damals im Rahmen der Änderung des Kindschaftsrechtes spekuliert, inwieweit es möglich und rechtens ist, dass Eltern im Rahmen des Aufenthaltsbestimmungsrechtes verfügen können, dass ihre Kinder sich in Deutschland aufhalten, um hier bei irgendwelchen Verwandten zu leben. Und dies wurde von den Sozialarbeitern, die damals dabei waren, und von den Leuten, die im Rahmen der Ausländervertretung tätig sind, durchaus befürwortet. Ich hatte vorgetragen, dass wir hier ja schon die Ausbildungsplätze sowohl für die deutschen als auch für die ausländischen Kinder nicht mehr sichern können, dass alle Fördermaßnahmen gekürzt werden und dass daraus Folgen entstehen, die wir nicht mehr in den Griff kriegen; und ich finde, mit so einer Lösung findet ja immer mehr eine Verdrängung statt, der Kampf um einen Ausbildungsplatz und um Fördermittel wird immer härter, und das sei für mich eigentlich undenkbar. Und da hat ein Sozialarbeiter, der neben mir saß, sehr heftig und sehr aggressiv reagiert. Es war immer schwierig, seitens eines Behördenvertreters in einem solchen Rahmen eine Position, die durchaus begründet ist, aber nicht im Interesse dieser Menschen war, aufrecht zu erhalten und einen Rahmen zu finden, dass man sich damit auseinandersetzt. Solche Situationen haben mich immer sehr erschrocken.

In den 80er Jahren (da war ich, glaube ich, noch gar nicht Gruppenleiterin) war ich das erste Mal dabei, und damals hat eine Journalistin vom Hessischen Rundfunk, Frau H., ein Interview mit mir gemacht und hat als Gegensatz dazu einen ausländischen Sozialarbeiter türkischer Nationalität interviewt. Sie hat mich dann so ein bisschen angegangen, ob ich denn meine persönliche Haltung zu dieser Ausländergeschichte oder Fremdenfeindlichkeit, was man alles in den Medien hört, auf dem Ordnungsamt zurücklassen würde usw. Die Befragung war schon sehr in eine bestimmte Richtung gedacht. Danach wurde dann der ausländische Kollege befragt, er kannte die Sprache nicht so, und er hat dann sehr groß ausgeholt und hat aber immer wieder das Wohlwollen der Frau H. angesprochen, also sie ist dann immer sehr wohlwollend, unterstützend auf ihn zugegangen. ...

Also bei den Männern war die Konfrontation und auch die Aggression immer viel stärker zu spüren, und man hatte viel weniger Chance als Behördenvertreter, da mit seiner Argumentation gehört zu werden, weil einfach nicht die Bereitschaft da war, einmal ein Stück weit von seinen Vorurteilen zurückzutreten und zu gucken, ob denn der von der Ausländerbehörde nicht vielleicht doch was hat, was als Argument berechtigt ist. ... Es gab da ja auch Situationen, wo eine Arbeit, die wir gemacht hatten und die mit irgendwelchen Papieren festgepinnt war, am nächsten Morgen vernichtet war. In einem Fall wussten wir auch, es war ein bestimmter Mann. Unsre Arbeiten waren entweder verwischt, oder es waren irgendwelche Bemerkungen drauf gekritzelt, also ganz negativ.

4. Interview: Farah Haidari

Eine Tagung, die mir richtig Spaß gemacht hat, war 1993: „Über Vorurteile spricht man nicht, man hat sie". Da habe ich gemerkt, wie viele gegenseitige Vorurteile grade bei Ämtern oder auch unter den Beratungsstellen herrschen. Ein Beispiel: Bei irgendeiner Tagung kam ich mit einer Sachbearbeiterin von der Ausländerbehörde ins Gespräch, und ich hatte sogleich den Eindruck, dass sie aggressiv werden, wenn eine Sozialarbeiterin mit jemandem kommt, etwa mit einem Studenten, der seit Jahren hier studiert hat und jetzt unbedingt weiterhin eine Aufenthaltserlaubnis haben möchte. Aber jeder weiß, dass das nicht geht, dass es bestimmte Fälle gibt, die einfach keine Aussicht haben; gerade als Sozialarbeiterin, die oft mit Migranten zu tun hat, gehe ich davon aus, dass jeder dies weiß. Aber da kam von deren Seite der Vorwurf, dass die Sozialarbeiterinnen alle unterstützen, egal, ob die im Recht sind oder nicht. Aber dann habe ich erklärt, so ist es nicht, wir können auch nein sagen und manchmal auch heftig. Jedenfalls war sie erstaunt, dass auch eine Sozialarbeiterin in der Lage ist, jemanden aus ihrem Büro hinauszuschicken und zu sagen, nein, hier ist die Grenze, ich kann nichts mehr für Sie tun! Sie haben auch gesagt, sie fühlen sich, wie sagt man, als ein Buh-Amt, wo nur schlechte Leute sind. Und irgendwie habe ich den Eindruck gehabt, dass viele von denen sich inzwischen auch mit diesem Bild abgefunden haben. Aber ich finde, es hat Nachteile, wenn man sich mit einem bestimmten negativen Bild, das andere von einem haben, abfindet; und einige werden auch persönlich nicht damit fertig und versuchen, es zu ändern. Es gibt dort auch viele nette Leute, nicht nur bei der Ausländerbehörde, auch auf anderen Ämtern. Aber ich habe auch welche auf Ämtern kennengelernt, wo ich gedacht habe, die armen Klienten, wenn sie gerade zu denen kommen müssen.

5. Interview: Bernd Grafenburg

Man hat den „Feind Ausländerbehörde" kennen gelernt. Feind ist im Gefühl immer da gewesen, wenn man im Rahmen der Sozialarbeit mit Nichtdeutschen zu tun hat, für die das Leben sehr stark beherrscht wird von dem Ausländersein. Im Zusammenhang mit der Ausländerbehörde wurde mir oft der Eindruck einer feindlichen Atmosphäre vermittelt. Demgegenüber war es ganz angenehm, auch diese Behörde in Form von Menschen, Mitarbeitern kennen zu lernen, die sich eben nicht als Feind darstellten. Also es war wirklich möglich, Feindbilder abzubauen, ohne die Brisanz des Themas zu kaschieren oder kleiner zu machen.

6. Interview: Irene Khateeb

Das klassische Feindbild war natürlich immer die Ausländerbehörde. Aber wenn man bedenkt, dass die Leute auf 200.000 Ausländerakten sitzen und dass es schlechterdings nicht möglich ist, eine anständige Beratung zu machen, dann muss man einfach sehen, dass die auch Hilfe brauchen. Und das fängt damit an, dass sie spüren, dass ihre Arbeit respektiert wird. Das korrespondiert mit dieser Anfangsphase, wo die Mitarbeiter der Ausländerbehörde gern als Feindbilder hingestellt wurden. Da wurden dann immer so bohrende Fragen gestellt über die Ermessensspielräume, man kam auf die Erlassregelungen und auf die Ausländergesetze usw., und die mussten dann gebetsmühlenartig wiederholen: Es gibt vier Sorten von Aufenthaltsgenehmigungen usw. Diese Fragen hatten ja eine andere Funktion, nämlich sie sollten zugeben, dass sie ihre (unterstellten) unglaublich großen Ermessensspielräume nie zugunsten der Betroffenen ausschöpfen, und wir als freie Träger oder als Berater/innen sind die besseren Menschen, weil wir versuchen, den Leuten zu helfen, während sie auf der anderen Seite an ihnen zerren und sie loszuwerden versuchen.

3.2 Themen: Vorurteile, Feindbilder, Ängste, Aggressionen

„Feinde kommen von draußen und sind dann leicht zu erkennen. Sie haben einen fiesen Charakter und sehen deswegen finster aus, weshalb sie meist schwarze Haare haben. Oder sie kommen in wilden Horden. Das sind dann Barbaren, die haben komische Sachen auf dem Kopf, z.B. Rindshörner. Meistens machen sie Lärm. ... Die Leute, denen die Festung gehört, sind edel und blond. Wenn sie gewonnen haben, werden sie Helden und sinken in die Arme eines schmachtenden Burgfräuleins. ... Draußen vor der Tür ist nie ganz auszuschließen, dass auch einmal das Böse gewinnt. ... Solche Dinge passieren, wenn die Bösen in Wirklichkeit die Guten sind oder wenn sie einen guten Grund für ihr Anliegen haben. Das ist eigentlich dasselbe. Nur die Tragweite ist eine andere. Im ersten Fall gibt es irgendwann ein Happy-End. Im zweiten Fall bleibt das Ende ein bisschen unbefriedigend, weil natürlich alle Beteiligten gute Gründe haben oder zumindest welche anführen können." (Treppte 1997, 13 f)

1. Interview: Diether Heesemann

Wenn ich wieder in der Tagung in Arnoldshain war, wenn das gedruckte Programm fertig war, wenn wir sechzig bis hundert Teilnehmer/innen beisammen hatten, dann dachte ich, die Arbeit hat sich doch gelohnt. In den meisten Fällen fand ich das „Produkt", die Lernziele, den Verlauf der Tagung rückblickend doch gelungen. Die Auswertungsrunden haben auch meistens bestätigt, dass wir „richtig lagen", aktuell waren, sinnvolle Ziele anstrebten und auch nicht nur als einseitig belehrend, als die „Besserwissis" oder als die Gutmenschen wahrgenommen worden sind, sondern dass es wirklich ein zweiseitiger Lernprozess war. Das gelang sicher eher in Kleingruppen als im großen Plenum, wo viele sich nicht getraut haben, aus ihren Schneckenhäusern herauszukommen. Und manchmal gelang das auch erst in den Auswertungen, und oft am allerbesten nachts in den informellen Teilen dieser Interkulturellen Gespräche.

Unser Projekt ist daher zu Recht als exemplarisch wahrgenommen und dargestellt worden, wie in einer solchen Breite von teilnehmenden Institutionen, offiziellen und halboffiziellen Stellen, Beratungsstellen und Behörden und mit solcher Kontinuität zusammengearbeitet worden ist; wie auch schmerzliche Lernprozesse gemeinsam durchlitten worden sind, was sich die Teilnehmenden zum Teil dabei zugemutet haben, wo man nur ahnen kann, was das für ihren Berufsalltag jeweils bedeutet hat. Von daher kommt es sicher nicht von ungefähr, dass eine ganze Reihe von anderen Kommunen und Ländereinrichtungen dieses Projekt als beispielhaft aufgegriffen haben, etwa in Nordrhein-Westfalen, in Rheinland-Pfalz, zum Teil auch andere hessische Kommunen, etwa Gießen oder Wiesbaden. Unser Projekt hat auch in den neuen Bundesländern mehrfach Pate gestanden, nicht zuletzt dadurch, dass die Ausländerbehörde Frankfurt ihre Partnerbehörde in Leipzig in den ersten Jahren nach der Wende sozusagen an die Hand genommen hat und aus Leipzig immer Teilnehmer/innen dabei waren; so finden inzwischen ähnliche Formen der Kooperation auch in Sachsen statt.

Gelungene Beispiele waren Tagungen, aus denen sich eine freiwillige Weiterarbeit in Frankfurt etabliert hat. Wir hatten etwa bei einer Tagung Vertreter/innen des Arbeitsamtes dabei, und es stellte sich heraus, dass es eine ganze Menge Reibungsflächen zwischen dem Ordnungsamt und dem Arbeitsamt gab, die sich aus der ausländerrechtlichen Materie ergaben, aber klar zu Lasten der Klienten gingen, die man dann hin- und herschickte. Es gelang, in der Tagung die Einsicht zu vermitteln, dass hier unmittelbares und unkonventionelles Handeln der Behördenmitarbeiter gefragt war. Daraufhin hat sich eine Arbeitsgruppe, eine Art Runder Tisch, in Frankfurt gebildet aus Vertretern des Arbeitsamtes und des Ordnungsamtes, die gemeinsam überlegt haben und auch Vereinbarungen getroffen haben, wie man da Sand aus dem Getriebe nehmen kann. Ein anderes positives Beispiel ergab sich aus einer Tagung zum Kindeswohl. Auch da hat sich ein Runder Tisch etabliert aus Mitarbeiter/innen des Jugendamts, des Sozialamts, des Ordnungsamts und von freien Trägern und Beratungsstellen, die sich bis heute mehrmals im Jahr treffen und schwierige Fallkonstellationen durchsprechen und Lernprozesse fortsetzen, die bei dieser Tagung angestoßen worden sind unter der gemeinsamen Fragestellung und Zielsetzung: Wie können wir dem Wohl der betroffenen Kinder am besten dienen?

Die andere Variante eines positiven Beispiels: Ich erinnere mich, wie Teilnehmer/innen einer Arnoldshainer Tagung, die ihrerseits als Einwanderer oder Flüchtlinge nach Deutschland gekommen sind und nun bei Behörden arbeiten, in einer langen nächtlichen Runde mit deutschstämmigen Behördenmitarbeitern eine sehr offene und zum Teil harte Diskussion geführt haben und wie in dieser Konstellation außerhalb der offiziellen Tagesordnung Fragen aufbrachen und ehrliche Antworten gesucht wurden und Leute ihre Probleme auf den Tisch legten. Das Zusammentreffen von deutschstämmigen Teilnehmer/innen und Menschen aus anderen Kulturen hat eine ganz wichtige Rolle dabei gespielt, Verständnis für bestimmte Verhaltensweisen von Klienten zu vermitteln; oder auch die Schwierigkeiten zu ermitteln und deutschen Teilnehmer/innen die Augen dafür zu öffnen, wie sie wahrgenommen werden, wie sie ihre Rolle verstehen und warum sie Schwierigkeiten mit den Klienten haben.

2. Interview: Heiko Kleinsteuber

Die Vermittlung von Prämissen, die wir in unserer Tätigkeit haben, das war für mich wesentlich in Arnoldshain. Und das ist uns im Laufe der

Jahre immer besser gelungen. Das bedeutet, dass man bei einer formalistischen Beibehaltung der jeweiligen Rechtsstandpunkte trotzdem in der Lage war, einen Umgang miteinander zu pflegen, der den anderen nicht verächtlich macht oder in seiner Funktion abwertet, sondern akzeptiert, da wir ja gleichwohl gemeinsam arbeiten müssen. Mir als leitendem Mitarbeiter der Behörde war auch genauso wichtig, dass die Mitarbeiter/innen der Behörde, die möglicherweise noch nicht diesen Stand hatten, den ich jetzt hab, ebenfalls Gelegenheit hatten, außerhalb ihres üblichen Arbeitsbereichs ihre Kontaktpersonen aus anderen Bereichen kennen zu lernen und mit ihnen zu diskutieren und zu kommunizieren, in einem Raum, der zwar am Problem selbst orientiert war, aber eine andere Atmosphäre bot, so dass man angstfrei, spannungsfrei miteinander umgehen und Problematiken besprechen konnte, ohne sofort daran gemessen zu werden, ob dieses denn jetzt wirklich der Gesetzeslage entspricht. Man konnte also sehr viel persönlicher miteinander reden, als es hier in den Amtsstuben normalerweise der Fall ist. Und aus den Reaktionen der Mitarbeiterschaft konnte man schon erkennen, dass diese Gelegenheit in Arnoldshain von den Mitarbeiter/innen sehr gerne wahrgenommen und als sehr positiv bewertet wurde; und es wird im Grunde bedauert, dass diese Form der externen Kommunikation zukünftig nicht mehr stattfinden soll, insbesondere aus rein formalistischen und aus finanziellen Gründen.

3. Interview: Karin Abel

Und ich weiß noch, wie der Herr D. zu Frau H. sagte: „Also, du bist mit dem Herrn Sowieso viel vorsichtiger umgegangen als mit der Frau Abel. Die Frau Abel hast du viel härter und weniger kompromissbereit angegangen als ihn." Und da war ich platt, denn sie hat das dann wohl auch eingesehen: Am Ende dieser Geschichte ist die Frau H. zu mir gekommen und hat mir die Hand gedrückt und gesagt: „Frau Abel, Sie waren Klasse." Da dachte ich, es ist nicht einfach, aber es gibt hier doch auch Leute von der anderen Seite, die einen auch mal stützen und sich korrigieren; man ist da nicht so ausgeliefert, wie das zunächst den Anschein hatte. Und ich hatte am Ende immer das Gefühl, ein Stück mehr erreicht zu haben. Das finde ich ja auch so wichtig, dass man seine eigenen Positionen immer wieder überdenken kann; und dazu ist man eigentlich nur dann in der Lage, wenn man Leute von der anderen Seite hört, man kann sie nicht im eigenen Rahmen überdenken, man braucht die Sichtweise der anderen Seite. Das gilt für beide Seiten, und auf den letzten Tagungen war schon erkennbar, dass das auch von der anderen Seite so gesehen wurde. Es hatte sich doch ein bisschen durchgesetzt, dass man auch die Sichtweise der Ausländerbehörde mal anschauen und annehmen kann und etwas damit machen kann.

Die Frauen erkennen auch mal eine Leistung oder eine Haltung eines anderen Interessenvertreters an, ohne jetzt grundsätzlich alles, was von der Ausländerbehörde kommt, mies zu machen. Es bestehen da heute noch Kontakte, wo mal jemand anruft, der an einer ganz anderen Stelle tätig ist, und sagt: Mensch Karin, ich habe hier einen Fall, was kann ich da machen? Und da kann man wirklich auch ganz unbefangen sagen, was da möglich ist, ohne in irgendeine Ecke gedrängt zu sein. Ich finde, die Frauen untereinander haben da vielleicht viel mehr profitiert.

4. Interview: Farah Haidari

Von der Ausländerbehörde Main-Taunus-Kreis war letztes Mal eine Frau dabei, die erzählt hat, wie sie von einem Mann beschimpft worden ist, sie sei ausländerfeindlich im Büro, und sie konnte das nicht mehr aushalten und hat dann den Typ angeschrien und aus dem Büro rausgeschmissen, und dann saß sie fix und fertig da. Sie hat zu mir gesagt: „So etwas kann man doch mir nicht sagen, ich lebe doch selbst mit einem Migranten zusammen." Ich habe ihr dann erzählt, dass ich sie verstehe, dass manche Klienten von uns sich auch unmöglich verhalten, wenn die etwas wollen. In vielen Arbeitsgruppen habe ich gesagt, man muss beide Seiten sehen, gerade bei Migranten, die machen auch Fehler, die sind auch nicht ohne, wenn sie etwas wollen. Für mich als Migrantin ist es leichter, dies auszusprechen. Ich habe den Eindruck, dass es für Mitarbeiter in vielen Beratungsstellen unheimlich schwer ist, dies auszusprechen, weil sie denken, sie würden als Deutsche dann als ausländerfeindlich eingestuft.

Bei einer Tagung ging es in einer Arbeitsgruppe darum, dass man auflistet, was man als Berater oder als Sachbearbeiter in einer interkulturellen Kommunikation beachten muss (z.B. man muss Verständnis haben, man muss die andere Seite verstehen usw.); da habe ich gesagt: Was ist mit der anderen Seite, mit der Seite der Klienten? Wenn man von einem interkulturellen Lernprozess redet, dann muss man auch sagen, dass Integration einfach keine Einbahnstraße ist. Es ist beidseitig. Als Berater muss man immer auch sagen: „Wenn Sie zu mir kommen und etwas wollen oder etwas von dieser Gesellschaft wollen, ja, was bringen Sie dann selber ein?" Das ist für mich ein wichtiger Aspekt, den man nicht vergessen soll. Ich mag es nicht, dass man Migranten immer als Opfer bezeichnet; sondern man muss ihnen klar machen, dass sie, wenn sie in dieser Gesellschaft leben wollen, sich auch mit dieser Gesellschaft auseinandersetzen müssen.

5. Interview: Bernd Grafenburg

Wenn ich drei- oder sogar viermal da war, so ist das in der Nachbetrachtung für mich allein schon bemerkenswert, dass ich immer wieder das Interesse hatte, da hinzufahren. Es war sicher nicht nur die angenehme Atmosphäre, sondern die Auseinandersetzung mit Themen, mit interessanten Leuten. Von der Moderation her war die Atmosphäre eigentlich immer so, dass auch tatsächlich gestritten werden konnte, dass es nicht (oder nur ganz selten) in persönliche Beleidigungen ausartete. Wir haben sehr gut über Vorurteile gestritten – das ist die Tagung gewesen, die mir am nachhaltigsten in Erinnerung geblieben ist. Es war endlich einmal möglich, über seine eigenen Vorurteile oder auch Urteile nachzudenken. Es sind vielfach keine Vorurteile gewesen, sondern feststehende Urteile, die man sich über lange Jahre erworben hat. Ich habe diesen Streit auch als eine Auseinandersetzung empfunden über den Versuch, einen gemeinsamen Weg zu suchen, nämlich die Spielräume gemeinsam zu nutzen. Es ging oft sehr konträr los, aber war dann davon geprägt, gemeinsame Wege zu gehen, was aber nicht immer gelungen ist. Und dann haben wir gelacht, die Atmosphäre dieser Tagungen war so, dass vieles auch mit Humor genommen werden konnte. Als Oberthema wurde der Wandel Deutschlands zur Einwanderungsgesellschaft dort bearbeitet; es wurde versucht, damit umzugehen, obwohl ja die Ausländergesetzgebung dem sehr entgegensteht, und auch dieses Thema wurde mit Humor angegangen.

6. Interview: Irene Khateeb

Personen kennen lernen, was natürlich absolut schädlich ist für jegliches Feindbild, wenn sich ein wirklicher Mensch meldet, du den schon mal gesehen hast, mit dem am Tisch gegessen hast usw. und es hat sicherlich dazu geführt, dass ich beim Beratungsproblem, das ich hatte, gedacht hab, ach, ruf doch mal den da an ... wenn man so anruft und sagt: „Ich bin die und die, wir haben uns in Arnoldshain kennen gelernt, ich weiß nicht, ob Sie sich noch an mich erinnern, ich hätte Sie gern mal was gefragt"... das ist dann auch schon eine gewisse Vertrautheit ... man hat eine gemeinsame Erfahrung gemacht, und das ist bis heute sehr hilfreich. Aber ein Teilnehmer von der Ausländerbehörde hat am Schluss, wo die Arbeitsergebnisse der Gruppen dargestellt wurden, gesagt, das sei also schon alles eine anstrengende Arbeit gewesen, aber er hätte zum ersten Mal das Gefühl gehabt nach all den Jahren, dass die Mitarbeiter der Ausländerbehörde nicht mehr mit dem Rücken an der Wand gestanden hätten. Ich denke, dass das im Moment auf einem guten Weg ist, von der Stimmung der Leute her, von dem, was sie im Laufe der Jahre voneinander und übereinander gelernt haben. Das halte ich für einen Glücksfall der Entwicklung, und ich denke, auf diesem Weg sollte es weitergehen...

4. Ein Fazit – aber kein messbares Produkt

„Josef Weizenbaum, ein berühmter amerikanischer Informatiker [...], Emigrant aus Deutschland, ein rational denkender Naturwissenschaftler, sagte einmal, die sogenannte Ohnmacht des Einzelnen sei vielleicht die gefährlichste Illusion, die ein Mensch überhaupt haben könne. Nach seiner Sicht der Welt ist der Mensch am engsten mit den Menschen verbunden, denen er in die Augen sehen kann, wenn er spricht, oder die er anfassen kann: ‚Alles fängt in unserer eigenen Umgebung an. Es gibt Menschen, z.B. Lehrer, Pädagogen, Sozialarbeiter, Beamte, Ärzte, Politiker, die das Glück haben, viele direkt ansprechen zu können. Für mich bedeutet das, dass sie eine große Macht haben und deswegen eine große Verantwortung.'" (Wolf-Almanasreh 1993, 4)

Das Klima der Begegnungen, der „Raum" des Austauschs bleibt von Gesetzen überschattet, die es Ausländern nicht gestatten, ihr Leben in Deutschland selbstverantwortlich zu gestalten. Beratung und Empathie, oder besser: Verständnis für die Lage der vom Ausländergesetz Betroffenen ersetzen nicht deren Wunsch, ein selbstbestimmtes Leben vergleichbar dem der Bundesbürger führen zu können. Dies ist die Ausgangslage aus der Sicht der Migrant/innen. Dazwischen und darum herum bemühen sich die Helferberufe und politisch Weiterdenkende um Milderung, dieselben, die von ihrer Profession her den Gesetzesrahmen kritisieren können und sollen. Es gibt aber auch das Recht eines Staates, seine Zuwanderungsprozesse zu regeln, einmal abgesehen von kleinlichen Bestimmungen und menschenunwürdigen Gesetzen. Vorurteile abzubauen, die nicht das Ergebnis von realistischen Lernprozessen sind, sondern Projektionen der eigenen Problematik mit den bestehenden gesellschaftlichen Verhältnissen (Ohnmacht des Einzelnen, eigene erlebte Ungerechtigkeit, soziale Lage u.a.m.) ist ja eigentlich das Basishandwerk der „Sozialen Arbeit". Da liegt auch ihr Widerspruch: die bestehende Rechtsgrundlage zu vertreten und zugleich Partei für die Minderprivilegierten zu ergreifen.
Ein vorläufiges Fazit aus den Interviews könnte heißen: Im Streiten miteinander hat man gelernt, den Rechtsrahmen besser zu akzeptieren. Relativ selten gab es Diskussionen über die gemeinsame Ohnmacht angesichts des Dilemmas, in welches das Ausländergesetz, das Bundessozialhilfegesetz, das Asylbewerberleistungsgesetz, die Vergaberichtlinien für

städtische Wohnungen oder das Arbeitserlaubnisrecht alle Beteiligten stürzten. Man hat auch miteinander gelernt, dass die Moral der Helfer und die der Verwaltungsleute nur zwei Seiten derselben hart geprägten Münze sind. Kundenfreundlichkeit oder Migrantenfreundlichkeit allein führen nicht dazu, dass Migrant/innen die soziale und politische Härte akzeptieren, die sie als Minderprivilegierte erfahren. Wenn es doch gilt, „letztlich die Entscheidungen zu treffen, und zwar in einer Form, dass sie von den Betroffenen nicht unbedingt zu akzeptieren sind" (Interview H. Kleinsteuber). Den Umgang miteinander zu pflegen, ohne den anderen verächtlich zu machen, zeigt, dass Behörden ebenso wie psychosoziale Dienste gelernt haben, wie sehr sie der Anerkennung als Menschen, auch in der Beziehung zu ihrer Klientel, bedürfen.

Was wirklich verändert wurde, ist nicht messbar. Es gibt keine Vergleiche zwischen „früher" und „jetzt". Der heimliche Wunsch, oder wie Diether Heesemann es im Interview nannte, „die überspannten Erwartungen", das Behördenhandeln entscheidend verändern zu können, haben sich nicht erfüllt. Die Einmaligkeit des Dialogs lag sicher darin, dass sich Behörden auf eine Diskussion eingelassen haben, die den Obrigkeitsstaat relativierte – ein langer und oft schmerzhafter Versuch von beiden Seiten, über die eigenen Schranken hinauszuschauen.

Irene Khateeb sagte in ihrem Interview: „Also ich denke, dass das im Moment auf einem guten Weg ist, von der Stimmung der Leute her, von dem, was sie im Lauf der Jahre gelernt haben. Das halte ich für einen Glücksfall der Entwicklung, und ich denke, auf diesem Weg sollte es weitergehen." Dies geschieht vorerst leider nicht, da die Stadt auf Initiative einzelner Behörden die Gespräche nicht weiterführen will. Eine Gruppe von Initiator/innen arbeitet an einer Wiederaufnahme der Tagungen in neuer Gestalt. Wichtig bleibt das Anliegen, den Prozess des Austauschs über die eigenen Gefühle und Motivationen und die Macht des Einzelnen im Sinne von Weizenbaum lebendig zu halten.

Literatur

Evangelische Akademie Arnoldshain (Hg.) (1993): Über Vorurteile spricht man nicht – man hat sie. Tagungsprotokoll. Arnoldshain.
Evangelische Akademie Arnoldshain (Hg.) (1994): Die Lebenslage von Jugendlichen ausländischer Herkunft im Raum Frankfurt. Tagungsprotokoll. Arnoldhain.
Heesemann, D.; Kiesel, D. (Hg.) (1997): Grenzerfahrungen mit dem Ausländerrecht. – Arnoldshainer Protokolle 1/97. Schmitten/Ts.

Treppte, C. (1996): Migration als Herausforderung für die Bürokratie. Bürokratie als Herausforderung für die Migranten. – Arnoldshainer Protokolle 1/96. Schmitten/Ts.

Treppte, C. (1997): Europens übertünchte Höflichkeit. In: *Heesemann, D., Kiesel, D. (Hg.):* Grenzerfahrungen mit dem Ausländerrecht. – Arnoldshainer Protokolle 1/97. Schmitten/Ts.

Wolf-Almanasreh, R. (1993): Interkulturelle Kommunikation im Behördenalltag. In: *Evangelische Akademie Arnoldshain (Hg.):* Über Vorurteile spricht man nicht – man hat sie. Tagungsprotokoll. Arnoldshain.

III. Teil

Beratung und Training
in internationalen Zusammenhängen

Dorothee Dersch

Beratung in der internationalen Entwicklungszusammenarbeit Ein Paradigmenwechsel?

Dieser Beitrag skizziert ein Beratungsmodell, das auf dem Hintergrund einer fallrekonstruktiven Analyse eines Beratungsprojekts im Rahmen der Deutschen Gesellschaft für Technische Zusammenarbeit (GTZ) entwickelt wurde. Eine wesentliche Erkenntnis der Forschungsarbeit (Dersch 1997) ist es, dass die Technische Zusammenarbeit in ihrer Beratungstätigkeit eine Veränderung braucht, nämlich hin zur organisationalen Prozessberatung. Die Herleitung dieser Erkenntnis, Beratung in der Entwicklungszusammenarbeit verstärkt im Sinne einer Prozessberatung nach Schein (1993; 2000) zu praktizieren, möchte ich in diesem Beitrag an einigen falltypischen Beispielen nachzeichnen.

Beratung in der Technischen Zusammenarbeit (TZ) übernimmt in Ländern der Dritten Welt vor allem die Aufgabe, fremdeingeführte innovative Veränderungsmaßnahmen in Form von Projekten zu unterstützen und zu begleiten. Die Sachverhalte dieser Innovationsprojekte sind primär technischer, institutioneller, materieller wie immaterieller Art. Ziel und Anspruch solcher zeitlich stark begrenzten modernitätsspezifischen Innovationsprojekte ist es, mittels Beratung mit und für die Beteiligten bzw. Betroffenen der Partnerländer insbesondere Orientierungs-, Entscheidungs- und Handlungsmöglichkeiten zu eröffnen sowie die dazu notwendigen und folgerichtigen Bedingungen zu schaffen. In Hinblick auf diese Zielsetzung entwickelte sich in den letzten 30 Jahren internationaler und technischer Zusammenarbeit ein differenziertes Spektrum an Beratungstheorien und -praxis, das sich in einem Spannungsbogen zwischen einer zentral gesteuerten Top-down- und einer dezentral, partizipativ ausgerichteten Bottom-up-Beratung bewegt.

Vor dem hohen entwicklungspolitischen Anspruch, die Beteiligten im Sinne der Selbsthilfe und ihrer Autonomie auf dem Weg in die westliche Moderne ein Stück weit zu begleiten, ist nicht nur der Grad der Angepasstheit der Innovation von besonderem Wert; auch die Haltung und die Rolle eines professionell handelnden Beraters sind ein zentrales Moment für die Qualität und die Akzeptanz des zu integrierenden Neuen in die traditionelle Lebenswelt der Beteiligten.

Diese These möchte ich in Bezug auf beraterisches Handeln konkretisieren: Entwicklungs- bzw. Innovationsprojekte in der Internationalen und Technischen Zusammenarbeit (IZ, TZ) können die Akzeptanz der Beteiligten/Betroffenen letztlich erst dann finden, wenn sich die gesandten Berater als „Change Agents" verstehen. Das bedeutet für einen Berater, mit aller fachlichen Professionalität hinter die Sache treten zu können, die auftretenden Veränderungsdynamiken, -richtungen und Krisen professionell zu begleiten und zu unterstützen und sich damit schließlich überflüssig zu machen. Dabei wird Beratung nicht wie im herkömmlichen Sinne primär als langjährige Experten- oder Managementberatung praktiziert; Beratung wird vielmehr als eine den Veränderungsprozess begleitende Maßnahme verstanden, mit dem primären Ziel, die Krisensituationen der Partner hin zu einem neuen kulturellen und individuellen Gleichgewicht zu begleiten.

Folge einer solchen provokativen These würde eine grundsätzlich veränderte Projekt- und Organisationsstruktur vieler IZ/TZ-Projekte implizieren. Die Partner würden vor allem ihre Projekte selbst managen und nach anderen als den bisherigen Erfolgskriterien gemessen werden. In Zukunft werden im Zeitalter der Informationstechnologie (IT) die damit einhergehenden Organisationsformen vielleicht, wenn auch heute noch nicht vorstellbar, ganz neue Formen der Internationalen Zusammenarbeit benötigen. Spätestens dann werden Berater als Change Agents gebraucht, die vor allem an den Schnittstellen zwischen den verschiedenen kulturellen Systemen tätig sind, um die Anschlussfähigkeit und damit die Akzeptanz von Innovationsprojekten zu unterstützen. Dazu stellt sich jedoch die Frage, ob wir auf dieses Zeitalter ausreichend vorbereitet sind und was wir derzeit an vorbereitenden Unternehmungen unterlassen.

Doch zurück zur Beratungspraxis: Eine wesentliche Funktion des Projekterfolgs ergibt sich aus der Qualität und der Akzeptanz der Sache. Dabei meine ich, dass TZ-Projekte weniger an ihrer Qualität als vielmehr an der Akzeptanz des Projektauftrags und seiner Maßnahmen scheitern. Akzeptanz beginnt dann, wenn das Neue von den Beteiligten eigenverantwortlich und eigenständig in ihre traditionell ausgerichtete Lebenswelt integriert wird.

Ein Beratungsprojekt in Tunesien

In dem hochmodernen Bewässerungsgebiet, gelegen in der ehemaligen Kornkammer Roms im Nordwesten Tunesiens, wurde in den 80er Jahren im Rahmen der GTZ ein landwirtschaftliches Beratungszentrum mit nationaler Reichweite aufgebaut. In diesem Projekt war ich im Auftrag der GTZ als Beraterin für einige Jahre tätig. Ziel dieses Beratungszentrums war es, nach Rückzug aller europäischen Institutionen, die an der Errichtung dieser großen und kapitalintensiven Bewässerungslandschaft beteiligt waren, für die bäuerlichen Betriebe aus der Region, aber auch für regionale und nationale Beratungszentren sowie für die nationalen Forschungseinrichtungen eine auf die Bewässerungsproblematik ausgerichtete Beratungsstätte aufzubauen. Im Anschluss an meine beratende Tätigkeit folgte eine Forschungstätigkeit, in deren Zentrum die Untersuchung von Innovations- und Transformationsprozessen in fremdkulturellen Ländern am Beispiel beraterischen Handelns stand, ausgelöst durch viele unbeantwortete Fragen und Widersprüche in der Projektarbeit, z.B. wieso Maßnahmen keine Akzeptanz fanden, obwohl sie zuvor mit den Beteiligten in partizipativen Prozessen entschieden und angenommen waren. „Unzureichende Erklärungen kulturfremder bzw. kultureigener Handlungsstrukturen und Deutungsmuster der Klientel/Betroffenen und der Arbeitsbedingungen von Beratungsprojekten stellen im Rahmen der EZ ein häufiges Defizit für die Praxis dar" (Dersch 1997, 329).

Ein Untersuchungsfokus widmete sich den Bewältigungsformen bisheriger Transformationsprobleme, die nach der Methode der strukturalen Hermeneutik fallrekonstruktiv analysiert wurden. Dabei galt es, in einem ersten Schritt Handlungstypen, Entscheidungsmuster im Umgang mit der Moderne und deren Deutungsgehalt herauszuarbeiten. Im zweiten Schritt wurden die durchgeführten Beratungsmaßnahmen für und mit den in diesem Projekt beteiligten Bäuerinnen rückblickend erforscht, um daraus ein Beratungsmodell neu zu skizzieren. Absicht der Forschungsarbeit war es, das gelingende oder auch misslingende Moment von Beratung z.B. nicht mit der Milchleistung eingeführter europäischer Milchviehrassen zu erfassen; vielmehr sollte die Grundhaltung und die Lebensführung der Bäuerinnen gegenüber ihrer sich transformierenden kleinbäuerlichen Lebenswelt erschlossen werden. Konkret auf den landwirtschaftlichen Kontext übertragen, bedeutet das, an den Entscheidungsgesetzmäßigkeiten im Umgang mit den neuen Techniken oder konkret den „modernen" Milchkühen anzusetzen.

Dazu stellten sich folgende Fragen: Mit welcher Grundhaltung bewältigten die beratenen Bäuerinnen die Modernisierungsprozesse, die sich in ihrer Lebenswelt in den vergangenen 20 bis 30 Jahren mit hoher Geschwindigkeit vollzogen hatten? Welchen Beitrag leistete dazu die Beratungspraxis? Und welche Modelle lassen sich daraus ableiten, um Veränderungsprozesse so zu begleiten und zu unterstützen, dass die Beteiligten ihre kulturelle Identität und Autonomie, wenn auch in veränderter Weise, behalten? Aber fehlt es den Beratern nicht oft an Vorgehensweisen und Methoden, um Entscheidungsstrukturen und Handlungsmuster in der Praxis erkennen und deuten zu können?

An einigen ausgewählten Forschungsergebnissen möchte ich die Strukturproblematik beraterischen Handelns in dem genannten Handlungskontext erläutern, wobei die dargestellten Erkenntnisse zur Beratungspraxis nicht nur einen projektspezifischen Charakter haben, sondern auch einen generalisierenden Strukturgehalt für TZ-Beratungsprojekte bilden können. Aus diesen Ergebnissen abgeleitet, skizziere ich ein Beratungsmodell, das sich der Prozessberatung annähert.

Bedeutungsgehalt des fremdeingeführten Neuen

Zunächst gilt es, sich dem Bedeutungsgehalt westlich-induzierter, fremdkultureller Modernisierungsmaßnahmen in Übergangsgesellschaften bzw. in traditionellen Kulturen anzunähern. Im Kontext des bäuerlichen Milieus lautet die Frage: Wie sind die Bäuerinnen mit diesen technischen Innovationen umgegangen? Wie haben die Frauen den Spannungsbogen zwischen „Handsichel und Mähdrescher" bewältigt? Wie integrierten die Bäuerinnen die vielen Veränderungen in ihre Arbeits- und Lebenswelt, ohne daran zu zerbrechen? Und welche Entscheidungsmuster prägten ihr Handeln?

Prinzipiell löst Fremdes, Neues bei den Betroffenen zunächst außeralltägliche Krisensituationen aus, die zugleich auch außeralltägliche, nicht bekannte Bewältigungsformen und Lösungsmuster verlangen. Damit möchte ich nicht sagen, dass Veränderungen und Krisensituationen an sich etwas Neues bedeuten, da sie in jeder Kultur und zu jeder Zeit stattfinden. Jedoch greift eine traditionelle Gemeinschaft bei der Bewältigung kultureigener Krisen zunächst auf ihren kollektiven Erfahrungsschatz zurück oder knüpft an sie an. Dieser Erfahrungshintergrund ist eine wichtige Referenz für die Bewältigung von Krisen, da das kollektive Wissen nicht gleich die kollektive Autonomie und Identität gefährdet.

Auf derartige kollektive Erfahrungen und Krisenbewältigungsmuster konnte mit der Einführung des kulturfremden modernen Bewässerungssystems zunächst nicht zurückgegriffen werden. Ein solches System brachte nunmehr z.B. drei bis vier Ernten pro Jahr mit sich; es verlangte die Fähigkeit einer technisch hochkomplexen Wassersteuerung von jedem einzelnen Landwirt; es setzte Kenntnisse und Erfahrungen über die Haltung und Zucht europäischer Hochleistungskühe voraus oder erforderte ein modernes, unternehmerisches Handeln eines jeden Landwirts, um erfolgreich zu sein. Westlich eingeführte Modernisierungsmaßnahmen wie ein solches Bewässerungssystem implizierten demzufolge nicht nur ein riesiges Ausmaß an Fremdheit, sondern stellten auch eine existenzielle Bedrohung für alle Betroffenen dar. Die Betroffenen mussten sich gezwungenermaßen, bedingt durch nationale Zielsetzungen und Entscheidungen, mit dieser Innovation auseinandersetzen. Demzufolge hätte jede Form von Verweigerung einen existenziellen Notstand bedeuten können. Bei den Bauern und Bäuerinnen erzeugte das fremde Neue auf der individuellen Ebene einen enormen Stress, da bisher unbekannte, nicht bewährte und damit nicht einschätzbare Entscheidungen und Handlungen gefordert waren. Mit diesem Umbruch ging zugleich ein Verlust an kollektiven Erfahrungswerten einher. Eine Möglichkeit, sich diesem fremdbestimmten modernen Weg zu entziehen oder sich davor zu schützen, konnte Widerstand in seinen vielfältigsten Formen sein.

Wie reagierten nun die Bäuerinnen auf das Beratungszentrum, oder anders formuliert, auf ein vom Westen eingeführtes Herrschaftswissen? Denn aufgrund kultureller Normen durften die Bäuerinnen dieses Zentrum nicht besuchen und waren folglich von Beratungsmaßnahmen ausgeschlossen, obwohl sie für die moderne Milchviehhaltung in den Betrieben zuständig waren. Die Frauen nahmen – trotz Ausschluss aus der Beratung – eine wichtige Rolle innerhalb des betrieblichen Modernisierungsprozesses ein. Tatbestand war jedoch, dass von der GTZ ein Beratungszentrum für nur 50 Prozent der landwirtschaftlichen Bevölkerung errichtet wurde, nämlich nur für die Männer: Daraus folgte, wenn auch erst nach langjährigen, zähen Verhandlungen mit dem Partnerland, die Gründung einer Beratungseinheit für die Bäuerinnen aus der Region.

Erste Strukturprobleme des Neuen

An dieser Stelle ist ein zentrales Strukturproblem erkennbar: Die Moderne, verkörpert durch die Etablierung eines Bildungs- bzw. Beratungszentrums mittels westlicher Gelder, unterstützte und manifestierte zugleich kulturell-traditionelle Normen: *dass sich Frauen in der Öffentlichkeit kein Wissen erwerben können.* Das Beratungsprojekt hätte genau an dieser Stelle mit den Partnern diese ambivalente Strukturproblematik fokussieren müssen, um sich dieser paradoxen Problematik bewusst zu werden, um dann mit nationaler Tragweite eine Entscheidung hinsichtlich der Errichtung eines Zentrums zu treffen. Jedoch war diese tiefverankerte Strukturproblematik weder der TZ noch dem Partnerland bewusst und konnte folglich auch im Entscheidungsprozess nicht berücksichtigt werden. Der Fokus lag auf einer stark sachlich-technischen Problematik.

Weitere Aspekte kultureller Transformationsprobleme, mit denen die Bäuerinnen in besonderer Weise konfrontiert waren, seien kurz dargestellt: Die Bäuerinnen nahmen innerhalb des Modernisierungsprozesses als Trägerinnen traditionell-kultureller Normen eine besondere Rolle ein, die sich vor allem durch den kulturellen Transformationsprozess abbilden lässt. Wenn eine Bauerstochter z.B. die Schule oder das Beratungszentrum besuchte, wurde damit eine kulturell tief verankerte Norm (Frauen betreten nicht den öffentlichen Raum) berührt. Diese Normüberschreitung musste innerhalb des Kollektivs gut begründet sein, um aus der Gemeinschaft, sei es als Familie oder als Einzelperson, nicht ausgeschlossen zu werden. Die zentrale Begründung für einen Schulbesuch war die Existenzsicherung und vor allem die Zukunftssicherung für die Familie, denn ohne das moderne Wissen hätte die Familie oder auch die Tochter kaum noch Existenzchancen gehabt.

Dieses Beispiel belegt ein sehr aufschlussreiches Forschungsergebnis im Hinblick auf die Einführung westlicher Rationalisierungs- und Assimilationsprozesse. In der traditionalen Kultur kommen zwei ungleichzeitig verlaufende Transformationsdimensionen zum Vorschein: Die rational-technischen, institutionellen oder wirtschaftlichen Entwicklungen und Veränderungen finden schneller und „leichter" eine Akzeptanz als Veränderungen kulturell-normativer Sozialstrukturen. Jedoch finden Modernisierungsprozesse erst mit einer habituell-normativen kulturellen Veränderung ihre nachhaltigere Verankerung.

Ein weiteres wesentliches Ergebnis bezog sich auf die geschlechtsspezifisch unterschiedliche Inanspruchnahme der Modernisierungspotenziale: Frauen nehmen auf dem Weg in die Moderne insofern eine besondere Stellung ein, da sie auf diesem Weg mehr als die Männer an Eigenleistung, Mut und Risiko aufbringen müssen. Frauen sind (und das nähert sich einem universellen Gut) tiefgreifender in traditionell-normative Ordnungssysteme verankert als Männer. Sie sind Normenträgerinnen und übernehmen mit ihrem Tun nicht nur eine persönliche, individuelle Verantwortung, sondern tragen gerade in traditionellen Kulturen vor allem Verantwortung für die Gemeinschaft. Die Problematik, die sich auch an den rekonstruierten Fallbeispielen aufzeigen ließ, ist, dass Frauen auf dem Weg in die Moderne mehr an kulturellen Grenzüberschreitungen wagen müs-

sen und sich folgerichtig stärker der Gefahr kollektiver Sanktionen ausset-
zen als die Männer. Wenn also eine Bäuerin die Erlaubnis erhält, das Beratungszentrum zu besuchen, trägt sie eine hohe Verantwortung, zuerst für
ihre Familie und dann auch für sich selbst.

Ein drittes interessantes Ergebnis waren die individuell-kulturell getä-
tigten Regelüberschreitungen seitens der Bäuerinnen: Obwohl in traditionalen, patriarchalischen Gemeinschaftsformen, wie z.B. in islamischen
Kulturräumen, die Einhaltung kollektiv-familiärer Ordnungssysteme vorherrscht, sind Veränderungen im Sinne von Überschreitungen traditionell-
normativer Regeln jederzeit möglich. Jedoch ist mit dem neuen, grenzüberschreitenden Weg die Bedingung verknüpft, dass für die Existenz und
Sicherheit der Familie, des Betriebs und der Gemeinschaft ein Nutzen
vermutet oder zumindest erhofft wird. Und in einer kulturell männlich
geprägten Gesellschaft offenbarte sich auf der individuell-weiblichen Handlungsebene ein sehr eigenverantwortliches, respektvolles und selbstbewuss-
tes Handeln. Das bedeutet, dass unter der „Decke" der kulturell-männli-
chen Dominanz sehr ausgeprägte Individuierungsmuster hervortraten und
auch gerade von den Bäuerinnen gelebt wurden.

Alle drei genannten Phänomene und Ergebnisse weisen auf bestehende
Chancen, Risiken und Potenziale hinsichtlich der Veränderungsprozesse
hin, an die es in den Beratungsmaßnahmen anzuknüpfen galt bzw. die
zunächst einmal mit den Beteiligten als solche erkannt werden mussten.

Bedeutung von Beratung im Modernisierungsprozess

Welche Bedeutung und Rolle kann Beratung im Modernisierungsprozess einnehmen? Unabhängig vom speziellen Beratungstypus (ob Exper-
ten- oder Prozessberatung) wird mit jeder Beratungsintervention in einem
kulturfremden Kontext eine Entlastung von traditionellen Abhängigkeiten
beabsichtigt, denn die Beteiligten/Betroffenen erhalten durch die Beratungspraxis Unterstützung, sich das Neue anzueignen, um es in ihrem Sinne
nutzen zu können. Zugleich impliziert jede Beratungsintervention auch
eine weitere neue Abhängigkeit, denn das not-wendende technische Wissen wird über Dritte vermittelt. Das somit ausgelöste kulturelle Ungleichgewicht gilt es im nächsten Schritt auf der individuellen und auch auf der
gesellschaftlichen Ebene in eine transformierte, kultureigene Balance zu
bringen – durch Beratung unterstützt und ein Stück weit begleitet. Für das
Beratungssetting heißt das, an die naturwüchsigen Transformationskräfte
und -potenziale eines jeden Einzelnen anzuknüpfen, um das Neue in das

Bestehende zu integrieren und zu einem kultureigenen Neuen werden zu lassen.

Für den Einzelnen bedeutet dies z.b., dass er sehr viel intensiver als bisher neue Regeln und Verfahren zur Bewältigung neuer Techniken erlernen muss und seine Beziehung und Haltung sich verändert. Für die Gemeinschaft bedeutet das, dass sie nicht mehr in dem Maße wie zuvor an dem Integrationsprozess des Neuen als Ganzem beteiligt ist. Mit dieser Ausdifferenzierung übernimmt der Einzelne innerhalb des Modernisierungsprozesses in sehr viel höherem Maße eine Eigenverantwortung, als es seine traditionelle Kultur bisher von ihm verlangte. Mit der Modernisierung beginnt sich plötzlich das traditionelle soziale Aggregat, die Gemeinschaft, aufzulösen. Für einen traditionellen Bauern oder eine Bäuerin bedeutet dies z.b., dass sie vor der Entscheidung stehen, ihre bisherige Lebensführung in der Landwirtschaft ein Stück weit aufzugeben, um sich einen unternehmerisch-modernen Habitus anzueignen. Obwohl die Bäuerinnen kein Modell für diesen Habitus hatten, konnten sie in ihrer natürlichen Lebensklugheit die moderne Zukunft nur mutig erahnen und erlernten diese Schritt für Schritt. Genau für diese Schritte und neuen Erfahrungen sollte Beratung die „Leitplanken" geben können, nämlich wenn traditionelle Regeln und Routinen ihre Gültigkeit und Sicherheit verlieren und statt dessen Neues entschieden, erfahren und erprobt werden muss.

Expertenberatung kann im Sinne der Vermittlung von technischem Know-how ein wesentlicher Ansatz sein, um sich den Veränderungen zu nähern. Jedoch ist eine Begleitung und Unterstützung inhaltlicher Veränderungen meines Erachtens nicht ausreichend, um in der „kurzen" Projektzeit auch die strukturellen, normativ-kulturellen Veränderungen und dadurch ausgelöste Krisensituationen mit zu begleiten. Daraus folgt die Notwendigkeit, die erforderlichen kulturellen Veränderungen mit den Betroffenen zu erkennen, sie in ihrer Bedeutung und Wirkung zu verstehen und die dazu nötigen Entscheidungsprozesse und -möglichkeiten gemeinsam zu erschließen.

Ergebnisse aus der Beratungspraxis

Anhand einiger Beispiele, die durch die Moderne hervorgerufen wurden, möchte ich Veränderungen und Beratungsergebnisse aufzeigen, wenn Beratung sich überwiegend auf die inhaltliche Expertenberatung stützt. Wohlgemerkt, es sind Beispiele aus dem untersuchten Beratungsprojekt.

Wie bereits erwähnt, wurde mit der Neuerrichtung des landwirtschaftlichen Beratungszentrums dokumentiert, dass trotz aller Moderne die TZ ein Zentrum für nur 50 Prozent statt 100 Prozent der Bevölkerung aus der Region errichtete. Unterschwellig wurden damit die traditionellen Kulturregeln akzeptiert, dass Frauen keinen offiziellen Zugang zum Herrschaftswissen haben, obwohl Männer wie Frauen von diesem landwirtschaftlichen Modernisierungsprozess betroffen waren. Ein weiterer Entscheidungsschritt verstärkte diese Tradition und verhinderte damit auch einen möglichen Transformationsschub für die Bäuerinnen: Mit der Einführung der Beratungspraxis, die für die Bäuerinnen in den Dörfern und für die Männer in dem neu errichteten Zentrum stattfand, unterstützte die TZ unbemerkt die geltenden traditionellen Kulturregeln, dass Frauen in islamischen Räumen nicht das Haus verlassen. Diese tief verankerte Regel wurde mit in die Moderne transportiert, und zwar von den westlichen Modernisten und nicht von den kultureigenen Traditionalisten. Eine solche neu entstandene Regel, *Frauen besuchen nicht das moderne Bildungszentrum*, wurde nunmehr auch nicht genuin aus der Kultur heraus entschieden, sondern letztlich von den westlichen Modernisten (TZ) eingeführt. Ich formuliere es deshalb so „scharf", da seitens der TZ nicht der Versuch unternommen wurde, die Bäuerinnen genauso das Beratungszentrum besuchen „zu lassen" wie die Männer, denn Bildung ist nach westlichem Muster geschlechtsneutral.

Konkret hätte dies für die Bäuerinnen bedeutet, dass ihnen im Zuge dieser Moderne der Zugang zum Herrschaftswissen genauso hätte eingeräumt werden müssen wie den Männern. Damit wäre vor allem auch die Eigenständigkeit und Eigenverantwortlichkeit der Bäuerinnen und ihrer Familien hinsichtlich ihrer Entscheidung, wann sie Beratungsmaßnahmen benötigen, demonstriert worden. Zugleich wären die Frauen nicht zu Hilfsbedürftigen stigmatisiert worden, indem sie von den Beraterinnen in den Dörfern letztlich wie „Kranke" besucht worden wären. Von den Modernisten wurde die Eröffnung einer solchen Fragestellung und die damit verbundene Herausforderung nicht genutzt, was sehr wohl eine zentrale Aufgabe seitens der TZ-Beratung gewesen wäre. Der „Modernisierer aus dem Westen" fügte den Bäuerinnen auf dem Weg in die Moderne unterschwellig eine weitere Stigmatisierung und Benachteiligung zu, indem traditionelle Regeln auf dem Weg in die Moderne transportiert und bestätigt wurden.

Das bedeutet, dass für die Bäuerinnen mit der Einführung des Beratungsprogramms unter gleichzeitiger Beibehaltung dieser traditionellen Kulturregeln Rolleninkonsistenzen eingeführt wurden, die sich für die

Frauen in den Dörfern letztlich als diskriminierend und entmündigend erwiesen, obwohl die Intervenierenden, vor allem die TZ, auf der inhaltlichen Ebene genau das Gegenteil beabsichtigten, nämlich die Achtung soziokultureller Regeln.

Ein weiterer Aspekt unbeabsichtigter Diskriminierung setzte sich im Beratungszentrum fort: Für die Beraterinnen, die für die Beratung der Bäuerinnen zuständig waren, wurde eine Abteilung namens *„Formation féminine"* gegründet. Mit dieser Differenzierung wurde Bildung geschlechtsspezifischen und nicht sachspezifischen Kriterien zugeordnet; denn es gab keine Abteilung namens *„Formation masculine"*. Beratung für Männer wurde sachhaltigen Kriterien und damit Abteilungen zugeordnet.

Ein weiterer Aspekt, in dem sich die Beratungspraxis zwischen Mann und Frau unterschied und die kulturellen Regeln sowie auch die Professionalität ein Stück weit unterlaufen wurden, war folgender: Indem das Beratungsteam der Regel folgte, *Frauen dürfen das Haus nicht verlassen*, waren sie in gewisser Weise gezwungen, auf sich aufmerksam zu machen. Folglich besuchten sie die Bäuerinnen in den Dörfern und erfragten den Beratungsbedarf der Bäuerinnen. Das Paradoxe an dieser Unternehmung war, dass die Beraterinnen sich als Beratungsgeber anboten, ohne zunächst nachgefragt gewesen zu sein. Zugespitzt formuliert heißt das, dass das Beratungsteam bei einer fremddiagnostizierten Klientel nachfragte, ob sie ein Problem habe, zu dessen Bewältigung sie eventuell die Kompetenz der Beraterinnen beanspruchen könnten. Also Freiwilligkeit und die eigene Entscheidungsmöglichkeit wurden unterlaufen.

Weitere Wirkungen von Beratung

Trotz der genannten Beispiele, die die Modernisierungsprozesse auf der kulturellen Handlungsebene tendenziell eher blockierten als förderten, zeitigte die Beratungspraxis mit ihren Interventionsformen dennoch Effekte, die Veränderungen kulturell-traditioneller Gewohnheiten und Gegebenheiten einläuteten. Einige seien im Folgenden erwähnt:

Auf der Ebene der Beratungspraxis eröffneten sich unerwartete kulturelle Grenzüberschreitungen und erstmalige Erfahrungen, die ein gewisses Maß an Offenheit und Souveränität der Bäuerinnen voraussetzten. Zugleich implizierten diese Erfahrungen hinsichtlich einer habituellen Veränderung *points of no return* für die Bäuerinnen und für deren Familien. Dadurch, dass Beratungsmaßnahmen bzw. -seminare mit den

Bäuerinnen in den Dörfern durchgeführt wurden, war eine Organisationsstruktur notwendig, die sich nur in den seltensten Fällen an die traditionellen Gegebenheiten anpassen konnte. Das bedeutete, die Beratungsgruppen entsprachen nicht den dörflichen Clanstrukturen, sondern waren erstmals clanübergreifend. Der Sache sich unterordnend und akzeptierend, waren somit einige Frauen „gezwungen", plötzlich neue, moderne Solidargemeinschaften in den Dörfern zu bilden, die über bisherige kulturelle Grenzen hinausgingen. Diese clanübergreifenden Versammlungen, die durch die Beratung initiiert waren, ermöglichten es z.b., alte Streitigkeiten zu lösen. Zugleich waren es die Frauen, die diese Grenzüberschreitungen vollzogen, wobei diese Veränderungen von den Familienhäuptern schweigend mitgetragen wurden. Das bedeutete, dass Bildung für die Frauen einen traditionell-kulturell übergreifenden, neutralen Aspekt verkörperte.

Ein weiterer interessanter Aspekt dieser Dorfversammlungen war die Übernahme neuer Rollen. Die Bäuerinnen mussten im Zuge der Beratungsmaßnahmen nunmehr die Rolle ihrer Ehemänner übernehmen, nämlich dann, wenn sie den Beraterinnen die landwirtschaftlichen Verhältnisse erklärten. Da sie sich dieser „Chefrolle" sehr wohl bewusst waren, löste dies bei einigen Bäuerinnen einen starken Tatendrang und eine Eigenerkenntnis aus. Es war wie ein Rollenspiel. Eine Frau sagte: „Ich wusste gar nicht, wie toll es sein kann, Chef zu sein." Auch hier war die Akzeptanz und Zustimmung der Ehemänner eine grundsätzliche Voraussetzung gewesen. Das bedeutete, die Veränderungen wurden von beiden Seiten akzeptiert, da sie für die Sache dienlich waren.

Handlungs- und Lerntypen

Nun möchte ich noch einige Ergebnisse und Phänomene der Handlungs- und Lerntypen, die die Fallrekonstruktionen erkennen ließen, in ihrer Allgemeingültigkeit präsentieren. Denn ich meine, das Erkennen derartiger Typen oder erst eine Typenbildung erlaubt es der Beratungspraxis, in einem fremdkulturellen Raum eine stärker fallbezogene Vorgehensweise zu praktizieren. Interessant an den Handlungs- bzw. Lerntypen, die sich natürlich in vielen Varianten zeigten, war, die Grundhaltung gegenüber den fremdeingeführten Veränderungsprozessen zu erkennen.

(1) Der größte Teil der teilnehmenden Bäuerinnen war einem *autonomen Typus* zuzuordnen, der mit der Beratung rational-antizipierende, sach-

orientierte Ziele verfolgte. Eine treibende innere Kraft dieses Typus war es, den mit technischen Innovationen einhergehenden Verlust an Kompetenz und Eigenständigkeit so bald wie möglich wieder auszugleichen. Eigenständigkeit war hier vor allem als gemeinschaftsorientierte und weniger als individuelle Eigenständigkeit zu verstehen. Für diesen Typus beinhaltete Beratung primär zweck- und sachhaltige Aspekte, vor allem um Ideen und Vorschläge zu erhalten, Wissen auf Vorrat zu akkumulieren und um die „Dinge, die die Zukunft noch bringen kann, meistern zu können" (Aussage einer teilnehmenden Bäuerin). Eine Bäuerin formulierte die Bedeutung der Beratungspraxis mit einem bezeichnenden Satz: „Ich möchte mein Bestes tun, aber am liebsten ohne euch" (d.h. ohne das Beraterinnenteam).

(2) Der *konforme Teilnehmertypus* nahm Programmvorschläge tendenziell eher an und benötigte auch konkretere Handlungsanweisungen als der autonome Typus. Jedoch galt es auch für ihn, sich seine Eigenständigkeit zu wahren und sich vor Übergriffen zu schützen. Nur dieser Typus musste an eigenständige Entscheidungen langsam herangeführt werden. Sein primäres Handlungsmotiv war nicht ein rein sachhaltiger Bezug, sondern beinhaltete vor allem eigennützige oder soziale Interessen.

(3) Der *resistente Teilnehmertypus* (ein interessantes Phänomen trat hier in Erscheinung) benötigte eher eine personenzentrierte Beratung im therapeutischen Sinne. Die Resistenz konnte so ausgeprägt sein, dass auch Einzelberatung unter sachhaltigen Bezügen für ihn fast immer unzureichend war. Die Abwesenheit von Teilnehmerinnen hing oft damit zusammen, dass eigene, nicht sachhaltige Probleme in Form von Abwertungen auf das Neue, auf das Kulturfremde projiziert wurden.

Zusammenfassend konnte die Teilnahme an den Beratungsmaßnahmen auf zwei grundsätzliche Motive zurückgeführt werden: Einerseits rührte sie aus einem innovativen, autonomieerhaltenden und -fördernden, gemeinwohlorientierten sowie zukunftsoffenen und verantwortungsvollen Handeln. Andererseits konnte die Teilnahme durch eine Not motiviert sein, aus einer eher konformen, gemeinwohlorientierten statt einer innovativ-modernen und Autonomie anstrebenden Haltung heraus. Jedoch lag beiden Motiven und Grundhaltungen die freie Entscheidung der Bäuerinnen zugrunde, an Beratungsmaßnahmen teilzunehmen. Andere Frauentypen machten nur einen sehr geringen Anteil aus. Das deutete darauf hin, dass die Familienmitglieder und auch Familienhäupter den Bäuerinnen die Teilnahme an den Beratungsmaßnahmen nicht aufzwangen.

Partizipationsverständnis und seine Wirkungen

Ein weiterer bedeutender Sachverhalt für die Beratungspraxis war eine Beziehungsunklarheit zwischen Beraterinnen und Bäuerinnen, also ein fehlendes Arbeitsbündnis innerhalb des Beratungssettings. Ein Hauptfehler dieser Praxis war das Nichterkennen und damit die Nichtunterscheidung zwischen der symmetrischen Beziehung (Berater und Klient respektieren sich als Erwachsene, nicht in ihren Rollen) und der rollenförmigen Beziehung zwischen Beraterinnen und Beratenden. In der rollenförmigen Beziehung findet die Wissensdiskrepanz sehr wohl ihren Platz. Im Rahmen partizipativer Vorgehensweisen und auf der Grundlage, dass der zu Beratende seine Probleme selbst am besten kennt, wurden die Bäuerinnen um die Benennung ihrer Probleme gebeten, was sie oft negierten oder auch nicht einlösen konnten. Partizipation hatte in diesem Kontext den Anspruch, die Wissensdefizite und Probleme der Bäuerinnen nicht von außen aufzusetzen, sondern sie in diesen Problemfindungsprozess zu integrieren.

Die partizipative Vorgehensweise unterscheidet sich hier wesentlich von der Prozessberatung: Denn nach Schein (1993; 2000) involviert Prozessberatung den Klienten bei der Erschließung des Problems und der Gestaltung der Beziehung zum Klienten sowie bei der Begleitung des Diagnoseprozesses durch den Berater. Der Klient lernt, im diagnostischen Prozess seine Probleme zu erkennen, zu verstehen und zu lösen. Der Berater tritt hier als Fragender auf, wobei die Art und Weise der Beziehung zum Klienten eine wesentliche Grundvoraussetzung ist.

Die Bäuerinnen verstanden ihre Rolle nicht als Selbstdiagnostiker, denn in ihrer Rolle als vorübergehende „Schülerinnen" gingen sie von dem Tatbestand ihrer Unwissenheit aus und überließen die Problemdiagnose den Beraterinnen. Ein Arbeitsbündnis hätte hier für beide Seiten weiterhelfen können, denn aufgrund der Rollenunklarheiten traten viele Missverständnisse auf. Partizipation hätte dann seinem Anspruch gerecht werden können, wenn die Bäuerinnen beim Erschließen ihrer Probleme von den Beraterinnen begleitet worden wären. Das hätte problemerschließende, fallbezogene Gespräche bzw. Beratungsansätze erfordert, die im Sinne der Prozessberatung ihren Raum hätten finden können. Zum Prozess der Problemdiagnose wäre statt der durchgeführten, überwiegend standardisierten, technisch ausgerichteten Befragungen ein fallbezogenes Vorgehen erkenntnisreicher und problemlösender gewesen, was jedoch eine organisationale Neueinbettung dieser Beratungspraxis vorausgesetzt hätte. Mit erstaunlicher Souveränität nahmen die Bäuerinnen dennoch die vorübergehende rollenförmige Lehrer-Schüler-Beziehung ein, obwohl die Beraterinnen das Alter ihrer Töchter hatten und sich dabei ein starkes Gefälle zwischen Bildung und Analphabetismus zeigte.

Technokratisches und kulturelles Modernisierungsmodell

Aus den Forschungsergebnissen konnten zwei kontrastierende Transformationsmodelle zur Bewältigung von Modernisierungsprozessen abgeleitet werden, aus denen sich auch unterschiedliche Beratungsansätze ableiten lassen:

(1) Beim technokratischen Modernisierungsmodell steht der Erwerb einer neuen technischen Kompetenz (es könnte heute die IT sein) im Mittelpunkt der Veränderung. In diesem Beratungsmodell bleiben kulturelle Einheiten weitgehend unangetastet, wie z.B. kulturelle, habituell-normative Familien- und Geschlechterstrukturen. Ein solcher Ansatz hätte eine enklavenartige Implantation technischer Erneuerungen unter Beibehaltung der Tradition zur Folge, wobei der kulturelle Wandel nicht nur zu individuellen Krisen führen, sondern auch eine zeitliche Verzögerung implizieren würde. Ein solches Modell steht unter einem enormen Erfolgsdruck, da das Berufshandeln eine kurzfristig abrufbare technische Kompetenz abverlangt und eher unter kurzfristigen, wirtschaftlich-technischen Aspekten Erfolg haben könnte, jedoch nicht auf einer langfristig akzeptierten Kulturtransformation basieren würde.

(2) Das kulturell-habituelle Transformationsmodell fordert zunächst von der TZ ein hohes Maß an Souveränität und Zurückhaltung, die leider noch viel zu wenig vorzufinden ist. Denn ein solches Modell erfordert primär eine selbstverantwortliche Übernahme von Innovationen seitens der Partner/Betroffenen, die eine habituelle Veränderung notwendig macht, sowie eine Beratungspraxis, die die Veränderungsprozesse begleitet und unterstützt. Dabei steht die Entscheidungsoffenheit der zu Beratenden und ein Respektieren ihrer traditionellen Autonomie im Mittelpunkt. Denn nur ein ganzheitlicher, habitueller Wandel, welcher Haltungen und Deutungsmuster mit verändert, eröffnet einen nachhaltigen Transformationsprozess.

In Anlehnung an die skizzierten kontrastierenden Transformationsmodelle bedarf es einer Beratung, die Lebenspraxis als Transformation begreift und den Einzelnen in seinen zunehmend eigenständigen Entscheidungsanforderungen unterstützt, ihm die Entscheidungsmöglichkeiten aufzeigt und die Bewältigung von Krisensituationen im Zusammenhang mit den Innovationen in den Mittelpunkt der Beratung stellt. Das Tun des Beraters bedeutet somit primär eine Begleitung des Klienten auf dem Weg von der Tradition in die Moderne. Dabei ist die wieder zu erlangende veränderte Autonomie des Klienten von besonderer Bedeutung, indem der Klient in der Krisensituation dabei unterstützt wird, die neue und die alte Weltbetrachtung und Lebensführung in Einklang zu bringen, um dem veränderten Lebensbild und der Lebenswelt neue Bedeutung und Sinn geben zu können.

Anforderungen an das berufliche Handeln eines Beraters

Eine lebensbegleitende Maßnahme im Rahmen der TZ verlangt ein Beratungsmodell, das sich auf die personale Autonomie und die Lebenshaltung des Klienten zentriert. Zugleich wird damit von der Beratung eine Kompetenz verlangt, Handlungsstrukturen und deren Deutungsmuster im jeweiligen kulturellen Kontext zu erkennen und zu verstehen, um auch die veränderten oder notwendigen Entscheidungsmöglichkeiten aufzeigen oder die immer wiederkehrenden Problemmuster auf der inhaltlichen und vor allem der strukturellen Ebene erschließen zu können. Dies ist eine Fähigkeit, die den Experten von seinem Fachwissen ein Stück weit ablöst und statt dessen einen Agenten für das Erkennen und Verstehen von Veränderungsprozessen im Sinn der Prozessberatung verlangt. Beratung als personenbezogene, prozessbezogene Begleitung sollte die Problemlösungs- und die Entscheidungsfähigkeiten des Klienten fokussieren. Dies erfordert bestimmte Fähigkeiten und Kompetenzen an das berufliche Handeln eines Beraters:

- Prozessbegleitende Beratung verlangt ein Erschließen der Probleme mit dem Klienten, wobei die Probleme des Klienten in Beziehung zur Innovation fokussiert werden (und nicht die Innovation an sich) und zugleich neue Handlungsmöglichkeiten für den Klienten eröffnet werden. In diesem Sinne wäre Beratung ein fallbezogenes oder „mäeutisches" Vorgehen mit dem Klienten.
- Beratung verlangt ein Arbeitsbündnis, das die vorübergehenden Rollen zwischen Klient und Berater klärt, das die Freiwilligkeit, Verantwortlichkeiten und auch eine pekuniäre Wertbindung bespricht sowie weitere spezifische, beidseitige Vereinbarungen in dem jeweiligen Kontext trifft.
- Die oft im Rahmen der TZ-Arbeit vorzufindende Organisationsstruktur der Beratungspraxis, nämlich Beratung als verlängerter Kontrollarm des Staates, muss entkoppelt werden. Denn das Dienstleistungsverhältnis würde mit der Doppelrolle des Beraters unterlaufen werden.

- Langzeitexpertentum der TZ sollte reduziert werden. Projektmanagement-aufgaben sollten stärker auf die Partner übertragen werden, die damit zu-gleich auch mehr finanzielle Verantwortung für ihre Veränderungsprojek-te zu tragen hätten. Zugleich entkoppelt sich die Langzeitpräsenz der ent-sandten Experten von ihrer Unentbehrlichkeit. Vielmehr sollte der abge-sandte und vor allem vom Partner angefragte Experte die Rolle eines Pro-zessbegleiters oder Change Agents übernehmen.

Ich meine, erst wenn es der Internationalen Entwicklungsarbeit ein Stück weit gelingt, Projektarbeit als Prozessberatung zu praktizieren und der Ex-perte sich zunehmend als Veränderungsagent versteht, kann ein weiterer wichtiger Schritt zum Gelingen dieser hochkomplexen Arbeit erfolgen. Aus dieser Forderung resultiert, dass die Beratung vor allem an eine ge-naue Diagnose anknüpfen muss, mit der die strukturellen Gesetzmäßig-keiten und die Muster der technisch-rationalen und kulturell bedingten, habituellen Veränderungen der Klientel erfasst werden können.

Literatur

Dersch, D. (1997): Transformation und Autonomie im Leben tunesischer Bäue-rinnen. Eine struktural-hermeneutische Analyse eines Beratungsprojektes. Bd. 15. Weikersheim.
Schein, E.H. (1993): Organisationsberatung für die neunziger Jahre. In: *Fatzer, G. (Hg.):* Organisationsentwicklung für die Zukunft. Köln.
Schein, E.H. (2000): Prozessberatung für die Organisation der Zukunft. Der Auf-bau einer helfenden Beziehung. Köln.

Klaus Pumberger

Kommunikation im Kontext von zwei Kulturen – ein ständiger Drahtseilakt
Zur Beratung von Führungskräften in tschechischen Industrieunternehmen

1. Die Rolle des Beraters als Brückenbauer und „Grenzgänger"

Als ein nicht zu unterschätzender Hemmschuh für die Weiterentwicklung tschechischer Industrieunternehmen erweist sich die mangelnde Kommunikation innerhalb des Managements, aber auch zwischen Management und Beschäftigten. Trotz zahlreicher wirtschaftlicher Erfolge gilt dies ebenso für deutsch-tschechische Joint Ventures. Noch immer treffen wir auf Barrieren, die tagtäglich von Menschen, die sich in demselben Betrieb in zwei verschiedenen Sprach- bzw. Organisations-Kulturen bewegen, überwunden werden müssen. Das ergeben immer wieder Beobachtungen vor Ort, mit denen ich als Berater der Firma EuroProfis[1] in mehreren tschechischen Industrieunternehmen der Automobil-, Zuliefer- und Stahlindustrie konfrontiert bin. Auch die Nürnberger IS Industrie Services GmbH, eine der führenden deutschen Dienstleister auf dem Gebiet der Produktionsverlagerung, sieht ausdrücklich in den häufig unterschätzten Kommunikationskosten wegen unterschiedlicher Sprache und Mentalität einen der Hauptgründe dafür, dass in den letzten Jahren immer mehr Unternehmen ihre in osteuropäische Länder ausgelagerten Produktionsbereiche nach Deutschland zurückholen (Giersberg 1997, 17).

EuroProfis ist vor allem auf dem Gebiet der Personalarbeit tätig. Hier arbeiten wir mit unseren Partnern in den Betrieben an einer strategischen Herangehensweise, an der systematischen Umsetzung einzelner Maßnahmen sowie an der Erhöhung des Stellenwerts der Personalarbeit im Unternehmen, insbesondere auch gegenüber den Geschäftsleitungen. Im Mittelpunkt unserer Beratungs- und Trainingstätigkeit steht neben dem Transfer von Informationen und der Erarbeitung von Wissen die Vermittlung bzw. Aneignung von Kompetenzen. Mit Hilfe dieser Kompetenzen sollen unsere Kunden im Anschluss über Begleitung und Konsultation mit externen

Coaches in ihrer betrieblichen Umgebung Inhalte in die Praxis umsetzen können. Dabei bemühen wir uns, sowohl die neuesten Trends aus der Branche als auch internationale Standards und Erfahrungen mit der tschechischen Realität zusammenzuführen. Dies setzt die Fähigkeit voraus, sich in beiden Kulturen zu bewegen und von der einen in die andere Kultur zu „übersetzen" (nicht nur im sprachlichen Sinne), und damit die Möglichkeit, von beiden als „Grenzgänger" anerkannt zu werden.

> „Eine enorm wichtige Rolle spielen Personen, Gruppen, Institutionen, die sich bewusst entlang der Grenze zwischen den zusammenlebenden Gruppen bewegen und sich insbesondere der Aufgabe widmen, gegenseitiges Kennenlernen, Dialog und Zusammenarbeit zu fördern [...], wobei auch sehr viel Vermittlung und Einfühlung notwendig ist, die Sorgfalt und Glaubwürdigkeit erfordert. [...] So bedeutsam ist es aber auch, dass es Kräfte gibt, die sich vor allem der Erkundung, Aufweichung und schließlich Überschreitung der Grenzen widmen, [...] um Starrheit, Abgrenzung und Feindseligkeit aufzulösen und Interaktion zu fördern." Man müsse, so die Schlussfolgerung des Autors, immer die kritische Distanz zur eigenen Gruppe bewahren, zuweilen auch bewusst „desertieren", nicht aber „überlaufen", da dann die eigenen Wurzeln und die damit verbundene Glaubwürdigkeit verloren gingen (Langer 1996, 241/242).

Mein Wirken als Berater für die Firma EuroProfis stützt sich auf eine mehrjährige Tätigkeit für die Friedrich-Ebert-Stiftung in den Büros Prag, Bratislava und Warschau. Dabei war ich verantwortlich für die Kooperation mit den tschechischen, slowakischen und polnischen Gewerkschaften, die den Neu-Aufbau von Organisationsstrukturen sowie die Ausbildung ihrer Funktionäre unterstützte. Oberste Priorität nahm auch hier das Brücken-Bauen zwischen deutschen und ausländischen Partnern ein. Deshalb konzentrierte sich die Zusammenarbeit von Anfang an auf wichtige Joint Ventures mit deutscher Kapitalbeteiligung. Wir verstanden uns als ausgleichender Faktor, der die Förderung des Dialogs zwischen Management und Vertretern der Beschäftigten zum Ziel hatte, insbesondere in der Phase von Anfangsschwierigkeiten (z.B. ŠKODA AUTO a.s., Teil der Volkswagen-Gruppe).

2. Kommunikation – ein Paradigma für den wirtschaftlichen Erfolg

Am Ende des 20. Jahrhunderts stehen wir am Übergang von der Industrie- hin zur Dienstleistungs- und Informationsgesellschaft. Wissen ist heute zum entscheidenden Produktionsfaktor geworden, wichtiger als Arbeit und Kapital.

„Treffen aktuelle Prognosen zu, werden schon im nächsten Jahrzehnt vier Fünftel aller menschlichen Arbeiten aus Tätigkeiten bestehen, bei denen Informationen Rohstoff, Werkzeug und Resultat sind. Beraten, informieren, forschen, entwickeln, organisieren, vernetzen, managen, recherchieren und gestalten – das alles sind typische Formen zukünftiger Arbeit." (Klotz 1996, 39)

Für die Unternehmen wird es immer wichtiger, auf welche Weise sie Informationen und Daten kommunizieren und damit Wissen produzieren. Aber auch die industrielle Fertigung selbst unterliegt einem tiefgreifenden Strukturwandel. Spätestens in den 80er Jahren war das westliche tayloristisch-fordistische Produktionsregime in eine Krise geraten.

„In Wolfsburg (Stammwerk und Zentrale des Volkswagen-Konzerns, KP) hatte die ‚Größe aller Zahlen' das System starr werden lassen. Zudem ist die deutsche Fertigung durch eine, ich würde sagen, militärische Tradition geprägt gewesen. Man war wie beim Militär organisiert und hatte Menschen im Takt zur Arbeit zu bringen. Das brachte die entsprechenden Organisationsformen und Kommandostrukturen mit sich – einer kommandierte und die anderen gehorchten. Dies funktionierte bis zu einem gewissen Zeitpunkt. Die wachsende Komplexität hat diesem System allerdings seine Grenzen gesetzt. Früher hat man ein Auto, den Käfer, produziert, in einer Variante, in immer größeren Stückzahlen, ohne Änderungen, über einen einmalig langen Zeitraum. Bei dieser Art von Großserienproduktion erwiesen sich solche Produktions- und Organisationsstrukturen als überlegen." (Hahn 1996, 6 f)

Im Gegensatz dazu zeichnen sich neue Produktionssysteme durch einen Abbau der klassischen Hierarchie aus. Eigenverantwortliche Produktionseinheiten werden organisiert. Auf der Managementebene bedeutet dies die Organisation bereichsübergreifender Teamarbeit (*„lean management"*), auf der Produktionsebene die Organisation von sich selbst organisierenden Gruppen (*„lean production"*). Weitere Prinzipien sind Qualitätsverbesserungen auf Dauer sowie ein geschärftes Bewusstsein für hohe Qualitätsstandards generell. Damit soll die Effizienz des Unternehmens gesteigert und gleichzeitig neues Innovationspotential über die bessere Nutzung der Qualifikationen erschlossen werden. Sowohl innerbetrieblich als auch zwischenbetrieblich wird im Rahmen dieser modernen Produktionsorganisation die Kommunikation zum zentralen Koordinationsmechanismus. In diesem Zusammenhang sei das Beispiel eines der drei großen amerikanischen Automobilhersteller angeführt, der vor wenigen Jahren seine Organisation nach den Prinzipien dieser neuen Produktionsorganisation umstellte:

„In einem neu errichteten Technischen Zentrum wurden die für die Produktentwicklung relevanten Unternehmensfunktionen nun auch räumlich zusammengelegt. So befanden sich Prozessplaner nun in Sichtweise der Produktingenieure; auch die Systemzulieferer hatten ‚ihren' Schreibtisch im Bereich des Plattformprojekts." Darüber hinaus „beschlossen Management und Gewerkschaft im Einvernehmen, dass auch die Produktionsmitarbeiter selbst aus dem 300 Kilometer entfernt gelegenen Montagewerk frühzeitig und mit großer Präsenz am Prozess der Entwicklung teilnehmen, um auf diese Weise die Zukunft des Standorts zu sichern. [...] Insgesamt nahmen auf diese Weise gut die Hälfte der Belegschaft, rund 1.500 Angehörige des Werks mit einem mindestens einwöchigen Aufenthalt an den Aktivitäten der Produkt- und Prozessentwicklung teil. Dabei berieten sie mit Produktingenieuren über Fragen der Herstellbarkeit, besuchten Zulieferbetriebe, die Einbauteile herstellten, die sie selber im Montagewerk zu montieren hatten, und diskutierten mit Firmen, die Maschinen und Anlagen für den späteren Fertigungsprozess konstruierten und bauten. Wurde diese massive Präsenz zunächst von den Beschäftigten in dem Technischen Zentrum als Belastung empfunden, so wurde sie im Nachhinein als sehr nützlich eingestuft. Die Werkerbeteiligung hat nicht nur zu spezifischen produkt- und prozesstechnischen Veränderungen geführt, sondern auch wesentlich zu einer Verminderung der Probleme beim Serienanlauf und in der Serienfertigung selbst beigetragen. Hier erwies es sich als außerordentlich nützlich, dass informelle Netzwerke zwischen den Produkt-, Prozessentwicklern, Zulieferern und Montagewerkern entstanden waren, die in der Phase des Anlaufs und danach unbürokratisch und rasch Problemlösungen zu finden halfen, die in der traditionellen Organisation zu kostspieligen Produktionsunterbrechungen und Qualitätsproblemen geführt hätten." (Endres/Wehner 1996, XIV-XV)

Diese neue Produktionsorganisation fordert somit von allen Beteiligten neben den rein fachlichen Qualifikationen zunehmend soziale und interpersonale Kompetenzen in Hinblick auf Kooperation, Vermittlung und Verständigung.

„Lange hat in der Unternehmenshierarchie der Manager den Ton angegeben, und belohnt wurde der Typ des manipulativen Dschungelkämpfers. Doch in den achtziger Jahren wurde diese starre Hierarchie unter dem doppelten Druck der Globalisierung und der Informationstechnologie aufgeweicht. Der Dschungelkämpfer steht als Symbol für die Vergangenheit des Unternehmens; seine Zukunft ist der Virtuose an interpersonalen Fähigkeiten." (Goleman 1996, 191)

Die in den neuen Produktionssystemen angelegte Selbstorganisation bedingt eine wachsende Relevanz von kooperativen und kommunikativen

Faktoren. „Darin deutet sich an, dass „kommunikative und diskursive Rationalität" (Klaus Eder) in der modernen Produktion neben ökonomischer und sozialer Rationalität ein konstitutives Element betrieblichen Handelns wird" (Dörr/Kessel 1997, 84). Neben den rein wirtschaftlichen Faktoren betrachte ich Kommunikation als ein weiteres Paradigma, das immer mehr über den wirtschaftlichen Erfolg eines Unternehmens mitentscheidet.

3. Kommunikation im Hinblick auf das historische Verhältnis zwischen Deutschen und Tschechen

An dieser Stelle seien gemäß der Darstellung von F. Schulz von Thun (1981, 25-30) die einzelnen Elemente der zwischenmenschlichen Kommunikation kurz dargestellt. Demnach gibt ein *Sender* eine *Nachricht* von sich, die der *Empfänger* aufnimmt. In der *Nachricht* stecken jedoch nicht nur Informationen über die mitgeteilten *Sachinhalte*, sondern auch Informationen über die Person des Senders. Damit steckt in jeder Nachricht auch ein Stück *Selbstoffenbarung* des Senders, die sowohl die gewollte Selbstdarstellung als auch die unfreiwillige Selbstenthüllung einschließt. Gleichzeitig heißt eine Nachricht senden immer auch, zu dem Angesprochenen eine bestimmte Art von *Beziehung* auszudrücken. Darüber hinaus haben fast alle Nachrichten die Funktion, auf den Empfänger Einfluss zu nehmen, an den Empfänger zu *appellieren* – kaum etwas wird nur so dahingesagt.

Jede Nachricht enthält somit immer ein ganzes Paket von vielen Botschaften. Daran wird deutlich, wie kompliziert und störanfällig der Vorgang der zwischenmenschlichen Kommunikation sein kann. Dies gilt insbesondere im Bereich der internationalen Wirtschafts- und Industriekooperation, da hier mehr als sonst unterschiedliche Formen bzw. Muster der Selbstdarstellung und der Wahrnehmung wie auch unterschiedliche Vorstellungen über Art und Definition von Beziehungen aufeinandertreffen. Vor allem in der Anfangsphase werden daher derartige internationale Kooperationen fast zwangsläufig von Problemen und Konflikten begleitet.

Gerade deshalb erfordert jedoch die Kommunikation in deutsch-tschechischen Joint Ventures eine mehr als sensible Herangehensweise, da wir uns hier in einem sehr spezifischen Kontext von zwei Kulturen und Mentalitäten bewegen. Zwar stützen sich heute beide Kulturen auf ähnliche Werte, dennoch sind im Vergleich mit Kooperationsprojekten innerhalb der westlichen Industrieländer deutlich mehr mögliche Reibungsflächen zu beachten. Unterschiedliche Formen der Darstellung und Wahrnehmung sowie Differenzen hinsichtlich der Art und Definition der Beziehungen erlangen bei deutsch-tschechischen Joint Ventures auch deshalb zusätzliche Brisanz, da beide Kulturen über die letzten Jahrzehnte hinweg durch diametral entgegengesetzte politische und wirtschaftliche Systeme geprägt worden sind.

Nachdem die unmittelbare nach-revolutionäre Euphorie der Jahre 1989/ 90 verflogen ist, können wir heute konstatieren, dass der Zusammenbruch der kommunistischen Systeme die allgemeine und stereotype Vorstellung von westlicher Überlegenheit weiter bekräftigt und eine differenzierte Sicht zunächst eher noch verstellt hat. Ein Ausdruck davon ist unter anderem das auf die tschechische Seite arrogant wirkende Verhalten vieler ausländischer Führungskräfte zu Beginn ihrer Tätigkeit in Tschechien. Der jahrzehntelange Systemgegensatz führte dazu, dass man sich gegenseitig nicht kennt und gleichzeitig nicht viel von- oder übereinander weiß. Interessanterweise lässt sich feststellen, dass die deutsche (westliche) Seite von der tschechischen Seite mehr abgeschottet war als umgekehrt. Nach einer repräsentativen Untersuchung von Kienbaum Development Services GmbH unter deutschen und tschechischen Führungskräften (Schmitz/Philipp 1996, 7) haben fast zwei Drittel aller beteiligten Tschechen vor ihrer aktuellen Tätigkeit berufliche Erfahrung mit Westeuropa sammeln können. Hingegen wurde mehr als die Hälfte aller deutschen Umfrageteilnehmer durch ihre derzeitige Tätigkeit zum ersten Mal beruflich mit einem mittel-osteuropäischen Land konfrontiert. Dies hat etwa die Unterschätzung des einheimischen Produktionswissens zur Folge, das auf tschechischer Seite oft auch nicht genügend verteidigt wird.

Das Verhältnis zwischen Deutschen und Tschechen ist aber nicht nur durch diesen Systemgegensatz geprägt. Mehrere Jahrhunderte lang standen der deutsche und der tschechische Kulturraum zueinander in Konkurrenz. Tschechen und Deutsche bildeten eine „Konfliktgemeinschaft" (Jan Křen), die ausgehend vom Hochkommen des Nationalismus im 19. Jahrhundert mit der nationalsozialistischen Gewaltherrschaft und Vernichtungspolitik in gewaltsamer Konfrontation eskalierte. Die tschechische Seite sah sich also für einen langen Zeitraum einer fremden Vorherrschaft gegenüber, wodurch das Verhältnis zwischen Tschechen und Deutschen nicht durch Gleichwertigkeit, sondern durch Asymmetrie gekennzeichnet war. In der westlichen bzw. bundesdeutschen Wahrnehmung wird das Jahr 1989 mit dem Fall des Kommunismus gleichgesetzt. Für die mittel- und osteuropäischen Länder bedeutet aber 1989 zugleich den Beginn der letzten Phase der „De-Kolonialisierung" (Goldstücker 1996). Von der kurzen Phase der Zwischenkriegszeit abgesehen hatten diese Länder keine Möglichkeit zur autonomen und eigenstaatlichen Entwicklung. Mehrmals stand das eigenständige Überleben dieser Nationen in Frage; während der national-sozialistischen Besatzung sogar das nackte physische Überleben. In diesem Umstand liegt auch eine der Wurzeln dafür, warum in all diesen Ländern den informellen Aspekten sowie dem Bereich der Beziehungen, die persönlichen mit eingeschlossen, ein derart hoher Stellenwert zukommt.

Im Falle Tschechiens waren die Protagonisten dieser fremden Vorherr-schaft – von der kommunistisch-sowjetischen Dominanz in den Jahren 1948 bis 1989 abgesehen – entweder direkt Deutsche oder deutsch-spre-chend. Dieser Kontext gilt für jede deutsche Führungskraft, die in Tsche-chien tätig ist. Ob es ihr gefällt oder nicht, die tschechische Seite wird ihr Verhalten bewusst oder unbewusst in diesen Kontext stellen. Daraus re-sultiert auf tschechischer Seite eine ambivalente Einstellung. Zum einen wird der wirtschaftlichen und demokratischen Entwicklung der Bundes-republik Deutschland nach 1945 durchaus Respekt gezollt. Es ist ja gera-de die wirtschaftliche Potenz, der Zugang zu den Märkten sowie das Know-how, das deutsche Partner für die tschechische Seite im Falle einer wirt-schaftlichen Kooperation interessant macht. Zum anderen gibt es aber auch eine tief verwurzelte Angst vor möglicher Vereinnahmung und Verlust der Eigenständigkeit. In diesem Zusammenhang taucht immer wieder das Schlagwort von der „Germanisierung" auf. Dieser Befund deckt sich mit Ergebnissen aus öffentlichen Meinungsumfragen. Demnach äußern zwei Drittel der befragten Vertrauen in das demokratische Deutschland, zugleich bekunden sie jedoch ihre Befürchtungen, Deutschland könne wieder Groß-macht mit nationalem Egoismus werden, insbesondere im Verhältnis zu den kleineren Nachbarn im Osten (Houžvička 1997, 16).

Die politischen und wirtschaftlichen Veränderungen seit 1989 bieten für die tschechische Seite jedoch durchaus auch die Chance, tradierte, ste-reotype Einstellungen zu verändern. Heute entspricht das Verhältnis zwi-schen Deutschland und Tschechien dem zweier gleichberechtigter Demo-kratien. Beide Länder wollen sich gemeinsam – wie es in der Deutsch-Tschechischen Erklärung formuliert und von den beiden Parlamenten Anfang 1997 auch bekräftigt worden ist – sowohl um eine vertiefte Sicht-weise der Geschehnisse in der Vergangenheit als auch um den Aufbau eines vereinten Europas bemühen. Gerade die Perspektive der europäi-schen Integration bietet für kleine Länder die Gewähr, in Zukunft keine Angst mehr vor gewaltsamen oder auch nur gnädigen Eingriffen von au-ßen seitens mittlerer oder größerer Mächte haben zu müssen. Natürlich gibt es im Rahmen multinationaler Konzerne ein Machtungleichgewicht zugunsten der Standorte, die näher an die Zentrale angebunden sind. Die wechselseitigen Abhängigkeiten sind zwar asymmetrisch, aber nicht einseitig. Diese Spielräume können und sollen sich Standorte bzw. Tochterunternehmen in kleineren Ländern zu Nutze machen. Im Übrigen bleiben auch die Ökonomien größerer Länder von den Auswirkungen des globalisierten Kapitalismus nicht verschont, wenngleich in unterschiedlichem Ausmaß.

Es nützt einem kleinen Land wie Tschechien und seinen politischen und wirtschaftlichen Eliten jedoch nichts, selbst die zugegebenermaßen kleinen Spielräume nicht auszunutzen und sich stattdessen ins eigene Schneckenhaus zurückzuziehen. Die Folge dieser Haltung ist nicht die notwendige Stärkung der eigenen Identität, sondern erneute Isolation und Stillstand des Transformationsprozesses, wie die von Jahr zu Jahr zunehmende Kritik der Berichte der Europäischen Kommission hinsichtlich der auf der Stelle tretenden Vorbereitungen für einen möglichen EU-Beitritt Tschechiens verdeutlicht.

„Hinzu kommt unsere spezifische Variante des Hochmuts, die ich „biedermeierisch" nenne. Sie kann bis in das 19. Jahrhundert zurückverfolgt werden. Es ist eine gewisse Selbstüberschätzung, dass wir Tschechen letztlich alles alleine am besten schaffen, dass uns kein Fremder dazwischen zu reden hat. Es ist ein spezifisch tschechischer Egoismus, gepaart mit einem Mangel an Verantwortungsgefühl der Welt gegenüber." (Havel 1999, 4)

4. Tschechisches Managementsystem à la Bat'a:
Sowohl strenge Vorgaben als auch schöpferischer Freiraum

Tomás Bat'a, im Juni 1932 bei einem Flugzeugabsturz tragisch ums Leben gekommen, war der Begründer der großen – und für die damalige Zeit sehr modernen – Schuh-, Maschinenbau, Flugzeugbau- und Textilfabriken im mährischen Zlin. Noch unter dem österreichischen Kaiser hat er für die österreichisch-ungarische Armee im ersten Weltkrieg Stiefel geliefert.[2] Sein Leitungssystem ist bis heute eine aufsehenerregende Legende geblieben. Ähnlich wie seine Sozialpolitik paternalistisch und deshalb auch nicht gerade gewerkschaftsfreundlich ausgeprägt war, so zeichnete sich Bat'a auch im Management selbst durch strenge Vorgaben aus. Gleichzeitig gab er jedoch all seinen Mitarbeitern bis hinunter zur letzten Werkbank innerhalb dieser Vorgaben einen gewissen Spielraum. Dieses „Tüftlertum" der Tschechen basiert somit zum einen auf industriellen und technischen Traditionen, die weit ins 19. Jahrhundert zurückreichen. Zum anderen spiegelt es auch Momente der Mehrdeutigkeit und Unbestimmtheit, die in den slawischen Sprachen und Kulturen ohnehin eine größere Rolle spielen. Das tschechische „Tüftlertum" wurde dann unter den kommunistischen Rahmenbedingungen im Sinne von Improvisation zum Ausgleich von Mängeln und Engpässen weiterentwickelt, um auf diese Weise einigermaßen die Produktion aufrechtzuerhalten. Diese Elemente der Eigenverantwortung und Eigeninitiative, die eben in Tschechien teilweise schon aus vorkommunistischen Zeiten herrühren, können vom heutigen Management positiv genützt werden, wenn es um Restrukturierung und Einführung neuer Produktionssysteme geht.

Die Teilnehmer unserer Workshops und Seminare sprechen sich auch nicht gegen strenge Vorgaben an sich aus. So regten sie etwa an, dass sie bei den Rollenspielen, mit denen wir Konflikt- und Verhandlungssituationen innerhalb des Managements simulierten, in Zukunft von klaren thematischen Vorgaben unsererseits auszugehen haben. Sollten sie die Szenarien selbst festlegen müssen, wie dies in unserer Konzeption ursprünglich vorgesehen war, könnten sie sich nur schwer einigen oder würden zu einfache Prämissen festlegen. Andererseits wird auf tschechischer Seite jedoch massiv kritisiert, dass deutsche Manager immer alles bis ins letzte Detail anordnen müssten; selbst wenn damit positive Entwicklungen in Gang gesetzt werden sollen. Der Spielraum für den Einzelnen gehe gleichzeitig gegen Null. Dahinter verbirgt sich wiederum eine unterschiedliche Wahrnehmung von Anordnungen. So äußerte ein Soziologe auf einem der oben erwähnten Workshops:

> „Wenn ein deutscher Arbeiter eine Anordnung liest, dann hält er sich daran. Die historische Erfahrung führt den tschechischen Arbeiter zu einer anderen Einstellung. Er macht genau das Gegenteil der Anordnung. Nur durch das bewusste Umgehen von Anordnungen konnten die tschechischen Arbeiter über Jahrzehnte hinweg trotz aller Widrigkeiten zum Funktionieren ihrer Betriebe beitragen. Der tschechische Arbeiter macht zwar, was ihm gesagt wird, er macht es aber auf seine Weise. Falls dieser Freiraum nicht vorhanden ist oder bewusst abgewürgt wird, kann das schnell zu Konflikten und anderen negativen Auswirkungen auf die wirtschaftlichen Ergebnisse eines Unternehmens führen."

Ein auf Kommandostrukturen basierendes Leitungssystem führt die deutschen Führungskräfte sehr schnell zur Unterschätzung des im Unternehmen auf tschechischer Seite vorhandenen Produktionswissens. Dieses Phänomen ist insbesondere in der Anfangsphase von deutsch-tschechischen Joint Ventures aufgetreten. Einerseits hat das deutsche Management eine vermeintliche Überlegenheit vorgegeben (auf tschechischer Seite wurde diese Einstellung auch mit dem Begriff „einmarschieren" charakterisiert), andererseits hat es oft sehr spät gemerkt, dass es in seiner Heimat eben mit genau diesem Produktionssystem – zu starke Hierarchisierung, zu wenig Flexibilität, zu wenig Eigenverantwortung etc. – in die Krise geraten war.

Neben diesen beiden Elementen (strenge Vorgaben bei gleichzeitig ausreichend vorhandenem schöpferischem Freiraum) gibt es noch einen dritten Faktor, der wesentlich dazu beigetragen hat, aus dem Leitungssystem von Bat'a eine Legende zu machen. Demnach soll ein Spitzenmanager ständig Präsenz zeigen. Er soll sich fortwährend um die Beschäftigten, um die Produktion, um den Betrieb kümmern. Auf diesen Punkt wies auch explizit Ludvík Kalma hin, Vorstandsvorsitzender von Škoda-VW, der im November 1996 bei einem Autounfall ebenfalls tödlich verunglückt ist. Neben dem Erfolg (ŠKODA AUTO a.s. kann in vielen Bereichen – z.B. die Einführung des neuen Mittelklasse-Wagens Octavia – auf positive Trends verweisen) hat dieser plötzliche Tod aus Kalma eine weitere Legende innerhalb der tschechischen Spitzenmanagements gemacht.

> „Und noch etwas: Sie dürfen auf die Leute nicht vergessen, ebenso wenig auf die Produktion. Sie dürfen ein Unternehmen nicht vom Schreibtisch aus leiten. Deshalb gehe ich täglich in die Fabrik. Jeden Tag gehe ich irgendwo anders hin, aber wirklich jeden Tag." (Kalma 1996, 3)

Deshalb war für Kalma der innere soziale Friede sowie die Zufriedenheit der Mitarbeiter immer ein wichtiger Faktor. Folglich sah er auch in den Gewerkschaften einen Partner, mit dem das Management erträgliche Kompromisse suchen soll. Selbst in heiklen Momenten führte er diesen soliden und ruhigen Führungsstil fort. Dabei war sich Kalma – für einen tschechischen Manager mehr als ungewöhnlich – auch nicht zu schade, den direkten Weg ins Gewerkschaftshaus aufzunehmen.

> *Beispiel*: Bei einem Workshop über Firmenkultur hat der deutsche Werksleiter eines weiteren großen deutsch-tschechischen Unternehmens – er war zu diesem Zeitpunkt etwa ein Jahr im Betrieb tätig – seine Bereitschaft unterstrichen, den direkten Kontakt mit seinen tschechischen Mitarbeitern zu suchen. Gerade einige Tage zuvor habe er nun auch in der Fabrikhalle ein erstes Gespräch mit den Meistern geführt. Beim Abschluss des Workshops meinte dazu ein Teilnehmer: „Wenn eine deutsche Führungskraft ein gutes Jahr bei uns ist und dann positiv hervorhebt, dass es nun zu einem ersten direkten Gespräch in der Fabrikhalle gekommen ist, dann sagt das einiges

aus, wie es um die Kommunikation in diesem Unternehmen bestellt ist. Unsere Leute erwarten viel schnellere und häufigere Kontakte."

Ein Grund für die Entstehung von Leitungssystemen mit Kommandostrukturen, so die Kritik auf tschechischer Seite, liege in der mangelhaften, weil zu wenig offenen und zu wenig umfassenden Informationspolitik von Seiten des deutschen Managements. Die Erfahrung zeigt tatsächlich, dass das schonungslose und rechtzeitige Offenlegen von Informationen eine Grundvoraussetzung zur Entstehung von Vertrauen zwischen deutschen und tschechischen Partnern ist. Offene und umfassende Informationen tragen somit auch zu einer hohen Motivation unter den tschechischen Mitarbeitern bei. Umgekehrt kann das Hintanhalten von Informationen, wie immer es begründet sein mag, sehr schnell in Misstrauen umschlagen, das dann unangenehme bzw. schmerzliche Entscheidungen gerade im spezifischen Kontext des Verhältnisses zwischen Deutschen und Tschechen als bewusst – oder auch nur unbewusst – „anti-tschechisch" interpretiert.

Beispiel: In einem großen deutsch-tschechischen Unternehmen stand im Zuge der betrieblichen Restrukturierung die Kündigung von mehreren hundert Mitarbeitern an. Die Personalabteilung sollte darüber mit den Gewerkschaften verhandeln. Aber sowohl die deutschen als auch die tschechischen Führungskräfte fanden dazu nicht den Mut. Aus Angst vor möglichen Protestaktionen schoben sie das Problem wochen- und monatelang ungelöst vor sich her. Als es dann aufgrund der gesetzlichen Fristen nicht mehr möglich war, das Vorhaben der Firma vor den Gewerkschaften zu verheimlichen, fiel die Nachricht über die bevorstehenden Kündigungen mit der Ankündigung zusammen, ein neues Produktionssystem einführen und somit die betriebliche Organisation von Grund auf umändern zu wollen. Angesichts dieser doppelten Brisanz war der Konflikt vorprogrammiert. Wird es nur bei diesen Kündigungen bleiben? Wann folgen die nächsten? Wird vor allem im Bereich von Entwicklung und Forschung gekündigt? Werden wir jetzt im Konzern nicht einfach zur „verlängerten Werkbank"? Zeigt nicht auch das neue Produktionssytem in diese Richtung? Trotz der Ausarbeitung von Sozialplänen für die betroffenen Mitarbeiter folgten Protestaktionen von Seiten der gesamten Belegschaft.

Eine offene, umfassende und zugleich rechtzeitige Informationspolitik ist einer der Eckpfeiler für eine funktionierende Kommunikation in einem deutsch-tschechischen Unternehmen. Darüber hinaus sollen die Informationen jedoch auch genügend plastisch dargestellt und somit anfassbar für die tschechische Seite sein, um auf diese Weise ihrer technisch-praktischen Ausrichtung Rechnung zu tragen. Ebenso sollen die Informationen für das teilweise spezifische Wahrnehmungsmuster der tschechischen Seite nachvollziehbar und einordbar sein.

Beispiel: Das Konzept für die Restrukturierung des deutsch-tschechischen Unternehmens ŠKODA AUTO a.s. orientiert sich am Modell der „Fraktalen Fabrik" (s.o.). Für die Beschäftigten stand jedoch in ihrer ersten Wahrnehmung nicht so sehr der mögliche Zuwachs von mehr Autonomie der betrieblichen Einheiten im Vordergrund, sondern vielmehr Befürchtungen vor einer damit parallel einhergehenden Auflösung ihres gewachsenen Kollektivs, d.h. der Einheit im Betrieb. In den Diskussionen zu dieser Zeit herrschte das Gefühl vor, in Zukunft werde die Unternehmensleitung noch viel leichter jeden gegen jeden ausspielen können. Eine auf diese Weise geschwächte und in sich zersplitterte Belegschaft sei noch mehr den Interessen des ausländischen Kapitaleigentümers ausgeliefert. Dies umso mehr, da diese Konzeption bewusst eine weitgehende Integration von Zulieferern in das Gelände des Stammwerks von Skoda mit einbezieht. Vor dem Hintergrund einer ohnehin – unter anderem auch durch die Transformation bedingten – zunehmenden Atomisierung der tschechischen Gesellschaft wurde aus der Bezeichnung „Fraktale Fabrik" der Begriff „Fraktalisierung". Es folgten Protestaktionen, die eine kritische Aufmerksamkeit weit über die betriebliche Öffentlichkeit hinaus provozierten. Gleichzeitig wurde anschließend von beiden Seiten wieder das Gespräch gesucht. Es folgten unter Hinzuziehung von Moderatoren von außen, die sich auf Anerkennung durch beide Seiten stützen konnten, gemeinsame Workshops, bei denen die neue Unternehmensorganisation und ihre möglichen Auswirkungen noch einmal aufgearbeitet wurden. Ebenso kam es zu gemeinsamen Exkursionen zu Automobilwerken, die schon früher mit derartigen Restrukturierungen begonnen hatten und somit dazu erste anschauliche Ergebnisse und Erfahrungen aus der Praxis liefern konnten. Auf der Basis dieses gemeinsamen Meinungs- und Erfahrungsaustauschs konnte nach langwierigen Verhandlungen ein gemeinsam ausgehandelter Vertrag abgeschlossen werden: Demnach erklärt sich auch die Gewerkschaft mit der neuen Fabrikorganisation im Prinzip einverstanden. Gleichzeitig garantiert die Firmenleitung bestimmte soziale und rechtliche Mindeststandards, die Zulieferern bei ihrer Integration in das Stammwerk auferlegt werden. Aufgrund eines klaren Informations- und Konsultationsmechanismus, der der Furcht vorbeugen soll, vor vollendete Tatsachen gestellt zu werden, behält die Gewerkschaft weiterhin die Übersicht, was im gesamten Werk vor sich geht. In Übereinstimmung mit dem tschechischen Arbeitsrecht kann die Gewerkschaft von Skoda ohnehin die Interessenvertretung auch der Beschäftigten der integrierten Zulieferer vornehmen, sofern diese das wollen. Mit diesem Bündel von nachvollziehbaren Informationen und Vereinbarungen konnte die Angst vor Auflösung und Zerschlagung des Kollektivs gemindert werden. „Durch diese Aktivitäten hat jede Seite die Möglichkeit erhalten, sich in die Position, Denkweise sowie Mentalität der jeweils anderen hineinzuversetzen. Auf dieser Basis ist es jetzt leichter, Konflikte zu lösen und einen für beide Seiten vertretbaren Konsens zu finden", so einer der beteiligten Top-Manager. Ähnlich bilanzierte der Gewerkschaftsvorsitzende: „Wir sind immer noch auf der Suche zueinander. Aber heute wissen wir, dass sich beide Seiten gegenseitig brauchen und gegenseitig voneinander lernen können."

In der tschechischen Gesellschaft, aber auch im heutigen wirtschaftlichen Leben der Tschechischen Republik spielen informelle und persönliche Beziehungen eine entscheidende Rolle. Sowohl im Kontext jahrhundertelanger fremder Vorherrschaften als auch zu Zeiten von Kommunismus und zentraler Planwirtschaft waren es – generell und in den Betrieben ebenso – ganz wesentlich diese persönlichen Beziehungen, die als Instrument zur Abschirmung oder zumindest zur Abmilderung von äußeren Zwangseingriffen eingesetzt werden konnten. Hervorzuheben ist, dass wir es hier nicht nur mit dem Ergebnis einer spezifischen historisch-kulturellen Entwicklung zu tun haben. Vielmehr ist die hohe Bedeutung der informellen Beziehung im Betrieb auch ein Spiegel für die gesellschaftliche und wirtschaftliche Realität in allen kommunistischen Staaten nach 1945. Gerade unter realsozialistischen Bedingungen mussten die informellen Beziehungen als Steuerungsinstrument für den betrieblichen Alltagsablauf eine dominierende Stellung einnehmen. Jüngste Untersuchungen über Struktur und Entwicklung der Personalarbeit in den neuen Bundesländern seit der Wende kommen zu demselben Ergebnis; ähnlich weisen sie auf, dass die (west-)deutschen Manager damit richtig umgehen (Becker u.a. 1996, 3-21, 139-161).
    Auch heute dominiert für die tschechische Seite neben objektiven Kriterien immer noch der persönliche Kontakt, das persönliche Bild, die persönliche Erfahrung hinsichtlich der Einschätzung eines deutschen Partners. So kommt die oben angeführte Untersuchung von Kienbaum zu folgendem Ergebnis: Über 80 Prozent der befragten deutschen und tschechischen Führungskräfte gaben an, dass sie durch persönliche Kontakte auf ihren Partner aufmerksam geworden sind. Kammern, Verbände, Beratungsunternehmen, Privatisierungsagenturen oder Makler spielten dagegen eine untergeordnete Rolle (Schmitz/Philipp 1996, 4). Im Hinblick auf das erwähnte Kommunikationsmodell von Schulz von Thun ist hier somit festzuhalten: Deutsche Führungskräfte bewegen sich eher auf der Sachebene von Mitteilungen, während für die tschechischen viel stärker der Beziehungsaspekt im Vordergrund steht. Lässt daher die Kommunikation für

diese persönlichen Aspekte genügend Raum, und zeigt die deutsche Seite überdies eine Bereitschaft, auch auf der persönlichen Ebene mit ihren tschechischen Partnern und Mitarbeitern stabile, regelmäßige und informelle Kontakte aufzunehmen, wird die Kommunikation zwischen beiden Seiten sicherlich schneller und letztlich auch effizienter erfolgen.

Beispiel: Eine deutsche Organisation hat in Bayern vor gut fünf Jahren eine Stelle geschaffen, die sich ausschließlich um ihre tschechischen, slowakischen und slowenischen Partner kümmern sollte. Die entsprechende Person hat sich schnell eingearbeitet. Bedingt durch ihr Fachwissen, aber eben auch durch Verlässlichkeit und häufige Präsenz hat sie das Vertrauen der tschechischen Partner erworben. Innerhalb von gut einem Jahr hat diese Person bereits mehr zustande gebracht als die gesamte Organisation über fünf Jahre hinweg mit ihren von der Zentrale aus gesteuerten Kooperationsprogrammen. Die Zentrale trat immer wieder in Form von verschiedenen Personen in Tschechien auf, und dies auch nur sehr sporadisch, schließlich mussten neben Tschechien auch andere Länder betreut werden. Damit wurden aber bei den tschechischen Partnern nur Gefühle der Verwirrung und Geringschätzung ausgelöst. Die Person aus Bayern ist mittlerweile bekannt; ihre Tätigkeit kann auch in der Wahrnehmung der Tschechen richtig eingeschätzt werden. Kooperationen mit Bayern werden heute auf tschechischer Seite auf die gleiche Stufe wie eine innertschechische Kooperation zwischen Westböhmen und Südmähren gestellt. Fahrten nach Bayern gelten schon nicht mehr als Auslandsreisen und brauchen daher keine Genehmigung mehr von Seiten des Vorstands. Aufgrund der geringen Entfernung ist es auch kein Problem, sich regelmäßig zu treffen. Dabei können Missverständnisse, unterschiedliche Interpretationen, unterschiedliche Wahrnehmungen schon in ihrer Entstehung aufgelöst werden, was auf der Ebene der Zentrale oft nach einem monatelangen Hin und Her noch immer Probleme bereitete. In manchen Fällen hatte sich das Ausmaß der Missverständnisse aufgrund des gegenseitigen Nicht-Kennens sogar vergrößert. Die tschechischen Partner äußern heute denn auch gegenüber dieser Person aus Bayern ihren tatsächlichen Bedarf an Kooperation und geben nicht – wie früher gegenüber der Zentrale – Höflichkeitsadressen ab. Interessant ist zu beobachten, dass die tschechische Seite das Wirken dieser Person aus Bayern als Indikator dafür wertet, dass sich die Einstellung der deutschen Organisation ihr gegenüber insgesamt zum Positiven geändert hat. Aus meiner Beobachtung sehe ich die Entwicklung differenzierter. Es war und ist in erster Linie das hohe Engagement und das Geschick dieser Person aus Bayern, die heute – bei weitgehend denselben Rahmenbedingungen – vieles möglich macht, was früher nicht einmal angedacht wurde. Natürlich ist unbestritten, dass diese Erfahrungen sowie diese konkreten Ergebnisse in der Kooperation ihre positiven Rückwirkungen auf die gesamte Organisation haben.

5. Kommunikation ja, aber in welcher Sprache?

In den meisten deutsch-tschechischen Unternehmen spielt sich die Kommunikation überwiegend in der deutschen Sprache ab. Vielen Tschechen bereitet dies insbesondere bei längeren, wichtigen Gesprächen gewisse Probleme. „Die Fähigkeit, sich in Fremdsprachen ohne Probleme zu bewegen, wird immer nur von der tschechischen Seite vorausgesetzt. Aber selbst mit Englisch als gemeinsamer Sprache sind unsere deutschen Partner nicht immer glücklich", so ein Repräsentant des CKD-Kompressorenwerks Prag.

In der Tat stellt sich die Frage, welche Fremdsprache denn nun die tschechischen Führungskräfte lernen sollen. In einem deutsch-tschechischen Unternehmen liegt es natürlich nahe, dass Deutsch als erste Fremdsprache erlernt wird. Aber auch in diesen Unternehmungen müssen die tschechischen Führungskräfte, wenn sie sich auf dem internationalen Markt bewegen und in den Verhandlungen durchsetzen wollen, darüber hinaus des Englischen mächtig sein. Zwei Sprachen gleichzeitig erlernen zu wollen, ist jedoch bekanntermaßen schwierig. Deshalb dürfen von deutscher Seite Bestrebungen, sich das Englische anzueignen, nicht gering geschätzt werden.

Andererseits präsentieren zwar viele tschechische Manager beim Eintritt des deutschen Kapitals ihre eigenen Grundkenntnisse in Deutsch, aber die Lösung der vielen Detailprobleme im Unternehmen (z.B. Einführung neuer Technologien bzw. neuer Leitungs- oder Weiterbildungssysteme) erfordert eben perfekte Sprachkenntnisse. Tschechen in leitenden Positionen, die „ganz gut Deutsch sprechen", finden in der Regel nicht den Mut, ehrlich zu sagen: „Das verstehe ich jetzt nicht."

Beispiele:

„Eine typische Situation: Der Vorgesetzte gibt eine Weisung in Deutsch. Der Unterstellte hat sie beim ersten Mal nicht richtig verstanden, hat aber Angst zu fragen. Wer zu viel fragt, ist unfähig, sagt man im Werk. Da probiert er es lieber – neun Mal klappt es, beim zehnten Mal gibt es einen Reinfall. Auf der anderen Seite gibt der deutsche Vorgesetzte nie einen Fehler zu, und die Ansichten der tschechischen Assistenten werden automatisch und überheblich abgelehnt." (Ševela 1995, 30)

Ein Teilnehmer sagte bei einem der oben erwähnten Workshops: „In Sitzungen sieht es oft so aus, dass die Deutschen etwas von den Tschechen fordern, was diese rein verbal nicht verstehen. Nachfragen werden unterbunden, und wenn der Tscheche die Arbeit dann so ausführt, wie er sie verstanden hat, kommt es zum Vorwurf von deutscher Seite, warum die Arbeit denn nicht so gemacht sei, wie vereinbart."

Um derartige unnötige Reibungsverluste zu vermeiden, kann dem nur durch ständige und fachlich qualifizierte Dolmetscher-Dienstleistungen abgeholfen werden (s.u. *7. Positive Ansätze für eine offene Kommunikation zwischen Tschechen und Deutschen*). Diese sind aber bekanntlich ziemlich teuer, was der Grund dafür ist, dass solche Initiativen zur Überwindung der Sprachbarrieren nicht von den Tschechen selbst in Gang gebracht werden. Vielmehr wird in der Erwartung verharrt, dass die Lösung des Sprachproblems schon automatisch von der deutschen Seite in Angriff genommen wird.

Diese asymmetrische Kommunikationsstruktur hat dann manchmal auch ganz eigenartige Auswirkungen auf Prozess und Struktur der zentralen Entscheidungen in den Unternehmen. Auf tschechischer Seite wird hervorgehoben, dass es häufig die deutschen Manager sind, die das Sagen haben. Meistens wird diese Argumentation jedoch genau von jenen tschechischen Führungskräften vorgetragen, die selbst unsicher sind, für eigene Entscheidungen auch die Verantwortung zu übernehmen. Lieber schieben sie diese von sich weg und erwarten, dass die deutsche Seite dann schon zeigen wird, wo es langgeht. Somit schließt sich der Kreis. Gefordert ist an dieser Stelle auf tschechischer Seite mehr Mut zu eigenverantwortlichem Handeln und auch zum Risiko. Dies muss einhergehen mit einem konstruktiven Dialog, der die Meinung der tschechischen Partner berücksichtigt. Nur so kann das Vorurteil, es werden ohnehin nur Befehle eines fremden Managements ausgeführt, keine Bestätigung finden.

6. Deutsche Führungskräfte schotten sich ab

Verstärkt werden diese Kommunikationsschwierigkeiten durch zuweilen fehlendes Integrationsbemühen der deutschen Seite. Sehr häufig wird an deutschen Managern die fehlende Bereitschaft kritisiert, Schritte in Richtung engerer Kontakte und verstärktem Interesse gegenüber den tschechischen Partnern, insbesondere auch gegenüber den tschechischen Beschäftigten zu machen.

Beispiele: Der Vorsitzende der tschechischen Metallgewerkschaft KOVO sagte auf einer Konferenz Ende November 1996 in München: „Wer sich als ausländische Führungskraft nicht mit der Mentalität unserer Leute auseinandersetzen und auf sie zugehen will, der wird immer wieder mit Schwierigkeiten zu tun haben, wenn es zunächst um die Realisierung und dann um die Umsetzung gemeinsamer Vereinbarungen und Absprachen geht." Diese Einschätzung teilt auch der amerikanische Direktor der Prager Filiale von CooperPrice Waterhouse: „Ein ausländischer Manager, der von seinen Forderungen und Ansprüchen nicht etwas zurückstecken kann oder einige alte Gewohnheiten nicht ändern will, dem widerfährt kein Erfolg, und er kehrt frustriert zurück. Und außerdem entgehen ihm viele angenehme Erlebnisse." (Ševela 1995, 32)

Ebenso wird negativ beurteilt, dass nur bei wenigen deutschen Managern das Bestreben sichtbar wird, sich zumindest die Grundkenntnisse der tschechischen Sprache anzueignen. In den letzten Jahren sind dazu jedoch erste positive Änderungen zu beobachten. Deutsche Manager, die tschechisch sprechen, sind zwar immer noch eine deutliche Minderheit, aber doch schon mehr als exotische Ausnahmen.

Eine deutsche Führungskraft hält sich in einem Joint Venture oder auch in einem tschechischen Tochterunternehmen in der Regel drei Jahre auf. Wenn man jedoch die unproduktive Zeit, bedingt durch das Dolmetschen von Sitzungen, Verhandlungen oder auch von Vorträgen, zusammenrechnet, dann arbeitet die deutsche Führungskraft nur mehr zwei oder maximal zweieinhalb Jahre in ihrem Betrieb. Wäre es daher nicht auch aus ökonomischer Sicht für diese Unternehmen von Vorteil, wenn sie ihren deutschen Führungskräften zu Beginn ihres Einsatzes mehrere Monate lang einen Intensivkurs in Tschechisch zukommen lassen würden? Am besten wäre es sicherlich, diese Sprachkurse für deutsches Personal mit einem Praktikum bzw. mit Hospitationen in einem anderen deutsch-tschechischen Unternehmen sowie mit Schulungen vor Ort über Wirtschaft, Geschichte, Mentalität und Kommunikationsstruktur des Gastlandes zu verbinden.

Auf diese Weise könnten die deutschen Führungskräfte schon im Vorfeld wichtige Erfahrungen für ihre eigentliche Tätigkeit sammeln. Dies würde zum einen von vornherein viele spätere Reibungsverluste vermeiden; zum anderen könnte es von der tschechischen Seite als ein deutliches Signal dafür aufgefasst werden, dass sich ihre ausländischen Partner tatsächlich auf das hiesige Umfeld einlassen wollen.

Zugegeben, Tschechisch ist nicht gerade eine leichte Sprache. Aber auch in vielen anderen Ländern lernen und sprechen die deutschen Manager die Landessprache. Und dies mit Recht. Schon mehrmals ist in diesem Zusammenhang auf Jan Hus verwiesen worden, von dem der Ausspruch überliefert ist: „Nur wer die Seele der Sprache versteht, kann auch die

Seele des Landes und seiner Menschen verstehen." Wenn also die tschechische Republik eines der wenigen Länder ist, in dem ausländische Führungskräfte nicht die Landessprache lernen, dann kann das auf tschechischer Seite, besonders vor dem konkreten historischen Hintergrund des Verhältnisses zwischen Deutschen und Tschechen, nur als diskriminierend aufgefasst werden.

Bei ersten Begegnungen mit deutschen Managern, die in einem Joint Venture in Tschechien ihre Tätigkeit gerade neu aufgenommen haben, wird mir immer wieder Folgendes entgegengehalten: Die Wichtigkeit der Sprache solle nicht zu sehr – und schon gar nicht als ein besonderer Aspekt im historischen Kontext des Verhältnisses zwischen Deutschen und Tschechen – betont werden. Schließlich treten auch an anderen Standorten in anderen Ländern, in denen ihr Unternehmen tätig ist, durch die Sprache bedingte Schwierigkeiten in der Kommunikation auf. Diese Einschätzung mag formal zwar richtig sein, und dennoch muss sie auf die tschechische Seite als eine Bagatellisierung des spezifischen historischen Kontextes wirken. Die Sprache war für die tschechische Seite im Verhältnis zu den Deutschen niemals nur ein reines Kommunikationsmittel, sondern immer auch ein Kampfinstrument bzw. ein Ausdruck des Willens, die eigene Identität aufrechtzuerhalten.

Die Bereitschaft einer deutschen Führungskraft, die Sprache zu erlernen, wird auf tschechischer Seite sehr oft mit der Bereitschaft gleichgesetzt, sich auf Land und Leute einzulassen. Zugleich wird es als Signal aufgefasst, dass die ausländische Führungskraft über die Interessen der Muttergesellschaft und der eigenen Karriere hinausgehend tatsächlich zur Entwicklung des Betriebes und des Landes beitragen will. In diesem Zusammenhang hat der historische Kontext, der die Tschechen allein im letzten Jahrhundert mit drei fremden Vorherrschaften konfrontiert sah, auch seine Bedeutung für das Management. Selbst ein tschechischer Manager wird von seinen eigenen Leuten nicht nur nach den fachlichen Qualifikationen gemessen. Mindestens ebenso ist von Bedeutung, wie er mit seinem Handeln trotz allem die schlimmsten Auswirkungen dieser fremden Vorherrschaften vom Betrieb fernhalten oder zumindest eingrenzen kann. Ein tschechischer Spitzenmanager muss demnach unter diesen Bedingungen immer auch die Aufrechterhaltung der eigenen wirtschaftlichen Substanz im Auge haben. Die Wichtigkeit der Sprache hinsichtlich Erfolg oder Nicht-Erfolg von ausländischen Führungskräften in deutsch-tschechischen Unternehmen zeigt sich unter anderem auch in den Kriterien, mit denen auf tschechischer Seite die Arbeit der deutschen Führungskräfte bewertet wird.

Beispiel: So ergriff bei einer Abschiedsfeier für einen deutschen Manager, der nach mehrjähriger Arbeit in der Tschechischen Republik in die Zentrale zurückkehrte, ein alter Meister das Wort, der innerhalb der Belegschaft große Autorität genießt. „Es ist wirklich schade und viel zu früh, dass Herr M. unser Werk nun verlassen wird. Fachlich ist er ein absoluter Spitzenmann, aber darüber braucht man nicht viele Worte zu verlieren, schließlich ist das eine Selbstverständlichkeit. Die deutschen Führungskräfte sind ja gekommen, um Know-how ins Land zu bringen. Was ihn aber darüber hinaus auszeichnet, ist Folgendes: 1. Herr M. hat Tschechisch gelernt. Er kann mit uns direkt und ohne Probleme kommunizieren. Damit hat er gezeigt, dass er es mit unserem Werk, mit unserem Land, mit unseren Leuten tatsächlich ernst meint. 2. Herr M. hat bei der Europameisterschaft 1996 in England der tschechischen Mannschaft die Daumen gedrückt, selbst im Finale gegen Deutschland. 3. Herr M. ist während seines Aufenthaltes bei uns noch einmal Vater geworden. Und stellen Sie sich vor: Sie haben ihrem Sohn einen tschechischen Namen gegeben. Das sagt schon etwas."

Ein Grund für das Sich-nicht-einlassen-Wollen liegt zuweilen auch in der Personalauswahl, die bei der Entsendung der Führungskräfte von den ausländischen Firmen vorgenommen wird. Nicht selten wird auf tschechischer Seite der Vorwurf geäußert, die deutschen Mutter-Unternehmen hätten teilweise „drittklassiges" Führungspersonal nach Tschechien geschickt (Dörr/Kessel 1996, 14); Leute, für die man zu Hause keine Verwendung mehr habe, sollten auf diese Weise abgeschoben werden. Oft sind es auch junge Leute, die in ein Joint Venture in der Tschechischen Republik kommen. Viele sind hochmotiviert, schießen aber dabei übers Ziel hinaus. Ohne Sensibilität für bestehende Traditionen vermitteln sie ihren tschechischen Partnern, man müsse alles ganz anders machen, wenn man in Zukunft Erfolg haben wolle. Ihre Tätigkeit sehen sie in erster Linie als günstige Gelegenheit für einen schnelleren Karrieresprung anschließend zu Hause. Sich dabei auf das hiesige Umfeld einzulassen, wäre lästig und zudem mühsam. Da fliegt man am Wochenende schon mal lieber nach Hause. Eine stärkere Identifikation mit diesem konkreten Lebensabschnitt kann deshalb für die tschechische Seite nicht spürbar werden.

Zudem fehlt es an Erfahrung in Menschenführung, was unter anderen kulturellen Bedingungen noch schwerer wiegt. So ist es in vielen Fällen gerade diese Schicht von Führungskräften, die einen kontinuierlichen und intensiven Dialog mit den tschechischen Beschäftigten bzw. mit deren Gewerkschaftsrepräsentanten eher als ein mögliches Störpotential für ihre Arbeit ansehen. Zu Hause durch die Tradition und die Stärke der Gewerkschaft zur Zusammenarbeit mit den Vertretern der Beschäftigten gerade noch gezwungen, glauben sie hier, auf eine derartige (in ihren Augen „lästige") Kommunikationsstruktur umgehend verzichten zu können.

Auf tschechischer Seite werden derartige ausländische Führungskräfte im vertrauten Gespräch als „Fünfte Kolonne" bezeichnet. So hatte eine österreichische Bank zu Beginn ihrer Tätigkeit in der Tschechischen Republik als Personalchef eine Führungskraft aus Österreich entsandt. Der Mann wurde aufgrund seines arroganten, nicht-kommunikativen Auftretens von den tschechischen Mitarbeitern so weit wie möglich gemieden. Sie sahen in ihm ein direktes Vollzugsorgan der Zentrale, der deren Vorgaben ohne Rücksicht auf die örtlichen Verhältnisse umzusetzen habe. Die Fluktuation der Beschäftigten stieg steil an; das Arbeitsklima wurde immer gespannter. Nach zwei Jahren reagierte die Unternehmensleitung. Der bisherige Personalchef wurde abgezogen; sein Nachfolger – ein Tscheche – hat sich in die neue Funktion schnell eingearbeitet und pflegt zudem einen korrekten Umgang mit den Mitarbeitern. Seither kommen auch Personalangelegenheiten tatsächlich und schneller auf den Tisch. Kündigungen werden in der Regel nicht mehr am letztmöglichen Tag eingereicht. Dem Unternehmen bleibt somit noch ein zeitlicher Spielraum zur Reaktion.

Ein weiteres Problem in der Auswahl der ausländischen Führungskräfte liegt in deren fachlicher Verengung. In der Regel werden von den ausländischen Unternehmen Juristen, Betriebswirte und zu einem geringen Teil Techniker nach Tschechien entsandt. In diesem Zusammenhang möchte ich auf die aktuelle Management-Diskussion in Deutschland verweisen. Auch hier häufen sich die Stimmen, die zum einen einen Bedeutungszugewinn von überfachlichen Bereichen wie Öffentlichkeitsarbeit, Kommunikation, Kundenorientierung oder auch das Herstellen von Corporate Identity konstatieren. Zum anderen bringen jedoch Betriebswirte oder Juristen aufgrund ihrer Ausbildung in der Regel zu wenig Potential für diese Bereiche mit. Will sich ein Unternehmen um seine Weiterentwicklung intensiv kümmern, tut es daher gut daran, sich das entsprechende Knowhow zu beschaffen.

Die Manager „werden sich zukünftig über bloße wirtschaftswissenschaftliche Kenntnisse hinaus ein allgemeines Orientierungswissen zum Regelwerk unserer postmodernen Gesellschaft aneignen müssen. Ohne eine Kenntnis und ein zumindest grobes Verstehen dessen, was sich heute etwa hinter Begriffen wie Modernisierungsdynamik, Risiko- oder Erlebnisgesellschaft versteckt, bleibt ökonomisches Handeln orientierungslos." (Rasche 1995)

Ein deutsch-tschechisches Unternehmen sollte daher den Aspekt der fachlichen Verengung seiner ausländischen Führungskräfte umso mehr berücksichtigen, da es wie oben angeführt – und dies zeitgleich – auf drei Ebenen (Herausbildung eines neuen Produktionsmodells, basierend auf Kommunikation und Kooperation; interkulturelles Umfeld; spezifischer Kontext der deutsch-tschechischen Beziehungen) mit diesen Entwicklungen konfrontiert ist.

7. Positive Ansätze für eine offene Kommunikation zwischen Tschechen und Deutschen

Dass in der Wahrnehmung von Art und Struktur der Kommunikation zwischen deutschem und tschechischem Kulturraum deutliche Unterschiede auszumachen sind, davon berichten auch immer wieder Unternehmensberater und Ausbildungstrainer, die in beiden Ländern tätig sind.

Beispiel: Der Gewerkschaftsvorsitzende eines großen deutsch-tschechischen Unternehmens hat in einem Interview für eine auflagenstarke Tageszeitung technisch-organisatorische Unzulänglichkeiten bei einem Modellwechsel kritisiert. Für eine deutsche Führungskraft, aber auch für einen deutschen Betriebsrat bzw. Gewerkschafter hat er damit an einem Tabu gerührt. Selbst wenn es in der Realität so wäre, würden diese öffentlich trotzdem sagen, „ihre" Firma produziere immer das beste Produkt. Unter den gegebenen Bedingungen in der Tschechischen Republik kann es jedoch nur zu Missverständnissen führen, automatisch ein solches Verhaltensmuster zu erwarten. Nach mehreren Jahrzehnten nicht gerade angenehmer Erfahrungen mit Zensur und nicht vorhandener Öffentlichkeit kann es nur als erneuter Versuch der Einschränkung der Presse- und Meinungsfreiheit aufgefasst werden, wenn man jetzt schon wieder über bestimmte Aspekte des wirtschaftlichen Geschehens in „seiner" Firma nicht öffentlich sprechen dürfen sollte. Gleichzeitig habe ich in mehreren Gesprächen diesen Gewerkschaftsvorsitzenden von einer differenzierteren Betrachtungsweise überzeugen können. Unter den neuen Bedingungen von offenen Märkten bleibt es der tschechischen Seite nicht erspart, eine Balance zwischen Loyalität gegenüber „seiner" Firma einerseits und hartem Verhandeln mit dem Management vor Ort und im Konzern andererseits zu finden. Ausdrücklich habe ich den Gewerkschaftsvorsitzenden ermutigt, auch weiterhin öffentlich Kritik zu üben, wenn etwa die sozialen Bedingungen seiner Leute im Betrieb nicht in Ordnung sind. Dann gehört es zur Pflicht eines guten Vertreters der Beschäftigten, diesen Missstand öffentlich zu machen. Das ist nun einmal ein wichtiger Faktor im freien Spiel der Kräfte, auch was die sozialen Beziehungen in einem Unternehmen anbelangt. Dies werde zwar auch nur wenigen im Management gefallen, gehöre aber dennoch zu einem allgemein akzeptierten Verhaltenskodex im Rahmen ziviler industrieller Beziehungen. Bei der eigentlichen wirtschaftlichen und technischen Produktion kann es jedoch durchaus richtig sein, in einigen Fällen taktischen Überlegungen (z.B. durch Imageverlust werden die zukünftigen Marktchancen, damit auch die Arbeitsplätze der Kollegen „seiner" Firma gefährdet) der Freiheit des Wortes dem Vorzug zu geben.

Auffallend sind diese Unterschiede auch im Bereich der Verhandlungsführung. Näher dargestellt sei dies am Beispiel des Aushandelns von Tarifverträgen: In Deutschland sind die Verhandlungen zwar zwischen den Tarifvertragsparteien selbst nicht öffentlich. Der Prozess der Verhandlungen als solcher wird jedoch massiv öffentlich ausgetragen. Beide Seiten bringen ihre jeweiligen „Truppen" in Stellung. Von deren Stärke hängt es ab, wie schnell es zu einem Abschluss der Verhandlungen mit einem Ergebnis kommt. Das Darstellen des Ergebnisses ist dann ein großes öffentliches Ereignis. Beide Seiten müssen das Ergebnis, dessen konkrete Gestalt Insider auf beiden Seiten zu Beginn der Verhandlungen ziemlich genau einschätzen können, sowohl als Erfolg als auch als Produkt der Anstrengungen ihrer Klientel verkaufen. Für diesen Moment der Darstellung der Verhandlungsergebnisse kommt es zu einem kurzfristigen Spannungsabbau zwischen beiden Seiten, die sich aber schon nach kurzer Zeit wieder aufzuladen beginnt.

In Tschechien, wo durch den Kommunismus die Tradition des freien Aushandelns von Tarifverträgen stark deformiert wurde, gibt es bislang Öffentlichkeit weder bei den Verhandlungen noch bei dem sie begleitenden Prozess, von einzelnen Ausnahmen abgesehen. Aber auch das Darstellen des Verhandlungsergebnisses wird von beiden Seiten nicht unbedingt in das Zentrum öffentlicher Aufmerksamkeit gerückt. Damit soll nicht gesagt werden, dass der Aushandlungsprozess einfacher sei als in Deutschland. Auch in Tschechien können mehr als zehn (in einzelnen Fällen waren es auch schon mehr als zwanzig) Verhandlungsrunden ins Land gehen, bis es zu einem Abschluss kommt. Natürlich ist das Ergebnis wichtig, aber noch wichtiger ist, dass die Verhandlungen in einem Happy End aufgehen. Happy End, das bedeutet die gegenseitige Anerkennung als gleichwertige Partner. Über das Happy End kommt es auch zu einem Spannungsabbau, der länger anhält, bevor es wieder zu einer etwaigen weiteren Aufladung der Spannungen kommt. Verweigert allerdings die Unternehmensführung den Gewerkschaften das Happy End, kann die historisch bedingt stärkere Bindung der Beschäftigten an ihren Betrieb in massive Frustration und Protestaktionen umschlagen.

Ähnliche Differenzen in Art und Struktur der Wahrnehmung von Kommunikation treten ebenso im Verlauf von beruflichen Fortbildungsmaßnahmen zutage. Während Teilnehmer von Seminaren in Deutschland, Österreich oder der Schweiz stark auf Visualisierung abzielen, fällt bei tschechischen Teilnehmern ihre große und ausdauernde Bereitschaft zum Zuhören auf. Gleichzeitig sprechen diese deutschen Trainer davon, dass Tschechen in der Kommunikation um ein Vielfaches mehr Wert auf Bewegung, Beziehung und Berührung legen.

Aus meiner eigenen Arbeit kann ich diese Erfahrungen nur bestätigen. So wurde etwa ein eigenes Kommunikations-Ausbildungsprogramm, das die Friedrich-Ebert-Stiftung über mehr als drei Jahre hinweg mit Multiplikatoren bzw. wichtigen Funktionären aus mehreren tschechischen und slowakischen Einzelgewerkschaften absolvierte, zu einem unerwartet großen Erfolg. Dieses Ausbildungsprogramm konfrontierte die Teilnehmer mit den modernen Methoden der Erwachsenenbildungsarbeit. Am Ende ihrer Ausbildung sollten die Teilnehmer befähigt sein, diese methodischen Kenntnisse in der Bildungsarbeit in ihrem eigenen Bereich selbstständig anzuwenden. Die Gruppe erwies sich als stabil und zeigte hohes Engagement. Ähnliche Erfolgserlebnisse zeitigt in der Zwischenzeit auch ein von unserer Firma EuroProfis koordiniertes Projekt „Personalarbeit 2005", das aus Mitteln des europäischen Bildungsprogramms „Leonardo da Vinci" unterstützt wird und an dem sich Führungskräfte (Produktion, Qualität, Einkauf, Personalwesen) aus drei tschechischen Zulieferfirmen (Akuma a.s., Brano a.s, Pal Praha a.s.) beteiligen. Die einzelnen Sequenzen (z.B. Visionen entwickeln, strategisch planen, Teamarbeit, Personalbewertung, Motivation und [Selbst-]Verantwortung etc.) sind bei unseren Partnern bereits zu einer Legende geworden.

Ein Grund dafür liegt in dem Umstand, dass in beiden angeführten Ausbildungslehrgängen unsere Trainer[3] den Teilnehmern möglichst viel Raum lassen, ihre eigenen Erfahrungen einzubringen. Je länger die Ausbildung dauert, desto mehr treten die Trainer in den Hintergrund und übernehmen zusehends nur noch Coaching- bzw. Supervisionsfunktionen. Parallel dazu wächst bei den Teilnehmern die Wahrnehmung, dass es sich dabei tatsächlich um ihre Ausbildung handelt, bei der sie ihre bisherigen Erfahrungen und Fähigkeiten neu sortieren, umorientieren und weiterentwickeln können.

Ein weiterer Grund für den Erfolg dieses Ausbildungsprogramms ist in der (auch von den Teilnehmern so empfundenen) Bereitschaft der Trainer zu suchen, sich auf die hiesige Mentalität und Kultur des Landes aktiv und wirklich einzulassen. Einige sprechen selbst tschechisch, aber auch die anderen bemühten sich, ihr Programm immer wieder mit Beispielen aus der tschechischen Literatur, dem tschechischen Film, der tschechischen Plakatkunst etc. plastisch anzureichern. Überdies verlangt diese Ausbildung von den Teilnehmern kein stundenlanges, passives Zuhören, sondern setzt vielmehr auf deren Aktivierung.

Damit Vermittlungsformen für interaktives Lernen auch in zwei Sprachen gelingen, sind allerdings einige Voraussetzungen zu beachten. Die deutschen Trainer sollten, wie gezeigt, stufenweise (zunächst Seminar-Assistenz, dann Co-Trainer) an ihren Einsatz herangeführt werden. Ferner sollten möglichst früh Mitarbeiter der auftraggebenden Institution vor Ort in die Vorbereitung und Durchführung solcher Veranstaltungen integriert werden. Sie stellen ein wichtiges Bindeglied zwischen Trainern und den Teilnehmern der Veranstaltung dar. Gleichzeitig übernehmen die Dolmetscher im Rahmen dieser Konzeption eine neue Rolle: Sie werden zu „Facilitators", die in das Lerngeschehen ebenfalls als aktiv handelnde Personen eingreifen. Damit haben die Trainer in den Dolmetschern zugleich Co-Moderatoren: Ein anderes Team entsteht.

Es gibt nun nicht mehr die starre Übersetzerkabine, in der eine den Teilnehmern unbekannte Person simultan dolmetscht. Es werden demnach im Grunde genommen keine Texte übersetzt, sondern Situationen interpretiert. Trotzdem muss eine gewisse „Texttreue" gewahrt bleiben. Hierzu ist der Wechsel von präzisem Übersetzen und erklärendem Interpretieren notwendig. Die hierzu notwendige Kooperation mit dem Trainer ist eine Herausforderung für den Dolmetscher. Es bedarf daher weniger der im Dolmetscher-Diplom geforderten Fähigkeiten als vielmehr eines gewissen Maßes an Fachkenntnissen in dem Gebiet, um das es geht, und einer sozialen Kompetenz, die es möglich macht, den Sinn einer Situation in der eigenen Sprache verständlich zu machen, statt die Worte eines Ausländers zu übersetzen (Heussen 1996, 3). Deshalb haben wir auch bei den Dolmetschern ähnlich wie bei den Trainern sowie beim Seminarstab (Projektleiterin, Organisations-Assistentin, Techniker) auf einen kontinuierlichen Einsatz großen Wert gelegt. Gerade in Tschechien ist die Stabilität und Kontinuität der handelnden Akteure eine wichtige Voraussetzung für eine funktionierende Interaktion im Beziehungsdreieck Trainer/auftraggebende Institution - Teilnehmer - Dolmetscher. Dies wiederum ist die Grundlage dafür, dass Weiterbildungsaktivitäten auch in zwei Sprachen positive Ergebnisse für alle Beteiligten hervorbringen können.

Im Rahmen der beiden Ausbildungslehrgänge wurde auch dem spielerischen Element ein großer Raum zugestanden, was bei den Teilnehmern auf positive Resonanz stieß. Dieses spielerische Element lässt sich in der tschechischen Tradition bis zum großen Pädagogen Jan Amos Komensky (Comenius: *Schola Ludus*, 1656) zurückverfolgen. Das spielerische Element hat auch in bedeutenden tschechischen Managementsystemen der 20er und 30er Jahre einen zentralen Stellenwert eingenommen. Es war und ist genau dieses spielerische Moment, das von Anfang an die Distanz zwischen tschechischen Teilnehmern und deutschen Organisatoren bzw. Trainern durchbrochen hat. Auf diese Weise hat es wesentlich dazu beigetragen, dass die Teilnehmer die Ausbildung immer mehr als ihre eigene Sache empfinden konnten.

„Wir Tschechen sind halt eine Nation der Schauspieler. Wir brauchen einfach das Theater wie andere einen Bissen Brot", erzählte mir ganz begeistert ein Kurs-Teilnehmer. Natürlich bewertet auch er die Arbeit der Trainer sehr positiv. Seine Einschätzung bringt er treffend auf den Punkt: „In ihrem Auftreten und in ihrem Umgang mit uns Kursteilnehmern erinnern mich eure Trainer an Voskovec und Werich[4]."

Wird jedoch von tschechischer Seite das Prinzip der Gleichwertigkeit als verletzt angesehen, erfolgt sehr schnell eine massive Störung in der Kommunikation. „Nichts über uns, ohne uns", so ein kurzes, treffendes tschechisches Sprichwort als Resultat des eigenen Erlebens von mehreren fremden Vorherrschaften.

Beispiel: Auf einem gemeinsamen Workshop für Management und Gewerkschaften eines großen Joint Venture hat der Topmanager das Modernisierungskonzept für das Unternehmen vorgestellt. Bei allen Härten, die es für die Beschäftigten mit sich bringe, sollten doch die Beschäftigten sehen, dass sie damit eine Zukunftsperspektive haben. Dies könne schließlich auch nur im Interesse der ganzen tschechischen Industrie liegen. Denn, so der deutsche Manager, wenn er sich die tschechische Industrielandschaft so ansehe, dann könne er sich mit ruhigem Gewissen höchstens Glasprodukte kaufen. Sofort unterbrach ihn der Gewerkschaftsvorsitzende: „Mit diesen Worten beleidigt uns Herr N. Auf dieser Basis können wir nicht mehr weiterreden. Ich verlasse den Raum." Mit Mühe und Not konnte der Moderator den Gewerkschaftsvorsitzenden zum Bleiben überreden. Schließlich wurde der Workshop doch noch ein Erfolg.

Ebenso wurde und wird von den Teilnehmern unserer Ausbildungslehrgänge als positiv bewertet, dass bei den spielerischen Elementen auch der

Humor – zuweilen vermittelt über alltägliche Anekdoten – nicht zu kurz kommt. Dabei ist wiederum auffallend, dass Humor in der deutschen und tschechischen Kultur nicht dasselbe, sondern Unterschiedliches meint. Die Tschechen empfinden den deutschen Humor zumeist als Ironie, die in ihren Augen stets auch Momente der Verbissenheit und der Abwertung gegenüber anderen beinhaltet. In der tschechischen Kultur ist es aber eben gerade der Humor, der im Leben vieles leichter macht und dazu beiträgt, dass letzten Endes doch noch eine Lösung des Problems gefunden werden kann. Vielfach ist hier der Humor ein wirksames Mittel, wenn es darum geht, Nachdenklichkeit über mögliche Veränderungen von bestehenden Denkweisen und Verhaltensmustern auszulösen.

> „Gerade der Humor war und ist für unsere (tschechische) Gemeinschaft ein unheimlich wichtiger Faktor, der uns beim Überleben hilft. Seien Sie sich bewusst, dass die Grundzüge des tschechischen Humors den Grundzügen des jüdischen Humors sehr nahe bei einander liegen. Diese Übereinstimmung in den Grundzügen ist Resultat der Unterdrückung. Alle Gemeinschaften, die unterdrückt waren oder sind und deshalb ums Überleben kämpfen, zeichnen sich durch einen ähnlichen Humor aus." (Mahler 1998, 15)

Wenn diese Rahmenbedingungen stimmen, dann ist es schon erstaunlich zu beobachten, welch hohes Maß an Aktivität und Kreativität, aber auch welch enorm große Bereitschaft zu Selbstkritik und Veränderungen von tschechischen Seminarteilnehmern, denen sonst der Ruf vorauseilt, etwas verschlossen und passiv zu sein, an den Tag gelegt wird.

An dieser Stelle sei der Versuch gewagt, die eigenen Erfahrungen im Hinblick auf positive Ansätze für eine offene Kommunikation zwischen Deutschen und Tschechen zu verallgemeinern. Eine fruchtbare Kommunikation für beide Seiten sollte demnach bei Berücksichtigung der tschechischen Spezifika möglichst transparent, plastisch und auch dem jeweiligen Wahrnehmungsmuster entsprechend nachvollziehbar und einordbar sein. Sie sollte aber auch länger und intensiver sein. Es gibt nicht nur ein Beispiel, bei dem die deutschen Verhandler den Abschluss schon in der ersten Verhandlungsrunde erzielen wollten. Im tschechischen Kulturraum erfüllt die Kommunikation auch dann ihren Zweck, wenn sie nicht immer und ausschließlich auf ein bestimmtes Ziel ausgerichtet ist.

> „In Prag sind Geschichten nicht einfach Geschichten; sie sind das, was man hier anstelle eines Lebens hat. Hier wird man zur eigenen Geschichte, da es einem versagt ist, etwas anderes zu sein. Das Geschichtenerzählen ist die

Form, die der Widerstand gegen die Zwangsherrschaft der gegenwärtigen Mächte angenommen hat." (Bartmann 1994, 152)

Während der deutsche Kulturraum durch Eindeutigkeit gekennzeichnet ist, dominieren in den slawischen Sprachkulturen mehrdeutige und fließende Elemente. So können viele Hauptwörter, insbesondere Begrifflichkeiten aus verschiedenen terminologischen Bereichen, aus dem Deutschen nur bei Verwendung von entsprechenden Verbalsubstantiven im Tschechischen richtig wiedergegeben werden. Gerade dadurch werden jedoch von Anfang an Elemente der Bewegung und des Prozesses stärker zum Ausdruck gebracht.

Dieser Unterschied ist auch in der Deutsch-Tschechischen Erklärung enthalten, die in fast zweijährigen Verhandlungen zwischen den beiden Regierungen gegen Jahresende 1996 fertiggestellt werden konnte. Die deutsche Version spricht im Zusammenhang mit der Nachkriegsentwicklung in der damaligen Tschechoslowakei 1945/46 von „Flucht, Vertreibung und zwangsweiser Aussiedlung". Für die tschechische Seite war hingegen die unmittelbare Übersetzung von Vertreibung („vyhnání") nicht annehmbar, da sie das für einen Kampfbegriff hält, den sie mit materiellen Ansprüchen von Seiten der Sudetendeutschen Landsmannschaft verbindet. Ihr Kompromissvorschlag, für die Phase der massiven Ausschreitungen und Gräueltaten gegenüber Sudetendeutschen in den ersten Nachkriegsmonaten 1945 den Begriff „wilde Vertreibung" anzuführen, war wiederum für die deutsche Seite nicht akzeptabel. Sie bestand darauf, dass im Text beide Seiten ihr Bedauern gegenüber den unschuldigen Opfern der „Vertreibung" zum Ausdruck bringen. So entsann man sich des Verbalsubstantivs. So steht jetzt in der deutschen Version „Vertreibung", in der tschechischen Ausgabe „vyhnání", was „das Vertreibende" heißt und treffend den Prozess der Vertreibungen in den ersten Nachkriegsmonaten umschreibt. Mit Hilfe dieser wie ein Sprachspiel anmutenden Übersetzungskunst konnten beide Seiten ihren Respekt für die Opfer der anderen Seite dokumentieren, ohne die eigenen vor den Kopf zu stoßen.

Die mit dem Mehrdeutigen einhergehende Unbestimmtheit steht in der tschechischen Kultur als Gegenpol zu markanten Vorgaben seitens fremder Vorherrschaften. Um unter diesen Rahmenbedingungen das Leben zu ertragen, ist sie ebenso unerlässlich wie der Humor. Gleichzeitig regt aber die Unbestimmtheit an, die schöpferischen Potentiale zu entwickeln. Eine Kommunikation, die auf möglichst rasche und eindeutige Klärung drängt, versperrt sich daher gegenüber der tschechischen Seite den Zugang zu deren Kreativität. Darüber hinaus sollte die Kommunikation immer wieder informelle Beziehungsformen pflegen. Der tschechischen Seite sollte genügend Raum zur Verfügung stehen, in dem sie ihre eigenen Fähigkeiten und Erfahrungen einbringen und weiterentwickeln kann. Auf diese Weise sollten deutsche Führungskräfte die Bereitschaft verdeutlichen, in der tschechischen Seite einen gleichwertigen Partner zu sehen.

„Gerade im Fall der Tschechischen Republik müssen wir ganz einfach sehen – und das haben wir versucht, unseren Mitarbeitern immer wieder klar zu machen –, dass wir hier eine ‚gleichwertige‘ Nation haben: kulturell, geschichtlich sowie auch auf den Automobilbau bezogen." (Hahn 1996, 7)

Was die Struktur der Kommunikation selbst anbelangt, so ist es erforderlich, dass genügend Platz für Bewegung, Berührung und schöpferische Momente bzw. spielerische Momente bleibt. Und so richtig lebendig wird dann dieses Gemisch, wenn der Humor hinzukommt. Schließlich sollte die Kommunikation auf ein Happy End zusteuern, was einen deutlichen und anhaltenden Spannungsabbau für beide Seiten mit sich bringen kann.

8. Der Berater im Kontext von zwei Kulturen: zeitweise frustriert und vereinsamt, aber auch menschlich, fachlich und intellektuell bereichert

1. Aufgrund der spezifischen historischen Entwicklung der Länder Mittel- und Osteuropas und der damit verbundenen Brüche in ihrer kollektiven Identität sollte bei der Beratungstätigkeit der Stärkung der eigenen Identität und des eigenen Selbstwertes oberste Priorität zukommen. Ein Weg dazu könnte vor allem in der Zusammenarbeit mit Gruppen bestehen, der in diesen Ländern den immer noch stärker vorhandenen Sinn für Gruppe, Gemeinschaft und Kollektiv aufgreift. Dabei geht es aber nicht um die historisch gewachsene und dem Kollektiv traditionell zugrundeliegende Struktur (keine innere Rangordnung, kein Herausragen von Einzelnen und ihrer Leistung, keine eigene Übernahme von Verantwortung, keine Verpflichtung auf ein konkretes, gemeinsames Ziel). Dies führte unter anderem deshalb auch nicht zur Effizienz und hat unter heutigen, marktwirtschaftlich globalisierten Bedingungen keine Chance mehr. Jedoch kann durchaus am Geist und an Werten, die sich mit dem Kollektiv verbinden (gemeinsam etwas zu machen; füreinander einzustehen, sich gegenseitig nach oben zu ziehen) angeknüpft werden. „Wenn lediglich ein einzelner richtig gut ist, nutzt es dem Unternehmen kaum. Der Bessere soll auch die

.

anderen weiterbringen" (Utz Claassen, Vorstandsmitglied Sartorius AG; s. Tödtmann 1998, 126).

2. Beratungstätigkeit im interkulturellen Kontext erfordert *Gelassenheit* und vor allem *langen Atem*. Sie sollte daher nicht kurzfristig angelegt sein. Mittelfristig sind, wie oben angeführt, durchaus mühsam erarbeitete Erfolge zu erreichen. Aber auch dabei ist immer mit Rückschlägen zu rechnen, unter anderem mit dem Rückfall in gegenseitige Abgrenzungen und Stereotype, die sich schließlich über Jahrzehnte, manchmal über Jahrhunderte aufgebaut haben. Hiervon ist die Person des Beraters ausdrücklich nicht ausgenommen. So wird zuweilen das Wirken von Brückenbauern und „Grenzgängern" gar nicht angenommen, was in den meisten Fällen nicht nur als ein Vermittlungsproblem zu erklären ist.

Beispiel: Zu Beginn des oben erwähnten Ausbildungslehrgangs „Personalarbeit 2005" war es unsere Absicht, bei der Programmplanung und Schwerpunktsetzung der jeweiligen Themen sehr stark auch unsere Partner in den jeweiligen tschechischen Zulieferfirmen einzubeziehen. Das Echo war nicht gerade berauschend; im Gegenteil, wir mussten diese Herangehensweise wieder zurücknehmen. „Sie sind ja der Experte für Personalarbeit mit internationaler Erfahrung; Sie müssen doch wissen, wo es da lang geht", so die mehrmalige Antwort unserer Partner. Andererseits, als ich dann einen eigenen Vorschlag präsentierte, kam dann wiederum der Einwand: „Ja, das ist recht und schön, aber es berücksichtigt nicht genug unsere spezifische Situation. Bei uns ist dies eben anders." Von dieser Gratwanderung berichten mir immer wieder westliche Berater, die in Ländern Mittel- und Osteuropas tätig sind.

Welcome Ami Go Home war der Titel eines Buches (Bauer 1998), das die Vielschichtigkeit und Ambivalenz in den Einstellungen der Bevölkerung im österreichischen Bundesland Salzburg gegenüber den amerikanischen Besatzungssoldaten in den Jahren 1945-1955 beschreibt. Mit dieser Formulierung ist in vielen Fällen auch das Verhältnis von westlichen Beratern und einheimischen Kunden in den Ländern Mittel- und Osteuropas auf den Punkt gebracht. Umgekehrt sind diese Erfahrungen für den Berater in seinem österreichischen oder deutschen Umfeld zu Hause ebenfalls nur schwer zu vermitteln. So erscheint den meisten Mitarbeitern unserer Mutterfirma die tschechische Realität immer noch wie die Welt von einem anderen Stern. Der damit verbundenen Frustration und Vereinsamung kann der Berater, wenn er vorwiegend im interkulturellen Kontext tätig ist, nur dann entgegenwirken, wenn er sich selbst ständig um eine persönlich-familiäre und berufliche Begleit- und Unterstützungsstruktur bemüht. Auf der beruflichen Ebene bedeutet dies zum einen eine kontinuierliche professionelle Begleitung durch einen externen, mit dem interkulturellen Kontext vertrauten Coach. Zum anderen sollte sich der Berater immer wieder – trotz aller Schwierigkeiten und Belastungen im Alltagsgeschäft – auf den eigentlich Kern seiner Vision vom Brückenbauer und „Grenzgänger" (s.o. Langer) zurückbesinnen. So sollte es ihm leichter möglich sein, dass der Funke dieser Vision doch langsam auch auf andere berufliche Kollegen, mit denen er ständig zusammenarbeitet, überspringt.

Beispiel: Unlängst führten wir im Rahmen des oben angeführten Projektes „Personalarbeit 2005" mit Führungskräften aus der tschechischen Zulieferindustrie ein Training zum Thema „Teamarbeit" durch. Im Vorfeld habe ich mir gemeinsam mit meinem tschechischen Trainerkollegen das Gebäude und die Räumlichkeiten angesehen, die uns von dem Unternehmen zur Verfügung gestellt werden sollten. Zunächst war ich ordentlich geschockt und deprimiert: viel zu kleine Räume, und noch dazu alles düster und dunkel. Anfangs konnte ich mir nur schwer vorstellen, in solchen Räumlichkeiten ein interaktives Seminar durchzuführen (mit viel Improvisation gelang es uns dann doch). Darüber hinaus fragte ich mich, warum Top-Führungskräfte – immerhin aus einer Firma, die mehrere hundert Arbeitnehmer beschäftigt und zugleich sich um die Durchsetzung von innovativen Produkten bei großen Automobilherstellern bemüht – sich solche Räumlichkeiten für ihre Weiterbildung selbst auferlegten und damit nicht nur uns als Partner, sondern auch sich selbst abwerteten. Mit dem niedrigeren Preis allein ist so ein Verhalten nicht zu erklären. Schließlich sind heute in Tschechien Räumlichkeiten, die dem Standard unseres Weiterbildungsprogramms entsprechen, nicht viel teurer. Ferner hatten dieselben Führungskräfte schon zuvor an von uns selbst organisierten Veranstaltungen teilgenommen. Sie kannten also schon die Standards, die für ein erfolgreiches Gelingen gegeben sein müssen.

Langsam kam ich mit meinem tschechischen Trainerkollegen darüber ins Gespräch. Er erzählte mir von seinen eigenen Erfahrungen, die er und seine Kollegen in seiner Firma durchgemacht hatten, als vor Jahren ein ausländischer Investor einstieg. Auch er wollte anfangs den Sinn in solchen Überlegungen erkennen. Auch für ihn galt lange Zeit die Vorstellung: „Weiterbildung – da geht man wie früher einfach hin, hört sich die ellenlangen Vorträge an, macht zwischendurch ein Nickerchen und geht dann wieder weg. Da spielen die Räumlichkeiten wirklich keine Rolle. Da diese Form von Veranstaltungen mit einem selbst ohnehin nichts zu tun hat, nimmt man auch die deprimierenden Umstände inkauf. Und wenn schon, dann gibt es ja auch noch andere Dinge, die einen darüber hinweg trösten können." Den Durchbruch für ihn selbst bedeutete die Einführung der Gruppenarbeit im Unternehmen. Alle mussten sich zu Beginn selbst einem Team für die Zukunft zuordnen. „Da habe ich das erste Mal den eigenen Spielraum für mich erkannt," so mein Kollege, „aber auch die Verantwortung, aus diesem Spielraum etwas zu machen." In der Zwischenzeit hatte sich unsere Stimmung wieder etwas gebessert, so dass die abschließende Bemerkung meines Kollegen bei mir schon Schmunzeln auslöste: „Okay, andere ausländische Trainer, wenn sie von den großen Joint-Ventures engagiert werden, mögen zwar bessere äußere Umstände bei ihrer Arbeit hier vorfinden. Aber jetzt hast Du zumindest einmal direkt und hautnah erlebt, wie sich der Sozialismus in uns ausgebreitet hat."

3. Beratungstätigkeit im interkulturellen Kontext sollte sich nicht nur über einen längeren Zeitraum hinweg entwickeln können. Soll sie wirklich einen bleibenden Erfolg (auch in ökonomischer Hinsicht) erzielen, darf sie sich nicht nur auf jeweils kurze Beratungseinsätze beschränken, bei denen der Berater kurzfristig angefahren oder auch eingeflogen kommt, und schon ist er auch wieder weg. Damit kann sich die Beratung nur auf der Ebene von der Vermittlung von Techniken bewegen. Wenn aber auch eine Bewegung auf der Ebene von Haltungen angestrebt wird, dann sollte dafür vielmehr eine intensive Verwebung zwischen Berater und seinen Kunden gegeben sein. Dies bedeutet den persönlichen Kontakt – nicht nur während der eigentlichen Beratungsphasen, sondern auch zwischendurch direkt vor Ort – der das persönliche Umfeld bewusst mit einschließt. Bei Beratung im interkulturellen Kontext geht es somit immer auch darum, etwas *gemeinsam zu machen* (d.h. die Beratung wird für den Kunden anfassbar und einordbar – umgekehrt ebenso) und *gemeinsam zu leben* (d.h. die Beratung wird für den Kunden glaubwürdiger). So hat es sich bisher immer als sehr hilfreich erwiesen, wenn die Beratung für unsere tschechischen Kunden auch die Möglichkeit beinhaltet, sich selbst in anderen europäischen Ländern im Zusammenhang mit Kurz-Studienaufenthalten und Kurz-Hospitationen über bestimmte Einrichtungen, aber auch Prozesse der Produktion, Arbeitsorganisation, Personalarbeit etc. ein eigenes Bild zu machen. In den meisten Fällen ist dabei eben auch auf der Ebene von Haltungen etwas in Bewegung gekommen.

Sind diese Voraussetzungen gegeben, dann springt auch schon mal der Funke der Vision von den Brückenbauern und „Grenzgängern" auf den einen oder anderen beruflichen Kollegen bzw. Partner auf Seiten unsere Kunden über. Dies sind dann die Momente, in denen sich die Beratungstätigkeit im interkulturellen Kontext für einen selbst als menschliche, fachliche und intellektuelle Bereicherung herausstellt. Deshalb möchte ich die Tätigkeit als Berater in einem interkulturellen Kontext zur Zeit auch nicht missen. „Da ist einmal die *größere Beweglichkeit*, die mit der Interkulturalität zusammenhängt. Dinge und Empfindungen in mehr als einer Sprache zu benennen; verschiedene Lebensarten und -auffassungen zu kennen; Vergleiche anstellen zu können; die eigene Eigenart nicht absolut zu sehen; am Schnittpunkt von Kulturen und Einzugsbereichen zu leben – all das schärft nun einmal die *Fähigkeit zum Relativieren, zum Verstehen, zum Austausch*. Wenn man sie nicht durch Schranken und Vorurteile verbaut." (Langer 1996, 62)

Anmerkungen

1 *EuroProfis* ist ein Tochterunternehmen von *ÖSB-Unternehmensberatung*, die ihren Hauptsitz in Wien hat, gleichzeitig weitere Büros in Linz, Graz, Villach, Innsbruck und Bregenz unterhält. Die Schwerpunkte der Tätigkeit von *ÖSB-Unternehmensberatung* liegen in Fragen der Organisations- und Personalentwicklung sowie im Bereich der Europäischen Integration und der Entwicklung innovativer Instrumente der aktiven Arbeitsmarktpolitik (z.B. Job-Transfer, Job-Rotation, flexible Arbeitszeiten). In den letzten Jahren konnte *ÖSB-Unternehmensberatung* ihre Aktivitäten auch in andere Länder (Deutschland, Schweiz, Tschechien, Slowakei und Ungarn) ausdehnen.

2 Sowohl auf das damals sehr hohe schulische Ausbildungsniveau seiner tschechischen Kollegen als auch auf die hervorragende Qualität der Bat'a-Stiefel wurde ich bereits als kleiner Junge durch die Erzählungen meines Großvaters, Soldat der österreichisch-ungarischen Armee im ersten Weltkrieg, aufmerksam gemacht.

3 Die Trainer für die Bildungsaktivitäten der *Friedrich-Ebert-Stiftung* wurden überwiegend von der Firma *denkmodell Dialog Design* aus Berlin gestellt. Diese Firma hat in den letzten Jahren schwerpunktmäßig zum Thema „Interkulturelle Kommunikation" gearbeitet, nicht nur in der Tschechischen und Slowakischen Republik, sondern auch in Mexiko, Brasilien, Portugal, Polen und Russland. Das Trainerteam für das *von EuroProfis* koordinierte Projekt „Personalarbeit 2005" besteht aus externen tschechischen Trainern, dem Autor und Trainern der österreichischen Mutterfirma *ÖSB-Unternehmensberatung*.

4 Voskovec und Werich waren populäre Schauspieler bzw. Kabarettisten in den 20er und 30er Jahren. Nach der kommunistischen Machtübernahme im Februar 1948 erhielten sie Auftrittsverbot

Literatur

Bartmann, C. (1994): Prag. Insider-Lexikon. München.

Bauer, I. (1998): Welcome Ami Go Home. Die amerikanische Besatzung in Salzburg 1945-1955. Salzburg.

Becker, M./Lang, R./Wagner, D. (Hg.) (1996): Personalarbeit in den neuen Bundesländern. München u.a.

Dörr, G./Kessel, T. (1996): Es quietscht und bremst auf dem Tandem VW/Škoda. Erfahrungen aus dem deutsch-tschechischen Joint-Venture-Unternehmen. In: Frankfurter Rundschau, 14.12.1996, 14.

Dörr, G./Kessel, T. (1997): Transformation durch Kommunikation und Kooperation. Erfahrungen aus Joint Ventures in Tschechien. In: *Höhne, S./Nekula, M. (Hg.):* Sprache, Wirtschaft, Kultur. Deutsche und Tschechen in Interaktion. München, 63-87.

Endres, E./Wehner, T. (1996): Zwischenbetriebliche Kooperation. Die Gestaltung von Lieferbeziehungen. Weinheim.

Giersberg, G. (1997): Die Osteuropa-Begeisterung vieler Unternehmen ist verflogen. Ausgelagerte Produktionsbereiche werden wieder zurückgeholt. In: FAZ, 21.5.1997, 17.

Goldstücker, E. (1996): „Wir befinden uns am Ende einer Epoche der Entkolonialisierung". In: Prager Zeitung, 18.4.1996, 17.

Goleman, D. (1995): Emotional Intelligence. Why it can matter more than IQ. New York. Dt.: Emotionale Intelligenz. München u.a. 1996.

Hahn, H.C. (1996): Gleichberechtigung der Chancen. Der Volkswagen-Konzern und sein Engagement in den Transformationsökonomien. Berlin, Wissenschaftszentrum für Sozialforschung, 1-17.

Havel, V. (1999): „Die Bedeutung des Nationalstaates schwindet langfristig". In: Prager Zeitung, Nr. 44, 4-5.

Heussen, H. (1996): Interaktives Lernen in zwei Sprachen. Berlin.

Höhne, S./Nekula, M. (Hg.) (1997): Sprache, Wirtschaft, Kultur. Deutsche und Tschechen in Interaktion. München

Houžvička, V. (1997): Gegen die tiefe Angst vor Deutschland. In: Prager Zeitung, 16.1.1997, 16.

Jäger, P. (1995): Strategisch planen. Personalmanagement vor Ort. In: FAZ, 23.5.1995, B9.

Kalma, L. (1996): Schopnost tvořit [Schöpferische Fähigkeit]. In: Škoda Mobil, Nr. 24, 3.

Klotz, U. (1996): Rollenwechsel. In: Mitbestimmung Nr. 12, 39-42.

Křen, J. (1996): Die Konfliktgemeinschaft Tschechen und Deutsche 1780-1918. München.

Langer, A. (1996): Aufsätze zu Südtirol 1978-1995. Hg. Baur, S./Dello Sbarba, R. Meran.

Mahler, Z. (1998): Tam vpředu je cosi podstatnějšího než supermarket [Es gibt etwas Wichtigeres als einen Supermarkt]. In: Právo, 23.12.1998, 15.

Pumberger, K. (1988): Solidarität im Streik. Politische Krise, sozialer Protest und Machtfrage in Polen 1980/81. Frankfurt/M.

Pumberger, K. (1997): Deutsch-tschechische Kommunikation in Joint Ventures. Ein Erfahrungsbericht. In: *Höhne, S./Nekula, M. (Hg.):* Sprache, Wirtschaft, Kultur. Deutsche und Tschechen in Interaktion. München, 89-97.

Pumberger, K. (1997): Kommunikation im Kontext von zwei Kulturen. Zur Beratung von deutschem Management und einheimischen Beschäftigten in Tschechien. In: Organisationsberatung, Supervision, Clinical Management 4, 3, 225-246.

Rasche, B. (1995): Das Ende der Hard Economics. Manager müssen gesellschaftlichen Einfluss gewinnen. Bestimmte Schlüsselkompetenzen ersetzen überholte ökonomische Muster. In: Süddeutsche Zeitung, 18.11.1995.

Schmitz, N./Philipp, C. (1996): Interkulturelles Management – Die Zusammenarbeit von Tschechen und Deutschen. Ergebnisse einer Kienbaumstudie. Düsseldorf u.a., Kienbaum Development Services.

Schulz von Thun, F. (1981): Miteinander reden. Störungen und Klärungen. Allgemeine Psychologie der Kommunikation. Reinbek.

Ševela, V. (1995): Cizí firma hledá muže s kravatou [Fremde Firma sucht einen Mann mit Schlips]. In: Mláda fronta Dnes, 4.7.1995, 30-32.

Tödtmann, C. (1998): Keine faulen Kompromisse. Utz Claassen pflegt ungewöhnliche Personalpolitik. In: Wirtschaftswoche Nr. 18, 23.4.1998.

Wensierski, P. (1999): „Geht doch wieder rüber!". In: Der Spiegel Nr. 43, 60-64.

Herbert Namokel / Helmut Osang

„Management of Change for Broadcasters"
Ein Fortbildungsprojekt für Rundfunkmitarbeiter in Asien

„Unbewegliche Armee kann nie die Schlacht gewinnen.
Unbiegsamer Baum zerbricht im Sturm."
Lao Tse
„Panta rhei – alles fließt."
Heraklit
„Nichts ist dauernd als der Wechsel."
Ludwig Börne/Heinrich Heine

1. Anlass und Hintergrund des Fortbildungsprojekts
(Helmut Osang)

1.1 Anlass des Workshops und Themas mit besonderem Bezug zum Zeitpunkt der Asienkrise

Das Thema des Workshops „Management of Change for Broadcasters"
wurde während eines Gesprächs zwischen dem Autor und dem Stab von
AMIC (Asian Media Information and Communication Centre, Singapur)
im Frühjahr 1997 diskutiert und festgelegt. Beide Institutionen (AMIC als
asiatisches Zentrum für Fachinformation, professionellen Austausch von
Erfahrung und Wissen, für Forschung, Dokumentation und Fortbildung
im Bereich Massenmedien, das DWFZ (Deutsche Welle Fortbildungszentrum) als international tätige Fortbildungseinrichtung für Hörfunkfach- und
Führungskräfte in den Bereichen Programm, Management und Technik)
arbeiten seit Jahren partnerschaftlich zusammen, veranstalten gemeinsam
Workshops und Seminare für Hörfunk-Manager aus dem gesamten asiatischen Raum, von Pakistan im Westen bis zu China im Nordosten und Indonesien im Südosten.

Das Thema des Workshops ist das Ergebnis eines ausführlichen Infor-
mations- und Meinungsaustauschs zwischen beiden Partnern und spiegelt

insofern recht genau die Entwicklungen und die Bedürfnislage in der asiatischen Rundfunkszene wider. Grundlage der Themenfindung ist natürlich eine eingehende Kenntnis der Entwicklung auf den Medienmärkten in der Region, gewonnen durch Beobachtung, Kontakte, Literatur, Recherche. Bei AMIC ist dies originärer Teil der Tätigkeit. Ein DWFZ-Projektmanager (wie der Autor) versucht, dieses aus der Ferne zu leisten und nützt die Projekt-Aufenthalte zu einer möglichst umfassenden Vor-Ort-Recherche. Im vorliegenden Fall kam hinzu, dass der Autor sich zu dieser Zeit für ein halbes Jahr in Singapur aufhielt (Lehrtätigkeit) und deshalb Gelegenheit hatte, sich intensiv mit den regionalen Entwicklungen vertraut zu machen und ein Gespür für die drängenden Themen im Medienbereich und den öffentlichen Umgang mit ihnen zu entwickeln.

Einen direkten, punktuellen Anlass für den Workshop bzw. für die Wahl des Themas gab es nicht. Wohl aber war eine schwelende Unsicherheit in der Region zu beobachten, ein teils diffuses Gefühl von Bedrohung der bis dahin jahrzehntelang sicheren und abgesicherten Rundfunkwelt. Diese wurde ausgelöst durch immer manifestere Entwicklungen der Deregulierung der Medienmärkte im Inneren (Stichwort Konkurrenz durch privat-kommerzielle Programmanbieter) sowie global (rapide Zunahme von grenzüberschreitenden Programmangeboten, vor allem im Fernsehen, ermöglicht durch Satelliten-Übertragung); sie wurde auch ausgelöst durch technologische Erneuerungen, die die bislang bekannte Rundfunkwelt von innen auf den Kopf zu stellen imstande sind (digitale Produktionstechniken, Datenkompression, Datenübertragungs-Geschwindigkeit, Vernetzung) und die Grenzen zwischen den traditionellen Medien zu verwischen beginnen (Stichwort Medien-Konvergenz und Multimedia). Wir kennen diese Themen, die Probleme, und wir kennen die Diskussionen in Fachkreisen und in der politischen Sphäre aus unserem Land, aus unserer Welt Europa. Die Diskussionen und Erörterungen bewegen sich bei uns vor einem anders gearteten sozio-politischen und kulturellen Hintergrund, entfalten sich auf andere Weise, aber sie bewegen allemal die Betroffenen und lösen eine ganze Bandbreite von Reaktionen aus, von Ignoranz über vorsichtiges Abwarten und Suchen um Hilfe von außen bis hin zu einem bewusst gesteuerten Wandel. In diesen möglichen Verhaltens- und Handlungsweisen unterscheidet sich nun der asiatische Rundfunkmanager nicht grundsätzlich von seinem europäischen Kollegen.

Das Thema des Workshops bewegte die potentiellen Teilnehmer ganz offensichtlich. Das Echo auf die Ausschreibungen, die AMIC im Januar 1998 an die Rundfunkorganisationen in Asien verteilte, war ungewöhnlich groß, die Beteiligung am Workshop hochrangig. Alle Teilnehmer wurden gebeten, vorab einen Länderbericht (Country Report) zu verfassen, in dem die vorhersehbaren Probleme und Veränderungen für die eigene Organisation dargestellt werden sollten. Von diesem Vorgehen versprachen sich die Veranstalter zum einen eine eingehende Befassung der Teilnehmer mit dem Thema, eine Fokussierung und zugleich eine Basis für den Austausch in der Gruppe, zum anderen auch eine gewisse Verbindlichkeit und Ernsthaftigkeit in der Teilnahme. Die von allen vorgelegten Papiere sind hochinteressante Dokumente des Wandels im Rundfunkwesen der beteiligten Länder, Dokumente auch der Vorstellungen von Wandel und dem Umgang mit ihm. Sie sind das Material, das es in den sechs Tagen des Workshops zu bearbeiten galt.

Die „asiatische Krise", der Zusammenbruch der Finanzmärkte in einigen aufstrebenden ost- und südostasiatischen Volkswirtschaften seit Juli 1997, war kein Anlass für den Workshop und hat das Thema nicht wesentlich geprägt. Allerdings schärfte die Erfahrung von Wirtschaftskrise und dramatisch – auch traumatisch – erlebten Veränderungen bei den Teilnehmern ganz offensichtlich die Wahrnehmung und die Bereitschaft, Wandel zu denken, ihm zu begegnen und ihn zu planen.

1.2 Teilnehmerkreis und die Situation der einzelnen Länder im Bereich Radio

Alle durch ihr Topmanagement im Workshop vertretenen Länder und Sender erleben Wandel, aber in verschiedenem Ausmaß, und sie reagieren darauf durchaus unterschiedlich, je nach inneren Möglichkeiten und äußerem Spielraum (politisch, rechtlich, finanziell). Wandel manifestiert sich für alle in drei Hauptbereichen: Umwälzungen in der Rundfunktechnologie und durch IT-Technologien, Konkurrenz durch Privatanbieter im eigenen Land und durch Satellitenempfang, Brüche in Status und Selbstverständnis. Die erwähnten Country-Reports sind Ausgangsmaterial für die folgende zusammenfassende Darstellung der einzelnen beteiligten Länder und Sender. Vor diesem Hintergrund sind die Prozesse und Ergebnisse des Workshops zu sehen und einzuordnen.

(1) *Bangladesh* steht vor einer Situation wie viele andere der ärmsten Entwicklungsländer: Die Technik des staatlichen (und einzigen) Rundfunks Bangladesh Betar ist 30 bis 40 Jahre alt, ungenügend gewartet, kaum erneuert. Für die alten Geräte sind keine Ersatzteile mehr zu haben. Jahrelang wurde praktisch nichts investiert. Ersatz durch modernste computer-

basierte Technologie bietet sich an, wäre der ideale Ausweg. Hauptproblem ist die Mobilisierung von Finanzmitteln. Der Verfasser des Bangladesh-Country-Report sieht die internationale Gemeinschaft in der Pflicht: „Es wird Aufgabe der Geberländer sein, die Mittel für unsere Entwicklung aufzubringen."

(2) *Bhutan* mit der kleinsten Rundfunkorganisation unter den teilnehmenden Ländern hat sich ein klares Ziel gesteckt: Die Ausstrahlung über UKW soll mittels Verstärkern bis Ende des Jahres 1998 auf das ganze Land ausgedehnt werden. Dies ist ein ehrgeiziges Ziel, bedenkt man die für UKW-Ausbreitung denkbar ungünstige Gebirgs-Topographie des Himalaya-Königreichs. Mit der technischen Ausdehnung einher gehen soll eine Ausdehnung der wöchentlichen Programmdauer von 30 auf 50 Stunden. Die äußeren Veränderungen will die Bhutan Broadcasting Service Corporation BBS vor allem durch organisatorische Schritte leisten: ein umfassendes Trainings-Programm, eine Überprüfung der Personalpolitik, Entwicklung klarer individueller und Team-Funktionen.

(3) *Kambodscha* findet sich nach Jahren von Diktatur, Zerstörung und Bürgerkrieg immer noch im Zustand von Lähmung und schleppendem Wiederaufbau. Das staatliche National Radio of Cambodia NRC ist das einzige tatsächliche Massenmedium und sieht sich mit einer großen Verantwortung konfrontiert. Eine Loslösung vom Selbstverständnis der Vergangenheit sieht der Verfasser des Country-Report als zentrale Aufgabe; das Radio müsse sich von einem Werkzeug des Einparteienstaates zu einem unabhängigen und dem Volk verpflichteten Medium wandeln. Berichterstattung und Programm-Produktion müssten sich grundlegend verändern. Elektronische Informationsquellen müssten vermehrt genutzt werden. Als Voraussetzung dafür wird ein groß angelegtes Ausbildungsprogramm vorgeschlagen: für Programm-Mitarbeiter, in Computer-Anwendungen, in der Welt- und Computersprache Englisch.

(4) *China* stützt sich auf eine nationale politische Doktrin, die auch den Rahmen für die Entwicklungen der staatlich-zentralistischen Medien vorgibt. Es ist die Theorie Deng Xiaopings vom Sozialismus mit chinesischem Antlitz. Der Aufbau Chinas kann demnach nicht von der übrigen Welt abgekoppelt werden. Also plant das chinesische Staatsfernsehen China Central Television CCTV für das 21. Jahrhundert einen weltumfassenden TV-Kanal in chinesischer Sprache und will seinen internationalen englischsprachigen Kanal auch für nicht-chinesische Anbieter öffnen.

(5) *Indien* hat mit All India Radio AIR eine der größten Radio-Organisationen der Welt. Hörfunk ist immer noch das einflussreichste und weitreichendste Massenmedium in Indien. Die immense Vielfalt an Sprachen, Glaubensrichtungen, Lebensstilen, Sitten und Gebräuchen wurde bislang von den Programmen des AIR abgebildet und abgedeckt. Aber Größe kann auch Unbeweglichkeit zur Folge haben, und so sieht sich AIR vor der immensen Herausforderung einer kompletten, von außen verordneten Umorganisation. Das indische Parlament beschloss 1998 die Umwandlung des staatlichen AIR in eine unabhängige, öffentlich-rechtliche Institution. Dies war der legale Vollzug einer zunehmenden Deregulierung des Medienmarktes (vor allem durch Popularität von grenzüberschreitenden Satelliten-TV-Programmen), einer de-facto Aufweichung des AIR-Rundfunkmonopols und einer rasanten Zunahme an Hörfunk- und TV-Angeboten. AIR muss und will der zunehmenden Aufsplitterung und Fragmentierung des Radio- und TV-Publikums mit veränderten Programmen und Marketing-Strategien begegnen. Damit einher gehen soll eine grundlegende Modernisierung der Produktions- und Ausstrahlungs-Technik (computergestützt). Trotz der Tiefe und Reichweite der Reorganisierung geht AIR optimistisch an die Veränderungen und stützt sich dabei auf den „ungebrochenen Glauben an öffentlich verpflichteten Rundfunk und an seine kreativen und innovativen Mitarbeiter".

(6) Auch in *Indonesien* hat der bis dato monopol-ähnliche Staatsrundfunk Radio Republik Indonesia RRI/Televisi Republik Indonesia TVRI neuerdings mit Konkurrenz zu tun. Die wachsende Popularität von Hunderten privat-kommerziellen TV-Programmen stellt das staatliche Fernsehen TVRI vor das Problem, das Massenpublikum zurückzugewinnen und gleichzeitig weiterhin indonesische Kultur und nationale Identität zu bewahren. Die Möglichkeiten der Konvergenz von Computer, Telekommunikation und klassischem Rundfunk verwischen die einst klaren Grenzen und stellen die Gesetzgeber vor große Regulierungsaufgaben. Die Herausforderungen sind benannt, Ziele und Strategien hingegen bleiben offen.

(7) *Laos* befindet sich in einer mit dem Nachbarland Kambodscha vergleichbaren Lage, hat eine ähnliche Vergangenheit durchlitten. Die Technik des monopolistischen staatlichen Lao National Radio ist obsolet, die Sender sind zu schwach, Ersatzteile sind nicht mehr zu bekommen, es mangelt an qualifizierten Programm-Mitarbeitern, vor allem fehlen die Finanzen für irgendwelche Investitionen. Die Programme waren unpopu-

lär, weil Sprachrohr von Partei und Regierung, die Hörer blieben fern. Mit mehr, besseren und attraktiveren Programmen, insbesondere präzisen und unparteiischen Nachrichtensendungen, sollen Hörer zurückgewonnen werden. Ersatz und Erneuerung der überkommenen Technik wäre schön, so der Country-Report, aber dafür müsse erst Überzeugungsarbeit geleistet werden.

(8) *Malaysia* erlebt einen rapiden Zuwachs an privaten Hörfunk- und TV-Kanälen, einen „Unterhaltungs- und Informations-Boom" (Country-Report). Das Problem von Radio Television Malaysia RTM stellt sich ähnlich dar wie das der staatlichen Sender Indiens und Indonesiens: Wie kann der Programmauftrag des staatlichen Rundfunks (Einsetzen für nationale Werte, politische Stabilität, kulturelle Erbauung, gesellschaftliche Werte) in der Konkurrenz bestehen bleiben? RTM setzt, so der Country-Report, auf Unterstützung durch die Politik, mit dem Ziel, die Organisation zu privatisieren und leistungsfähig auszustatten, so dass mindestens die gleichen Leistungen erbracht werden können wie von der privaten Konkurrenz.

(9) Noch gibt es in *Nepal* zahlenmäßig wenig private Konkurrenz für das staatliche Radio Nepal, aber die ersten unabhängigen Stationen sind seit wenigen Jahren erfolgreich auf Sendung. Bedächtig und schrittweise führt Radio Nepal neue digitale Technologie ein und sammelt damit erste Erfahrungen. Die Überlebensfähigkeit der Organisation wird im Country-Report darin gesehen, ob mittelfristig ausreichend Finanzmittel vorhanden sind, um die Technik weiter und komplett zu ersetzen, ob ausländische Geldgeber gewonnen werden können und ob mit mehr Flexibilität der Konkurrenz begegnet werden kann. „An diesem Scheideweg können kleine Sender wie Radio Nepal nur abwarten und wachsam beobachten, um sich den kommenden Veränderungen anzupassen."

(10) Der Hörfunk ist auch in *Pakistan* das traditionell einflussreichste Massenmedium. Aber auch in Pakistan ist Wandel an der Tagesordnung. Als größte Herausforderung bezeichnet der Country-Report die Zunahme an TV-Angeboten durch Satellitenempfang und Kabelbetreiber. Die staatliche Pakistan Broadcasting Corporation PBC sieht sich mit widersprüchlichen Erwartungen von seiten der Öffentlichkeit und der Politik konfrontiert: dem öffentlichen Auftrag verpflichtete, gleichzeitig attraktivere Programme als die private Konkurrenz anzubieten, ohne aber die technische und finanzielle Unterstützung zu erhalten, dies auch leisten zu können.

Dies bedeutet einen härteren Wettbewerb um Hörerschaft, um qualifizierte Mitarbeiter, um Finanzen, um Unterstützung aus der Politik. Staatliche Investitionen in neue Rundfunktechnologien werden im Country-Report als Schlüssel dafür angesehen, der PBC Wettbewerbsvorteile in Programmproduktion und Verbreitung zu verschaffen.

(11) Die RCS (Radio Corporation of Singapore) in *Singapur*, dem technisch zweifellos am weitesten entwickelten Land in der Region, hat keine Existenzsorgen wie die Nachbarn. Die Probleme der RCS rühren aus dem technologischen Fortschritt und zeigen Perspektiven, die in anderen Sendern der Region, aber auch in Europa erst angedacht werden. Die RCS steht unmittelbar vor der landesweiten Einführung der digitalen Ausstrahlung (DAB), die neben der Vervielfachung von Übertragungskanälen in stets perfekter Signalqualität auch Zusatzinformationen in Text und Bild anbieten kann. Diese Technik ist praktizierte Medien-Konvergenz – und lässt im Country-Report folgende Fragestellungen aufkommen: „Sehen die Hörer die Notwendigkeit von DAB? Was wird der Hauptnutzen von DAB werden, die Übertragung von Zusatzinformationen und Bildern? Die Möglichkeit von noch mehr Sendern? Und würden diese automatisch zu längerer Hördauer führen? Wird Radio noch mehr automatisiert und weniger persönlichkeits-orientiert und interaktiv?"

(12) Auch *Sri Lanka* (Sri Lanka Broadcasting Corporation SLBC) machte in den 90er Jahren eine Ur-Erfahrung wie andere vormals monopolistische Staatssender in Indien, Indonesien, Malaysia, Pakistan: private Konkurrenz. Privatsender, ausgestattet mit neuester Technik, jungen und innovativen Mitarbeitern, die das Konzept von Hörfunk revolutionierten, zogen dem Staatssender schnell und nachhaltig Hörer ab. Die SLBC zieht folgende Konsequenzen: Veränderung der Programm-Struktur mit dem Ziel von mehr Dynamik, Kreativität und Hörer-Orientierung, z.B. mehr Live-Berichterstattung. Dem übergeordneten Ziel der verbesserten Programm-Qualität werden Veränderungen der Organisations- und Personalstruktur untergeordnet: Personalabbau, verbesserte interne Koordination, Computerisierung, Aus- und Fortbildung, Schaffung neuer Einnahmequellen, Archivierung wertvoller Bestände.

(13) Radio Thailand in *Thailand* stellt keine Ausnahme dar. Unter dem Einfluss der Finanzkrise im Juni 1997 schuf sich Thailand eine neue, unter demokratischer Beteiligung geschaffene Verfassung. Diese sieht unter anderem die Umwandlung des Staatsrundfunks in ein Wirtschaftsunterneh-

men, die Lizensierung privater Rundfunkanbieter und die Schaffung einer unabhängigen Medienaufsichts- und Lizenzbehörde vor. Radio Thailand hat sich große Ziele der technischen Modernisierung gesteckt, die durch die Finanzkrise nur vorübergehend zurückgestellt sein sollen. Das Schwergewicht, so der Country-Report, liege aber nicht auf der zweifellos großen Aufgabe des Aufbaus von Hardware und Software im Zuge der großen Veränderungen in der Informations-, Telekommunikations- und Rundfunktechnologie, sondern auf der Schaffung von „menschlicher Software als Agenten des Wandels". Die kommenden Veränderungen in den Organisationen müssten von Mitarbeitern initiiert und getragen werden können.

(14) In *Vietnam* hat die staatliche Voice of Vietnam VOV ein umfangreiches Zukunftsprogramm verabschiedet. Hauptziele sind die technologische Erneuerung und die Qualifizierung der Mitarbeiter, um mit den Kollegen in der Region und der ganzen Welt mithalten zu können. Bis zum Jahr 2000 sollen 95 Prozent aller vietnamesischen Haushalte die VOV-Programme empfangen können. Dies soll durch verbesserte Sendetechnik, vor allem aber durch bessere Programme, systematisches Training und Re-Training und durch die Anwendung neuester Technologien erreicht werden. Alle Radio-Programme sollen auf den Prüfstand, und es sollen neue Programmtypen eingeführt werden. Das Personal soll verjüngt und durch neue hochqualifizierte Mitarbeiter ergänzt werden. Verwaltung und Personalführung, so der Country-Report, sollen verbessert werden, und auch hier sollen Nachwuchskräfte eingestellt werden.

Die Zusammenfassung der Länder- und Sender-Reports zeigt, dass die am Workshop beteiligten Organisationen vor sehr ähnlichen Problemen und Veränderungen stehen. Auffällig sind außerdem einige Gemeinsamkeiten in der Gewichtung der Einflussfaktoren: Exogene Faktoren werden als ursächlich angeführt (Deregulierung, Konkurrenz, Technologieschub), eventuelle eigene Anteile demgegenüber vernachlässigt. Ähnliches gilt für den Umgang mit Wandel, für die Strategien der Veränderung: Oft werden externe Institutionen zur Rettung gerufen (Staat, Politik, fremde Geldgeber) oder externe Lösungen gesucht (Finanzen). Nur wenige der Country-Reports sehen ein großes Ziel in der Verbesserung der ureigenen Aufgabe von Rundfunk: eine hohe Qualität, nämlich bestmögliche Programme zu produzieren und in bestmöglicher Qualität an so viele Bürger wie möglich zu verbreiten. Moderne Technik wird oft als Zweck in sich selbst gesehen. Klare Vorstellungen über Veränderungen der Organisation (Restrukturierung, Personalabbau, systematisches Training) sind nicht die Regel.

1.3 Die Interessen der Teilnehmer zu den Change-Themen

Auf besonderen Wunsch der Gruppe fügte der DW-Projektmanager dem Workshop-Programm ad hoc zwei Informations- und Diskussions-Einheiten zu den Themen „Massenmedien in Deutschland, Strukturen und aktuelle Fragen" sowie „Digitalisierung im Rundfunk, Erfahrung mit Übergangs-Strategien" hinzu. Das Interesse an praktischen Erfahrungen im Umgang mit Veränderungen war wohl verantwortlich für das starke Interesse an diesen Themen. Schwerpunkte der Diskussion waren: Wie wirken sich die neuen Technologien, vor allem digitale Produktion, auf traditionelle Berufe, Arbeitszusammenhänge und auch auf die Produkte aus? Welche Lehren sind aus eventuell übereilter, zu wenig geplanter, technik-zentrierter Einführung zu ziehen? Wer wird in Planung und Einführung miteinbezogen, wer nicht, und mit welchen Folgen? Wer bestimmt die Prämissen einer Technologie-Umwälzung, was hat Priorität: die Qualität des Produkts „Programm" oder die Modernisierung an sich inklusive ihrem innewohnenden Rationalisierungspotential?

Beim Thema der deutschen Medienstruktur im Wandel interessierte insbesondere die Reaktion des öffentlich-rechtlichen Rundfunksystems auf die private Konkurrenz seit Mitte der 80er Jahre, nach rund 35 Jahren der monopolartigen Entwicklung. Was heißt überhaupt öffentlich-rechtlich, aber staatsfern? Was waren die historischen Gründe für diese Konstruktion im Nachkriegsdeutschland? Wie ist das Nebeneinander gesetzlich geregelt, wie finanzieren sich die beiden Systeme, wie entwickeln sich die Hörer- und Zuschauerpräferenzen? Aber auch: Wie ist der Zustand des Journalismus, welche Freiheiten, Regeln und Grenzen gibt es?

1.4 Die Ausrichter des Workshops und die Rollenverteilung
Moderator - Experte - Betreuer

Drei Personen leiteten den Workshop mit erkennbar unterschiedlichen Funktionen: Helmut Osang als Projektmanager und verantwortlicher Kursleiter des DWFZ sorgte für den thematischen Rahmen, den Zusammenhang und den roten Faden und moderierte die Veranstaltung. Mit radiospezifischen Einwürfen und Beispielen konnte er an zahlreichen Punkten das Change-Thema illustrieren. Gruppenarbeiten und Präsentationen wurden jeweils von ihm gemeinsam mit dem Change-Experten, Herbert Namokel, eingebracht und besprochen.

Herbert Namokel, der Change-Management-Experte, war nach ausführlicher Vorbereitung und Absprache mit Helmut Osang verantwortlich für die moderierten Lehrgespräche, die Anleitung und Auswertung der Gruppenarbeiten und Präsentationen zu den Einzelthemen von Change Management. Experte und Moderator verständigten sich laufend über den Fortgang des Workshops, die inhaltliche Stimmigkeit und Logik, den Gruppenprozess.

Dr. Sankaran Ramanathan war der direkte Partner des DWFZ-Projektverantwortlichen Osang. Er war einerseits zuständig für die Betreuung der Gäste (Flüge, Unterkunft, etc.), andererseits als asiatischer Medienexperte wichtige Ressource während des Workshops. Zudem fungierte Sankaran als Rapporteur: Er begann jeden Morgen mit einer Zusammenfassung der Inhalte des Vortags – ein idealer Einstieg in den neuen Tag, eine Fokussierung auf das Thema.

2. Die Arbeitsthemen und der Verlauf des Workshops
(Herbert Namokel)

2.1 Vorstellung und Kontakt

Nach der Begrüßung durch den Generalsekretär von AMIC Singapur und den Projektleiter der deutschen Welle Köln und einem konkreten Ausblick mit der damit verbundenen Zielsetzung für den Workshop durch den Spezialisten wurden alle Teilnehmer aufgefordert, eine Präsentation zur eigenen Person vorzubereiten. Ergänzend zu den Länderpapieren, die für alle zugänglich ausgelegt waren, wurde jeder Teilnehmer aufgefordert, zu vier Aspekten seiner Person zu informieren: Von Interesse war (1) die private Person, (2) die Aufgabe in der Organisation, (3) die spezielle Situation des eigenen Landes und (4) die Bedeutung des Wortes „Change" für die eigene Person. Alle Teilnehmer wurden aufgefordert, diese vier Aspekte in Form eines Kleeblatts auf einem Flipchartblatt zu visualisieren. Dieses Flipchartblatt diente dann bei der persönlichen Vorstellung als Hintergrundinformation, die auch nach der Vorstellung im Raum ausgehängt und weiter zugänglich war. Mit dieser verbalen und visuellen Präsentation aller Beteiligten, einschließlich des Projektleiters und des Spezialisten, hat die Gesamtgruppe das Arbeitsfeld markiert und von den Arbeitsräumen sichtbar und spürbar Besitz ergriffen. Entsprechend der asiatischen Mentalität war es an dieser Stelle wichtig, für alle Beteiligten sich gleich zu Beginn vor der Gruppe zu zeigen und in der Gruppe zu positionieren. Dies erfolgte ohne überzogene Selbstdarstellung der eigenen Person und des Heimatlandes. Durch die Vorgabe der Visualisierung mit den vier Aspekten zur Person wurden durchaus vorhandene Animositäten zwischen verschiedenen Teilnehmerländern und deren Repräsentanten eingegrenzt und nicht spürbar.

2.2 Landschaft der Erwartungen

Der nächste Schritt nach der Vorstellungsrunde war die Klärung der Erwartungen der Teilnehmer an den Workshop. Der Projektleiter und der Spezialist übernahmen in diesem Moment die Rolle der Moderatoren und forderten die Teilnehmer auf, ihre persönlichen Erwartungen an den Workshop auf Karten zu schreiben (Moderationstechnik) und bei mehreren Erwartungen je eine Erwartung auf eine Karte zu bringen. Anschließend hatte jeder Teilnehmer die Möglichkeit, seine Karten auf dem Boden auszulegen und ähnliche Erwartungen in Clustern zusammenzufügen, so dass mehrere unterschiedliche Erwartungsschwerpunkte entstanden. Nachdem alle Teilnehmer ihre Karten auf dem Boden ausgelegt hatten, war eine begehbare Landschaft mit unterschiedlichen Erwartungsschwerpunkten entstanden. Die Moderatoren forderten die Teilnehmer auf, sich körperlich in diese Landschaft hineinzubegeben und sich dort hinzustellen, wo ihre wichtigste Erwartung lag. Nach einer kurzen Zeit des Herumwanderns und Abwägens, was wichtig und nicht so wichtig sei, hatten alle Teilnehmer „Stellung" bezogen und wurden nun aufgefordert zu erläutern, was sie bewogen hatte, gerade dort zu stehen, wo sie jetzt standen. Im Dialog untereinander und mit den Moderatoren kristallisierten sich folgende Erwartungsschwerpunkte heraus:

Erfahrungsaustausch untereinander,
Zusammenarbeit über den Workshop hinaus in Form eines Netzwerkes,
Umgang mit Widerstand bei Veränderungen,
Entwicklung von Zukunftsstrategien,
den künftigen Herausforderungen gerecht werden (z.B. der Privatisierung von Radio),
Umgang mit dem gerade anstehenden technologischen Wandel (Umstellung auf digitales Radio),
die vorhandenen Ressourcen erkennen und damit haushalten,
Information durch die Spezialisten,
pragmatische Lösungen für die anstehenden Probleme,
Toleranz und Wertschätzung im Umgang der Teilnehmer miteinander.

Die Arbeitsform der begehbaren Kartenlandschaft führte zu einem intensiven Dialog zwischen den Teilnehmern, weil durch das körperliche Stellung-Beziehen Gemeinsamkeiten wie Unterschiede sowohl verbal als auch physisch zum Ausdruck kamen. Diese für die Teilnehmer ganz ungewohnte Arbeitsform hat gleich zu Beginn ein außerordentlich großes Maß an Offenheit und Nähe zwischen den Teilnehmern erzeugt. Zum Zwecke der Dokumentation und der Rekapitulierbarkeit der Erwartungen wurde die Landschaft anschließend auf eine Pinnwand übertragen, auf die dann im weiteren Verlauf des Workshops immer wieder zurückgegriffen werden konnte.

2.3 Die acht Merkmale von Systemen

Das theoretische Modell, auf dem dieser Workshop zum Thema „Change Management" basiert, ist der systemische Ansatz. Abgeleitet aus diesem Modell wurde den Teilnehmern zunächst das Systemverständnis nach diesem Ansatz vermittelt. Darauf aufbauend wurden die acht Merkmale von sozialen Systemen präsentiert und beschrieben:

(1) Die *Menschen* mit ihren Werten, ihren Verhaltensweisen und ihren Beziehungen,

(2) die *Strukturen* in ihrer formalen und informellen Ausprägung,

(3) die *Funktionen* mit der dazu gehörenden Verantwortung und Aufgabenverteilung,

(4) die *Strategien* bestehend aus Visionen, Zielen und Plänen,

(5) die *Sachmittel* in ihrer vielfältigen Ausprägung, wie z.B. Räume, Maschinen, Hilfsmittel und Geld,

(6) die *Identität*, bestehend aus dem Selbstverständnis, das wiederum in Corporate Identity und Corporate Design zum Ausdruck kommt,

(7) die *Historie* mit der Geschichte des Systems, seinen Gründern und den sich darum herum rankenden Mythen,

(8) der *Kontext* mit fast unüberschaubaren Einflüssen, wie z.B. Gesetzen, Mitbewerbern, Technologien, Marktgegebenheiten und gesellschaftlichen Paradigmen.

Nach der Präsentation dieser acht Merkmale gab es erheblichen Klärungsbedarf, was diese Merkmale innerhalb eines Systems bedeuten. Dieser Klärungsbedarf resultierte einerseits aus dem unterschiedlichen kulturellen Hintergrund der Teilnehmer, aber auch aus dem begrenzten Verständnis der englischen Sprache bei einigen Teilnehmern.

Der nächste Schritt war eine vertiefende Arbeit in drei Gruppen. Die Teilnehmer waren aufgefordert, in jeder Gruppe das System eines Teilnehmers zu analysieren und die acht Merkmale zu beschreiben, so wie sie im Moment sind. In der Anweisung zu dieser Gruppenarbeit wurden die Gruppenmitglieder außerdem aufgefordert, einen Präsentator zu benennen, das Arbeitsergebnis fortlaufend zu visualisieren und nur zu analysieren, ohne die Zustände im System zu kritisieren. Dazu wurde ein Zeitrahmen gesetzt (8 x 5 = 40 Minuten Arbeitszeit und 10 Minuten Präsentationszeit nach der Gruppenarbeit). Klar strukturierte Anleitungen für die Gruppenarbeit wurden besonders in der Anfangsphase als nützlich empfunden.

In dieser frühen Phase des Workshops waren es in allen drei Gruppen diejenigen Teilnehmer, die ihr System als Anschauungsmaterial zur Verfügung stellten und Positives darüber zu berichten hatten. Die personale Trennung von Protagonist und Präsentator trug zur Objektivierung der Arbeit und zur Entschärfung der latenten Konkurrenz zwischen einzelnen Länderrepräsentanten bei. Die abschließende Reflexion machte den Teilnehmern erstmals die enorme Komplexität von Systemen deutlich. Daraus wiederum entstand die Frage, wie Veränderungen überhaupt möglich seien. Als Ergänzung zum Thema und erste Lösungsorientierung wurden die drei Grundvoraussetzungen für Veränderungen vorgestellt:

(1) Unzufriedenheit mit dem, was ist, also ein *Leidensdruck*,
(2) konkrete Vorstellungen davon, wie es sein sollte, also eine *Zukunftsprojektion*,
(3) der Glaube daran, dass der erste Schritt machbar ist, also eine *positive Grundeinstellung*.

Die Aussprache im Plenum über diese drei Voraussetzungen für Veränderungen führte bei etlichen Teilnehmern zu der Erkenntnis, warum in ihrem System bis jetzt keine wirklichen Veränderungen vollzogen werden.

2.4 Aktuelle und künftige Einflussfaktoren auf das System

Mit einer klassischen Moderationssequenz wurden zunächst per Kartenabfrage gegenwärtige und künftige Einflussfaktoren gesammelt, geclustert und in eine Liste der Einflussfaktoren eingetragen. Mit einer Mehrpunktabfrage: „Wodurch wird das System am stärksten beeinflusst?" entstand eine Rangreihe. Auf dem ersten Rang landeten die politischen Einflüsse, gefolgt vom Führungsstil und den verfügbaren Ressourcen. Auf den nächsten Platz setzten die Teilnehmer die Zuhörer, gefolgt von der Technologie und der Wettbewerbssituation am Markt. In der sehr kontrovers geführten Diskussion darüber wurden die unterschiedlichen Positionen von Radio in den einzelnen Teilnehmerländern deutlich. Die Bandbreite reicht von einem Informationsinstrument der Regierung bis hin zu fast privatem, kommerziellem Radio. In der anschließenden Fallarbeit wurde in drei Gruppen je eine Radiostation analysiert im Hinblick auf die Haupteinflussfaktoren in den nächsten Jahren. Zweiter Teil der Fallarbeit war die Frage nach dem konstruktiven Umgang mit diesen Einflussfaktoren. Die Präsentation und Diskussion der Arbeitsergebnisse war von großer Offenheit geprägt, denn wir befanden uns erst am Nachmittag des zweiten Workshoptages.

2.5 „To do's" und „Not to do's" bei Change-Projekten

Dem Wunsch der Teilnehmer nach pragmatischen Hilfen für das Veränderungsmanagement folgend, wurden die wichtigsten Regeln einerseits und Sünden andererseits vorgestellt, die sich aus der praktischen Projektarbeit ergeben haben (nach Doppler/Lauterburg 1994):

Sünden	Regeln
(1) Unklare Ideen und Ziele	Transparente Ziele und plausible Gründe
(2) Sorglos zusammengewürfeltes Projektteam	Sorgfältig ausgewählte Schlüsselfiguren im Projektteam
(3) Von oben verordnete Patentrezepte	Mitwirkungsmöglichkeiten für alle Betroffenen
(4) Oberster Grundsatz: „Zeit ist Geld"	Realistische Planung der Ressourcen
(5) Wir fangen einfach mal an	Sorgfältig geplante Startphase
(6) Heimliche Aufträge der Mächtigen	Offenlegung persönlicher Wünsche und Ziele
(7) Starres Zeitmanagement	Evolutionäres Zeitmanagement
(8) Widerstand der Betroffenen brechen	Positive Kanalisierung der Widerstandsenergie
(9) Konflikte herunterspielen	Konstruktiver Umgang mit Konflikten
(10) Rigide Informationszuteilung	Offene und lebendige Kommunikation

Diese Regeln und Sünden wurden den Teilnehmern einerseits als Analyseinstrument für Schwierigkeiten in Veränderungsprojekten und andererseits als Checkliste für die Vorbereitung von Veränderungsprojekten an die Hand gegeben. Im Sinne von Praxistransfer konnten die Teilnehmer in kleinen Gruppen ein künftiges Veränderungsprojekt mit Hilfe dieser Checkliste planen und vorbereiten. Die anschließende Präsentation von vier unterschiedlichen Projekten endete in einem ausführlichen Erfahrungsaustausch über Erfolge und Misserfolge von Veränderungsprojekten.

2.6 Einführung von Spielregeln

Ausgelöst durch die verbale Dominanz eines Teilnehmers sahen sich die Moderatoren veranlasst, Spielregeln für die Kommunikation in den Arbeitsgruppen und im Plenum anzubieten und einzuführen. Die vorgeschlagenen und akzeptierten Regeln lauteten:

(1) kurze Diskussionsbeiträge (maximal 45 Sekunden),
(2) aktiv zuhören, ohne Unterbrechung des anderen,
(3) Visualisierung aller Kernaussagen,
(4) nur konstruktive Kritik, keine Killerphrasen,
(5) die Teilnehmer machen sich gegenseitig auf Verstöße gegen die Regeln aufmerksam.

Die Moderatoren plädierten für den Verzicht auf Sanktionen bei Nichteinhaltung und schlugen vor, statt dessen ein Signal zu vereinbaren, wenn Teilnehmer sich nicht an die Regeln halten. Jeder Teilnehmer erhielt ein kleines Leinensäckchen, gefüllt mit Kirschkernen. Diese Säckchen können dem Teilnehmer zugeworfen werden, der sich nicht an die Regeln hält. In der Praxis genügte es in der darauffolgenden Zeit, wenn ein Teilnehmer das Säckchen in die Hand nahm und es ein wenig schüttelte, um zu signalisieren, dass ein Regelverstoß vorliegt. Im gesamten weiteren Verlauf wurde das Zuwerfen von Säckchen ein einziges Mal praktiziert, als sich der Auslöser für diese Regeln massiv über die Vereinbarung hinweg setzte.

2.7 Macht in Systemen

Die Ausübung von Macht in Systemen ist ein wesentliches Merkmal des Gesamtsystems. In einer Präsentation wurden die Teilnehmer zunächst über Macht in Systemen informiert. Macht wird ausgeübt durch Strukturen, durch Kontrolle, durch Entscheidung, durch Einflussnahme und durch Beziehungen. Um mit dem Phänomen Macht im System umgehen zu können, ist es wichtig zu klären, ob die Macht direkt und offen oder indirekt und verdeckt ausgeübt wird. Weiterhin ist zu klären, ob die Macht funktional und konstruktiv oder dysfunktional und destruktiv ausgeübt wird. Die Macht in Systemen wird aus sehr unterschiedlichen Quellen gespeist:

- Recht,
- Status,
- Information und Wissen,
- Ressourcen,
- Zugehörigkeit,
- Persönlichkeit.

Nach der Präsentation wurden die Teilnehmer aufgefordert, sich in Zweiergruppen zusammenzufinden, um das Phänomen Macht in ihrer Organisation zu reflektieren und die eigenen Machtquellen und die anderer Schlüsselfiguren im System ausfindig zu machen. Nach dieser Zweier-Arbeit fand die Gesamtgruppe im Plenum zusammen, um die Erfahrungen und Erkenntnisse zum Thema Macht gemeinsam zu reflektieren.

2.8 Normen und Regeln in sozialen Systemen

Normen und Regeln als bestimmendes Element eines Systems wurden anhand von Beispielen verdeutlicht. Normen sind allgemeine, übergeordnete Vorgaben zur Orientierung des Denkens und Handelns im System. Regeln dagegen sind konkrete, überprüfbare Handlungsvorgaben (Gebote oder Verbote) für den sozialen Umgang miteinander und zur Erledigung der Aufgaben. Zur Gestaltung von Veränderungsprozessen, die immer auch eine Veränderung der Normen und Regeln bedeuten, bieten sich aus systemischer Sicht die folgenden Fragen an.

- Welche Regeln gibt es in unserem System?
- Sind sie formell oder informell und somit offen oder verdeckt?
- Welchen Gültigkeitsgrad haben diese Regeln?
- Wer steht wie zu welchen Regeln und Normen?
- Mit welchen Konsequenzen muss bei Verstößen gerechnet werden?
- Sind die Regeln funktional oder dysfunktional?

Zur Vertiefung begaben sich die Teilnehmer zu einer Fallarbeit in Dreiergruppen, um die Normen und Regeln im eigenen System zu reflektieren. Bei der anschließenden Reflexion im Plenum wurde deutlich, wie
groß die Unterschiede in den Systemen Rundfunk und in den unterschiedlichen Ländern sind. Die Offenlegung und Bearbeitung von Normen und
Regeln im System wurden als mächtiges Werkzeug der Organisationsentwicklung erkannt.

Der vierte Workshoptag begann mit einer Reflexion des bisherigen Ver-
laufs. Die Arbeitsthemen wurden als nützlich und sehr praxisorientiert
empfunden. Die Workshop-Methodik wurde als positiv erlebt, insbesondere die Balance zwischen den gesetzten Strukturen einerseits und dem
Spielraum für Individualität und für Unterschiedlichkeit andererseits. Im
Rückgriff auf die ursprünglich formulierten Erwartungen und den bisherigen Verlauf wurden die künftigen Arbeitsthemen für die nächsten beiden
Tage festgelegt. Besonderes Interesse galt den folgenden Themen:

- Die Medienlandschaft in Deutschland und deren Wandel,
- Entwicklung einer Vision,
- Phasenmodell von Veränderungsprozessen und der dazugehörige Füh-
  rungsstil,
- Umgang mit Widerständen gegen Veränderungen,
- Konfliktmanagement.

2.9 Die Entwicklung einer Vision

Als Orientierung für die Entwicklung einer Vision gelten die acht Merkmale eines Systems. Aufbauend auf der Analyse dieser Merkmale wird
ein möglichst konkretes Bild der Zukunft in Form eines Szenarios des
Systems entworfen. Nächster Schritt ist die Formulierung eines Metaziels
und von daraus abgeleiteten Zielen für die Schlüsselfunktion im System.
Für die Implementierung einer Vision ist der Prozess der Auseinandersetzung aller Systemmitglieder mit der vorläufig formulierten Vision entscheidend. Dies soll in Workshops *top-down* erfolgen, so dass jeder Vorgesetzte mit den direkt ihm nachgeordneten Mitarbeitern erarbeitet, was
sich aus dieser Vision ableitet an Strategien, konkreten Veränderungsprojekten und Aktionen. Wenn diese Workshops gelaufen sind, werden die
Ergebnisse *bottom-up* kommuniziert und führen zu einer Modifikation und
Anpassung der Vision. Erst nach diesem oft Monate andauernden Prozess

der kritischen Auseinandersetzung sollte die Vorvision festgeschrieben werden. Die Vision wird selten zur Selbstverständlichkeit und muss immer wieder in das Bewusstsein der Mitarbeiter hinein gerückt werden, damit sie am Leben bleibt und ihre Wirkung in Richtung Identifikation und Motivation behält.

In Gruppenarbeiten wurde unter Rückgriff auf die Ergebnisse aus der Analyse der Merkmale in Fallarbeit an Visionen, Metazielen und Schlüsselzielen gearbeitet. Aufgrund der hohen Komplexität dieses Themas konnte hier nur das Prinzip vermittelt werden, nicht aber eine konkrete Vision. Für die Teilnehmer war es wichtig zu erkennen, welche Dynamik ein solcher Visionsprozess in der Organisation auslösen kann.

2.10 Phasenmodell von Veränderungsprozessen und Führungsstil

Als Orientierung in Veränderungsprozessen wurden die vier Phasen *Forming, Storming, Norming* und *Performing* vorgestellt, mit den dazugehörenden typischen Verhaltensweisen der betroffenen Mitarbeiter und dem angemessenen Führungsstil der Vorgesetzten. Die Darstellung in einer Matrix gab den Workshopteilnehmern ein transparentes Werkzeug für Analyse und eigene Orientierung in Veränderungsprozessen. Auf der Grundlage des *Leadership-Modells* nach Blachard wurden die vier Führungsstile dirigierend, trainierend, unterstützend und delegierend vorgestellt und den vier Phasen im Veränderungsprozess zugeordnet. Als besonders wichtig wurde erkannt, dass in Veränderungssituationen eine deutliche Strukturen setzende Führung notwendig ist, um der Verunsicherung entgegen zu wirken und ein Mindestmaß an Stabilität zu gewährleisten.

Zur Einleitung von Fallarbeit in Gruppen wurde zunächst eine Demonstration eines Falls von Veränderung mit einem Teilnehmer im Plenum durchgeführt. Anschließend hatten die Gruppen den Auftrag, einen Fall zu wählen, der von begrenzter Komplexität sein sollte, z.B. aus einer Abteilung, die sich im Veränderungsprozess befindet. Dann galt es die typischen Symptome des Prozesses zu beschreiben und die Phase, in der sich der Veränderungsprozess befindet, herauszufinden. Nächster Schritt war das Herausfinden des geeigneten Führungsstils für die aktuelle Situation und eine Empfehlung an den Vorgesetzten für sein konkretes Führungsverhalten. Die anschließende Präsentation führte zu der allgemeinen Erkenntnis, dass klare und deutliche Führung in Veränderungsprozessen notwendig ist.

2.11 Umgang mit Widerstand

In Form einer Minilecture wurde deutlich gemacht, dass Widerstand ein natürliches Phänomen in allen Veränderungsprozessen ist. Veränderung löst immer Verunsicherung, Befürchtung und Ängste aus. Häufige Gründe für Widerstand sind frühere negative Erfahrungen, unklare und schlecht kommunizierte Vorteile der Veränderung und der hohe Druck, mit dem Veränderungsprozesse häufig verbunden sind. Es wird häufig übersehen, dass der Widerstand, den die Betroffenen leisten, Vorteile bringt, wie z.b. die Absicherung des vorhandenen Status, die Vermeidung von Unbekanntem und die Verlangsamung der Veränderung mit der Chance auf eine adäquate Anpassung. Die Initiatoren des Widerstands übersehen ebenfalls häufig den Vorteil, wie z.b. ein Stimmungsbild bei den Mitarbeitern, Feedback über die eigene Rolle im Veränderungsprozess und die Chance zur Kanalisierung der Energie, die im Widerstand sitzt.

Für den Umgang mit Widerstand ist von großer Bedeutung, das Bestehende zu würdigen und nicht abzuwerten. Widerstand ist ein normaler Bestandteil jedes Veränderungsprozesses, der auch wieder abkühlt, wenn die Mitarbeiter in angemessener Form involviert werden. Anschließend wurden einige Werkzeuge für die Widerstandsarbeit vorgestellt, wie z.b. die Moderationsmethode, effektives Projektmanagement, Training und Coaching und eine frühe und umfassende Informationspolitik, um nur einige zu nennen. In der anschließenden Plenumsdiskussion war eine deutliche Erleichterung spürbar, weil viele Teilnehmer Widerstand als Folge schlechter oder falscher Führung interpretierten und nun erkannten, dass Widerstand ein ganz normales Phänomen ist, mit dem man angemessen umgehen kann.

2.12 Konfliktmanagement

Per Definition wurden Konflikte als das Aufeinanderprallen scheinbar unvereinbarer Meinungen, Ziele, Absichten mit hohem emotionalem Anteil beschrieben. Für den Umgang mit Konfliktsituationen wurden fünf typische Konflikthandlungsstile vorgestellt, die sich auf einem Koordinatenkreuz von Beziehungsebene und Sachebene abspielen (s. Abb.). Alle fünf Handlungsstile sind je nach Situation angemessen und eröffnen Wahlmöglichkeiten für das eigene Verhalten in der konkreten Konfliktsituation. Durch die hohe Emotionalisierung fallen Menschen immer wieder in ihre bevorzugten Handlungsmuster zurück. Dieses Modell zeigt auf, dass es auch in Konfliktsituationen Wahlmöglichkeiten gibt. Allein diese Erkenntnis führt oft schon zu großer Entlastung.

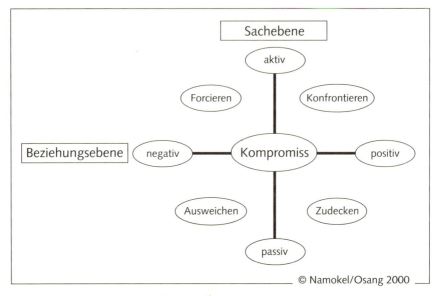

© Namokel/Osang 2000

Abb. 1: Handlungsstile zur Konfliktbearbeitung

Die Vertiefung des Themas erfolgt in Dreiergruppen mit dem Auftrag, den eigenen bevorzugten Stil zu analysieren und ungenutzte Handlungsstile auf Brauchbarkeit für das eigene Repertoire zu prüfen. Zweiter Teil der Aufgabe war die Reflexion darüber, wie in der eigenen Organisation mit Konflikten umgegangen wird. Vertragen sich meine Konflikthandlungsstile mit dem, was in der eigenen Organisation zum Umgang mit Konflikten erwartet wird? Bei diesem sehr persönlichen Thema wurde auf eine abschließende Plenumsdiskussion und -reflexion verzichtet.

2.13 Ergänzende Wunschthemen der Workshopteilnehmer

Ergänzend zu den Change-Management-Themen fügte der Projektleiter in seiner Funktion als Experte für Rundfunk zwei Themenkreise hinzu: „Massenmedien in Deutschland" und „Digitalisierung im Rundfunk". Die Präsentation der Erfahrungen in Deutschland regte eine intensive Diskussion und Reflexion über die Zukunft des Radios im eigenen Lande aus.

2.14 Resümee

Der sechste und letzte Tag des Workshops begann mit einer Rückschau auf alle Arbeitsthemen und der Klärung noch offen gebliebener Fragen. Übereinstimmend stellten alle Teilnehmer fest, dass der Workshop von hoher Arbeitsintensität gekennzeichnet war und jedem Teilnehmer mehrfach die Gelegenheit geboten hat, die eigene Fragestellung zum Thema Change Management einzubringen und zu bearbeiten. Die Offenheit und das Vertrauen zwischen den beteiligten Teilnehmern aus dreizehn unterschiedlichen Ländern mit sehr verschiedenen Kulturen und daraus resultierenden Wertesystemen war außergewöhnlich hoch. Insgesamt hat der Workshop die Erwartungen der Teilnehmer übertroffen. Dieses Ergebnis kam in den Abschlusspräsentationen der Teilnehmer deutlich zum Ausdruck. Jeder Teilnehmer war aufgefordert, seine persönliche Bilanz zu machen und seinen persönlichen Aktionsplan, resultierend aus dem Workshop, zu entwickeln, zu visualisieren und abschließend vor dem gesamten Plenum zu präsentieren.

3. Das methodische Konzept
(Herbert Namokel)

Die gesamte Veranstaltung war als Workshop angelegt. Demzufolge stand *Interaktion* bei allen methodischen Überlegungen im Vordergrund. Ergänzend waren kurze fachliche Informationseinheiten in Form von *Minilectures* vorgesehen, die den Teilnehmern das notwendige Know-how für die Bearbeitung der eigenen Fälle zur Verfügung stellte. Nach den Arbeitseinheiten mit praktischen Fällen aus dem Umfeld der Teilnehmer war stets ein ausgiebiges *Sharing* angesagt, um den Transfer in die eigene Situation anzustoßen. Bei kontroversen Themen ergaben sich immer wieder angeregte Diskussionen, die einer straffen Führung bedurften. Durchgängig wurden alle Beiträge visualisiert sowohl in der Arbeit im Plenum als auch in den Kleingruppen. Diese *Visualisierung* war dann die Basis für ein umfassendes *Fotoprotokoll*, das jeder Teilnehmer am Ende des Workshops ausgehändigt bekam. Ergänzend zu den methodischen Varianten kamen fallweise *psychodramatische* und *systemische* Arbeitsformen zum

Einsatz, gelegentlich in Kombination mit der *Moderationsmethode*. Beispiel hierfür ist die Kartenlandschaft zu Beginn des Workshops. Um der multinationalen und damit auch multikulturellen Zusammensetzung der Gruppe Rechnung zu tragen, waren den Veranstaltern einige methodische Aspekte besonders wichtig.

(1) Rollenklarheit und Rollenvielfalt in der Leitung: Der Spezialist, Herbert Namokel, und der Projektleiter, Helmut Osang, nahmen im gesamten Prozess mehrere unterschiedliche Rollen ein. Sie waren *Moderatoren* im klassischen Sinn der Moderationsmethode, einzeln oder auch im Team. In dieser Rolle setzten sie klare Arbeitsstrukturen, verhielten sich aber inhaltlich neutral. Außerdem sorgten sie als Moderatoren dafür, dass aus Betroffenen Beteiligte wurden. Immer wenn es um die Vermittlung von Wissen ging, schlüpften sie in die Rolle des *Experten*. Als Fachleute für Organisationsentwicklung, Change Management und Broadcasting präsentierten und visualisierten sie Fachwissen mit Bezug zum Thema des Workshops.

(2) Gruppenarbeitsmodell: Für den Transfer der Theorie in die Praxis der Teilnehmer waren unterschiedliche Formen der Gruppenarbeit angesagt. In diesen Phasen gingen die beiden Leiter in die Rolle des *Facilitator of Group work*. Die Aufgabe war hier, einzuteilen, anzuleiten und zu unterstützen auf der methodischen Ebene. Eindeutige Handlungsanleitungen in Form von visualisierten Gruppenarbeitsanweisungen setzten Strukturen und gaben Sicherheit für die Durchführung. Eine überwiegend freiwillige Gruppenzuordnung stellte sicher, dass die Teilnehmer an Themen arbeiten konnten, die sie wirklich interessierten. Im Verlauf des Workshops sorgte die Leitung auch dafür, dass zurückhaltende Teilnehmer mit ihrem Fall oder Problem zum Zuge kamen. Insgesamt fand ein Wechsel zwischen Plenum, Halbgruppe, Kleingruppe und Dyade statt. Von der Gruppendistanz her war es möglich, alle Gruppen immer in einem großen Raum arbeiten zu lassen. Dadurch entstand keine unnötige Konkurrenz zwischen den Kleingruppen, und es war immer das latente Gefühl da, an einer gemeinsamen Sache zu arbeiten. Für die Facilitatoren war durch die Arbeit aller Gruppen in einem großen Raum eine permanente visuelle und akustische Kontrolle möglich, ohne in der Wahrnehmung der Gruppen direkt präsent zu sein.

Die Rolle des *Betreuers* übernahm der Repräsentant von AMIC. Er sorgte sich um das Wohlergehen der Teilnehmer, stellte die organisatorischen Rahmenbedingungen sicher und übernahm die Aufgabe des *Rapporteurs*, der jeden Morgen zu Beginn des Workshops einen Kurzbericht des vergangenen Tages in mündlicher und schriftlicher Form ablieferte. Für den gesamten Verlauf war es an einigen Stellen notwendig, die Rollen der Akteure anzusprechen und z.b. Fachfragen nicht zu beantworten, sondern zu parken, weil gerade moderiert wurde und das Wissen der Teilnehmer gefragt war.

(3) Sprache: Für alle Beteiligten war die Arbeitssprache Englisch, aber für keinen die Muttersprache. Daraus ergab sich eine mehr oder weniger starke Limitierung des Einzelnen, bezogen auf den verbalen Ausdruck. Angestoßen durch die Leiter und deren Sprach- und Visualisierungsverhalten (durchsetzt mit absichtlichen und unabsichtlichen Fehlern) entstand eine Kommunikationsebene, auf der Verständigung und Verständnis wichtiger waren als Rechtschreibung und „Rechtsprechung". Alle Teilnehmer sind ohne jegliche Übersetzungshilfe ausgekommen. Der Dolmetscher, der von einem Teilnehmer mitgebracht wurde, war nach zwei Tagen überflüssig, weil es in der gelockerten Workshop-Atmosphäre möglich war, sprachliche Begrenztheit als normal zu erleben.

(4) Regeln: Regeln für die Arbeit und den Umgang miteinander werden häufig als Bevormundung erlebt, wenn sie bereits verkündet werden, ohne dass es einen ersichtlichen Anlass dafür gibt. Getreu dieser Erfahrung haben die beiden Leiter zunächst auf „Spielregeln" für die gemeinsame Arbeit verzichtet. Ein Teilnehmer, der durch die Neigung zu überzogener Selbstdarstellung und unangemessener Kritik auffällig wurde, gab am zweiten Workshoptag genügend Anlass zur Einführung von Kommunikationsregeln für die Gruppe. Es wurde auf Sanktionen bei Übertretung der Regeln verzichtet. Ersatzweise waren alle Gruppenmitglieder aufgefordert zu gegenseitiger, freundlicher Hilfestellung bei der „unabsichtlichen" Übertretung der Regeln. Dieses Modell des konstruktiven Umgangs mit negativ erlebtem Verhalten wurde von vielen Teilnehmern als wichtige Erfahrung für die tägliche Arbeit registriert.

Unter Berücksichtigung der multinationalen Zusammensetzung der Gruppe und der damit einher gehenden sprachlichen Begrenzung fast aller Teilnehmer hat sich das Workshopkonzept bewährt. Entscheidend für den Erfolg und damit auch für die Zufriedenheit der Beteiligten war die Kombination aus straffer Arbeitsstruktur durch die Leitung und Freiraum für die inhaltliche Gestaltung durch die Teilnehmer. Die transparente Struktur und die eindeutige Rollenverteilung gaben den Menschen die nötige

Sicherheit für die Auseinandersetzung mit dem zutiefst verunsichernden Thema Change Management. Ein deutliches Signal für den Erfolg ist der Wunsch nach einer Wiederholung des Workshops für eine vergleichbare Zielgruppe.

Literatur

Organisationsentwicklung, Change Management:
Czichos (1993): Change Management. Basel.
Doppler, K./Lauterburg, C. (1994): Change Management. Frankfurt.
Hammer, M./Champy, J. (1994): Business Reengineering. Frankfurt.
Kline, P./Saunders, B. (1995): 10 Schritte zur lernenden Organisation. Paderborn.
Senge, P. u.a. (1996): Fieldbook zur fünften Disziplin. Stuttgart.
Servatius (1991): Vom strategischen Management zur evolutionären Führung. Stuttgart.
Sprenger, R.K. (1995): Das Prinzip Selbstverantwortung. Wege zur Motivation. Frankfurt.

Konflikte:
Glasl, F. (1990): Konfliktmanagement. Handbuch für Berater und Führungskräfte. Bern.
Schwarz, G. (1997): Konfliktmanagement. Sechs Grundmodelle der Konfliktlösung. Wiesbaden.
Watzlawik, P./Beavin, J.H./Jackson, D.D. (1985): Menschliche Kommunikation. 7. Aufl. Bern.

Gruppen- und Teamarbeit:
Blanchard, K./Zigarmi, P./Zigarmi, D. (1995): Der Minuten-Manager: Führungsstile. Reinbek.
Dilts, R. (1997): Kommunikation in Gruppen und Teams. Paderborn

Systemische Konzepte und Beratung:
König, E./Volmer, G. (1994): Systemische Organisationsberatung. Weinheim.
Morrison (1996): The Second Curve. London.
Selvini-Palazzoli, M. (1990): Hinter den Kulissen der Organisation. Stuttgart.
Ulrich, P. (1996): Anleitung zum ganzheitlichen Denken und Handeln. Bern.

Herbert Namokel

Ein Ausbildungskonzept
für internationale Prozessbegleiter

Das Ausbildungskonzept für Begleiter von Veränderungsprozessen in Organisationen und Institutionen hat mehrere Wurzeln. Eine Wurzel ist die praktische Arbeit als Team von Beratern, das seit 20 Jahren institutionelle Veränderungsprozesse begleitet. Eine zweite Wurzel ist die Ausbildung von Trainern, Beratern, Moderatoren und „Change Agents" (nach unserem Verständnis ein Synonym für Prozessbegleiter) über mittlerweile mehr als zehn Jahre. Die theoretische Fundierung unserer Arbeit und dieses Konzepts fußt auf dem Integrativen Ansatz nach Petzold und dem Systemischen Ansatz in der Tradition des Systembegriffs von Bateson. Die vierte Wurzel ist unsere Beteiligung an internationalen Projekten in Europa, Afrika und Asien.

Anforderungsprofil der Ausbilder

Für die Umsetzung dieses Ausbildungskonzepts in die Praxis ergeben sich daraus hohe Anforderungen an die Ausbilder. Neben der Grundqualifikation als Sozial-, Wirtschafts- oder Naturwissenschaftler ist eine supervisorische oder therapeutische Zusatzqualifikation unabdingbar. Darüber hinaus ist eine mehrjährige internationale Erfahrung als Berater auf allen Feldern der Prozessbegleitung erforderlich sowie eine zweite Arbeitssprache. Weiterhin fordern wir von den Ausbildern die mehrfache Mitwirkung an der deutschsprachigen Ausbildung zum Prozessbegleiter als Trainer/in.

Das Gesamtkonzept

Das Ausbildungskonzept hat vier tragende Elemente, die eine Balance zwischen Theorie und Praxis sicherstellen:

(1) Fünf Seminare verteilt über 15 Monate mit einer Seminardauer von drei oder vier Tagen je Seminar. Die Themen der Seminare sind aufgebaut nach dem differenzierten Rollenmodell der Prozessbegleitung.

(2) Einzelsupervision für jeden Teilnehmer. Insgesamt sechs Sitzungen à zwei Stunden, optional auch mehr Supervision nach Bedarf. Die Einzelsupervision kann nach dem zweiten Seminar beginnen.

(3) Jeder Teilnehmer ist verpflichtet, ein Praxisprojekt, möglichst mit interkulturellem Charakter, während der Ausbildung abzuwickeln. Die daraus resultierenden Erfahrungen sollen in die Ausbildungselemente Seminar, Supervision und Transferworkshop eingebracht werden. Spätestens nach dem zweiten Seminar soll das Projekt begonnen werden.

(4) Die Transferworkshops nach dem dritten und nach dem fünften Seminar dienen dem Erfahrungsaustausch, der Transferunterstützung in Richtung Praxis und fallweise der Gruppensupervision.

Auf eigenverantwortlicher Basis regt die Ausbildungsleitung die Gründung von regionalen Peergruppen zwecks kollegialer Beratung an.

Das Rollenmodell

Die Konzeption beruht auf einem Rollenmodell für die unterschiedlichen Aufgabenfelder der Prozessbegleitung. Die fünf Rollen sind:

- Moderator/in
- Projektmanager/in
- Teamentwickler/in
- Organisationsentwickler/in
- Coach.

In den fünf Trainingseinheiten wird den Teilnehmern Theorie und Praxis der einzelnen Rollen vermittelt. Die Reihenfolge ist nicht beliebig, denn die Trainingsmodule bauen aufeinander auf.

Das Trainermodell

Alle Trainings und alle Workshops werden von zwei Trainern durchgeführt. Ein Trainer begleitet die Ausbildungsgruppe durch alle Elemente hindurch und sorgt so für Kontinuität im Gruppenprozess und verhindert lange Anlaufzeiten, wenn die Gruppe erneut zusammenkommt. Zu jedem Seminar kommt zu diesem Stammtrainer ein Spezialist als Kotrainer hinzu. So lernen die Teilnehmer sechs unterschiedliche Trainerpersönlichkeiten bei der Arbeit kennen, die ihre individuelle Art der Beratung und Unterweisung demonstrieren.

Für die Einzelsupervision gilt das Recht der „freien Supervisorenwahl" unter den sechs Trainern. Erfahrungsgemäß gibt es hier praktische Einschränkungen zwecks Minimierung der Reisezeiten. Arbeitssprache bei allen Seminaren und Workshops ist überwiegend Englisch. Besonders bei den Gruppenarbeiten und Übungen ist die Arbeit in der Zweitsprache von großer Bedeutung. Nur so können die Teilnehmer nachvollziehen, wie es den Menschen geht, mit denen sie arbeiten, und die sich dann nicht in ihrer Muttersprache ausdrücken können. Fallweise findet auch die Einzelsupervision in der Fremdsprache statt. Für das Abschlusskolloquium und die Abschlussarbeit ist die Arbeitssprache durchgängig Englisch.

Die Seminare

(1) Der/Die Moderator/in

In diesem ersten Training werden Techniken und Methoden der Moderation und Präsentation vermittelt. Die Teilnehmer sollen die Moderation als eigenständige Methode der Arbeit mit Gruppen und Teams erlernen und gezielt in der Praxis der Prozessbegleitung einsetzen können. Sie sollen methodische bzw. technische Flexibilität in der Arbeit mit Gruppen erlangen und die Balance zwischen Individuum, Gruppe und Thema halten, eingebettet in den jeweiligen Kontext, hier in Anlehnung an das TZI-Modell nach R. Cohn.

Auf der Inhaltsebene werden die Arbeitstechniken aus Moderation vermittelt und geübt, wie z.B. die vielfältigen Gruppenfragetechniken und Strukturierungs-, Bewertungs- und Entscheidungsverfahren. Haltung und Rollenverständnis des Moderators sind ebenso Thema wie der Umgang mit dem Rollenkonflikt zwischen dem Moderator einerseits und dem Experten oder Vorgesetzten andererseits. Der Umgang mit den typischen Hilfsmitteln der Moderation und deren Einsatz bei Visualisierung und Präsentation sind die mehr handwerklichen Teile dieses Bausteins. Auf der konzeptionellen Ebene erfahren die Teilnehmer, wie moderierte Veranstaltungen geplant, gesteuert, nachbereitet und dokumentiert werden. Abgerundet wird dieser erste Teil der Ausbildung durch das konstruktivistische Kommunikationsmodell nach Watzlawick und dessen Konkretisierung in Form des Bewusstheitsrades nach Miller. Das Thema Moderation steht ganz am Anfang der Ausbildung, weil es zusammen mit dem Kommunikationsmodell in allen weiteren Trainingseinheiten wiederkehrt. Die damit verbundenen Fertigkeiten sind für die Prozessbegleitung elementar.

(2) Der/Die Projektmanager/in

Der zweite Seminarbaustein widmet sich der Rolle als Manager von Veränderungsprojekten. Hier wird angestrebt, die Teilnehmer in die Lage zu versetzen, komplexe Projekte sowohl ergebnisorientiert als auch prozesshaft zu gestalten und zu begleiten. Die Verknüpfung von wirtschaftlichen Notwendigkeiten mit den sozialen Aspekten bei Veränderungen soll hergestellt werden. Als Projektmanager sollen die Teilnehmer befähigt werden, das Veränderungsprojekt in die institutionelle Aufbau- und Ablauforganisation zu integrieren. Ein weiteres Ziel in diesem Baustein ist die Befähigung zur Beratung von anderen Projektleitern und Projektteams im Sinne der oben genannten Ziele.

Auf der inhaltlichen Ebene werden Methoden und Techniken des Projektmanagements vermittelt, vom Projektstart bis zur Betreuung nach dem Projektende. Im Einzelnen werden Themen bearbeitet wie Formulierung eines Projektauftrags mit den überprüfbaren Projektzielen, Projektplanung und Ressourcenmanagement, Informationsmanagement und Berichtswesen. Auf dieser praktischen Ebene wird auch die Sinnfälligkeit des EDV-Einsatzes in Abhängigkeit von Art und Größe des Projekts geklärt. Die unterschiedlichen Funktionen des Projektleiters als Spezialist, Verantwortlicher, aber auch Koordinator und Moderator im Verhältnis zu seinen Auftraggebern und Projektmitarbeitern bedürfen der eingehenden Klärung. In praktischen Übungen erproben die Teilnehmer verschiedene Formen der Projektarbeit, beginnend mit Analyseverfahren über kreative Problemlösung, Methoden der Bewertung und Entscheidung bis hin zu Interventionsformen bei Zielabweichungen und Konflikten.

Die im vorangegangenen Seminar vermittelten Techniken und Methoden der Moderation werden bei der Arbeit an den benannten Themen vertieft und ergänzt. Alle Teilnehmer sind aufgefordert, im Verlauf dieses Seminars ihr Praxisprojekt zu definieren und in Form eines Projektplans vorzustellen. So wird der Transfer in die tägliche Arbeit sichergestellt. Das Projekt soll multikulturelle Aspekte haben wie z.B. Mehrsprachigkeit, Überschreiten von Landesgrenzen oder die Einbindung mehrerer Nationalitäten.

(3) Der/Die Teamentwickler/in

In diesem dritten Seminar geht es um die vier „K": Kommunikation, Kooperation, Kreativität und Konflikte als Elemente von Veränderungsprozessen. Der Fokus ist hier das Team oder die Gruppe als Subsystem der gesamten Organisation. Die Teilnehmer vertiefen ihre kommunikativen Fähigkeiten, erkennen Möglichkeiten zur Entwicklung und Verbesserung kooperativer Zusammenarbeit im Team und erproben unterschiedliche Verfahren zur kreativen Problemlösung im Team. Konfliktmanagement wird in diesem Seminar als separates Thema begonnen und findet seine Fortsetzung im fünften Baustein „Der Coach". Die Teilnehmer haben bei diesem Seminar besonders tiefgehende Möglichkeiten der Selbstreflexion sowohl vor der Gruppe in leitender oder moderierender Form als auch in der Gruppe, bezogen auf eigenes Verhalten und Rollenverständnis.

Inhaltliche Schwerpunkte sind die drei Säulen der Teamarbeit: Individuum, Binnenstruktur und Kontext, Analyse und Steuerung von Teamprozessen in unterschiedlichen Arbeitssettings, die Entwicklungsphasen von Teams und der dafür jeweils angemessene Führungsstil. Aus der Sicht des Prozessbegleiters werden vielfältige Interventionsmöglichkeiten zur Teamentwicklung erarbeitet und exemplarisch in der Seminargruppe erprobt. Konflikte werden als normaler Bestandteil menschlichen Miteinanders verstanden, und es geht um die Nutzung der positiven Anteile des Konflikts, genauso wie um die Begrenzung der destruktiven Anteile. Anhand von praktischen Fällen aus der Arbeit der Teilnehmer werden Interventionsmöglichkeiten bei verschiedenen Konflikttypen und Eskalationsstufen aufgezeigt und erprobt.

Bei diesem Seminar treten die kulturellen Unterschiede mit aller Deutlichkeit zu Tage. Das Individuum mit seiner kulturellen Prägung der Werte und Normen wird ebenso Thema wie die Interaktionsregeln mit ihrer (Dys-)Funktionalität für das Team. Die unterschiedlichen Kulturen als Arbeitskontext der Teilnehmer machen die zusätzliche Dimension interkultureller Prozessbegleitung und damit deren erhöhte Komplexität deutlich.

(4) Der/Die Organisationsentwickler/in

Die Dynamik von Veränderungen im Gesamtsystem steht im Mittelpunkt dieses Seminars. Die Teilnehmer sollen Haltung und Rolle des Organisationsentwicklers im systemischen Verständnis verinnerlichen und ihre analytische und beratende Kompetenz erweitern. Die Einsicht in ganzheitliche, vernetzte Prozesse wird gesteigert und der gezielte Umgang mit Komplexität, Dynamik und Strukturen ermöglicht.

Aufbauend auf den Grundlagen der Systemischen Organisationsberatung stehen die Dynamik sozialer Systeme und die Strukturelemente der Systeme thematisch im Mittelpunkt. Methoden und Techniken der Organisationsberatung, wie z.b. Skulpturtechniken, zirkuläres Fragen und der Umgang mit Normen und Regeln, werden erläutert und geübt. Besonderes Augenmerk richtet sich auf die Entstehung und den Umgang mit Widerstand auf allen Ebenen des Systems.

Die Systeme, aus denen die Teilnehmer kommen, bieten vielfältigen Arbeitsstoff für multikulturelle Aspekte der Organisationsentwicklung. Hier wird deutlich, dass das eigene Arbeitsumfeld, üblicherweise als Gesamtsystem betrachtet, wiederum nur Subsystem eines übergeordneten Systems mit all seinen Regeln, Strukturen, handelnden Personen und der spezifischen Historie ist.

(5) Der Coach

Coaching als wichtige Beratungsform für Einzelne und Teams ist das fünfte und letzte Seminar in der Ausbildung zum Internationalen Prozessbegleiter. Über alle bisher erworbenen Fertigkeiten hinaus steht bei diesem Baustein der Erwerb von Coachingkompetenz im Vordergrund.

Erneut ist die Vertiefung der kommunikativen Fähigkeiten angesagt, hier bezogen auf die Beratung von Einzelpersonen und von Teams. Einerseits zielt Coaching ab auf die Entfaltung offener und verdeckter Ressourcen und befasst sich andererseits mit Störungen, Defiziten und vor allem mit dem Umgang mit Widerstand. Psychologische Grundlage ist auch hier der Integrative Ansatz nach Petzold. Das Verständnis von Coaching, die Coachrolle, das Phasenmodell des Coachingprozesses und das methodische Arbeitsspektrum orientieren sich an diesem Ansatz. NLP ist eine weitere Quelle, aus der bei der praktischen Arbeit mit Individuen und Teams geschöpft wird.

Die Teilnehmer erleben ihre sprachliche Einschränkung bei der individuellen Beratung immer dann besonders intensiv, wenn der Coachingdialog nicht in der Muttersprache abläuft. Hier wird sehr deutlich, wie stark die körpersprachliche Seite der Kommunikation kompensatorisch wirksam werden kann und wie bedeutend Kommunikationsfähigkeit insgesamt für die Überwindung kultureller Unterschiede ist. Gleichwohl werden die Grenzen des Sich-verständlich-Machens ebenso verdeutlicht, und damit wird der erhöhte Schwierigkeitsgrad internationaler Prozessbegleitung noch einmal klarer.

Transferworkshops

Die Seminare werden ergänzt durch zwei Transferworkshops von je einem Tag Dauer. Sie finden nach dem dritten Seminar „Teamentwicklung" und nach dem fünften Seminar „Coaching" statt. Das Ziel ist vertiefende Auseinandersetzung mit den vorangegangenen Seminarthemen und die Verknüpfung der Theorie mit der praktischen Arbeit der Teilnehmer. Wenn bereits Projekte laufen, in die die Teilnehmer als Prozessbegleiter involviert sind, treten Fragen der praktischen Anwendung stark in den Vordergrund. Methodisch wird hier mit den Verfahren der Gruppensupervision gearbeitet, die neben der klassischen Fallarbeit als anschauliches Beispiel für die Arbeit mit Gruppen und Teams dient.

In den bisherigen Ausbildungsgruppen bewegte das Thema „Meine Rolle als Prozessbegleiter" die Teilnehmer immer ganz besonders. Das veränderte Verständnis der eigenen Arbeit und die Verschiebung der persönlichen Kompetenzen, weg von den Fachkenntnissen hin zu methodischer und sozialer Kompetenz, macht der Mehrheit der Teilnehmer zu schaffen. Dieses Phänomen der Verunsicherung trat bei unternehmensinternen Ausbildungsgruppen verstärkt auf, weil mit der Teilnahme an der Ausbildung eine Erwartungshaltung des Arbeitgebers verbunden ist. Andererseits stellt sich immer wieder heraus, wie schwer sich auch das mittlere Management mit dieser neuen Funktion tut, denn professionelle Prozessbegleitung wird häufig als Konkurrenz erlebt.

Im zweiten Transferworkshop gewinnt der kollegiale Erfahrungsaustausch an Bedeutung. Das Vertrauen der Teilnehmer untereinander ist so stark gewachsen, dass auch schwierige Probleme mit großem persönlichen Anteil thematisiert werden. In dieser Phase regt die Leitung erneut an, kollegiale Gruppen zum Erfahrungsaustausch über die Ausbildung hinaus zu gründen. Bei firmeninternen Gruppen ist das wesentlich einfacher, als wenn zu solchen maximal eintägigen Treffen Landesgrenzen überschritten werden müssen.

Abschlusskolloquium

Der Abschluss der Ausbildung ist dreigeteilt. Zunächst ist jeder Teilnehmer verpflichtet, ein Thema aus der Ausbildung sowohl theoretisch als auch in der praktischen Anwendung zu präsentieren und in zweisprachiger Dokumentation vorzulegen. Die gesamte Ausbildungsgruppe und die Ausbilder sind anwesend und nehmen diese Abschlussarbeit ab.

Der zweite Teil ist der Reflexion des gesamten Prozesses, der damit verbundenen persönlichen Entwicklung und dem Abschied voneinander gewidmet.

Den endgültigen Ausklang bildet eine Feier, die von den Teilnehmern organisiert wird. Neben gemeinsamem Essen und Trinken reicht das Spektrum der Aktionen von konventionellen Ansprachen über künstlerische Einlagen Einzelner bis hin zu Gemeinschaftsaktivitäten wie Ausflügen, Wanderungen oder Wettbewerben. Die unterschiedlichen Nationalitäten und deren Verständnis von Abschied schlagen sich in der Vielfältigkeit der Aktivitäten nieder.

Zielgruppe

Aus der Erfahrung mit unterschiedlichen Unternehmen, die ihre Mitarbeiter zu einer Ausbildung zum Prozessbegleiter entsenden oder eine eigene Ausbildungsgruppe innerhalb des global agierenden Konzerns zusammenstellen, wissen wir, dass es sich bei den Teilnehmern entweder um Führungskräfte oder um hochqualifizierte Spezialisten handelt. Für die Führungskräfte ist meistens eine zeitweise Tätigkeit als Prozessbegleiter neben ihrer Hauptaufgabe vorgesehen. Bei tiefgreifenden Veränderungen innerhalb des Unternehmens ist die Ausbildung fallweise eine Vorbereitung auf eine ganz neue Aufgabe. Als Beispiel sei hier die Umstellung der Produktion von Fließbandarbeit auf Teamarbeit genannt. Die Meister sind bei der Teamarbeit überflüssig in ihrer alten Funktion und werden künftig als Prozessbegleiter sowohl in der Produktion als auch darüber hinaus tätig. Einzelne Topführungskräfte nehmen teil, um sich ein erweitertes Verständnis für die Dynamik von Veränderungen zu verschaffen, wohl wissend, dass sie niemals direkt als Prozessbegleiter arbeiten werden.

Die Unternehmen entscheiden sich für diese Investition in ihre Mitarbeiter, weil sie den anstehenden, in immer kürzeren Abständen erfolgenden Veränderungen gewachsen sein wollen. Es ist zur allgemeinen Erkenntnis geworden, dass tiefgreifende Veränderungen ein normaler Bestandteil des täglichen Lebens und Arbeitens geworden sind. Ein weiteres Motiv der Unternehmen ist die Verminderung der Abhängigkeit von externen Beratern. Das bei Veränderungsprozessen gewonnene Know-how soll im Unternehmen verbleiben und damit jederzeit wieder verfügbar sein. Dieser Gesichtspunkt ist bei international arbeitenden Organisationen auch deshalb interessant, weil sich die Veränderungen in den einzelnen Ländern zeitversetzt vollziehen. So kann die gleiche Veränderung mit den gleichen Spezialisten wie mit einer Task Force in verschiedenen Ländern nacheinander vollzogen werden, immer unter Berücksichtigung der landesspezifischen Gegebenheiten.

In den offen angebotenen Ausbildungen nehmen auch angestellte und selbstständige Personal- und Organisationsentwickler teil. Sie wollen ihre Kompetenz für diese Aufgabenstellung erweitern.

Die persönlichen Anforderungen an die Teilnehmer einer internationalen Prozessbegleiterausbildung sind neben persönlicher Lernbereitschaft und Flexibilität: internationale Erfahrung, Zweisprachigkeit und die Möglichkeit, während der Ausbildung ein internationales oder multikulturelles Praxisprojekt durchzuführen.

Perspektive

Die nationale Qualifizierung von Prozessbegleitern hat mittlerweile eine etwa zehnjährige Tradition in Deutschland. Natürlich hat es schon davor in sehr begrenztem Umfang internationale Spezialisten gegeben, die aber einen mühsamen Weg des Erfahrungslernens hinter sich hatten und nicht gezielt auf diese Aufgabe vorbereitet wurden. Außerhalb des englischen Sprachraums wird es einen enormen Qualifizierungsbedarf für international tätige Change Agents geben. Dies ist eine konsequente Folge der Globalisierung und der internationalen Fusionen. In Gegensatz dazu wird das Problem der qualifizierten Begleitung von Veränderungsprozessen in den USA mehr als lokales Problem gesehen, weil fast alle internationalen Partner auch Englisch sprechen. Es wird dabei leicht übersehen, dass es sich um weit mehr als nur um die Überwindung einer Sprachbarriere handelt.

Bei unserer praktischen internationalen Arbeit in Projekten erfahren wir immer wieder, wie dünn die Kenntnisse der Führungskräfte sind, bezogen auf Veränderungen in ihren Organisationen. Der Blick ist fast ausschließlich auf betriebswirtschaftliche und technologische Fakten gerichtet, verknüpft mit dem Glauben an die Beherrschbarkeit von Komplexität. Das Denken in kausalen Zusammenhängen wird aber in keiner Weise der Dynamik im Zusammenspiel der Kräfte gerecht, die bei Veränderungen auftreten. Ein modifiziertes Angebot dieses Ausbildungskonzepts für Führungskräfte auf internationaler Ebene wäre sinnvoll, sobald ein Bewusstsein für den Bedarf vorhanden ist. Wir gehen davon aus, dass sich dieses Bewusstsein entwickeln wird, so wie auf nationaler Ebene hier in Deutschland bereits geschehen.

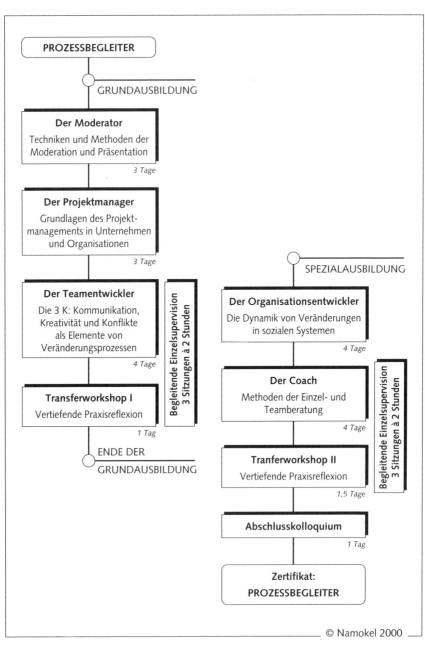

PROZESSBEGLEITER

GRUNDAUSBILDUNG

Der Moderator
Techniken und Methoden der
Moderation und Präsentation

3 Tage

Der Projektmanager
Grundlagen des Projekt-
managements in Unternehmen
und Organisationen

3 Tage

SPEZIALAUSBILDUNG

Der Teamentwickler
Die 3 K: Kommunikation,
Kreativität und Konflikte
als Elemente von
Veränderungsprozessen

4 Tage

Der Organisationsentwickler
Die Dynamik von Veränderungen
in sozialen Systemen

4 Tage

Begleitende Einzelsupervision
3 Sitzungen à 2 Stunden

Transferworkshop I
Vertiefende Praxisreflexion

1 Tag

Der Coach
Methoden der Einzel- und
Teamberatung

4 Tage

ENDE DER
GRUNDAUSBILDUNG

Tranferworkshop II
Vertiefende Praxisreflexion

1,5 Tage

Begleitende Einzelsupervision
3 Sitzungen à 2 Stunden

Abschlusskolloquium

1 Tag

Zertifikat:
PROZESSBEGLEITER

© Namokel 2000

Abb. 1: Ablaufplan

IV. Teil

Interkulturelle Konfliktbearbeitung

Rosi Wolf-Almanasreh

Moderne Konfliktbearbeitung
bei sozialen und ethnischen Konflikten in Städten
Das Modellprojekt „Stadtteilvermittlung"
der Stadt Frankfurt am Main

Vom 1.12.1995 bis 30.11.1997 wurde vom Amt für multikulturelle Angelegenheiten[1] der Stadt Frankfurt am Main mit Unterstützung der europäischen Kommission das Modellprojekt „Stadtteilvermittlung" durchgeführt. Es stand im Zusammenhang mit dem „Städteprojekt gegen Rassismus, für staatsbürgerliche Kultur und örtliche Demokratie in der multikulturellen Stadtgesellschaft" der EU-Kommission. Das Vorhaben wurde wissenschaftlich begleitet durch die Hessische Stiftung Friedens- und Konfliktforschung (HSFK). Die Arbeit wurde in den Jahren 1996 und 1997 finanziell von der Kommission der Europäischen Union unterstützt. Ab Ende 1998 wurde die „Stadtteilvermittlung" durch einen Beschluss der Stadtverordnetenversammlung von der Stadt Frankfurt am Main fest übernommen, und entsprechende Finanzmittel wurden in den Haushalt des Amtes für multikulturelle Angelegenheiten eingestellt. Die Überlegungen und Erfahrungen aus dieser Arbeit sollen im Folgenden beschrieben werden.

Politische Ausgangsüberlegungen

In den modernen Städten Europas verändern sich die traditionellen sozialen Beziehungen immer mehr. Aufgrund der Globalisierung unserer politischen, wirtschaftlichen und kulturellen Beziehungen, der Einwanderung von Menschen aus allen Ländern der Welt, der weltweiten elektronischen Vernetzung und unserer persönlichen Mobilität haben sich zahlreiche ganz unterschiedliche Lebensstile entwickelt, die in ihrer Vielfalt nebeneinander und z.T. auch gegeneinander bestehen. Diese Entwicklungen führen auch zu Veränderungen der alltäglichen Lebensweisen und Beziehungsstrukturen. Sie werden, sofern sie sich auf den konsumorientierten

Teil des Lebens beziehen, in der Regel als positiv und lustvoll erlebt. Im engeren tagtäglichen Zusammenleben, insbesondere im Bereich von sozial schwachen Bevölkerungsgruppen, kann das ganz anders aussehen. Vielfalt, generell ein Stressfaktor, produziert im Kontext sozialer Verwerfungen dann nur noch Stress und wird für das existierende „Chaos" verantwortlich gemacht. Hier dient die Ablehnung der vermeintlichen Fremdheit leicht als Legitimation, um verstärkte soziale Konkurrenz, Arbeitslosigkeit, enge Wohnverhältnisse, fehlende Berufsausbildung denen anzulasten, die noch fremder sind als man selbst. Unterschiedliche Lebensstile und Wertvorstellungen im Alltag können dann zu Spannungen und Konflikten neuer Art führen. Diese werden von den betroffenen Menschen als bedrohlich wahrgenommen, insbesondere dann, wenn es nichts und niemanden gibt, der Abhilfe schaffen kann.

Die Neigung, Probleme jeweils ausschließlich auf ethnische Ursachen (Religion, Herkunft) zurückzuführen, ist sehr groß und verweist mahnend auf dramatische historische Erfahrungen aller Völker, wo Minderheiten in bestimmten historischen Krisensituationen als Sündenböcke herhalten mussten. Die praktische Erfahrung der letzten Jahre im Bereich der Sozialarbeit, aber auch im polizei- und ordnungsrechtlichen Rahmen und bei Gerichten, vor allem auch längere Erfahrungen in den USA, zeigen z.B., dass solche Spannungen und Konfliktlagen in bestimmten Fällen nicht mehr mit herkömmlichen ordnungsrechtlichen Instrumenten gelöst werden können und einer besonderen Sensibilität der politisch Verantwortlichen und neuer Regelungsinstrumente bedürfen.

Bei Überlegungen hinsichtlich der häufig komplizierten Konfliktlagen in modernen Städten kommen aber noch andere Aspekte hinzu: Stadtteile verändern sich rapide, und Nachbarn kennen sich nicht mehr. Die frühere Homogenität vieler Viertel hat sich aufgelöst. Verfehlte Stadtplanungs- und Sozialpolitik, die in einst geschlossene Ortschaften mit dörflichem Ursprung fremde Neubürger deutscher oder ausländischer Herkunft massenhaft in Hochhäusern ansiedelte, zeigt nunmehr auch seine negative Wirkung durch Konflikte zwischen den Einwohnern, insbesondere bei Jugendlichen. Diese Konflikte, denen diffuse Spannungen vorausgingen, haben in den letzten Jahren in deutschen Städten zu einer dramatischen Zunahme von Gewalt zwischen Jugendlichen, Gewalt gegen Einwanderer und Flüchtlinge, aber auch gegenüber anderen sozialen Minderheiten (Obdachlose, Behinderte usw.) geführt. Brandanschläge und die Ermordung zahlreicher Menschen in Deutschland machen es auch hier erforderlich, nach neuen zusätzlichen Regelungsinstrumenten zur Konfliktbearbeitung zu suchen, die präventiv eingesetzt werden können.

Auch die zunehmend unterschiedlichen sozialen Settings, die Infrage-stellung der Autorität von Eltern, von älteren Menschen und Institutionen (Befehle werden nicht mehr einfach und unkritisch angenommen!) sind gesellschaftliche Veränderungen, die beim Umgang mit Problemen inner-halb unserer Gesellschaft eine Rolle spielen und nach differenzierten Ant-worten suchen. In den letzten Jahrzehnten hat sich auch ein höheres de-mokratisches Bewusstsein in der Bevölkerung entwickelt, das Beteiligung, Dialog und die Wahrung der beiderseitigen Interessen stärker im Auge hat. Konkret heißt das, die Interessen der Konfliktparteien werden von den Beteiligten selbst sehr oft als gleichwertig betrachtet und sollen – so die Erwartungen – im Sinne einer gemeinsamen Lösungsfindung in den Entscheidungsprozess einfließen. Grundsätzlich wird in der Erziehung und im öffentlichen Leben ausdrücklich ein mehr demokratisches Verhältnis innerhalb der Bürgerschaft, mehr Bürgerbeteiligung im Meinungsfindungs-prozess und Bürgerwille propagiert, um den sozialen Frieden zu wahren oder wiederherzustellen. Damit werden Situationen geschaffen, in denen alle „Sieger" sind *(win-win-situation)*. Die formal-autoritative Entschei-dung wird durch die Konsensfindung ersetzt.

In Großstädten wie Frankfurt am Main, in denen ca. 35 Prozent der Be-völkerung ausländischer Herkunft sind (Anteil ausländischer Staatsange-höriger 1999 ca. 28,6 Prozent, verteilt auf 180 Nationalitäten), spielen Fra-gen des Umgangs mit Autorität aber noch eine weit wichtigere Rolle. Viele Einwanderer kommen aus Staaten, die zum Zeitpunkt ihrer Auswanderung weder eine demokratische Verfassung kannten noch eine Gesellschaftsstruk-tur, die mit der im Aufnahmeland vergleichbar ist. Insbesondere manche Angehörige der zweiten Generation der Einwanderer haben Probleme mit der Orientierung an Regeln in einer demokratischen zivilen Gesellschaft. Konfrontiert einerseits mit hierarchischen, autoritären elterlichen Verhal-tensstrukturen, die aus einer bäuerlich-feudalen „Wir-Gesellschaft" resul-tieren und die Anpassung und Unterordnung als Erziehungsziel fördern, und andererseits mit den Erfordernissen einer modernen „Ich-Gesellschaft", die das selbstbestimmte Individuum zum Ideal erkoren hat, neigen manche Migrantenjugendliche dazu, demokratisches Verhalten als „Weichheit" und „Schwäche" zu interpretieren. Demokratie ist für sie die „totale Freiheit".[2] Polizeibeamte können hiervon überzeugend berichten.

Berücksichtigt man diese komplexen Entwicklungen, so kann das be-deuten, dass bisherige formale Konfliktregulierungen nicht mehr greifen, weil sie das vorhandene (manchmal auch falsche) Verständnis von Demo-kratie nicht mehr treffen. Die Interessen der Konfliktparteien werden von den Beteiligten selbst sehr oft als gleichwertig betrachtet und sollen – so die Erwartungen – im Sinne einer gemeinsamen Lösungsfindung in den Entscheidungsprozess einfließen.

Genau dieser offiziellen politischen Kultur widersprechen aber die oft vorhandenen traditionellen, ausschließlich formalistischen ordnungspolitischen Konfliktlösungsangebote der bestehenden Gesetze und öffentlichen Institutionen, die als einseitig empfunden werden. Dort fehlt das notwendige und wichtige Element der allseitigen und allparteilichen Kommunikation. Konflikte, die auf kommunaler Ebene gelöst werden müssen, sind nicht nur mögliche Streitigkeiten zwischen Bürgern im sozialen oder kulturellen Kontext des eher privaten Zusammenlebens, sondern auch politische Auseinandersetzungen zwischen Bürgern und Staat, etwa dann, wenn es um Stadt- und Industrieplanung, wie z.B. den Bau einer Müllverbrennungsanlage geht.

Das derzeitige Problem besteht, dies lässt sich bereits hier schlussfolgern, darin, dass die öffentlichen Institutionen (z.B. kommunale Verwaltung und Polizei) im Rahmen ihrer Pflichtaufgaben, in der personellen Ausstattung und der Ausbildung der Beschäftigten zumeist nicht in der Lage sind, dem nötigen erhöhten Kommunikationsbedarf des Bürgers im Konfliktfall präventiv zu begegnen. Formale Regelungen kommen immer häufiger zu spät oder bleiben wirkungslos.

Der herkömmliche Prozess der Konfliktregelung

Der traditionelle Ansatz im Umgang mit Konflikten ist unter anderem der Einsatz von Macht oder Regeln, das heißt die Fähigkeit, andere so zu steuern, dass die eigenen Ziele erreicht werden: die Macht der Überzeugung, der Einsatz gesellschaftlicher und rechtlicher Instrumente (Bescheide, Richtersprüche), Drohungen (Mahnung, Zwangsmittel) und im schlimmsten Fall staatliche Gewalt. Die Einstellung, die sich hinter solchen Regelungen verbirgt, ist gewöhnlich die von Sieg oder Niederlage *(Win-lose-Einstellung)*. Genau diese Herangehensweise hatte bei den vom Frankfurter Projekt bearbeiteten Fällen meistens nicht zu dem gewünschten Erfolg geführt und den Konflikt eskalieren lassen.

Hierin liegt eine wesentliche Ursache dafür, dass bei vielen Konflikten und sozialen Spannungen Menschen oder Gruppen zu Verdächtigten, zu Gegnern statt zu Partnern in einem demokratisch antizipierten Problemlösungsprozess werden. Es herrscht Misstrauen, Vorwürfe werden erhoben, und die Konflikte bleiben entweder unbearbeitet und bilden so einen fruchtbaren Boden für weitere Konflikte zwischen den Beteiligten oder verschärfen sich sogar bis hin zu Gewalttätigkeiten. Gewöhnlich rufen die Konfliktparteien öffentliche Stellen (Antragstellung, Anzeige, Polizei) an, die mit den vorhandenen Gesetzen und ordnungspolitischen Instrumentarien und Methoden die Konflikte lösen sollen. Aber gerade diese Institutionen, die sich nicht immer im selben Tempo verändern wie das soziale Milieu, sind – wie oben ausgeführt – oft nicht ausreichend auf den Umgang mit solchen Konflikten vorbereitet. Denken Sie an Gewalt in öffentlichen Schulen, an Konflikte zwischen Hausgemeinschaften in Wohnblocks des sozialen Wohnungsbaus, an Streitigkeiten zwischen Gruppen von Jugendlichen, an den Widerstand von Bürgern gegen die Aufnahme von Asylbewerbern, an Konflikte aufgrund des Aufenthalts von Roma in einer Wohnstraße oder die Planung einer Autobahn in einem Naturschutzgebiet. Konfliktanlässe erscheinen beim näheren Hinschauen in aller Regel banal: Lärm, zu viel Müll, das Verletzen von einfachen Ordnungsregeln können zum Ausbruch einer unhaltbaren Situation führen.

„Stadtteilvermittlung" in Frankfurt am Main

Das AmkA ist seit seiner Gründung unter anderem mit Fragen der Konfliktprävention und immer häufiger auch mit Konfliktvermittlung und Mediation befasst worden. Die Stadtteilvermittlung sollte dazu führen, diese Mediationsarbeit zu qualifizieren und systematischer zu entwickeln, neu zu strukturieren und zu stärken. Zuvor waren mehrere Mitarbeiter/innen dafür verantwortlich, bei auftretenden Konflikten zu vermitteln. Heute ist ein speziell ausgebildeter Mitarbeiter für die Aufnahme der Konfliktmeldung, die Konfliktanalyse und die Moderation der Maßnahme verantwortlich. Die Stadtteilvermittlung, die zunächst über einen Zeitraum von zwei Jahren erprobt, evaluiert und kontinuierlich an die Bedürfnisse angepasst worden war, wurde inzwischen als Regelangebot in das Arbeitsfeld des AmkA implementiert.

Wissenschaftliche Grundlagen der Stadtteilvermittlung

Stadtteilvermittlungskonzepte gehen auf vier prinzipiell verschiedene Grundmodelle der Konfliktintervention durch dritte Parteien zurück:

(1) Gerichtsverfahren: Die dritte Partei entscheidet aufgrund vorgegebener Normen und Verfahrensregeln verbindlich über den Konfliktaus-

gang. Die getroffene Entscheidung wird notfalls mit allen staatlichen Mitteln durchgesetzt.

(2) Schlichtungs- und Schiedsverfahren: Die dritte Partei bietet aufgrund einer für den jeweiligen konkreten Fall ausgehandelten Verfahrensweise eine Konfliktregelung an. Hierbei kann es sich um eine freiwillige oder um eine Zwangsschlichtung handeln.

(3) Vermittlungs- und Beratungsverfahren: Die dritte Partei bemüht sich, die Kommunikation und die Beziehungen zwischen den Parteien so zu verbessern, dass ihr Konflikt möglichst konstruktiv bearbeitet werden kann. Hierzu gehören der Abbau von Wahrnehmungsverzerrungen sowie die Überwindung von Ausweichstrategien und Konfliktbarrieren, ferner Hilfen wie *fact-finding* und Interessensabklärung. Es können auch Vorschläge zur Sache gemacht werden, die inhaltliche Konfliktbearbeitung obliegt jedoch vorwiegend den streitenden Parteien. Unter Umständen engagiert sich die dritte Partei, um einen Versöhnungsprozess in Gang zu setzen.

(4) „Gute Dienste" für direkte Verhandlungen: Die dritte Partei beschränkt sich darauf, die Rahmenbedingungen für eine direkte Kommunikation und Interaktion zwischen den Kontrahenten herzustellen. Dieser Fall ist ein Grenzfall, da hier die Beteiligung der dritten Partei kaum noch als „Intervention" qualifiziert werden kann.

Schiedsleute und Sozialbezirksvorsteher als klassische Vermittler

Außergerichtliche Verfahren von Drittpartei-Interventionen haben eine lange Tradition. Es gibt sie in fast allen Gesellschaften, allerdings ist ihre Bedeutung in Deutschland durch die Verrechtlichung sozialer Beziehungen stark zurückgedrängt worden. Der Konzeptentwurf „Modellprojekt Stadtteilvermittlung" knüpft an diesem Punkt an: Es werden traditionelle Verhandlungsformen und Konfliktregelungsmethoden eingesetzt, über die viele Menschen – Deutsche und Ausländer/innen – verfügen. Sie bedürfen lediglich der Reaktivierung, der Motivation und Reflexion.

In Frankfurt am Main ist deshalb zum Beispiel an Schiedsleute, Sozialbezirksvorsteher, Vertrauenslehrer, aber auch an einzelne Ortbeiratsmitglieder zu denken. Sie nehmen traditionell Vermittlungstätigkeiten wahr. Sie überbrücken den Kontakt zwischen Bürger/innen und Verwaltung oder Bürger/innen und Politik. Diese Gremien wurden im Verlauf des Projekts STV angesprochen und zu Gesprächen eingeladen. Es haben sowohl Gespräche mit dem AmkA als auch solche mit Vertretern von Migrantenvereinen stattgefunden. Ziel war es, sich gegenseitig bekannt zu machen und Ressourcen der gegenseitigen Hilfestellung, etwa bei interkulturellen Fragen, zu erschließen. Den Sozialbezirksvorstehern und Schiedsleuten wurde auf vielfachen Wunsch ebenfalls vom AmkA Seminarangebote zur Fortbildung gemacht. Diese haben inzwischen auch stattgefunden.

Die Stadtteilvermittlung kam aus den USA

Das Modell, das in Frankfurt am Main mit finanzieller Hilfe der Europäischen Kommission im Rahmen der Förderung von Antirassismusarbeit in europäischen Großstädten entwickelt wurde, fußt auf US-amerikanischen Projekterfahrungen und wissenschaftlichen Arbeiten in den USA. Die Arbeitsmethode und die Ausbildung der Vermittler/innen wurde aber stark flexibilisiert und an konkrete kommunale Konfliktlagen angepasst. Ziel ist, immer eine pragmatische und für alle Seiten akzeptable „Lösung" zu finden. „Lösung" kann auch im Sinne von Management ein Weg sein, wie mit einem nicht lösbaren Problem künftig regelmäßig verfahren wird. Ziel ist auch, im Prozess der Konfliktbearbeitung Personen unter den Beteiligten zu finden, die künftig als Vermittler ohne Unterstützung von außen weiterwirken können oder eine Art „Alarmfunktion" übernehmen.

Im klassischen Fall ist von der Meldung über die Konfliktanalyse bis hin zu einem Mediationsverfahren eine tragfähige Vereinbarung zwischen den jeweils betroffenen Parteien vorgesehen. Tatsächlich sind aber, gemessen an den praktischen Erfahrungen in einer deutschen Großstadt, verschiedene Regelungen (auch Lösungen ohne Mediation) möglich. Diese ergeben sich aus dem Verlauf der Gespräche. Aber zunächst sollen die Grundlagen näher beschrieben werden.

„Community Mediation"

In mehreren Ländern ist seit einigen Jahrzehnten eine Bewegung zu beobachten, die sowohl die herkömmlichen Vermittler reaktiviert und stärkt als auch Bürger/innen motiviert, Konfliktbearbeitung selbst wieder zu „lernen". „Alternative Dispute Resolution" soll die Beteiligung der Konfliktakteure stärken und neue, kreative, außergerichtliche Lösungen für komplizierte Streitigkeiten entwickeln helfen. Am weitesten entwickelt sind diese Verfahren in den USA, wo sie vor allem unter dem Begriff der *Community Mediation* für die Bearbeitung von Umwelt-, Nachbarschafts-, Jugend- und Tarifkonflikten eingesetzt werden. Viele Verfahren basieren auf der *Human-Relations-Trainingsbewegung* der 40er und 50er Jahre und weisen große Nähe zu der von der Sozialpsychologie und der Humanistischen Psychologie inspirierten „Organisationsentwicklung" auf.

Die Methode der *Community Mediation* als kommunales Streitschlichtungs-Programm, bei dem Bürger/innen für die Vermittlung bei bestimmten Konflikten angeworben und ausgebildet werden, wird seit den 70er Jahren in den USA zunehmend häufiger eingesetzt. Judith Gold, die das Grundkonzept der Stadtteilvermittlung erarbeitet hat, hatte Erfahrung mit der „Community Mediation" und dem Harvard Negotiation-Project. Sie berichtet im Konzeptentwurf: „Das ‚Community Mediation'-Modell hat sich vor allem als wirksames Instrument bei der Lösung von Konflikten auf Gemeindeebene erwiesen. Die frühzeitige Erkennung und Bearbeitung von Konflikten kann den Einsatz rechtlicher und polizeilicher Maßnahmen überflüssig machen oder mindern."

Die Mediation als Methode der Streitschlichtung ist in den letzten Jahren ergänzt worden durch das Konzept des erfolgreichen Verhandelns nach dem Harvard-Modell (Fisher/Ury 1988). Es handelt sich dabei um die Vorstellung, dass erfolgreiches Streiten im Wesentlichen davon abhängt, ob es den Streitpartnern gelingt, sich von den persönlichen Anteilen der Beziehung (Beziehungsebene) unabhängig zu machen. Dies entlastet die Verhandlungen und erleichtert eine angemessene Lösungsfindung. In einem zweiten Schritt soll die Ebene der Positionen von der Ebene der Interessen unterschieden werden, mit dem Ziel, dass nur über die Interessen verhandelt wird. Aufgabe des Vermittlers ist, die Kompetenz der Streitenden im Verhandlungsprozess zu vergrößern und sie für Lösungen zu sensibilisieren, die beiden so viele Vorteile wie möglich und nur so viele Nachteile wie nötig bringen. Dabei sollen Situationen geschaffen werden, in denen alle Beteiligten soweit als möglich profitieren *(win-win-situation)*. Die autoritär-autoritativ getroffene Entscheidung der *„win-lose-situation"* soll durch den Versuch einer Konsensfindung *(„common ground"*; s. Pedersen 1987) ersetzt werden. Das Harvard Negotiation Project (HNP), in dem diese Vorstellungen entwickelt wurden, war Teil des Forschungsprogramms „Program on Negotiation" an der Harvard Law School. Das Projekt entwickelte Curricula für sachgerechtes Verhandeln unter anderem für Juristen, Manager, Diplomaten, Schüler und Studenten.

Die Methode des Harvard Negotiation Project ist das sachbezogene Verhandeln, das „hart" mit dem Verhandlungsgegenstand, aber „weich" mit den Verhandlungspartnern umgeht. Folgende vier Bedingungen bestimmen eine unter allen Umständen anzuwendende faire Verhandlungs-methode:

(1) *Menschen:* Die Konfliktbeteiligten müssen Menschen und Probleme getrennt voneinander behandeln.

(2) *Interessen:* Was zählt, sind die Interessen der Beteiligten, nicht deren Positionen.

(3) *Wahlmöglichkeiten:* Optionen, die für beide Seiten Vorteile bringen, müssen vor der Entscheidung entwickelt werden.

(4) *Kriterien:* Die Einigung der Beteiligten auf objektive Beurteilungskri-terien, an denen das Verhandlungsergebnis gemessen werden kann (Fis-her/Ury 1988).

Zu den wichtigsten Aufgaben der dritten Partei (Vermittler) gehört zu-nächst, Eskalation zu verhindern, Kommunikationsbarrieren abzubauen und den Akteuren zu helfen, die Sach- und Beziehungsebene in ihrem Kon-fliktverhältnis zu trennen. Darauf aufbauend sollen die Akteure im näch-sten Schritt erkennen, dass die Konzentration auf Interessen statt auf Posi-tionen beiden Seiten mehr Spielräume für die Konfliktbearbeitung ermög-licht. Entscheidend für den Erfolg ist, ob eine Transformation des Kamp-fes zwischen zwei entgegengesetzten Positionen in eine gemeinsame Pro-blemlösung zur Optimierung der beiderseitigen Interessen gelingt. Am Ende der Vermittlung soll eine konkrete Vereinbarung auf der Basis gemeinsam ausgehandelter und nachprüfbarer Kriterien stehen (Ury 1991).

In den verschiedenen Anwendungsbereichen ist die Mediation als Ver-mittlungstechnik mittlerweile differenziert worden. Außerdem haben sich im Zuge von Professionalisierungsbestrebungen verschiedene „Schulen" ausgebildet. Sie unterscheiden sich vor allem im Hinblick auf die Rollende-finition der dritten Partei: Wie stark sollte sie die Inhalte bestimmen? Wie „neutral" sollte sie sein? Darf Vermittlung „gerichtsnah" bzw. in enger Ver-bindung mit Ämtern stattfinden? Welche Zwangsmittel sind mit der Media-tion noch vereinbar? Muss ein systemischer Ansatz gewählt werden?

Neben den innergesellschaftlichen Mediationsansätzen gibt es ein wei-teres Konzept von Drittpartei-Interventionen, das von Burton/Dukes (1990) konzipiert wurde. Auch dessen Vorgeschichte geht zurück auf die Human-Relations-Trainingsbewegung, insbesondere auf verschiedene Methoden der Gruppendynamik. Modellcharakter hatte vor allem die sogenannte T-Gruppentechnik bzw. das „Sensitivitytraining", bei dem es um die Förde-rung der Selbst- und Fremdwahrnehmung sowie um die Einsicht in grup-pendynamische Prozesse geht. Bislang gibt es für ihre Bemühungen noch keine einheitliche Terminologie. Gebräuchlich sind „problemlösungsorientierte Workshops", „Conflict Resolution and Prevention" und „therapeutische Konfliktintervention". Einig sind sich die Autoren allerdings in der Ablehnung gegenüber dem Anspruch des „Konfliktmanagements", der ihnen zu sehr auf die Konfliktsymptome gerichtet zu sein scheint. Sie möchten die grundlegenden Differenzen bearbeiten und streben eine „wirkliche Konfliktlösung" an.[3]

> Die Grundlage des Konzepts besteht aus zwei Überzeugungen: Erstens haben tief verwurzelte und lang anhaltende soziale Konflikte in der Regel ihre Ursache in der Frustration menschlicher Grundbedürfnisse nach Sicherheit, Identität und Partizipation. Diese Bedürfnisse sind universell und nicht kompromissfähig *(basic needs)*. Die Konfliktbearbeitung muss dazu beitragen, die Grundbedürfnisse zu befriedigen. Zweitens ist es möglich, dass durch die Förderung wechselseitiger Empathie und die Aufklärung über alternative Verhaltensoptionen eine einvernehmliche Konfliktlösung gefunden wird. Durch einen empathischen und rationalen Diskurs ist es prinzipiell möglich, die Bedürfnisse aller Konfliktparteien nach Sicherheit, Identität und Partizipation zu befriedigen. Im Gegensatz zum Harvard-Modell soll hier die Beziehungsebene nicht ausgeblendet werden, sondern ist integraler Bestandteil der Konfliktlösung.

Die Stadtteilvermittlung in Frankfurt ordnet sich eher dem Harvard-Konzept zu und findet auf den Ebenen der Vermittlungs- und Beratungsverfahren und der „Guten Dienste" statt. Von der Eskalationsstufe des Falles hängt es ab, welche Mittel gewählt werden. Theoretische Grundlage hierzu ist das Eskalationsstufenmodell von Friedrich Glasl (1990, 218 ff). Glasl typologisiert Streitfälle in neun Stufen der Eskalation, wobei ein und derselbe Fall alle Stufen durchlaufen kann. Er unterscheidet sechs verschiedene Interventionsstrategien, die je nach Eskalationsgrad ineinandergreifen oder einander ausschließen:

(1) *Moderation* gilt für die Eskalationsstufen 1, 2 und teilweise 3. Bei ihr darf man darauf vertrauen, dass die Parteien die Konflikte nach einigen Interventionen selbst bewältigen können. Moderation versucht, die an Ort und Stelle auftretenden Probleme der Interaktion mit sofortigen „Selbstheilungseingriffen" zu korrigieren.

(2) *Prozessbegleitung* ist am besten für Konflikte der vierten, aber auch der dritten und fünften Stufe geeignet. Sie arbeitet an bereits länger fixierten Wahrnehmungen, Einstellungen, Intentionen und Verhalten der Konfliktparteien. Gefestigte Rollen und Beziehungen müssen aufgelockert werden.[4]

(3) *Sozio-therapeutische Prozessbegleitung* ist eine therapeutisch vertiefte Form der Prozessbegleitung, die vor allem für Konflikte der fünften Eskalationsstufe gedacht ist, wenn durch Gesichtsverlust die Identität der Parteien grundlegend in Mitleidenschaft gezogen worden ist. Sie soll zum Durchbrechen bestehender neurotischer Rollenbildungen beitragen.

(4) *Vermittlung* bemüht sich um einen akzeptablen Kompromiss zwischen den Parteien, der den Interessen aller Rechnung trägt und eine Koexistenz ermöglicht. Diese Strategie ist hauptsächlich für die sechste und siebte Eskalationsstufe angebracht, weil die Parteien jetzt außerstande sind, in direkter Begegnung die Probleme kooperativ zu lösen.

(5) *Schiedsverfahren:* Im Schiedsverfahren wird aufgrund der Beurteilung des Konfliktfalls durch die Schiedsperson oder Schiedsstelle entschieden, wie der Konflikt gelöst werden kann. Der Konflikt muss sich dabei auf einen von den Parteien umschriebenen Dissens über Fakten oder Normen beziehen. Das Schiedsverfahren ist für die Stufen 6 bis 8 konzipiert.

(6) *Machteingriff:* Aufgrund ihrer Machtüberlegenheit kann die Machtinstanz ihre Maßnahmen gegen den Willen der Konfliktparteien durchsetzen. Wenn ein Machteingriff nicht zur Eliminierung eines Antagonisten führt, muss die Machtinstanz überdies in der Lage sein, nach ihrem Eingriff die Situation langfristig zu beherrschen.

Nach Glasl ist Vermittlung noch bis einschließlich Kategorie 7 („Begrenzte Vernichtungsschläge") sinnvoll. Ziel der Stadtteilvermittlung ist es, im Sinne der Glaslschen Eskalationsstufen zuerst deeskalierend zu wirken, um dadurch im weiteren Prozess einen Rahmen schaffen zu können, in dem die Kontrahenten eine eigene Lösung finden können. In diesem Findungsprozess wird sich die Rolle der Vermittler/innen immer dann neu gestalten, wenn eine vorhergehende Eskalationsstufe erreicht wird (tendenziell immer weitere Zurücknahme; weniger Stimulanzien).

Aufbau des Vermittlerpools und Verfahrensablauf

Der Projektaufbau lässt sich grob folgendermaßen darstellen:

(1) *Die Suche nach Mediatoren und Mediatorinnen:* Durch einen Aufruf in den Frankfurter Medien und durch Aushang in kirchlichen, gewerkschaftlichen und anderen Institutionen sowie in Migrantenvereinen und Sportstätten wurde die Absicht, einen Vermittlerpool aufzubauen, bekannt gemacht. Im ersten Durchgang meldeten sich innerhalb von vier

Wochen 60 Frankfurter Bürger/innen und äußerten Interesse und Bereitschaft, künftig als Mediatoren tätig zu sein. Alle verfügten über eine qualifizierte berufliche Ausbildung, vom Versicherungskaufmann über eine Judolehrerin bis zur Psychologin und dem Sozialarbeiter. Etwa ein Drittel der Interessenten waren ausländischer Herkunft. Mit den Interessent/innen fanden zunächst persönliche Gespräche statt. Ihr beruflicher Hintergrund wurde ermittelt, ihre Vorstellungen und Interessen besprochen. Das Anliegen des Projekts wurde dargestellt. Die Erwartungen seitens des AmkA wurden deutlich formuliert.

(2) *Geeignete Trainer/innen:* Mit Hilfe geeigneter Trainer wurde ein Trainingsprogramm entwickelt (vgl. unten). Die Trainer/innen wurden für die Mitarbeit innerhalb des Projektzeitraumes vertraglich verpflichtet. Das Trainingsprogramm ist so flexibel gestaltet, dass neue Erfahrungen aufgenommen werden können.

(3) *Organisation, Moderation:* Aus den vergangenen Erfahrungen war bewusst, dass eine systematische Begleitung und Moderation sowohl des Gesamtprojekts als auch später des Einsatzes von Vermittlern erforderlich sein würde. Diese Rolle wurde von einer Mitarbeiterin, neuerdings von einem Mitarbeiter des AmkA übernommen. Hierzu werden Mitarbeiter fortgebildet.

(4) *Durchführung von Trainings:* Es wurden in der Vergangenheit insgesamt 55 Trainingstunden pro Kurs à 16 Personen angeboten. Die regelmäßige Teilnahme ist verpflichtend, aber kostenlos. Im Folgejahr soll eine Fortbildungsveranstaltung stattfinden. Jeder Teilnehmer und jede Teilnehmerin erhält eine Teilnahmebescheinigung.

(5) *Supervision:* Um das Training zu festigen und die Erfahrungen im Vermittlungsprozess zu verarbeiten und weitere Lernprozesse in Gang zu setzen, wird Supervision für die STV und die Moderator/innen durchgeführt. Sie findet alle sechs Wochen statt.

(6) *Evaluation:* Letztendlich war es erforderlich, die Maßnahme auf ihre Sinnhaftigkeit zu evaluieren und die Erfahrungen dieser Auswertung in den laufenden Prozess des Projekts einzubringen.

(7) *Abwicklung:* Die technische Abwicklung wird vom AmkA durchgeführt. Der Moderator im Amt unterstützt die STV durch die Übernahme von praktischen Aufgaben, die sich durch die Konfliktanalyse ergeben (z.B. Suche nach Wohnung für eine Partei, Klärung von aufenthaltsrechtlichen Fragen usw.).

(8) *Öffentlichkeitsarbeit:* Das Bekanntmachen des Projekts ist als fortlaufende Maßnahme Bestandteil der Konfliktvermittlung und wird regelmäßig wiederholt, da sowohl die Frankfurter Bürger/innen als auch Ämter und Institutionen auf die Möglichkeit, das Vermittlungsangebot zu nutzen, hingewiesen werden müssen.

Voraussetzungen für die Ausbildung

Konfliktvermittler/innen und/oder Mediator/innen müssen vor allem gute Kommunikationsfertigkeiten besitzen und Neutralität wahren können. Sie sollten möglichst mehrsprachig sein und über gute Deutschkenntnisse verfügen. Auch Erfahrungen im interkulturellen Bereich sind unabdingbar. Sie sind der Theorie und der Aufgabenstellung des Modellprojekts Stadtteilvermittlung verpflichtet. Von Bedeutung sind auch Selbstbewusstsein und die Fähigkeit, stark konfliktbelastete Situationen auszuhalten. Sie sollten die soziale Problematik der Stadt kennen und verstehen, Toleranz gegenüber Menschen aus verschiedenen Kulturen, Nationalitäten und Ethnien besitzen und im Team arbeiten können. Kenntnisse über Verwaltungsstrukturen sind absolut notwendig. Kooperationsbereitschaft mit Institutionen, wie der Stadtverwaltung, der Polizei, Migrantenvereinen, und enge Zusammenarbeit mit dem Moderator im AmkA sind unabdingbar.

Die Rolle der AmkA-Mitarbeiter/innen

Das Projekt wurde bewusst in der öffentlichen Verwaltung angesiedelt. Es wird aus der praktischen Erfahrung heraus davon ausgegangen, dass die vielen in einem Konflikt sichtbar werdenden Probleme im sozialen oder ordnungsrechtlichen Bereich mit Hilfe von Beschäftigten in der Öffentlichen Verwaltung schneller, effektiver begleitend zum Konfliktbearbeitungsprozess geregelt werden können. Die Vermittlung findet in Kooperation zwischen den Stadtteilvermittler/innen, die als unabhängige, überparteiliche Personen die Gespräche mit den involvierten Konfliktparteien führen, und den AmkA-Mitarbeiter/innen, die für organisatorische und soziale Arbeit zuständig sind, statt. Absolute Vertraulichkeit und die Wahrung datenschutzrechtlicher Regelungen sind notwendig. Die Arbeit des AmkA wurde wegen der vorgegebenen Rolle „Moderation" genannt. Das AmkA trifft auch die Auswahl, ob, und wenn ja, wer in einem Konflikt eingesetzt wird. Im Idealfall kennt die Moderation die Stadtteilvermittler und lernt im Verlauf der Arbeit, die richtigen Personen für die jeweilige Konfliktbearbeitung auszuwählen. Konfliktvermittler/innen erhalten bei Bedarf ein „Handy", um gegebenenfalls auch schnell Hilfe herbeirufen oder für technische Aufgaben das AmkA einschalten zu können. Sie können sich im Bedarfsfall (z.B. gegenüber Polizeibeamten) durch ein Schriftstück auch als städtische Honorarkräfte ausweisen. Sie sind haftpflichtversichert.

Kooperation

Als Kooperationspartner haben wir mit schriftlichen Vereinbarungen verschiedene relevante städtische Ämter (Sozialamt, Jugendamt, Ordnungsamt), die Frankfurter Polizei (inklusive der Jugendkoordinatoren der Polizei) sowie einige andere öffentliche Institutionen gewonnen. Diese Vereinbarungen setzen intensive Einzelgespräche und Überzeugungsarbeit voraus.

Das Schulungskonzept

Das Konzept für die Schulung der ersten Gruppe war deutlich auf die Methode der Mediation ausgerichtet. Es gab noch keine Erfahrungen aus Vermittlungseinsätzen. In diesem ersten Durchgang enthielt das Schulungskonzept folgende Elemente:

– Grundregeln der Arbeit im Training
– Konflikte und Konfliktverläufe
– Eskalationsstufen und Folgen der Eskalation
– Rollen im Konflikt (Täter/Opfer/Helfer-Dynamik)
– Einführung in die Mediation
– Grundtechniken in der Mediation
– Phasen des Mediationsverfahrens

Diese Inhalte wurden mit praktischen Übungen verknüpft:

– Vorübungen zur Methode des Rollenspiels
– Mediationsrollenspiel; das Einüben von möglichen Interventionen, das Kennenlernen der Rahmenbedingungen, die Erfahrung erforderlicher Fertigkeiten, die Abschätzung individueller Schwierigkeiten

Das zweite Schulungselement umfasste Kommunikationstraining:

– Kommunikation, insbesondere interkulturelle Kommunikation
– Analyse der interkulturell bedingten Konfliktanteile
– interkulturell bestimmtes Mediationsrollenspiel

Den dritten Teil der Schulung stellte der Bereich Behördenkunde dar und insbesondere das Kennenlernen des AmkA und die Notwendigkeit der Kommunikation mit der Moderation im AmkA. Leitlinien und kontinuierliche Entwicklungslinien der gesamten Schulung waren:

– Sensibilisierung für die zunehmende Mitverantwortung der Vermittler während einer Konfliktbearbeitung
– die Einübung von Empathie

- die Bearbeitung von Konflikten, die innerhalb der Schulungsgruppe entstehen
- Mediation als zugänglich und erlernbar erfahren zu lassen
- Verbindlichkeit und Zuständigkeit der Teilnehmer/innen für das Projekt zu schaffen und lösungsorientiertes Arbeiten zu üben

Die Erfahrungen aus den ersten Stadtteilvermittlungen flossen in eine Überarbeitung des Konzepts ein. Einige der STV erlebten in ihren Einsätzen Enttäuschungen, weil es gar nicht erst zur Mediation kam. Andere waren von der Konfliktdynamik „ihres" Einsatzes selbst so betroffen, dass sie sich mit ihren Co-Vermittlern überwarfen. In einigen Fällen waren auch die Erwartungen und Hoffnungen an die Vermittlungsmöglichkeiten zu hoch gesteckt, und man musste hinnehmen, dass konkurrierende Verfahren, die z.B. bei einem Gericht eingeleitet wurden, oder gar die Durchsetzung eines Räumungstitels den Vermittlungsversuch abrupt beendeten. Der Schulungsleiter begründete die Modifizierung des ersten Konzepts:

„Seit dem Start des Projekts und seitdem die erste Gruppe von Vermittlern und Vermittlerinnen ihre Arbeit aufgenommen hat, zeigt sich, dass von den Vermittlern und Vermittlerinnen nicht allein Fähigkeiten und Fertigkeiten in Mediation verlangt werden. Vielmehr erfordert die Komplexität der Problemlagen in kommunalen Konflikten auch den differenzierten Einsatz von Verhandlungstechniken, von Moderation und von Beratung."[5]

Das anfängliche Konzept wurde also aufgrund der Erfahrungen der ersten Konflikteinsätze und der Erkenntnisse im Projektverlauf verändert und an die spezifischen Frankfurter Gegebenheiten angepasst. Auch das Anforderungsprofil an die zukünftigen Schulungsteilnehmer/innen der zweiten und dritten Gruppe wurde überarbeitet und die Teilnehmerzahl auf maximal 16 Personen pro Schulungsgruppe beschränkt. Zur Zeit laufen die Vorbereitungen zur Ausbildung einer vierten Gruppe. Schon bei der Schulung der zweiten Gruppe von STV wurde den Aspekten „Beratung" und „Verhandlung" ein größerer Raum gegeben. Insbesondere schien es angebracht, „sachgerechtes Verhandeln" nach dem Harvard-Konzept in das Schulungskonzept einzubeziehen. Daraus ergab sich folgende Modifizierung des Schulungsplans:

- Was ist ein Konflikt? (zu Konfliktverläufen und Eskalation; Instanzen der Konfliktregelung)
- Konfliktmanagement (Grundsätze der konstruktiven Konfliktlösung, kostengünstige Ansätze der Regelung)

- Stereotypen des Konfliktverhaltens (Verfolger/Opfer/Retter)
- Beispiele interkultureller Nachbarschaftskonflikte aus dem Erfahrungsbereich der Teilnehmer/innen
- differenzierte Konfliktanalyse (Spinnweb-Analyse als einfaches Modell der Konfliktanalyse, auch als Grundmuster einer Beratungsstruktur, Konflikt-Issues)
- grundlegende kommunikative Fertigkeiten für Berater und Beraterinnen
- Empathie-Übungen
- Übungen zur Methode der Spiegelung
- das Beratungsgespräch

- sachgerechtes Verhandeln nach dem Harvard-Konzept
- Differenzierung zwischen Interessen, geäußerten Positionen und Bedürfnissen der Verhandlungspartner
- Erarbeiten von Optionen

- Frankfurter Behörden im Kontext typischer Stadtteilkonflikte

- Grundzüge von Mediation
- Wann ist Mediation angebracht?
- Phasen der Mediation
- die Rolle des Mediators
- Mediationsrollenspiele

- sachgerechtes Verhandeln und Mediation
- Wie verhalten sich der Mediator und der Verhandelnde aus der Perspektive von Stadtteilvermittlung zueinander?
- Übungen zum Aushandeln von Lösungen
- Mediation im Organisationsrahmen des Modellprojekts (Mediationsrollenspiel, Berichte eines Stadtteilvermittlers)

Beispiele interkultureller Nachbarschaftskonflikte aus dem Erfahrungsbereich der Teilnehmer/innen wurden als Ausgangsmaterial einer differenzierten Konfliktanalyse gewählt. Zur systematischen Untersuchung von Konflikten diente die Einführung der Spinnweb-Analyse, eine graphische Darstellung eines Konflikts, um die Beziehungen der Beteiligten und die Handlungs- und Motivebenen in einem Konflikt zu analysieren. Die gemeinschaftliche Herstellung der Spinnweb-Analyse erlaubt einerseits in ihrem Ergebnis eine ganzheitliche Erfassung des Konflikts, andererseits bewirkt der Prozess der Erstellung einer solchen Analyse Einsicht und Empathie.

Zur Verbesserung der individuellen Fähigkeiten der Teilnehmer/innen im Hinblick auf kommunikative Kompetenz dienten Empathie-Übungen, Spiegel-Übungen, Simulationen von Beratungsgesprächen, Übungen zum sachgerechten Verhandeln nach dem Harvard-Konzept sowie Übungen zum Erkennen von Positionen, Interessen und Bedürfnissen der Verhandlungspartner einschließlich des Erarbeitens von Verhandlungsoptionen. Eine systematische Änderung erfuhr das Schulungskonzept durch die Einführung einer Feedback-Schleife: Die Schulungsinhalte sollten demnach ständig an die aktuellen Erfahrungen der Konfliktbearbeitung angepasst werden.

In der Folge wurde auch Fortbildung angeboten. Diese wurde auf die Themen Erfahrungsaustausch und Vertiefung von Konfliktvermittlungserkenntnissen fokussiert. Hierzu wurde vom Schulungsleiter das Schichtenmodell vorgestellt und eine Fallarbeit dazu angeboten. Zusätzlich konnten Magda Schirm und Joachim Bäcker gewonnen werden, die über das Betzavda-Programm aus Israel, das demokratisch geprägte Verhaltens- und Interaktionsformen vermitteln will, referierten und Übungen dazu anboten. Der Erfahrungsaustausch unter den STV zeigte die Notwendigkeit auf, ein Forum für Reflexion zu schaffen, um dort neue Anregungen in einem größeren Kreis aufzunehmen.

Neu in das Konzept aufgenommen wurde die Reflexion der Teilnehmer/innen, Veränderungen ihres Konfliktverhaltens im Kontext der Vermittlungserfahrungen zu beschreiben und diese in einen Bezug zu den vorangegangenen Schulungen zu stellen. Dabei wurden unter anderem folgende Aspekte benannt:

- mehr Sicherheit beim Streiten
- mehr Klarheit und Verständnis für den Stand der Beziehungen
- mehr Mut zur Auseinandersetzung, Konfliktbereitschaft gestärkt
- genauere Reflexion bei privaten Konflikten
- systematischer Umgang mit Konflikten
- mehr Sicherheit bei Moderation von Gruppen
- Effizienz im Alltagsleben
- Umgang mit Behörden
- Bürgerbewusstsein
- Einblick in die Situation von Randgruppen
- Ohnmachtsgefühl, wenn das Ziel nicht erreicht wurde
- anfänglicher Enthusiasmus weicht Skepsis
- Skepsis, ob urbane Nachbarschaftskonflikte durch Mediation zu lösen sind.

Für die dritte Schulung wurde die bestmögliche Flexibilität für eine ständige Anpassung an die Entwicklung des Projekts gefunden. Die Schulungsinhalte orientierten sich an den typischen Abläufen in der Konfliktmoderation größerer Fälle. Zwei Vermittlungsfälle konnten so in vollem Umfang durchgearbeitet und durchgespielt werden, begleitet von Theorieteilen und unterstützenden Übungen. In der Schulung wurden folgende Themen zu den Bereichen Konfliktanalyse und Konfliktbearbeitung vermittelt:

– Konfliktbegriffe
– Wahrnehmung und Beschreibung von Konflikten
– Konflikt-Typologie
– Modelle der Konfliktdynamik
– individuelles Erleben und Verhalten im Konflikt

– Rollendiagnose
– Analyse des Zusammenspiels der beteiligten Instanzen
– Entwickeln von Lösungsstrategien

– Phasen der Konfliktbearbeitung
– Mediation: Rahmenbedingungen, Phasen, Techniken
– Ziele und Grundhaltungen von Mediation
– Kommunikationstraining
– Verhandeln nach dem Harvard-Konzept
– Klärungsgespräche
– Dynamik und Auswirkungen von Interventionen

Der letzte Teil der Schulung war den interkulturellen Aspekten eines Konflikts gewidmet. Ziel dieses Schulungsteils war die Sensibilisierung der Teilnehmer/innen hinsichtlich der interkulturellen Aspekte bei der Kommunikation und eine Entmystifizierung hinsichtlich der „Probleme" im Umgang mit Menschen anderer Kulturen.[6]

Supervision
Zur Unterstützung bei den in diesem Projekt entstandenen Aufgaben und zur fachlichen Begleitung und Auswertung wurde eine regelmäßige Reflexion der Vermittlungsarbeit in Form eines Supervisionsangebots sowohl an die Stadtteilvermittler/innen als auch an die Moderator/innen geschaffen. Die Supervision dient bis heute der Optimierung der Arbeit in diesem Projekt und soll auch in Zukunft der Weiterentwicklung des Stadt-

teilvermittlungskonzepts dienen. Die Supervision findet alle sechs Wochen statt. Nach anfänglichen Schwierigkeiten, die vor allem in der Ungeübtheit einiger Stadtteilvermittler/innen mit dem Setting der Supervision begründet waren, wurde das Angebot von den Vermittlern regelmäßig und gerne in Anspruch genommen. Grundlage der Supervision ist das Konzept des Psychodramas (vgl. Bosselmann u.a. 1993), das um Elemente der Familienmediation erweitert wurde. Über die Reflexion der Vermittlungs- und Mediationspraxis hinaus ist das Ziel der Supervision auch, die Supervisanden zu einer „Kovision" (kollegiale Begleitung) zu befähigen, zu der den Teilnehmer/innen ein Leitfaden (BAFM 1996) angeboten wurde.

Interkulturelle Aspekte

Besondere Bedeutung wurde interkulturellen Fragen beigemessen, dabei sollte gleichzeitig vermieden werden dazu beizutragen, Konflikte zu ethnisieren oder zu „kulturalisieren". Immerhin beträgt der Anteil der ausländischen Einwohner Ende 1999 in Frankfurt 28,9 Prozent; etwa 45 Prozent der Kinder in Frankfurter Schulen sind ausländischer Staatsangehörigkeit; Ausländer/innen in Frankfurt kommen aus 183 Nationen, sie sprechen über 200 Sprachen. Das Zusammenleben und die Zuwanderung verschiedener sozialer und kultureller Gruppen ist nicht nur eine Chance und eine der Ursachen für den Wohlstand der Stadt, sondern produziert auch spezifische Probleme. Die Ursachen für die entstehenden Konflikte sind vielfältig: soziale Schwierigkeiten, Prozesse der kulturellen Anpassung, fehlende Information, Sprachprobleme, mangelnde Kommunikation, Widerstand auf Seiten der deutschen wie der Einwandererbevölkerung gegen Veränderungen, unterschiedliche Lebensweisen, oder auch Vorurteile. In den 90er Jahren konnte eine Zunahme von Konflikten aufgrund des Anwachsens von wirtschaftlichen und sozialen Problemen in den unteren Einkommensschichten festgestellt werden. Dabei fällt im AmkA auf, dass auch die Neigung, die Ursache der Konflikte ausschließlich bei den Einwanderern und Flüchtlingen zu suchen, ständig zunimmt.

Die Sensibilisierung im Umgang mit Menschen unterschiedlicher kultureller Prägung zählt als Teil der Antidiskriminierungsarbeit zu den Zielen des AmkA. Es stützt sich dabei auf Forderungen und Beschlüsse der Kommunalen Ausländer/innen-Vertretung (KAV) der Stadt und der Frankfurter Stadtverordnetenversammlung ebenso wie auf den offiziellen Auftrag, sich für ein gutes Zusammenleben und gegenseitiges Verständnis einzusetzen. Den Mitarbeiter/innen im Amt ist dabei bewusst, dass Maßnahmen zur Vermittlung innerhalb verschiedener Kulturen immer die Gefahr bergen, dass „kulturalisiert" wird, d.h. dass die Konfliktursache allzu schnell in der „anderen Kultur" gesehen wird oder durch beispielhafte Beschreibungen von bestimmten angeblich kulturell geprägten Verhaltensweisen unrechtmäßige Pauschalierungen und Zuschreibungen erfolgen können. Dann wird ein Vorurteil noch bestärkt, anstatt es abzubauen. Für viele Konflikte sind die Ursachen aber eher in der Armut zu suchen, in einer Mischung aus sozialer Benachteiligung, fehlender Bildung, geringen Zukunftsperspektiven und kulturellen Besonderheiten.

Das Konzept der Vermittlung setzt deshalb primär auf die individuelle Grundfähigkeit eines jeden Menschen, zu vermitteln und damit auch präventiv zu wirken. Die Ausbildung hat zum Ziel, Grundfähigkeiten der Gesprächsführung, der Empathie und des Zuhörens und der gegenseitigen Akzeptanz zu vermitteln. Es werden damit herkömmliche Verhandlungsformen und Konfliktregelungsmethoden eingesetzt, über die viele Menschen verfügen, Deutsche wie Ausländer/innen. Sie bedürfen lediglich der Reaktivierung, der Motivation und der Reflexion. Interkulturelle Kompetenz wird nicht als Länderkunde oder als Kenntnis ethnologischer Besonderheiten angesehen.

Bearbeitung der Konflikte

Konfliktmeldungen erfolgen an das Amt. Sie kommen aus allen möglichen Bereichen der Stadt: als Berichte von Einzelpersonen, Ämtern, der Polizei, Schulen, Ortsbeiräten u.a. Wenn ein Konflikt bekannt geworden ist, wird von der Moderation im AmkA zunächst geprüft, ob der Fall einer Vermittlung durch Vermittler bedarf oder vom AmkA selbst bearbeitet werden kann. Schon in dieser Phase erhält derjenige, der den Konflikt meldet, eine sofortige Rückmeldung, gegebenenfalls wird auch ein Gespräch mit dieser Person geführt. Häufig deeskaliert diese Reaktion bereits die Konfliktdramatik. Nicht selten werden auch sofort vom AmkA aus nötige Informationen eingeholt, um eine bessere Einschätzung der Situation zu gewinnen. So weiß z.B. oft das zuständige Polizeirevier oder die Sozialstation, ob es in der besagten Straße oder im infrage kommenden Haus Konflikte gibt. Ihre Sicht der Dinge ist hilfreich, um zu bewerten, um was es geht.

Sollte eine intensivere Bearbeitung nötig sein, werden zwei Vermittler/innen vom AmkA angefragt. Mit ihnen wird ein Honorarvertrag geschlossen, der ausschließlich auf die Vermittlung in diesem bestimmten Konflikt gerichtet und zeitlich befristet ist. Sie nehmen nach einem *Briefing* im Amt mit den betroffenen Parteien Kontakt auf, um die Fakten näher zu klären. Die Anfrage, ob die Konfliktparteien zu einem Gespräch bereit sind, kann zunächst durch einen Brief, durch das Einstecken einer Information in die Briefkästen oder durch Telefonate erfolgen. Ein erstes Gespräch kommt deshalb in der Regel nur zustande, wenn die Parteien einverstanden sind. Falls die Konflikte und Feindschaften sehr intensiv sind, sind zunächst Einzelgespräche oder Einzeltreffen nötig und möglich. Sofern ein gemeinsames Gespräch erfolgt, werden die Parteien in das AmkA oder zu einem neutralen Ort, der jeweils gesucht werden muss, eingeladen, um das Problem zu besprechen. Ziel dieser Gespräche ist eine erste Intervention, die versucht, eine weitere Verschärfung des Konflikts zu vermeiden und eine schnelle Regelung zu finden. Wenn nötig, werden auch diejenigen öffentlichen Stellen, die nach Erkenntnissen der Vermittler/innen indirekt oder direkt involviert sind, sofort über die Kontaktaufnahme des AmkA mit den Konfliktparteien schriftlich informiert. In manchen Fällen sind sie Teil der Konfliktpartei und nehmen am gemeinsamen Gespräch teil. Wenn die Arbeit gut läuft, werden alle regelmäßig informiert, z.B. auch dann, wenn bestimmte strukturelle Maßnahmen, die Teil des Konfliktes waren, durchgeführt werden (z.B. Entfernung von Hausrat, Reparatur des Eingangs usw.).

Falls die Betroffenen nicht in der Lage sind, den Konflikt schnell zu regeln, werden die zwei Stadtteilvermittler zunächst nur Einzelgespräche führen, um die Kommunikation zu verbessern und die Lösung zu fördern. Die betroffenen Parteien werden wiederholt eingeladen, sich an einem Mediationsprozess an einem neutralen Ort zu beteiligen. Probleme und Fragen sozialer oder struktureller Art, die sich aufgrund der Gespräche der Stadtteilvermittler/innen mit den Konfliktparteien ergeben, werden zwecks Bearbeitung an das Moderatorenteam im AmkA weitergegeben. Dazu gehören auch Anliegen wie die Einschaltung der Müllabfuhr usw.

Der Abschluss der Vermittlungstätigkeit kann unterschiedlich aussehen. Falls es zu einer gemeinsamen Regelung durch eine tatsächliche Mediation kommt, kann eine schriftliche Übereinkunft getroffen und von allen Beteiligten unterzeichnet werden. Bei einer Vereinbarung, die durch Einzelvermittlung zwischen den Parteien zustande kam, ist für den Konfliktgegenstand eine Regelung gefunden worden, mit der die Parteien zukünftig ohne weitere Vermittlung auskommen. Manchmal findet sich unter den Konfliktparteien eine Person, die bereit ist, künftig bei Wiederaufflammen des Problems selbst die Vermittlung in die Hand zu nehmen. Sie kann jederzeit erneut Hilfe beim AmkA anfragen. Manchmal wird keine Lösung des Konflikts gefunden, insbesondere dann, wenn massive strukturelle oder soziale Probleme hinter dem Konflikt stehen. Dann muss regelmäßig auch zukünftig mit den Parteien gesprochen werden. Um Aggressionen und Gewalt zu verhindern, ist es erforderlich, einen Ansprechpartner anzubieten, der gut zuhören kann. Im schlechtesten Fall ist eine Regelung überhaupt nicht möglich, weil niemand an der Bearbeitung mitwirken kann.

Es gehört zur guten Arbeit, dass alle städtischen Institutionen, die mit dem Konflikt etwas zu tun hatten, über den Verlauf und den Abschluss informiert werden. Hierzu gehören auch politische Institutionen, wie Ortsbeiräte, Fraktionen der Parteien, Schiedsleute usw. Zur Klärung von Lösungs- oder Regelungsmöglichkeiten oder der Organisation von strukturellen Maßnahmen (Einrichtung eines Parkplatzes z.b.) kann es auch angezeigt sein, Vertreter von städtischen Ämtern oder Institutionen zu einem Treffen allein und erst später mit den Konfliktparteien einzuladen, um Lösungsmöglichkeiten zunächst zu erörtern. Ähnlich kann auch mit politischen Gremien (z.B. mit Vorsitzenden der Ortsbeiräte) verfahren werden.

Bei einer Konfliktbearbeitung im städtischen Bereich ist es angezeigt, für gangbare Lösungen und Methoden offen zu sein. Das Festhalten an Theorien und „reinen Lehren" verspricht nicht immer Erfolg. Vielmehr ist Pragmatismus und Realitätssinn wichtig, um der Vielfalt von Problemen begegnen zu können.

Auswertung der Fälle und Konfliktarten

Soweit möglich wurden die vorhandenen Akten, d.h. Telefonprotokolle, Gesprächsprotokolle, Schriftverkehr und Zwischenberichte systematisch ausgewertet, um eine qualitative und (in Grenzen) auch quantitative Evaluation zu ermöglichen. Während der vergangenen drei Jahre wurden im AmkA ca. 310 gemeldete Konflikte bearbeitet. Die Bearbeitungszeiten und der Arbeitsaufwand waren allerdings sehr unterschiedlich:

In der Hälfte der Fälle wurde ein Konflikt einmalig gemeldet, und die meldenden Personen erhielten telefonisch und/oder schriftlich vom AmkA direkt Beratung und Unterstützung, Hinweise auf mögliche Hilfspersonen oder direkte Vermittlungshilfe. Dies musste nicht selten mehrfach geschehen, das Angebot einer telefonischen Hilfestellung blieb bestehen und wurde jeweils gemacht. In allen Fällen wurden durch Zusendung einer Broschüre Informationen über die Stadtteilvermittlung und das Angebot der Konfliktvermittlung weitergegeben. Es kam in dieser Kategorie der Fälle aber nicht zu einer weiteren Bearbeitung. Manchmal kamen die selben Personen mehrere Monate später wieder oder schickten einen anderen Beschwerdeführer.

Bei ca. 50 Prozent der Fälle kam es zu einer intensiveren Bearbeitung. Einige Konflikte wurden über einen Zeitraum von mehreren Monaten, in Einzelfällen bis zu eineinhalb Jahren, in der oben beschriebenen „dualen Form" begleitet und bearbeitet, wobei die Konflikte einen unterschiedlichen Arbeitsaufwand benötigten: Sehr emotional aufgeladene Konflikte wiesen eine wesentlich höhere Bearbeitungsdichte auf als Konflikte, die zwar langfristig schwelten, aber nur wenig eskalierendes Potenzial enthielten. Die Bearbeitungsdichte schlug sich in der Anzahl von Telefongesprächen, persönlichen Gesprächen, Ortsbegehungen usw. im Bearbeitungszeitraum sowie in der Intensität des Einsatzes der STV nieder. In vielen Konflikten waren jeweils mehrere Ämter (und das zuständige Polizeirevier) oder andere Institutionen (Schule, Kleingärtnerverein, Schwimmbäder) verwickelt, die regelmäßig informiert wurden oder im Austausch mit dem AmkA (Moderation) standen. Der Kontakt zu Ämtern ist in diesem Projekt in der Regel Aufgabe der Moderator/innen (AmkA), um die Einhaltung z.B. datenschutzrechtlicher Vorschriften zu garantieren und effektive innerbehördliche Kontakt- und Regelungsmöglichkeiten auszuschöpfen (kleiner Dienstweg u.ä.).

In mehreren Fällen wurde ad hoc ein sog. „Runder Tisch" einberufen, zu dem die involvierten Ämter entweder auf Amtsleitungs- oder Sachbearbeiterebene zusammenkamen, um sofort Maßnahmen zu erörtern und das weitere Verfahren zu entscheiden. Die involvierten Ämter der Stadtverwaltung und das Polizeipräsidium Frankfurt am Main wurden vor Beginn des Projekts informiert und um eine schriftliche Bestätigung ihrer konstruktiven Kooperation gebeten. Diese hat in der Regel sehr gut funktioniert und neue Ressourcen der sinnvollen Zusammenarbeit und der raschen Konfliktprävention eröffnet.

Die Stadtteilvermittler wurden in manchen Konfliktfällen auch von den Ortsbeiräten gebeten, dort direkt Bericht über einen Konflikt zu erstatten. Diese Einladung haben sie in der Regel nach Rücksprache mit dem AmkA, in dessen Auftrag sie vermittelten, wahrgenommen. Es ist allen Stadtteilvermittlern (mit einer Ausnahme) bisher gelungen, ihre Neutralität zu wahren.

Im Sommer wurden deutlich mehr Konflikte gemeldet als in den anderen Jahreszeiten, im Winter insgesamt am wenigsten. In zwei Dritteln der Fälle waren die Melder/innen Privatpersonen, wobei sich am häufigsten deutsche Frauen an das AmkA wendeten, an zweiter Stelle deutsche Männer. Ausländer wendeten sich wesentlich seltener an das Amt, wobei hier hauptsächlich Männer die Konflikte meldeten. Der Rest der Fälle wurde von anderen Ämtern (dem Oberbürgermeisterbüro, dem Ordnungsamt oder dem Sozialamt, Ortsbeiräten u.a.) gemeldet bzw. dem AmkA übergeben.

Bei den Konflikten handelte es sich überwiegend um Nachbarschaftskonflikte, d.h. die Konfliktparteien waren Anwohner einer bestimmten Straße, eines Viertels oder gemeinsame Bewohner eines Hauses. Davon zu unterscheiden waren Konflikte, bei denen Jugendliche involviert waren: Hierbei handelte es sich meistens um Probleme mit Jugendgruppen, die Frage nach einem Ort für einen Jugendtreff o.ä. Es gab auch Konflikte zwischen Parteien in anderen Zusammenhängen, wie in Schwimmbädern, zwischen Kleingärtnern, in Bürgerhäusern oder zwischen Wohnungsbaugesellschaften und Mietern oder zwischen städtischen Ämtern und Bürgern. Einige Konflikte, die man als „atmosphärische Störungen" bezeichnen könnte, basierten auf einem eher diffusen Gefühl der meldenden Personen, in ihrem Wohngebiet könne es sich zum Schlechteren wenden (Befürchtungen bezüglich „Verslumung", befürchtete Störung durch Menschenansammlungen). In zwei Dritteln der Fälle spielten sich die Konflikte zwischen Deutschen und Ausländern ab, Konflikte zwischen zwei oder mehreren ausländischen Parteien waren seltener als Konflikte zwischen Deutschen (s. Abb. 1).

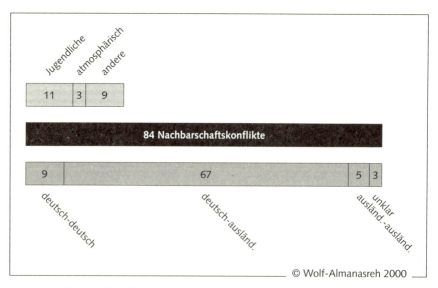

Abb. 1: Konflikttyp anhand von 107 ausgewerteten Fällen

Lärmbelästigung, nächtliche Ruhestörungen, Schmutz und Müll, Nicht-einhaltung der Hausordnung wurden in über 60 Fällen seitens der melden-den Personen als Ursachen für den Konflikt genannt. An zweiter Stelle standen Meldungen über Beschimpfungen, Belästigungen, Beleidigungen oder sogar Nötigungen, in immerhin zwölf Fällen wurde eine Schlägerei oder Körperverletzung gemeldet (die oft auch schon den Einsatz der Poli-zei und strafrechtliche Folgen hervorgerufen hatte). Unerlaubtes Campie-ren auf Parkplätzen, auftretende Kriminalität (Diebstahl, Drogenhandel, Straßenverkauf, Sachbeschädigung), Bettelei und eine angespannte Woh-nungssituation durch Überbelegung waren weitere Anlässe für Meldun-gen.

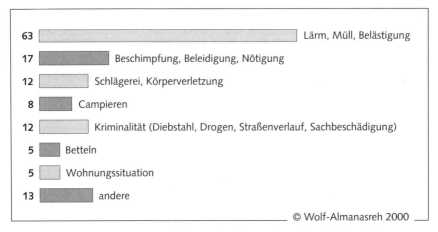

Abb. 2: Genannte Problematiken/Ursachen für die Konflikte
(Mehrfachnennungen möglich)

Die meldenden Personen berichteten, wenn sie selbst vom Konflikt be-troffen waren und über ihren emotionalen Zustand eine Angabe machten, am häufigsten von teilweise starken Ängsten oder Bedrohtheitsgefühlen. Frustration oder Resignation wurden genannt bezüglich langanhaltender Konfliktzustände, bei denen kaum noch die Chance einer Veränderung gesehen wurde. Auffallend war oft, dass Behörden und die Polizei als „un-fähig" beschrieben wurden, zur Konfliktlösung beizutragen. Wiederholt wurde vorgetragen, dass „Behörden nicht reagieren und kommunizieren", dass man sich „im Stich gelassen fühlt". Auch wurde „die Politik" in vie-len Fällen als verantwortlich angesehen, weil sie keine Hilfestellung an-biete und soziale oder strukturelle Defizite nicht abbaue. Nicht selten kommen Vorurteile gegen Minderheiten zum Vorschein, und es werden bei der Darstellung der Konfliktlage rassistische Äußerungen gemacht; Aggressionen gegen einzelne Einwanderergruppen oder gegen „Deutsche" sind in diesen Schilderungen nicht selten bemerkbar. Je länger eine Konfliktlage anhält, desto massiver sind die Reaktionen der betroffenen Konfliktparteien. In einigen Fällen waren die Betroffenen natürlich von dem Wunsch nach Veränderung ihrer Situation in einem Konflikt motiviert und an Vorschlägen zum Vorgehen interessiert. Starker Ärger oder deutliche Aggressionen wurden selten ausgedrückt.

Die Einsätze der STV führten meist zu einer Deeskalation der Situation bzw. zu ihrer Entspannung und zumindest zu einer vorläufigen Beruhigung. Die Mediationsgespräche verliefen größtenteils erfolgreich, es konnten Regelungen für die konfliktträchtigen Situationen gefunden werden. In einem Fall wurde das Mediationsgespräch von einer Partei als gescheitert empfunden, die andere Partei wünschte aber weitere Vermittlung. In einem anderen Fall wurde eine soziale Betreuung für eine Konfliktpartei organisiert, und ein weiteres Mediationsgespräch war zum Zeitpunkt der Auswertung in Planung. In einigen Fällen wurde durch ein anderes Verfahren (Gerichtsverfahren, Räumungsklage usw.) eingegriffen, in anderen konnte der Konflikt durch Maßnahmen anderer Ämter oder Instanzen, die hinzugezogen wurden, gelöst bzw. gemildert werden. In immerhin zehn Fällen haben die Betroffenen sich für eine selbstständige Vermittlung bzw. Lösung des Konflikts entschieden.

Einschätzung der Ergebnisse

Der Verlauf der Stadtteilvermittlung in Frankfurt am Main lässt den Schluss zu, dass der zuvor beobachtete und angenommene Bedarf an alternativen zusätzlichen Konfliktbearbeitungsangeboten auf kommunaler Ebene existiert und – vermutlich aufgrund des bekannter werdenden Angebots des AmkA – ständig zunimmt. Es darf auch angenommen werden, dass dies eine kommunale, also öffentliche Aufgabe ist, die zukünftig Bestandteil städtischer Politik sein sollte. Es haben sich aufgrund der Tatsache, dass die Moderation bei der Bearbeitung von Konflikten durch eine städtische Behörde unterstützend durchgeführt wird, keine Nachteile ergeben. Die Annahme, dass die Beteiligung der öffentlichen Verwaltung zu fehlendem Vertrauen bei Bürgern (bei Konfliktparteien) führen könnte und den Vermittlungsprozess stören würde, kann nicht bestätigt werden.

Die Konflikte wurden von verschiedenen Seiten gemeldet. Sowohl andere Ämter, die Polizei, Schulen als auch private Personen meldeten (größere) Spannungsfelder oder Streitigkeiten. Deutlich wurde, dass sog. ethnische Konflikte sich sehr häufig als soziale Probleme herausstellen. Die ethnische Zugehörigkeit einzelner Konfliktparteien ist in der Regel ein Anlass oder ein „Aufhänger" für tiefer liegende Probleme der Parteien. Die Beteiligung von Stadtteilvermittlern anderer nationaler Herkunft mit entsprechenden Sprachkenntnissen ist unverzichtbar, wie die Ergebnisse zeigen. Manche Probleme sind nur mit Hilfe solcher Vermittler/innen aus dem jeweiligen Kulturkreis oder Sprachraum anzugehen. Aufgrund des Trainings von Lehrern als Vermittler in Schulen, der Hausmeister von Bürgerhäusern und der Einbeziehung der Ausländerbeauftragten der Polizei in die Trainings und spätere Zusammenarbeit wurde der Pool der Vermittler spezialisiert und erweitert.

Die Konfliktarten waren unterschiedlich: Sehr häufig ging es um Störungen in einzelnen Straßenzügen oder Wohnblocks durch Kinder und Jugendliche, durchreisende Roma oder Anwohner, deren Lebensstil als störend empfunden wird. Vor dem Hintergrund der Erfahrungen in den Städten Solingen und Mölln (Brandanschläge mit Todesfolgen) wird die Erfahrung deutlich, dass es gerade so geartete schwelende Konflikte sind, die zu Pogromen führen können. Sie sind diffus, nicht greifbar und den formellen Regelungen häufig nicht zugänglich. In Frankfurt am Main gab es in den Jahren zwischen 1990 und 1999 keinen ausländerfeindlichen Anschlag in der in anderen Städten bekannt gewordenen Art! Das Amt für multikulturelle Angelegenheiten hat in Verbindung mit anderen Frankfurter Ämtern und Vereinen seit 1989 systematisch deeskalierende Arbeit und Antidiskriminierungsarbeit geleistet. Die Supervision hat sich dabei als notwendig erwiesen und dient ebenso wie eine jährliche Fortbildung dem Erfahrungsaustausch und der Weiterqualifizierung der Mediatoren und Vermittler/innen. Die Tatsache, dass das Angebot der Konfliktvermittlung in den Haushalt der Stadt aufgenommen wurde, darf als Erfolg angesehen werden.

Anmerkungen

1 In der Schreibweise des Amtes für multikulturelle Angelegenheiten wird im Folgenden die Abkürzung „AmkA" verwendet. Stadtteilvermittler und Stadtteilvermittlerinnen werden mit „STV" abgekürzt. Teilnehmer und Teilnehmerinnen, Vermittler und Vermittlerinnen, Mediatoren und Mediatorinnen und

Berater und Beraterinnen werden durch den orthographisch nicht ganz korrekten „/" zu Teilnehmer/innen usw. synthetisiert.

2 Zitat eines marokkanischen Jugendlichen bei der Diskussion zum Thema Verhalten gegenüber der Polizei; unveröffentlichtes Protokoll, AmkA, Frankfurt am Main 1998.

3 Auf gute Nachbarschaft, Amt für multikulturelle Angelegenheiten, Frankfurt am Main 1999.

4 s. Anm. 3

5 Dr. Wilfried Kerntcke, Endbericht EU-Projekt Stadtteilvermittlung 1998; s.a. Evaluation STV, Hessische Stiftung Friedens- und Konfliktforschung, Frankfurt am Main.

6 Gesamtdarstellung der Schulung aus Evaluationsbericht der HSFK, Amt für multikulturelle Angelegenheiten 1999.

Literatur

Amt für multikulturelle Angelegenheiten (1995): Begegnen - Verstehen - Handeln. Handbuch für interkulturelles Kommunikationstraining. 2. Aufl. Frankfurt/M.

Axelson, J.A. (1985): Counseling and development in a multicultural society. Monterey, Cal.

BAFM - Bundesarbeitsgemeinschaft für Familienmediation (1996): Infomappe BAFM. Marburg.

Banning, H. (1995): Bessere Kommunikation mit Migranten. Ein Lehr- und Trainingsbuch. Weinheim.

Besemer, C. (1994): Mediation. Vermittlung in Konflikten. Karlsruhe.

Bosselmann, R./Lüffe-Leonhardt, E./Gellert, M. (Hg.) (1993): Variation des Psychodramas. Kiel.

Faure, G.O./Rubin, J.Z. (Hg.) (1993): Culture and Negotiation". London.

Glasl, F. (1990): Konfliktmanagement. Handbuch für Berater und Führungskräfte. Bern u.a.

Feindt, P.H. u.a. (Hg.): Konfliktregelung in der offenen Bürgergesellschaft. Dettelbach.

Fisher, R./Ury, W. (1981): Getting to yes. Negotiating agreement without giving in. New York.

Fisher, R./Ury, W. (1988): Das Harvard-Konzept. Sachgerecht verhandeln – erfolgreich verhandeln. Frankfurt/M.

Izbiky, J./Savage, C. (1989): ADR (= Alternative Dispute Resolution): Explanations, examples and effective use. In: The Colorado Lawyer 843 (May 1989), 845 ff.

Kolb, D.M./Coolidge, G.G. (1988): Her place at the table: A consideration of gender issues in negotiation. Program on negotiation. In: Harvard Law School, Working Paper Series 88-5.

Lappe, F. (1993): Recht ohne Richter. Gütliche Einigung und Schlichtung, Schiedsspruch und Schiedsgutachten, Rechtsbehelfe und nichtrichterliche Verfahren. München.

Maas, J.P./Stewart, R.A.C. (Hg.) (1986): Toward a world of peace. People create alternatives. Suva, Fiji, The University of the South Pacific.

Myers, S./Filner, B. (1993): Mediation across cultures: A handbook about conflict and culture. Amherst.

Nieuwmeijer, L./Toit, R. du (1994): Multicultural conflict management in changing societies. Pretoria.

Ostendorf, B. (Hg.) (1994): Multikulturelle Gesellschaft: Modell Amerika? München.

Pedersen, P. (1987): Handbook of cross cultural counseling. New York.

Redlich, A. (1997): Konfliktmoderation. Handlungsstrategien für alle, die mit Gruppen arbeiten. Hamburg.

Pruitt, D.G./Rubin, J.Z. (1986): Social conflict, escalation, stalemate, and settlement. New York.

Ropers, N. (1995): Friedliche Einmischung. Strukturen, Prozesse und Strategien zur konstruktiven Bearbeitung ethnopolitischer Konflikte. Berghof-Report Nr.1, Berghof Forschungszentrum für konstruktive Konfliktbearbeitung, Altensteinstr. 48a.

Ruben, B.D./Lievrouw, L.A. (1990): Mediation, information and communication. New Brunswick u.a.

Rubin, J.Z./Salacuse, J.W. (1989): Negotiation and the meek of the earth. Program on negotiation. In: Harvard Law School, Working Paper Series 89-2.

Rubin, J.Z./Zartman, I.W. (1995): Assymmetrical negotiations: Some survey results that may surprise. In: Negotiation Journal 11, 4, 349 ff.

Thomann, C./Schulz-von-Thun, F. (1988): Klärungshilfe. Handbuch für Therapeuten, Gesprächshelfer und Moderatoren in schwierigen Gesprächen. Reinbek.

Ury, W. (1991): Getting past no. Negotiating with difficult people. New York. Dt.: Schwierige Verhandlungen. Wie Sie sich mit unangenehmen Kontrahenten vorteilhaft einigen. Frankfurt/M.

Watzlawick, P./Beavin, J.H./Jackson, D.D. (1967): Pragmatics of human communication. A study of interactional patterns, pathologies, and paradoxes. New York u.a. - Dt.: Menschliche Kommunikation. Bern 1972.

Barbara Filner

Firmen- und Arbeitsplatzmediation: Interkulturelle Chancen und Herausforderungen[1]

Zwei große Firmen, eine deutsche und eine amerikanische, fusionieren. Die Fusion wird auf höchster Ebene sorgfältig ausgehandelt. Pläne werden entwickelt. Informationen gehen an die öffentlichen Medien beider Länder, aber auch durch interne Kanäle an andere Kommunikationsträger. Topmanager und Unterhändler gratulieren sich und planen das Marketing der Fusion. Auf der Ebene der Produktion verändert sich nicht viel. Aber in den Zwischenbereichen, von den Werksleitern der nationalen Teilfirmen bis zum mittleren Management, wachsen die Spannungen. In diesen Bereichen sind die Angestellten beider Firmen von der Fusion am stärksten betroffen, denn sie sind für den Erfolg der Fusion verantwortlich. Es kommt zu Kränkungen, Missverständnissen und Kommunikationsstörungen, Arbeiten werden unvollständig oder verspätet ausgeführt, Termine nicht eingehalten. Die Stimmung verschlechtert sich.

Zwei Firmen aus zwei Ländern beschließen, die Chancen des Weltmarkts zu nutzen und eine neue Technologie zur Produktion von Software verkaufen. Die ersten beiden Lieferungen werden erfolgreich versandt und angenommen. Die beiden Firmeninhaber sind mit dem Vertrag zufrieden. Bei der dritten Lieferung aber kommt es zu Problemen. Die Empfänger sind mit der Qualität nicht zufrieden; die versendende Firma klagt über Zahlungsverzögerung. Andere Verträge mit anderen Firmen sind betroffen; es kommt zu weiteren Schwierigkeiten. Die Stimmung ist gereizt, die Geschäftsbeziehungen sind gefährdet. Schlimmer noch: Beide Firmen leiden unter sinkender Produktivität und Ansehensverlust.

Das sind zwei Beispiele für Konfliktsituationen in der heutigen internationalen Arbeitswelt, wie es sie in Zukunft immer häufiger geben wird. Interne und externe Streitigkeiten kosten Zeit, führen zu Frustrationen am Arbeitsplatz und können die hochgesteckten Ziele der ursprünglichen gemeinsamen Bemühungen scheitern lassen. Am Ende stehen oft enttäuschte wirtschaftliche Erwartungen in einer oder beiden Firmen; wachsende Unzufriedenheit der Mitarbeiter führt zu Kündigungen und Produktivitätsverlust sowie zu überflüssigen Aufwendungen an Zeit und Geld für die

Rekrutierung und Ausbildung neuer Mitarbeiter, die dann oft in denselben Konfliktkreislauf geraten.

Hintergrund der Firmenmediation

In den Vereinigten Staaten endeten Streitigkeiten über Firmenverträge oder unzufriedene Arbeitnehmer nur allzu oft im überlasteten Justizapparat. Die Folgen waren endlose Verzögerung, steigende Kosten, zerrüttete Beziehungen zwischen den Mitarbeitern und Lösungen, mit denen zumeist keiner zufrieden war. Im letzten Jahrzehnt aber bevorzugten Führung und mittleres Management vieler Firmen in den USA und zunehmend auch in den deutschsprachigen Ländern Europas eine neue Form der Konfliktlösung, die nicht nur die anstehenden Probleme lösen kann, sondern potenziell auch in der Lage ist, die Geschäftsbeziehungen zu stärken und auf lange Sicht die Produktivität zu steigern: die Firmenmediation.

Die Beliebtheit einer Mediation für Firmenstreitigkeiten wird nachvollziehbar, wenn man den dadurch ersparten Aufwand an Zeit, Geld und Frustration berücksichtigt. Als Mediation wird in der Regel ein Verfahren bezeichnet, bei dem zwei oder mehr streitende Parteien mit einem ausgebildeten, unvoreingenommenen Dritten zusammenkommen, der als sogenannter Mediator einen Prozess steuert, in dem die strittigen Fragen zur Zufriedenheit aller Parteien gelöst werden. In vielen Teilen Westeuropas und der USA ist die Mediation heute eine übliche Methode zur Lösung von Familienkonflikten, vor allem dann, wenn es um eine Scheidung geht oder Kinder beteiligt sind; aber in der Geschäftswelt ist sie ein relativ neues Phänomen. Es gibt zahlreiche Mediationsmodelle, aber folgende Elemente sind allen gemeinsam:

- Der Prozess ist vertraulich.
- Der unparteiische Mediator trifft weder Entscheidungen noch gibt er juristischen Rat.
- Die Entscheidungsbefugnis liegt bei den streitenden Parteien.
- Eine Entscheidung ist erst dann endgültig, wenn alle Parteien ihr zugestimmt haben.

Das San Diego Mediation Center

Vertreter des San Diego Mediation Center (SDMC)[2] bieten seit 15 Jahren in den USA und seit 1996 in Deutschland und Österreich Konfliktlösung für Firmen sowie Ausbildungsseminare für die Firmenmediation an. In diesem Zeitraum ist immer klarer geworden, wie groß die Vorteile der Mediation bei Auseinandersetzungen sind, bei denen interkulturelle Fragen eine Rolle spielen oder Menschen aus verschiedenen Ländern bzw. mit unterschiedlichem kulturellem Hintergrund beteiligt sind.

Es gibt unterschiedliche Messmethoden für den Erfolg eines Konfliktlösungsprozesses, z.B. nach erzielten Vereinbarungen, nach der Einhaltung der Vereinbarungen, nach den langfristigen Auswirkungen auf die Teilnehmer und nach der Selbsteinschätzung der Zufriedenheit der Beteiligten. Die Statistik des SDMC deckt sich mit Statistiken aus anderen Landesteilen und kann dazu dienen, das Potenzial der Mediation bei der Lösung von Firmenkonflikten in Europa zu beurteilen.

Das SDMC ist einer der größten Anbieter für alternative Konfliktlösungen und betreibt das größte Ausbildungsseminar in Kalifornien. Die mehr als 200 Mitarbeiter des SDMC vermitteln in über 3000 Konflikten pro Jahr. Das Angebot umfasst zahlreiche Bereiche, darunter auch Mediation in Firmenkonflikten. Die Statistiken aus Follow-up-Gesprächen mit Mediationsklienten zeigen nicht nur, dass bei 70 bis 80 Prozent aller Mediationen Vereinbarungen gefunden wurden, sondern dass diese Vereinbarung in 80 bis 85 Prozent aller Fälle auch eingehalten wurden. Anders ausgedrückt: Mediation ist sinnvoll, weil sie funktioniert! Ein zweites wichtiges Argument für die Nutzung von Mediation in Firmen ist die Zufriedenheit der Teilnehmer, die bei über 90 Prozent liegt, und zwar unabhängig davon, ob in allen Fragen eine Lösung gefunden werden konnte.

Vorteile der Mediation für die Firmen

Der offensichtliche Vorteil dieser hohen Zufriedenheit ist aus der Sicht der Manager natürlich das stärkere Selbstbewusstsein und die bessere Kooperation der Mitarbeiter, die Verbesserung der Stimmung in der Firma und oft auch der Anstieg der Produktivität. Weiter machen viele Firmen die Erfahrung, dass die Mediation auch komplexe, bislang unsystematisch angegangene Probleme lösen kann, weil sich der Mediationsprozess nicht auf die oberflächlichen Vorfälle oder Klagen beschränkt, die zu dem Konflikt und dem Ruf nach seiner Lösung geführt haben, sondern sämtliche Einflüsse und damit auch die Geschichte und die Folgen eines Konflikts berücksichtigt.

Das wohl wichtigste und für den Erfolg entscheidendste Prinzip der Mediation ist Respekt: der Respekt des Mediators gegenüber dem Problem, den Parteien und dem Prozess. Beim Mediationsprozess werden alle Teilnehmer gleich behandelt, unabhängig von ihren Rollen oder ihrem Status am Arbeitsplatz. Alle bekommen dieselbe Gelegenheit, über ihre Wahrnehmungen zu sprechen und an der Lösung mitzuwirken, die ihren wahren Interessen entspricht. Unter Interessen versteht man die wesentlichen immateriellen Werte (Bedürfnisse, Hoffnungen, Ängste, Sorgen), die einen Menschen dazu motivieren, eine Position einzunehmen, eine Forderung zu stellen oder einen Vorwurf zu erheben. Die Interessen bei internen Firmenkonflikten kreisen meistens darum, dass Angestellte fair und respektvoll behandelt werden wollen, Aufgaben wünschen, die sie auch ausführen können (bzw. für die sie ausgebildet werden), und verstehen möchten, wie ihre Tätigkeit in das Gesamtbild der Firma passt (in anderen Worten, dass sie sinnvoll ist). Dieselben Interessen haben die Parteien auch bei Konflikten zwischen Firmen, aber hier kommen noch andere dazu: die Angst, das Gesicht zu verlieren, die Sorge um den guten Ruf und natürlich die Furcht vor möglichen wirtschaftlichen Folgen.

Bei den meisten traditionellen Methoden zur Lösung von Firmenkonflikten, ob durch interne Disziplinarmaßnahmen oder Anhörungen auf Verwaltungsebene, haben eine oder beide Parteien das Gefühl, etwas Wertvolles zu „verlieren". Beim Mediationsprozess dagegen sollten beide Parteien in der Lage sein, das zu identifizieren, was sie durch die Teilnahme gewinnen. „Gewinnen" bedeutet hier zwar nicht unbedingt, dass alle Forderungen erfüllt werden, aber die Beteiligten sollten neue Informationen, neue Perspektiven und oft auch neue, bislang nicht berücksichtigte Optionen für einen gemeinsamen Vorteil vorweisen können. Außerdem, und das ist für Firmen sehr wichtig, verschlechtert die Vereinbarung nicht unbedingt die Beziehung zwischen den Parteien, so dass eine künftige produktive Zusammenarbeit möglich bleibt.

Im Folgenden will ich den Mediationsprozess näher vorstellen und kurz die drei wesentlichen Gründe nennen, die Konfliktlösung durch Mediation für Firmen sinnvoll macht: Wirtschaftlichkeit, Effizienz und Effektivität.

(1) Wirtschaftliche Vorteile der Mediation

Firmeneigner sind in erster Linie an Profit und wirtschaftlicher Stabilität interessiert. Geschäftsleute wissen zwar, dass es unvermeidbare Kosten gibt, wollen aber in der Regel unnötige oder unerwartete Kosten infolge von Missverständnissen oder unkontrollierbaren Umständen minimieren. Zu den vermeidbaren Kosten zählen Prozess-, Anwalts- und Untersuchungskosten, Zahlungen für Fehlzeiten, Kosten durch Produktionsverzögerungen oder schlechte Arbeitsmoral sowie für die Ausbildung neuer Mitarbeiter. Dazu zählen aber auch indirekte Kosten infolge eines Verlusts von Kunden und Rufschädigung sowie weitere ungeplante finanzielle Einbußen durch Konflikte in der Firma oder mit anderen Firmen.

Mediation gestattet eine erfolgreiche Konfliktlösung häufig schon nach einer oder zwei Sitzungen (produktive Sitzungen dauern nach unserer Erfahrung zwischen drei und fünf Stunden), so dass selbst der teuerste Mediator noch kostengünstiger ist als das billigste Untersuchungs- oder Schiedsverfahren, das oft erst nach Monaten oder Jahren eine endgültige Entscheidung fällt. Der Mediator kann die Kosten in den meisten Fällen vor der ersten Sitzung festlegen (kein ethisch handelnder Mediator wird sein Honorar auf Erfolgsbasis berechnen). Ein immaterieller wirtschaftlicher Nutzen besteht darin, dass Mediation eine zügige Lösung des Konflikts gestattet, so dass sich die Beteiligten wieder konzentriert ihren Aufgaben und Pflichten zuwenden können. Anders als Konfliktlösungsformen, die Firmeninhaber oder Angestellte langfristig in Anspruch nehmen, von ihren tatsächlichen Pflichten oder Zielen ablenken und emotional so belasten, dass die Qualität ihrer Arbeit leidet, stellt Mediation ein informelles, privates Forum zur Verfügung. Eine Mediationssitzung kann emotional sein, ist aber für die Teilnehmer weniger belastend als eine öffentliche Verhandlung oder ein langanhaltender ungelöster Konflikt.

Selbst wenn die Mediation einen Konflikt nicht vollständig lösen kann, ist sie für eine Firma eine kostensparende Investition. Unabhängig vom Ergebnis fördert die Mediation einen Informationsaustausch beider Parteien, wie er sonst kaum stattfindet. Natürlich dürfen diese Informationen nicht zum Nachteil der Beteiligten verwandt werden, aber sie sind insofern nützlich, als sie neue Ebenen des Verstehens eröffnen und neue Ideen für die Bewertung von Vereinbarungsvorschlägen entstehen lassen. Follow-up-Interviews von SDMC-Mitarbeitern nach Mediationen, die nicht zu einer Vereinbarung geführt haben, haben gezeigt, dass diese Konflikte oft in sehr kurzer Zeit und zu Bedingungen, wie sie in den Diskussionen bei der Mediation besprochen wurden, von den Teilnehmern gelöst wurden. Je rascher die Mediation nach dem Auftreten eines Konflikts beginnt, desto rascher kann er gelöst werden. Aber nach unserer Erfahrung ist es für eine Mediation auch fast nie zu spät.

(2) Effizienz der Mediation

Zeit ist im Geschäftsleben wohl eines der wertvollsten Güter. Die Zeit, die für die Lösung von Konflikten am Arbeitsplatz aufgewandt wird, steht nicht für solche Aktivitäten zur Verfügung, die die Produktion und den Profit erhöhen. Untersuchungen mit Managern haben gezeigt, dass Konflikte zwischen den Mitarbeitern mehr als 30 Prozent ihrer Zeit in Anspruch nehmen. Mediation gestattet bei der Konfliktlösung ein Maximum an zeitlicher Effizienz. Die tatsächlichen Sitzungen nehmen in der Regel relativ wenig Zeit in Anspruch. Die Ergebnisse sind normalerweise endgültig und führen deshalb auch mit geringerer Wahrscheinlichkeit zu zeitaufwendigen Beschwerden, Neuverhandlungen oder defensiven Vorbereitungen für die nächste Runde feindlicher Auseinandersetzungen.

Selbst die Vorbereitung einer Mediation ist vergleichsweise effizient. Da sich bei internen Konflikten die Parteien in der Regel selbst vertreten und mit den Fakten vertraut sind, sind größere Investitionen in die Vorbereitung von Repräsentanten zur Vorstellung oder Vertretung des Falles überflüssig. In Situationen, in denen es um komplexe rechtliche Fragen oder eine Vielfalt von Parteien und Problemen geht, nehmen oft auch Anwälte oder etwa Gewerkschaftsfunktionäre an der Mediation teil. Auch das ist ein Tribut an die Effizienz des Mediationsverfahrens. Nicht nur sämtliche betroffene Parteien, sondern auch ihre Ressourcen (also ihre Repräsentanten oder Bevollmächtigten) sind anwesend und für alle verfügbar. Dadurch bleibt den Repräsentanten die Vorbereitung langer Schriftsätze oder Dokumente und den Klienten die Wiederholung ihrer Positionen, Forderungen, Erwartungen und Hoffnungen erspart. Zudem nehmen alle Beteiligten dieselben Informationen zur selben Zeit zur Kenntnis, so dass eine Verzerrung des Inhalts durch Wiederholung vermieden wird. Da das Mediationsverfahren auf eine formale Beweiserhebung verzichten kann, können die Parteien alle Daten auf den Tisch bringen, die ihrer Meinung nach geeignet sind, zu einer sinnvollen Lösung beizutragen. Das erspart die zeit- und energieaufwendige Präsentation einzelner Punkte für einen Entscheider von dritter Seite, der zwangsläufig unter begrenzten Optionen wählen muss.

Ausgebildete, erfahrene Mediatoren steigern die Effizienz durch ihre Fähigkeit zur flexiblen und offenen Nutzung des Verfahrens. Sie sind unabhängig von zeitlichen Vorgaben oder Maßnahmen, die keine Relevanz für den aktuellen Konflikt haben, und besitzen „Werkzeuge", mit deren Hilfe sie in Realzeit auf reale Klienten mit realen Problemen reagieren, Wege zur Erweiterung von Ressourcen aufzeigen und kreative Lösungen finden können. Mediatoren haben gelernt, flexible Strategien einzusetzen, damit die Beteiligten zu Entscheidungen kommen können, die ihnen unmittelbar nutzen. Geschäftsleute sind in der Regel nicht daran interessiert, Sitzungen ohne Not zu verlängern, und präsentieren deshalb die anstehenden Fragen möglichst effizient, realistisch und effektiv. Die Anwesenheit eines neutralen Mediators trägt dazu bei, Stolpersteine zu identifizieren, verwirrende Aussagen zu klären, kreative Optionen auszuloten und ein wechselseitiges Verstehen zu sichern, und zwar so, dass die Würde aller Beteiligten gewahrt bleibt und Lösungen gefunden werden, die die Teilnehmer selbst entwickelt haben. Wenn im Geschäftsleben Zeit Geld ist, dann ist Mediation gespartes Geld.

(3) Mediation als effektives Werkzeug
bei der Lösung von Firmenkonflikten

Firmen ziehen das Mediationsverfahren bei Konflikten vor allem deshalb in Erwägung, weil es funktioniert. Ein vor wenigen Jahren durchgeführter Vergleich von Mediations- und Schiedsgerichtsverfahren (Brett u. a. 1996) belegt die Effektivität von Mediation. Ein Schiedsgerichtsverfahren ist ein formaler Prozess, bei dem eine neutrale, von beiden streitenden Parteien gewählte Instanz allein auf der Grundlage von Fakten, wie sie bei einer Verhandlung dargestellt werden, eine Entscheidung trifft. In den USA ist dies ein traditionelles Verfahren für Firmenkonflikte und häufig auch Bestandteil internationaler Firmenverträge. Die Analyse von 449 Fällen aus der Praxis von vier großen Mediations- und Schiedsgerichtsanbietern hat eine außerordentlich hohe Zufriedenheit der Mediationsklienten im Bereich Ergebnisse und Implementierungen festgestellt. Gemessen wurde anhand einer Skala von 1 (niedrig) bis 5 (hoch). Die Ergebnisse von Mediationen lagen bei 4,08 gegenüber 3,60 bei Schiedsgerichtsverfahren; das ist ein signifikanter Unterschied. Das SDMC hat, wie schon erwähnt, bei der Messung der Zufriedenheit ähnliche Ergebnisse erzielt.

Für viele Firmen ist die kontinuierliche Beziehung zu anderen Firmen ausschlaggebend für den Erfolg. Gerade hier ist die Mediation oft besonders nützlich: Durch Mediationsvereinbarungen können Konflikte gelöst und zugleich die Beziehungen aufrecht erhalten werden. Möglicherweise liegt das daran, dass im Fokus der Mediation nicht die langwierige Untersuchung vergangener Misserfolge oder Schuldzuweisungen und Strafen, sondern das zukünftige Verhalten steht. Viele Firmen werden feststellen, dass sie dieses Verfahren, das nicht negative Sanktionen, sondern produktive Entscheidungen in den Mittelpunkt stellt, effektiv voran bringt. Vereinbarungen, die durch Mediation erreicht wurden, bieten häufig Anreize zur Kooperation, die, wenn sie eingehalten werden, auf der Grundlage realistischer Erfahrung das in der Vergangenheit enttäuschte Vertrauen der Parteien wiederherstellen kann.

Eine wichtige psychologische Dynamik des Mediationsprozesses liegt in der Tatsache, dass Menschen, die einen sinnvollen Beitrag zu einem Prozess leisten, aus dem Ergebnis dieses Prozesses auch einen Gewinn ziehen. Deshalb halten sie sich tendenziell auch eher an Lösungen, an deren Entwicklung sie beteiligt waren, selbst dann, wenn diese sich von den ursprünglichen Forderungen unterscheiden. Unsere Erfahrung in San Diego zeigt, dass die Menschen, die sich für Mediation entscheiden, meist ihre Konflikte lösen und die Kontrolle über die Lösung behalten wollen. Die Mediation stellt dafür einen Kontext bereit, der Vertraulichkeit gewährleistet und dadurch die Chancen für kreative Lösungen maximiert.

Ein Modell für die Firmenmediation

Das SDMC hat ein flexibles Sechs-Phasen-Modell entwickelt, das für Firmenkonflikte besonders geeignet ist:

In der *1. Phase* hat der Mediator Gelegenheit, die Parteien über das Verfahren zu informieren. Er oder sie informiert über Rollen, Erwartungen und Methoden und trifft eine Vereinbarung mit allen Anwesenden über die Verhaltensregeln in den Sitzungen. Der Mediator sorgt dafür, dass alle erforderlichen Entscheidungsträger anwesend sind und die Fragen der Parteien zufriedenstellend beantwortet werden.

In der *2. Phase* haben die beteiligten Parteien oder deren Sprecher die Gelegenheit, aus ihrer eigenen Perspektive über den Konflikt zu sprechen. Bei diesem Forum können alle Anwesenden ungestört zuhören, wie die Situation aus der Perspektive des Sprechers aussieht und auf ihn wirkt. Der Mediator hat hier die Aufgabe, allen Sprechern dieselbe Zeit zu geben und die Schlüsselthemen für die folgende Verhandlung zu identifizieren.

Mit der *3. Phase* beginnt die Verhandlung. Der Mediator sorgt dafür, dass alle Fragen auf dem Tisch liegen und alle Parteien verstehen, was Gegenstand der Diskussion ist und welche Konsequenzen es hat, wenn es zu keiner Lösung kommt. Das Ziel dieser Stufe ist es, eine gemeinsame Datenbasis als Verhandlungsgrundlage der Beteiligten zu erreichen und sich über das Verständnis unterschiedlicher Perspektiven auszutauschen.

In der *4. Phase* leitet der Mediator die Parteien an, Optionen für eine Lösung der Probleme zu entwickeln oder zu analysieren. Eine Bewertung ist an diesem Punkt nicht erlaubt. Darauf identifiziert der Mediator gemeinsam mit den Parteien die Regeln oder Kriterien für die endgültigen Entscheidungen. Die früher entwickelten Optionen werden dann im Lichte der vereinbarten Kriterien erneut geprüft. Objektive Normen oder Maßstäbe jenseits der persönlichen Wünsche der einzelnen Parteien ermöglichen es, Vereinbarungen zu rechtfertigen und anderen zu erklären.

Die *5. Phase* gibt den Parteien Gelegenheit, ihre Vereinbarung in einem konkreten, spezifischen Verständnisprotokoll festzuhalten, das dann oft zu einem formalen, durchsetzbaren Vertrag weiterentwickelt wird. Generell werden Vereinbarungen während der Sitzung immer niedergeschrieben; alle Parteien sind an der Ausarbeitung und Formulierung jedes einzelnen Punktes beteiligt. Handelt es sich um komplexe juristische Fragen, können Anwälte oder andere Experten aus dem informellen Vertrag ein formalrechtliches Dokument erstellen.

In der *6. Phase* schließt der Mediator das Verfahren formal ab, informiert die Anwesenden über Follow-up-Maßnahmen und ermutigt sie, ihre Verpflichtungen zu erfüllen.

Die einzelnen Bestandteile dieses Prozesses lassen sich nach den jeweiligen Bedingungen modifizieren. In besonders sensiblen Fällen z.B. können zwei Mediatoren zusammenarbeiten, in sehr komplexen Fällen können mehrere Sitzungen im voraus festgelegt werden. Bei Konflikten von öffentlichem Interesse sind in Abständen auch Presseerklärungen der beteiligten Parteien möglich. Geht es um emotional hoch besetzte Themen, kann das Verfahren auch in einzelnen privaten Sitzungen stattfinden; der Mediator wechselt dann zwischen den Parteien hin und her. In anderen Situationen können dann alle Fragen offen diskutiert werden.

Mediation als Medium für interkulturelle Konflikte

Unabhängig von dem jeweiligen Mediationsmodell ist das Verfahren vor allem für Konflikte zwischen Individuen oder Gruppen aus verschiedenen Kulturen geeignet. Kulturelle Normen sind so tief verwurzelt und in Werten verankert, dass viele Menschen sich gar nicht bewusst sind, wie sehr ihr Verhalten davon beeinflusst ist. Selbst wenn sie in einer bestimmten Situation (z.B. bei der Respektierung der Privatsphäre, der Anrede von

Untergebenen oder der korrekten Einführung neuer Verfahren) bestimmten Normen selbst nicht gerecht werden, wissen die meisten Menschen doch, wie sie sich verhalten *sollten.*

Dieses unbewusste „Soll" liegt den meisten Firmenkonflikten zugrunde, wird aber bei Konflikten meist nicht berücksichtigt, weil man es für unwichtig oder, schlimmer noch, für nicht existent hält. Traditionelle Konfliktlösungsmechanismen in der Geschäftswelt stützen sich ausschließlich auf faktische Darstellungen und auf Debatten darüber, was richtig und was falsch ist. Das wird natürlich auch bei der Mediation berücksichtigt, aber der Vorteil dieses Verfahrens liegt darin, dass sie den Parteien gestattet, darüber hinaus über dieses „Soll" zu sprechen, über die Wertesysteme, die das kulturelle Fundament der menschlichen Interaktionen bilden. Die Mediation erfordert zwar keine Entscheidung zwischen verschiedenen Wertesystemen, ermutigt aber die Parteien, ihre Motivation oder Sorgen zu erklären. Dadurch werden oft Verstehensebenen erreicht, die bei der Planung und Gestaltung von Arbeitsplätzen oder beim Umgang mit kulturübergreifenden Konflikten hilfreich sind, die die Barrieren berücksichtigen, welche eine konstruktive Diskussion bislang verhindert haben, und die dadurch kluge, der Produktivität und der Arbeitsmoral dienliche Geschäftsentscheidungen fördern.

Dabei spielt es keine Rolle, ob es sich um nationale oder regionale, geschlechts- oder altersspezifische Unterschiede handelt. Die Mediation ist der einzige Prozess, der einen umfassenden Informationsaustausch ermöglicht und damit auch Lösungen, die über die „Spielregeln" hinaus alles berücksichtigen, was tatsächlich funktionieren könnte. Beim Mediationsverfahren werden die Parteien ermutigt, über ihre Motivationen, ihre Reaktionen und sogar über ihre Erwartungen an die andere Seite zu sprechen. Mit diesen Information kann ein Mediator arbeiten, um Vereinbarungen auszuhandeln, in denen sich die Unterschiede genauso spiegeln wie ein kreativer Umgang mit traditionelleren Fragen wie Bezahlung, Zuschläge, Termine, Mengen und künftige Verträge.

Mit dem Beginn des neuen Jahrhunderts ist die Welt kleiner geworden. Durch neue Technologien entstehen neue Möglichkeiten für Innovation und schnellere, unmittelbarere Kommunikation – und natürlich auch für vermehrte Konflikte. Veränderung ist in der heutigen Arbeitswelt der wichtigste Stressfaktor, und in einer Welt der Computer, der E-Mails und der ständig verbesserten Kommunikationsmittel ist Veränderung so unvermeidlich wie allgegenwärtig. Aber viele Menschen widersetzen sich dem Unvermeidlichen und fühlen sich durch das Unvertraute bedroht. Erst wenn sie sich klarmachen, woher sie kommen, können sie die Vergangenheit verlassen und einen produktiven Zugang zur Zukunft finden.

Mediation, das darf nicht vergessen werden, ist kein Prozess der „Selbsterfahrung", bei dem emotionale Ausbrüche an der Tagesordnung sind oder die Teilnehmer ermutigt werden, in ihren Gefühlen zu schwelgen. Diese Arbeit sollte Psychologen und Beratern überlassen bleiben. Mediation ist aber auch kein Prozess, der die Realität persönlicher Differenzen zugunsten der relevanten „objektiven" Fakten ignoriert. Dazu stehen ausreichend Anwälte, Untersuchungsausschüsse und Richter zur Verfügung. Und vor allem ist Mediation keine Zauberei, sondern eine erprobte Methode, unter Berücksichtigung aller Faktoren schwierige Situationen zu klären. In der heutigen Welt können Unternehmungen es sich *nicht* leisten, darauf zu verzichten.

Anmerkungen

[1] Aus dem Amerikanischen von Irmgard Hölscher

[2] Das San Diego Mediation Center (SDMC) wurde 1983 vom Law Center, einem Projekt der Universität von San Diego und der San Diego County Bar Association (Anwaltskammer von San Diego) gegründet. Leiterin des SDMC ist seit 1986 Liz O'Brien. Das SDMC, seit 1990 eine eingetragene unabhängige gemeinnützige Vereinigung, wird von der Anwaltskammer von San Diego gefördert und bietet Konfliktlösung für Firmen, Körperschaften, Organisationen, Regierungsinstitutionen, Individuen, Nachbarschaften, Hausbesitzer, Mieter und Familien an. In den USA und Europa führt das Ausbildungsinstitut des SDMC Mediationskurse zur Persönlichkeitsentwicklung sowie zur Verbesserung professioneller Fertigkeiten im Bereich Konfliktlösung durch. Das Ausbildungsinstitut wird von Barbara Filner geleitet

Literatur

Brett, J.M./Barsness, Z.I./Goldberg, S.B. (1996): The effectiveness of mediation: An independent analyses of cases handled by four major service providers. In: Negotiation Journal, July 1996.

Sylvia Böcker-Kamradt

Systemische Mediation und Organisationsentwicklung
Konfliktbearbeitung eines Teams in der interkulturellen Zusammenarbeit im Pflegebereich

Anliegen und Kontext dieses Artikels

Der in diesem Beitrag beschriebene Konflikt ist eingebettet in die Veränderung der gesellschaftlichen Rahmenbedingungen des gesamten Gesundheitsbereichs, wovon die Altenpflege ebenfalls betroffen war und ist. Die grundlegenden Veränderungen in der Altenpflege, die nachfolgend kurz beschrieben werden, wirken sich in erheblichem Maße auf die einzelnen Einrichtungen aus und bilden den Hintergrund des gegenwärtigen Konfliktgeschehens.

Interkulturelle Zusammenarbeit in der Pflege ist kein explizites Thema in den meisten Einrichtungen der Altenhilfe, obwohl Teams, zusammengesetzt aus mehreren Nationen, teilweise nicht eine einheitliche Sprache sprechend, keine Seltenheit in diesem Arbeitsbereich sind. Die vorhandene Vielfalt unterschiedlicher Kulturen und die damit verbundene Problematik des unterschiedlichen Umgangs mit Alter, mit Pflege und Fachlichkeit sowie verschiedene Aspekte der Kommunikation werden beleuchtet und sollen Erklärungsversuche liefern, um die verschiedenen, ineinander wirkenden Verhaltens- und Motivationsebenen begreifen zu können. Bezogen auf die Situationseinschätzung werden sowohl gesellschaftliche, nationale und professionelle sowie ansatzweise biographische Einflussfaktoren geschildert und miteinander in Beziehung gesetzt.

Es gibt in der Altenhilfe derzeit wenig Problembewusstsein oder bewussten Umgang bezüglich der interkulturellen Zusammenarbeit, und zwar sowohl von Seiten des Managements als auch von den Betroffenen selbst. Dies steht im Gegensatz zu Wirtschaftsorganisationen; auch hier verfügen einzelne Teams aufgrund der Globalisierung über vielfältige Kulturen, und ganze Aus- und Weiterbildungen sowie die Forschung beschäftigen sich mit diesem Thema. In der Altenpflege und in der Pflege generell scheint das Thema unterrepräsentiert, wenn nicht sogar tabuisiert zu sein.

Der gelebte Anspruch in den Alteneinrichtungen im Zusammenhang mit internationalen Teams ist nach meiner Erfahrung: „irgendwie wird es schon gehen", „es gibt auch keine Alternative" und „es soll eben einfach miteinander gearbeitet werden" oder „die Pflege wird schon irgendwie fertig damit". Dies spiegelt einen Teil der professionellen Grundannahmen der Berufsgruppe Pflege wider. Des Weiteren werden in den seltensten Fällen Zusammenhänge von Teamschwierigkeiten und interkultureller Zusammensetzung eines Teams gesehen. Wenn sie gesehen werden, werden sie nicht ausgesprochen und bearbeitet. Vorrangige Themen in der Altenhilfe beziehen sich auf die Zielrichtung der Arbeit, gemeinsame Pflegemethoden, Qualitätsdefinition und Qualitätssicherung. Die veränderten Rahmenbedingungen und die damit verbundenen Anpassungen bringen sowohl die Mitarbeiter als auch die Führungsetagen an den Rand der Belastungsfähigkeit und sind mit viel Unsicherheit und Angst besetzt.

Die notwendige Neuorientierung der Einrichtung und der Station bringt das alte Stationssystem an den Rand des Zerreißens. Sowohl der akute Konflikt als auch die weiteren Problemlösestrategien spiegeln „nationalkulturelle" und „organisationskulturelle" Verhaltensweisen wider. Es wird innerhalb des Prozesses deutlich, dass sich unterschiedliche nationale Herkunftssysteme der einzelnen Mitarbeiter auf Konfliktentstehung und Konfliktverlauf eskalierend auswirken. Dadurch wird die notwendige Auseinandersetzung über Pflegeziele, Vorgehensweisen und Qualität zusätzlich erschwert.

Durch Interviews mit den betreffenden Personen, den Leitungskräften und einer zusätzlichen außenstehenden Person polnischer Herkunft wird deutlich, dass Unterschiede auf der Ebene der Grundannahmen bestehen, d.h. es gibt eine grundsätzlich andere Einstellung zum Alter und im Umgang mit Alter (s.a. Kantor 1997). Der unterschiedliche Anspruch an Führung wird lediglich angerissen, während ein weiterer Schwerpunkt auf Kommunikationsstrukturen und Gruppenbildung sowie auf unterschiedliche Vorgehensweisen zur Problemlösung gelegt wird. Das „Nicht-aussprechen-Dürfen" von kulturellen Unterschieden und eigenen Bedürfnissen bekommt in den Einzelgesprächen ebenfalls eine besondere Bedeutung. Weiterhin soll aufgezeigt werden, dass in der Biographie der Einwanderer aus dem ehemaligen Ostblock nicht nur die Konfrontation mit einer neuen fremden Kultur, sondern auch die Nichtanerkennung ihrer Fachlichkeit und einer damit erlebten Zurückstufung der eigenen Professionalität einen besonderen Stellenwert hat (Biographie im Umbruch).

Die gegenwärtigen Strategien der Problemlösung haben Folgen, die zum Nachdenken anregen. So wird der Wunsch von mehreren Mitarbeitern und den Leitungskräften öffentlich formuliert, dass bei Neueinstellungen „bitte nur noch deutsche Mitarbeiter" genommen werden. Dies geschieht nicht aus Bosheit, sondern aus Hilflosigkeit und zeigt meines Erachtens einen dringenden Handlungsbedarf (Pflegedienstleitung). Es soll weiterhin deutlich werden, dass im Management und in der Begleitung der Teams über einen längeren Zeitraum die unterschiedlichen nationalen Herkunftssysteme zunächst eine untergeordnete Rolle spielten und dass sich erst in den letzten Monaten durch die Aufarbeitung und vor allem durch die Durchführung von Einzelinterviews zu diesem Thema ein bewusstes Umgehen mit diesen Unterschieden entwickelte.

Ich lege Wert darauf, dass die kulturellen Unterschiede jeweils in den Zusammenhang von gesellschaftlichem Veränderungsdruck, organisatorischer Realität und erlebter persönlicher Realität gesehen werden. Aus diesem Grund werden der gesellschaftliche Rahmen, die Einrichtung wie auch die vorherige Teamgeschichte beschrieben und beleuchtet. Der Konflikt wird so in das Gesamtgeschehen eingebettet. Wesentliche Erkenntnisse über den Konflikt werden aus den Einzelgesprächen gewonnen, die im Anschluss an die Teambegleitungen stattgefunden haben. Dies bedeutet, dass eine Aufarbeitung innerhalb des Teams auf unterschiedlichen Konfliktebenen bisher nicht angemessen stattfinden konnte, die Ergebnisse jedoch in die weitere Zusammenarbeit hineinfließen und sich auf die Gestaltung der weiterführenden Settings auswirken werden.

Modelle im Hintergrund:
Das Team-Learning-Modell nach David Kantor

Nach Glasl (1997) gibt es unterschiedliche Konfliktebenen, die Makro-, Meso- und Mikroebene, deren Einflussfaktoren jeweils ursächlich an der Konfliktentstehung beteiligt sein können und sich innerhalb des Geschehens wechselseitig beeinflussen. Im Fallbeispiel stellen die gesellschaftlichen Rahmenbedingungen die Makroebene, die Organisation die Mesoebene und das Team die Mikroebene dar. Im Team-Learning-Modell von David Kantor werden sowohl übergeordnete, nicht sichtbare Strukturebenen (die „allgemeinen Sozialstrukturen") als auch die tiefen individuellen Strukturen als Einflussebenen für den direkten Kontakt (die „face to face"-Ebene) beschrieben. Isaacs (1999) definiert Struktur in menschlichen Gesprächen und Interaktionen als einen grundlegenden Rahmen von Verhaltensweisen und Bedingungen, die Menschen dazu veranlassen, so zu handeln, wie sie handeln. Kantor differenziert die allgemeinen Sozialstrukturen nochmals in „Umgebung" oder „Gesellschaft", „Geschäftsbereich" und „Organisation". Diese Ebenen sind im Vergleich zu den offensichtlichen direkten Kontaktebenen wenig sichtbar. Die tiefen individuellen Strukturen differenzieren sich in „Mentale Modelle" und „Glaubensannahmen und Bilder". Diese tieferen individuellen Strukturebenen sind am wenigsten sichtbar.

Auf der Strukturebene „Umgebung" wären die grundlegenden gesellschaftlichen Bedingungen wie z.b. die Alterspyramide und die damit verbundenen eingeschränkten Finanzierungsmöglichkeiten anzusiedeln. Im „Geschäftsbereich" sind übergeordnete, die Organisation und deren Mitglieder beeinflussende Elemente sowie Anpassungsmaßnahmen an das weitere Umfeld als Einflussfaktor zu beschreiben. Die Organisationsebene bildet den unmittelbaren Bezugsrahmen für das Teamgeschehen. Die Zielrichtung der Organisation, Aufbau- und Ablaufstruktur sowie Führungs- und Entscheidungsstrukturen sind hier anzusiedeln. Da diese Ebenen wenig sichtbar sind, kann ihre Bedeutung für den Verlauf eines Konflikts erst durch entsprechende Aufarbeitung deutlich werden. Das Gleiche beschreibt Glasl für die Makro- und die Mesoebene.

Die anderen Strukturebenen, die Ebenen der „mentalen Modelle" und der „Grundannahmen" sind nach Kantor am wenigsten sichtbar. Die mentalen Modelle von Personen oder Gruppen beeinflussen das Handeln. Sie geben tief verwurzelte innere Vorstellungen vom Wesen der Dinge und damit verbundenes Handeln wider. Diese Vorstellungen sind nach Senge nicht nur abstrakte Organisationsformen oder Familienstrukturen, sie sind lebendig als Bilder, Annahmen und Geschichten. Es kann sich hierbei auch um Verallgemeinerungen und Schlussfolgerungen aus durchlebten Situationen und den damit verbundenen Erfahrungen handeln. Die mentalen Modelle sind in den meisten Fällen nicht bewusst, noch werden sie ausgesprochen, vielmehr entfalten sie unbewusst ihre Kraft. Mentale Modelle beeinflussen unser Handeln , indem sie beeinflussen, was wir wahrnehmen, was und wie wir etwas verstehen. Sie dienen im Alltag zur Reduktion von Komplexität und bilden einen übergeordneten Orientierungsrahmen (Senge 1997). Im organisatorischen Bereich können sich die Annahmen und Grundannahmen auf die Interpretation des Auftrags, der Zielsetzung, der Kundenbeziehungen oder auf Wertungen über eine bestimmte Berufsgruppe beziehen. Sie beeinflussen den direkten Kontakt der Mitarbeiter untereinander und bilden das übergeordnete System zur Einordnung von Situationen und Aussagen. Klassische Beispiele hierfür sind, was die „Pflege über Medizin" denkt oder was „Außendienstler über Mitarbeiter im Backoffice" denken. Auch die mentalen Modelle von Ingenieuren und

Kaufleuten sind erfahrungsgemäß sehr unterschiedlich, und die entsprechende Wertung über die andere Berufsgruppe drückt sich häufig in gegenseitigen Abwertungen aus. In dem beschriebenen Fallbeispiel wird es um eine grundsätzliche Annahme in der Pflege von alten Menschen gehen oder um Annahmen über Angehörige. Letztendlich werden die unterschiedlichen Annahmen als Beitrag zur Entstehung und Eskalation des Konflikts beleuchtet.

Die direkte, offensichtliche Kontaktebene steht im Zentrum des Modells von Kantor. Hier ist im wahrsten Sinne „sichtbar", wie miteinander gearbeitet wird, wie Mitglieder eines Teams das Verständnis ihres Auftrags kommunizieren und in Handeln umsetzen. Zieldefinition, Prioritätensetzung, Aufgabenverteilungen, das eigene Pflegeverständnis, die eigene Führungsphilosophie werden in Aktionen und Reaktionen deutlich. Auf dieser Ebene werden ebenfalls die gemeinsam produzierten Resultate offensichtlich, und Zufriedenheit oder Unzufriedenheit über diese machen sich hier bemerkbar. Auch der Umgang mit unterschiedlichen Hierarchieebenen und die Ausrichtung auf das Kundensystem sind Bereiche des „direkten Kontaktes". Nach Kantor findet hier die Veröffentlichung sowohl der übergeordneten und der personeninternen Strukturen als auch die Auseinandersetzung dieser internen und externen Strukturen statt. Wenn z.B. die Mitglieder eines Teams in der Altenpflege unterschiedliche Prioritäten in der Beziehungsgestaltung mit ihren Bewohnern oder in der Pflege haben, drückt sich dies in einem unterschiedlich ausgerichteten Handeln aus. Dies kann zu Konflikten führen, weil das Handeln für die anderen Beteiligten nicht nachvollziehbar ist, solange die Motivation oder die entsprechenden Annahmen nicht ausgesprochen sind.

Im Folgenden werden gesellschaftliche Hintergrundinformationen und weitere Informationen über die Einrichtung gegeben, um die Einbettung des Konflikts und die persönlichen Umgehensweisen besser verstehen zu können.

Gesellschaftliche Rahmenbedingungen: Kurzer geschichtlicher Überblick der Altenpflege seit 1945

Die Altenpflege in Deutschland hat nach dem zweiten Weltkrieg unterschiedliche Phasen durchlaufen. Die Heime der ersten Generation dienten vor allem der Unterbringung und Verwahrung von alten Menschen, es gab noch keine Wohn- und Pflegekonzepte. Vor dem Hintergrund gerontologischer Erkenntnisse veränderte sich die Altenpflege vom unspezifischen Verwahren zunächst über Einteilung in Wohnheim, Altenheim und Pflegeheim bis zu der heutigen Aufteilung von ambulanter und stationärer Pflege und hier einer weiteren Differenzierung in Kurzzeit-, Langzeitpflege und Tagespflegeeinrichtungen. Die Pflege selbst entwickelte sich vom bloßen Verwahren zu einer Gestaltung von Lebensräumen, in deren Zentrum die Aktivierung des alten Menschen steht. Als wichtigstes Ziel galten die bestmögliche Erhaltung und Wiederherstellung der Selbstständigkeit des alten Menschen. Der Ansatz der „aktivierenden" Pflege setzte sich mehr und mehr durch und bildet auch heute noch in vielen Einrichtungen die Basis für den pflegerischen Umgang mit den Bewohnern. In den 90er Jahren wurde der noch individuellere Ansatz der fördernden Pflege theoretisch in den Mittelpunkt gestellt. Der Anspruch, immer die Person in den Mittelpunkt zu stellen und eine rundum individuelle Betreuung zur Verfügung zu stellen, wurde immer weiter entwickelt (Kämmer/Schröder 1998). Außerdem stellt in den 90er Jahren die ständige Zunahme „verwirrter" alter Menschen eine große Herausforderung für die Betreuung dar. Diese Entwicklungen führten zu dem Anspruch einer zunehmenden Professionalisierung der Pflege, der häufig in den Einrichtungen aus Mangel an Fachkräften noch nicht umgesetzt werden konnte.

Neuere Entwicklungen – Auswirkungen der Gesundheitsreform

Die neuen gesetzlichen Rahmenbedingungen der Altenhilfe, veränderte Anforderungen auf der Nachfrageseite, verstärkte Professionalisierung und Rationalisierungspflichten haben den Alltag in den Pflegeeinrichtungen erheblich verändert. Die heutigen Ansprüche an Altenhilfeeinrichtungen können kurz zusammengefasst werden:

– veränderte Kundenlandschaft,
– Rationalisierung und Kostensenkung,
– Nachweis von Wirtschaftlichkeit,
– Wettbewerbsfähigkeit,
– Qualitätssicherung,
– neue Wege der Angehörigenarbeit.

Einerseits gibt es in der EU und in Deutschland immer mehr alte Menschen, wie aus der Alterspyramide ersichtlich wird; auf der anderen Seite werden die Möglichkeiten zur Finanzierung der Pflege von alten Menschen immer geringer (Bundesbuch). Dies hat unter anderem dazu geführt, dass aufgrund der kostengünstigeren ambulanten pflegerischen Versorgung die alten Menschen so lange als möglich in ihren eigenen Wohnungen bleiben und erst in einem recht pflegeintensiven Zustand in entsprechenden Altenheimen untergebracht werden. Dieser Umstand hat für die Pflegeeinrichtungen weitreichende Folgen. Die Pflegekräfte der einzelnen Gruppen sind mit einem hohen Pflegebedarf und mit teilweise erheblichen psychischen Veränderungen der Bewohner konfrontiert, was das Anspruchsniveau bezüglich der fachlichen Qualität der Pflege erhöht hat. Vom Gesetzgeber wird der Altenpflegebereich ebenfalls stark mit Qualitätsanforderungen konfrontiert und muss die Bemühungen, diese zu erreichen, nachweisen (Kämmer/Schröder 1998).

Die gesetzlichen Grundlagen für alle Einrichtungen sind im SGB festgehalten. So wird vom Gesetzgeber seit einigen Jahren zur Qualitätssicherung ein Stellenschlüssel an ausreichendem Fachpersonal vorgeschrieben; außerdem wird eine detaillierte Aufteilung der Tätigkeiten zwischen Pflegefachkräften, Pflegehilfskräften und anderen Hilfskräften vorgegeben. Zur angemessenen Qualitätssicherung gehört neben der Pflegeplanung die Pflegedokumentation und ein angemessenes Controlling.

Das Definieren der eigenen Zielrichtung und Leistung, das Messen der Qualität, die Einhaltung von Wirtschaftlichkeit sind mittlerweile keine Fremdworte mehr, jedoch führen diese Begriffe und die Maßnahmen zur Umsetzung in die Praxis immer noch zu vielfältigen Verunsicherungen. Sowohl im Management und auf den mittleren Leitungsebenen als auch bei gut ausgebildeten Mitarbeitern fehlt ein grundsätzliches Know-how über den Umgang mit diesen Veränderungen. Auf den Stationen hat die Angst noch ganz andere Gesichter: So fällt hier z.B. durch die Notwendigkeit zur Dokumentation erst einmal auf, dass jemand nicht in Deutsch schreiben kann, oder es zeigt sich eine große Hilflosigkeit, bestimmte pflegerische Maßnahmen zu beschreiben oder ein für die Klientel angemessenes Dokumentations- und Qualitätssicherungssystem zu entwickeln bzw. umzusetzen.

Die Einrichtung

Die Einrichtung ist ein Haus mit etwa 100 Bewohnern, die in vier Wohnbereichen leben. Insgesamt gibt es etwa 70 Pflegemitarbeiter, von denen über 60 Prozent Fachkräfte sind. Außerdem gehören die Mitarbeiter des sozialen Dienstes, der Hauswirtschaft und anderer angegliederter Bereiche dazu. Das Haus gehört zu einer übergeordneten gemeinnützigen GmbH kirchlicher Ausrichtung. Die christliche Grundhaltung bildet die Basis für das Pflegeleitbild, dessen wichtigste Elemente sind:

- – Pflege als zielgerichtetes Handeln auf Bedarf,
- – Unverletzlichkeit des Menschen,
- – Hilfe zur Selbsthilfe,
- – Altenpflege als biographisch orientiertes Tun,
- – Altenpflege ist Pflege in und durch Beziehung,
- – Sinnerfüllung und Selbstbestimmung,
- – Vermittlung und Begleitung in Grenzsituationen, so auch im Sterbeprozess.

Die etwa 70 Mitarbeiter der Wohnbereiche, die in der Pflege eingesetzt sind, sind unterschiedlicher Herkunft, insgesamt aus zehn Nationen, wobei 2/3 der Mitarbeiter Deutsche sind und 1/3 ausländischer Herkunft, vorwiegend aus Ländern des ehemaligen Ostblocks wie Polen, Russland, Kasachstan, Afghanistan und Rumänien. Es gibt eine griechische und eine italienische Mitarbeiterin.

In der gesamten Einrichtung gab es in den letzten zwei bis drei Jahren viel Unruhe. Durch längere Krankheit und Kündigung auf der Leitungsebene (Heimleitung und Pflegedienstleitung) existierte zu mehreren Zeiten keine oder nur eine unzureichende Führung des Hauses. Aufgrund der Pflegeversicherung wurden vom nun stabilisierten Führungsteam erhebliche Veränderungen eingeleitet, und die Einrichtung befindet sich in einem Entwicklungsprozess. So wurde Anfang des letzten Jahres im gesamten Haus die Gruppenpflege eingeführt, um den gesetzlichen Anforderungen Rechnung zu tragen. Des Weiteren wurde von dem überholten Kadex-System zur Dokumentation auf eine vom Gesetzgeber vorgegebene Pflegeplanung und Dokumentation umgestellt, um die notwendige Qualitätssicherung nachweisen zu können.

Die Umstellung auf die Gruppenpflege wurde in einer Arbeitsgruppe von Stationsleitern und Pflegedienstleitung vorbereitet und sollte danach zum Anfang des Jahres 1999 auf den Stationen eingeführt werden. Unsicherheiten und Fragen sowie Unklarheiten in Bezug auf die Einführung der Gruppenpflege waren Inhalte der Begleitungen der Stationsleiter wie auch der Teams, die parallel zur Vorbereitung und Einführung der Gruppenpflege lief. Der aktuelle Stationskonflikt entwickelte sich während der Begleitung der Stationsleiter und hatte eine zusätzliche begrenzte Begleitung des Wohnheim-Teams zur Folge.

Beschreibung des Bereichs

Der Wohnbereich besteht aus dem ehemaligen Wohnheim der Einrichtung. Bisher wohnten hier Personen, die mit den Notwendigkeiten des alltäglichen Lebens versorgt wurden, ansonsten jedoch nicht auf fremde Hilfe angewiesen waren. Baulich ist das Haus auf diese Bewohner abgestimmt, d.h. es ist sehr weitläufig, die einzelnen Bewohner sind über mehrere Etagen verteilt, und die Zimmer sind als Apartments ausgestattet und nicht als Pflegezimmer. In diesem Bereich arbeiten zur Zeit zehn deutsche Mitarbeiter, drei polnische Mitarbeiter, eine Kasachin, eine Russin und ein Türke als Zivildienstleistender (Pflegedienstleitung). Eine griechische Mitarbeiterin und ein griechischer Mitarbeiter haben mittlerweile die Station verlassen. Das Team bestand vor drei Jahren noch aus drei bis vier Personen und ist in den letzten drei Jahren aufgrund seines veränderten Bewohnerpotentials (von nicht oder wenig Pflegebedürftigen hin zu mehr mittel- oder schwer Pflegebedürftigen, erheblich aufgestockt worden. In den letzten Monaten waren es besonders Fachkräfte deutscher Herkunft, die neu hinzu gekommen sind.

Teamgeschichte und akuter Konflikt

Durch einen Leitungswechsel waren innerhalb des Teams Konflikte aufgetreten. Das Team war in den letzten Monaten erheblich aufgestockt worden und hatte drei Leitungswechsel in zwei Jahren zu verarbeiten. Die letzte, vorherige Leitung, eine Griechin und ausgebildete Fachkraft, hatte noch während des Anerkennungsjahres die Rolle der Stationsleitung übernommen. Da sie als Stationsleitung noch unerfahren und auf der Station ein chronischer Mangel an Mitarbeitern war, gab es viel direkte Unterstützung der Heimleitung, auch mit tatsächlicher Präsenz im Bereich. Auch führte der chronische Arbeitsplatzmangel dazu, dass aufgetretene Mängel in der Pflege von der Heimleitung zwar erkannt, aber häufig nicht benannt wurden. „Man war froh, dass überhaupt jemand da war, der die Arbeit machte" (Heimleitung). Um die Arbeit bewältigen zu können, wurde das Team um Pflegehilfskräfte erweitert, die polnischer und russischer Herkunft waren. Es gab zu dieser Zeit keinen Unterschied in der Anerkennung von Pflegefachkräften und Pflegehilfskräften (Heimleitung).
Die Stationsleitung führte die Station mit viel Engagement und hohem Anspruch an Fachlichkeit, war jedoch nach eigenen Aussagen nicht fähig, bei Pflegefehlern Kritik zu üben oder die Mitarbeiter darauf aufmerksam

zu machen, wenn noch zusätzliche Tätigkeiten anstanden. Sie regelte das dann lieber allein und übernahm die Arbeiten der anderen Mitarbeiter, um „das Miteinander" nicht zu stören. Prämisse ihres Handelns war es, durch das Schaffen und Erhalten von Harmonie mit den Kollegen und den Bewohnern auch in kritischen Situationen Respekt zu zeigen und durch Vorbild Initiative zu schaffen (ehem. Leitung). Nach eigenen Aussagen sei es niemals vorgekommen, dass sie jemanden unfreundlich zurechtgewiesen oder ihre negativen Gefühle gezeigt hätte. Dies wurde von ihr als typisch griechisch beschrieben.

Nach einem Jahr wollte sie die Rolle der Leitung abgeben, da das Gefühl vorhanden war, die Arbeit nicht mehr bewältigen zu können und vor allem ihrem hohen Anspruch an die Pflege nicht mehr gerecht werden zu können. Ihre familiäre Situation gab den Ausschlag, trotz der Bemühungen und unterstützenden Angebote seitens der Pflegedienst- und der Heimleitung, die Rolle aufzugeben und als normale examinierte Kraft auf der Station zu bleiben und die Stellvertretung der neuen Leitung zu übernehmen.

Die neue Leitung, eine examinierte Kraft, die vorher schon im Haus ihre Anerkennungszeit verbracht hatte und einigen Mitarbeitern als jemand mit hohem pflegerischen Anspruch bekannt war, kam auf die Station. Von Seiten der Heimleitung bestand der Anspruch an die neue Stationsleitung, ein wenig „Ordnung auf der Station zu machen", d.h. Ruhe in die Dienstplan-Gestaltung zu bringen, die Pflege zwischen leicht und schwer Pflegebedürftigen angemessen zu verteilen und auf mögliche fachliche Mängel hinzuweisen (Heimleitung). Das Team bestand zu der Zeit aus zwei Polinnen (angelernte Pflegehilfskräfte), einer Russin (angelernte Pflegehilfskraft), einem Griechen (gelernter Pflegehelfer), einer Griechin (Pflegefachkraft, ehemalige Leitung), einem Deutschen (Pflegefachkraft), einer Deutschen (Gruppenbetreuerin, ABM-Kraft), einer Deutschen (Fachkraft und neue Leitung). Im Gegensatz zu ihrer Vorgängerin wählte die neue deutsche Leitung einen Weg der direkten und schonungsloseren Ansprache. Wenn ihr Missstände auffielen, benannte sie diese sofort, was von den anderen Mitarbeitern als verletzend und respektlos erlebt wurde.

Der Grad an Unzufriedenheit auf der Station machte sich dadurch bemerkbar, dass sowohl einzelne Mitarbeiter als auch die neue Leitung den direkten Kommunikationsweg zur Heimleitung und Pflegedienstleitung suchten. Die Mitarbeiter beschwerten sich jeweils über das Verhalten der anderen und waren über die neue Leitung enttäuscht. Die Leitung ihrerseits suchte Beistand in dieser Ebene, weil sie sich ausgegrenzt fühlte und ihrer Meinung nach vom Team keine Chance bekam (Pflegedienstleitung). Miteinander ins Gespräch zu kommen, schien unmöglich zu sein. Es gab ein zunehmendes Hochschaukeln innerhalb des Teams und zwischen der alten und der neuen Leitung. Diese Verhaltensweisen führten zu der Entscheidung für eine Teambegleitung.

Die „Altlasten" mit Supervision wurden von den Beteiligten der unterschiedlichen Bereiche und dem Leitungsteam als sehr „negativ" empfunden. Dies bezog sich sowohl auf die Durchführung der Supervisionen als auch auf die unberechtigte Weitergabe von Informationen vor allem nach außerhalb der Einrichtung in andere Häuser. Dies führte dazu, dass die Informationen beim Entstehen des Konflikts sehr verhalten von der Heimleitung an die Supervisorin weitergegeben wurden. Sowohl Heimleitung als auch Pflegedienstleitung hatten Vorbehalte, offen über die Situation zu reden, wie sich in den später durchgeführten Einzelgesprächen herausstellte. „Es war eine Unsicherheit vorhanden, zu sagen, wie schlecht der Zustand des Bereichs war, wir wussten ja noch nicht, mit wem wir es zu tun hatten und ob es dann eventuell nach außen getragen wird" (Heimleitung). Dies trug mit dazu bei, dass das Setting einer normalen Teambegleitung und Konfliktaufarbeitung, zunächst auf zwei Sitzungen begrenzt, gewählt wurde und nicht die sonst von der Supervisorin praktizierte Mediation. Nach der zunächst festgelegten Begleitung, in dem die Arbeitsfähigkeit des Teams verbessert werden sollte, wurde entschieden, dem Team noch weitere begleitende Unterstützung zukommen zu lassen.

Die Teambegleitung

Es wurden Teamsitzungen vereinbart, um die Probleme auf der Station aufzuarbeiten und mögliche alternative Vorgehensweisen zu entwickeln. Die erste Teamsitzung verlief sehr emotional; Enttäuschung, Wut und Ärger sowie Verzweiflung wurden ausgedrückt. In den letzten Tagen und Wochen hatte es mehrere Verletzungen gegeben, so dass zwischen dem Team und der Leitung ein tiefer Graben entstanden war. Themen waren die Dienstplangestaltung, die Aufgabenverteilung und Kontrolle, die von der neuen Stationsleitung ausgeübt wurde. Die anstehende Einführung der Gruppenpflege war für alle Beteiligten beunruhigend, da deren Auswirkungen auf Arbeit noch nicht vorstellbar waren und es viele noch unbeantwortete Fragen gab. Vor allem wurde von allen Mitarbeitern der Umgangston der neuen Leitung kritisiert. Die Mitarbeiter fühlten sich durch ihren „Befehlston" angegriffen und nicht wertgeschätzt. Die Leitung ihrerseits fühlte sich unverstanden, da sie immer alles zu besprechen versuchte und damit bei den Mitarbeitern keine Akzeptanz fand. Außerdem wurde jeweils die Begründung „die übergeordnete Leitung wünscht es so" zu ihrer eigenen Unterstützung in den Raum gestellt. Es wurde auch Enttäuschung darüber ausgedrückt, dass es überhaupt möglich ist, so mit den bisherigen Leistungen der Mitarbeiter umzugehen.

Im weiteren Verlauf veränderte sich die Zusammensetzung des Teams. Es kamen deutsche Fachkräfte hinzu. Hauptthemen waren die Einführung der Gruppenpflege, die damit entstandene Neuverteilung der Aufgaben im Hinblick auf die Bewohner und auf die Verantwortung. Informations- und Entscheidungswege sollten neu festgelegt werden. Wechselseitige Absprachen bekamen einen höheren Stellenwert. Außerdem wurden Kontrollen der Pflegeplanung und Dokumentationen eingeführt, was viele Mitarbeiter stark verunsicherte. Es wurde deutlich, dass die Mitarbeiter unterschiedlich arbeiteten, indem sie unterschiedliche Prioritäten in der direkten körperlichen Pflege und in der Art der Beziehungsgestaltung mit den Bewohnern setzten. Es gab auch unterschiedliche Einschätzungen für die Zeit- und Ressourcenverteilung in der Pflege, was immer wieder Anlass für Konflikte war.

In der gesamten Begleitungszeit war die Kommunikation durch Missverständnisse und Misstrauen geprägt. Dies zeigte sich vor allem in der geringen Bereitschaft zuzuhören, um Unterschiede und Gemeinsamkeiten herauszufinden. Beziehungsmäßig und thematisch konnten einige Probleme aufgearbeitet und Alternativen im Umgang entwickelt werden, aber keine für das ganze Team längerfristig tragenden Alternativen. Gerade die Mitarbeiter aus dem ehemaligen Ostblock zogen sich immer mehr zurück, nachdem sie sich anfänglich sehr aktiv um das Verständnis der neuen Leitung bemüht hatten. Sie agierten eher im Verborgenen. So wurden neue, auch deutsche Mitarbeiter gewarnt, als sie auf der Station anfingen zu arbeiten. Sie bildeten untereinander Koalitionen, sprachen zusammen in Polnisch und suchten immer wieder den direkten Weg zur Heimleitung und Pflegedienstleitung (Pflegedienstleitung), um ihre Enttäuschung auszudrücken. Es entstand der Eindruck, dass das gemeinsame Erforschen und Verstehen der Situation des Teams, das eine grundsätzliche Veränderung ermöglicht hätte, nicht möglich war. Es wurde verhindert durch die fehlende Bereitschaft einer grundsätzlichen Einigung, da die bereits gefällten Urteile über die „andere Seite" keine Annäherung ermöglichten. Dies zeigte sich etwa in folgenden Aussagen: „Es hat ja sowieso alles keinen Zweck", oder: „Wenn hier etwas verhandelt wird, wird es nachher nur noch schlimmer". Das Verhältnis zwischen der Leitung und den ausländischen Mitarbeitern blieb schlecht, und es gab wenig Chancen zur gegenseitigen Annäherung. „Zum Schluss kämpft A gegen das Bild von B und B gegen das Bild von A" (Glasl). Die deutschen Kräfte hingegen gewannen mehr und mehr an Einfluss, nutzten die Chancen der Teambegleitung zum offenen Austausch und blieben zäh in der ständigen Auseinandersetzung. Sie sahen echte Erfolge in der gegenseitigen Annäherung und übernahmen die Verantwortung für die Mitgestaltung des Geschehens. Im Nachhinein lassen sich aus externer Sicht drei Phasen des Kommunikationsverhaltens im Team zeigen:

(1) Der akute Leitungswechsel wird als Schock erlebt, große Veränderung im Führungsverhalten, Themen:
  - andere Ansprache,
  - Fehler haben Konsequenzen – Kontrolle der Qualität,
  - Absprachen und Koordination gewinnen an Bedeutung,
  - keine Freiheit bei der Dienstplan-Gestaltung,
  - als respektlos erlebtes Verhalten der Stationsleitung,
  - tiefe Enttäuschung und erlebte Abwertung bei Stationsleitung und Mitarbeitern.

(2) Einführung der Gruppenpflege im gesamten Haus, Aufstockung des Teams durch deutsche Fachkräfte, Themen:
  - Unterschiede bezogen auf Ausbildung, Einsatz- und Verantwortungsbereich werden offensichtlich,
  - Kontrolle und Zuordnung von Pflegefehlern,
  - unterschiedliche Pflegeverständnisse bei Deutschen und Polen bzw. Russen,
  - keine wechselseitige Wertschätzung,
  - viel Kritik an der Aufteilung der Arbeit.

(3) Differenzierung der Verhaltensweisen der unterschiedlichen Kulturen.
  Deutsche Mitarbeiter:
  - ständige Auseinandersetzung zwischen deutschen Mitarbeitern und Leitung,
  - Herangehen an Konflikte und zunehmende Annäherung,
  - Erarbeiten von gemeinsamem Vorgehen.
  Russische und polnische Mitarbeiter:
  - Resignation und Rückzug,
  - zynische Bemerkungen,
  - zunehmende Konflikte zwischen deutschen Fachkräften und ausländischen Hilfskräften.
  Aufspaltung des Teams

„Die Kultur des Teams ist ein Gemisch aus persönlicher, nationaler und organisatorischer Geschichte"

Hypothesen zur Erklärung des Prozesses mit dem Schwerpunkt Organisation, die während der Begleitung entwickelt wurden:

- Die Strukturebenen Umwelt und Geschäftsbereich rufen notwendige Anpassungen in der Organisation hervor.
- Die Organisation verändert sich von einer „familiären" Organisation (es geht ohne Absprachen) zu einer differenzierten und koordinierten Organisation.
- Mit der Auswahl dieser Stationsleitung wird eine Richtungsänderung im Sinne der Anpassung an die gesetzlichen Vorgaben gegeben.
- Der Leitungswechsel kam zeitlich zusammen mit einer notwendigen Neuausrichtung der Station, die sich auf vermehrte Koordination, Einstellung auf veränderte Bewohner, höhere Anforderungen in der Pflege bezog. Dies wurde zunächst nicht offen diskutiert, es wurde im Verhalten der neuen Stationsleitung offensichtlich. Die Mitarbeiter reagierten enttäuscht und fühlten sich von der neuen Leitung schlecht behandelt.
- Der Kommunikationsstil der griechischen Leitung und der deutschen Leitung war sehr unterschiedlich; dies wurde als Abwertung und Nicht-Akzeptanz der neuen Leitung erlebt.
- Es wurde „plötzlich" Kritik formuliert; dies verursachte ein Gefühl von Abwertung und Verunsicherung, was sich auch wieder gegen die Leitung richtete, da es durch sie hereingetragen wurde.
- Die Person der Heimleitung zog sich aus dem Alltagsgeschehen zurück; sie war eine sehr anerkannte Person, und ihre Zuwendung war sehr wichtig, gerade für die polnischen und russischen Mitarbeiterinnen, sie hinterließ ein emotionales Führungsvakuum.
- Die anstehende Gruppenpflege schaffte zusätzlich Verunsicherung, da die Konsequenzen noch nicht absehbar waren für die einzelnen Mitarbeiter. Es herrschte eine latente Angst, „sich von lieb gewonnenen Bewohnern trennen zu müssen oder für immer bei schwierigen Bewohnern bleiben zu müssen".
- Die Verschriftlichung im Bereich Pflege durch die Anforderung an Planung und Dokumentation bereitet Angst vor Überforderung.
- Alle Mitarbeiter waren bis zur Einführung der Gruppenpflege in ihrer Anerkennung gleich, ob mit oder ohne Fachausbildung. Dies führte zu einer Veränderung des offiziellen Status der Nicht-Fachkräfte und wurde als Abwertung erlebt.
- Unterschiedliche Pflegearten werden deutlich und bilden die Basis für heftige Konflikte, das zugrundeliegende Verständnis wird wegen nationaler Vorbehalte nicht ausgesprochen.

- Mit dem „anderen", „ausländischen" Pflegeverständnis ist eine andauernde Kritik verbunden, die nicht zugeordnet werden kann.
- Die vorherigen Erfolgsfaktoren des Teams verlieren ihre Gültigkeit, die neuen Erfolgsfaktoren sind noch nicht definiert.

Viele Ursachen für die Entstehung des Konflikts sind in Organisationen relativ normal. Vor dem Hintergrund einer grundlegenden Neuausrichtung finden Leitungswechsel, Einführung von Kontrollsystemen und andere hautnah spürbare Veränderungen statt. Unsicherheit und die Angst, sich der Veränderung stellen zu müssen und auch mögliche Mängel „zugeben" zu müssen, schafft Aggressionen. Verbunden mit der Angst vor dem Neuen ist das Gefühl von Abwertung des Alten. Eine häufig gezogene Schlussfolgerung ist, dass „vorher wohl alles schlecht gewesen" sei. Diese Konflikte werden häufig auf personaler Ebene ausgetragen, d.h. die oder der „Neue" oder eine neue Leitung ist an allem schuld, oder eine Gruppierung ist die Ursache allen Übels. Häufig lassen sich diese Prozesse im Nachhinein konstruktiv für alle Ebenen aufarbeiten, was wiederum ermöglicht, aus diesen „Einführungsfehlern" und „Umgehensweisen mit Veränderung" zu lernen.

Hypothesen mit dem Schwerpunkt „nationale Kultur"

Die Vehemenz der ausgedrückten Gefühle und die Resistenz gegen eine mögliche Aufarbeitung und Verbesserung der Situation veranlasst jedoch zu der Hypothese, dass die Teamprozesse aus dem organisatorischen und teamgeschichtlichen Hintergrund nachzuvollziehen sind, dass sich jedoch eine besonders dramatische Entwicklung aufgrund unterschiedlicher Grundannahmen der verschiedenen Nationen in Bereichen, die für den Alltag äußerst relevant sind, ergeben haben. Diese Hypothese konnte während der Teambegleitung nicht überprüft werden, da die aufgezeigten möglichen Zusammenhänge vehement abgelehnt wurden; aber dies spiegelte einen Teil der Realität wider, dass das Ansprechen unterschiedlichen nationaler Herkunft in diesem Team „nicht erlaubt" ist. Dies war der Anlass zu Einzelgesprächen, um in einem geschützten Rahmen mehr über die Hintergründe des Verhaltens verstehen zu lernen und dies in die gemeinsame Arbeit zurückfließen zu lassen. Folgende Annahmen sollten überprüft werden:

- Es gibt ein unterschiedliches Pflegeverständnis, das bisher nicht offen ausgesprochen wurde.

- Es gibt unterschiedliche Arten, wie kommuniziert wird, welche Kommunikationswege eingeschlagen werden und wie die Veränderungen verarbeitet werden.
- Die deutschen Mitarbeiter suchen eher für sich allein ihren Weg, haben sich langfristig nicht irritieren lassen und sind in die Auseinandersetzung gegangen; durch diese Zähigkeit ließen sich Erfolge feststellen.
- Die Mitarbeiter polnischer und russischer Herkunft erleben eine andere Systemgrenze als das Team, ihr System sind die Mitarbeiter ähnlicher Herkunftssysteme, sowohl innerhalb des Teams als auch außerhalb in der ganzen Einrichtung.
- Alle ausländischen Mitarbeiterinnen aus dem ehemaligen Ostblock haben durch die Auswanderung eine Abstufung ihrer professionellen Anerkennung erlebt. Sie reagieren aus diesem Grund besonders empfindlich auf die neue „offizielle" Abwertung ihres Status.
- Das „Nicht-aussprechen-Dürfen" der Unterschiede verstärkte die gegenseitigen Zuschreibungen und die damit verbundene Aggression.

Erlernte „kulturelle" Grundannahmen

Hofstede beschreibt Kultur als mentale Programmierung: „Jeder Mensch trägt in seinem Innern Muster des Denkens, Fühlens und potentiellen Handelns, die er ein Leben lang erlernt hat. Ein Großteil davon wurde in der frühen Kindheit erworben, denn in dieser Zeit ist der Mensch am empfänglichsten für Lern- und Assimilationsprozesse. Sobald sich bestimmte Denk-, Fühl- und Handlungsmuster im Kopf eines Menschen gefestigt haben, muss er diese ablegen, bevor er in der Lage ist, etwas anderes zu lernen; und etwas abzulegen ist schwieriger als etwas zum ersten Mal zu lernen" (Hofstede 1991, 18). Er unterscheidet weitergehend zwischen *Kultur 1* und *Kultur 2*: Erstere bezieht sich auf „Zivilisation oder Verfeinerung des Geistes, z.B. Bildung, Kunst und Literatur"; *Kultur 2* bezieht sich auf grundlegendere menschliche Prozesse, „sie betrifft Dinge, die verletzen" (a.a.O., 19). *Kultur 2* wird weiter beschrieben als ein kollektives Phänomen, da man sie zumindest teilweise mit Menschen teilt, die im selben sozialen Umfeld leben oder lebten, d.h. dort, wo diese Kultur erlernt wurde. Sie ist eine kollektive Programmierung des Geistes, die die Mitglieder einer Gruppe oder Kategorie von Menschen von einer anderen unterscheidet.

Schein beschreibt die Kultur in Organisationen als ein Muster komplexer Grundprämissen, die die Gruppe bei der Bewältigung ihrer Probleme externer Anpassung und interner Integration erlernt hat, das sich bewährt hat und somit als bindend gilt (Schein 1992, 25). Er unterscheidet verschiedene Ebenen von Kultur: die Ebene der Artefakte, der bekundeten Werte und die der Grundprämissen.

Unterschiedliche Grundannahmen über den Umgang mit Alter und ein damit verbundenes unterschiedliches Pflegeverständnis

Die während des gesamten Prozesses entstandenen und immer wieder aufflackernden Konflikte führten zu der Annahme, dass auf der Ebene des grundsätzlichen Pflegeverständnisses unterschiedliche Grundannahmen das Handeln bestimmten. Die unterschiedlichen Grundannahmen über den Umgang mit Alter wurden in den Interviews deutlich. „Alte Menschen genießen die größte Hochachtung in einer kultivierten Gesellschaft. Bei uns in Polen wurde meine Großmutter gesiezt. Sie war die Herrscherin des Hauses, die absolute Autorität. Wir haben ihr als Kinder zur Begrüßung die Hand geküsst und sie mit größter Ehrerbietung behandelt. Als sie dann im zunehmenden Alter auf fremde Hilfe angewiesen war, gab man ihr alles. Sie wurde umhegt und umpflegt, sie hat das einfach verdient. Sie wird bedient, und es wird ihr jede mögliche Hilfe zuteil und sie hat ein Recht darauf verwöhnt zu werden. Eine andere Art ist unangemessen für alte Menschen" (polnische Mitarbeiterin). Die Art der Pflege, die den Bewohnern zuteil wird, ist eine „aufopferungsvolle, hingebende und betüttelnde Art" und wird von den unterschiedlichen Leitungsebenen als „Bemuttern" erlebt. Im Zentrum steht die Beziehung zum alten Menschen und das „Verwöhnen" (Heimleitung). Diese Art des Pflegens steht nach Auslegung der Leitung im Gegensatz zu der im Haus praktizierten „aktivierenden" Pflege. Teamgeschichtlich ist sie aber vor Einführung der Gruppenpflege praktiziert und akzeptiert worden. Es gab zu dieser Zeit auch unterschiedliche Pflegeformen, doch es bestand keine Notwendigkeit zu einer Angleichung.

Auch die Leitungspersonen hielten ihre Kritik wie oben erwähnt zurück. Erst zum Zeitpunkt der Neuausrichtung der Station und der damit verbundenen Gruppenpflege wurde der Unterschied offensichtlich und war des öfteren Anlass zu Kritik. Es wurden Tätigkeiten ausgeführt, die in den Augen von deutschen Mitarbeitern völlig unnötig sind und als „Bedienen" interpretiert werden, da sie die ohnehin schmal eingeschätzte Zeit unnötig belasteten. Dies bereitete den Boden für andauernde Konflikte, wodurch sich die Mitarbeiter osteuropäischer Herkunft in Frage gestellt fühlten.

In diesem Zusammenhang ist weiterhin erwähnenswert, dass der Umgang mit Angehörigen als ein wichtiger „kultureller Unterschied" von der Stationsleitung eingeschätzt wurde, was den Konfliktverlauf ebenfalls beeinflusste. Nach deutschem Pflegeverständnis setzt sich mehr und mehr die Einbeziehung der Angehörigen durch. Dies zum einen, weil für das Verstehen der Lebensgeschichte der Bewohner die Angehörigen unerlässlich sind, zum anderen bringen unzufriedene Angehörige sehr viel Arbeit auf die Station, was durch die Einbeziehung teilweise verhindert wird. So hat die Angehörigenarbeit also einen hohen Stellenwert in der pflegerischen Arbeit. Auch liegt die Arbeit mit den Angehörigen nicht mehr allein bei den Stationsleitungen, sondern sie wird wegen der Gruppenpflege verantwortlich auf die Ansprechpartner der einzelnen Bewohner verteilt (Kämmer/Schröder 1998).

Die oben beschriebenen Grundannahmen wirken sich erheblich auf die Einstellung und den Umgang mit den Angehörigen aus. Für die osteuropäischen Mitarbeiter ist nicht zu verstehen, dass die alten Menschen ins Altenheim kommen und dort versorgt werden müssen. Es gibt abwertende Aussagen bezogen auf die Angehörigen, und eine Einbeziehung in die pflegerische Arbeit ist nicht möglich. Die Stationsleitung drückt dies so aus: „Sie denken schlecht von den Angehörigen, wenn ein Elternteil ins Heim gebracht wird, und wir (Deutschen) müssen uns für dieses Verhalten von den Angehörigen rechtfertigen" (Stationsleitung). Von den Osteuropäern wird die Aussage so formuliert: „Sie haben doch alles für die Kinder getan, und die Jungen tun nichts mehr für sie, sie werden einfach abgeschoben" (polnische Mitarbeiterin). Es ist nachzuvollziehen, dass diese Art der Bewertung keine gute Basis für eine konstruktive Arbeit mit den Angehörigen bietet. Die deutsche Leitung ihrerseits hatte das Gefühl, sie müsse die „deutsche" Umgehensweise rechtfertigen, was nach ihren Aussagen zusätzliche Aggression von ihrer Seite schuf.

An dieser Stelle ist zu fragen, ob der jeweilige Umgang mit dem Alter als typisch polnisch oder typisch russisch oder typisch deutsch einzustufen ist. In einem zusätzlichen Interview mit einer Pflegeexpertin polnischer Herkunft wurde die Einschätzung in Bezug auf den Umgang mit dem Alter bestätigt. Sie räumte jedoch ein, dass sich in Polen aufgrund der gesellschaftlichen Veränderungen ein Wandel vollzieht; aufgrund der Auflösungserscheinungen von Großfamilien ist es notwendig geworden, mit der Versorgung von alten Menschen anders umzugehen. Bisher gibt es in Polen keine Altenpflege, die diesen Begriff verdient, es gibt ein Verwahren, das mit dem Verwahren alter Menschen in Deutschland vor der beginnenden Professionalisierung der Altenpflege zu vergleichen ist (polnische

Pflegeexpertin). Bezieht man die Aussagen auf die unterschiedlichen Kulturmodelle, so könnte man folgende Zusammenhänge sehen:

Die Mitarbeiter aus dem ehemaligen Ostblock machten unter ihren gesellschaftlichen Bedingungen entsprechende Erfahrungen im Umgang mit dem Alter, die ihre mentalen Modelle geprägt haben. Diese mentalen Modelle bestimmten die Art ihrer Pflege; sie wurden innerhalb der Organisation bestärkt und entwickelten sich im Sinne von Scheins Grundprämissen, da sowohl die Leitung als auch die Bewohner diese Art von Pflege schätzten und es im Kollegenkreis „die gemeinsam akzeptierte, wenn auch nicht definierte Art des Pflegens" war. Die neu hinzukommenden deutschen Mitarbeiter haben möglicherweise ähnliche Erfahrungen im Umgang mit dem Alter gemacht, sie richten sich in ihrer Art des Pflegens jedoch eher nach ihrem professionell definierten mentalen Modell. Sie als die Professionellen bestimmen die neue Art der Teamarbeit, ausgerichtet an den veränderten Bedingungen in der Altenpflege. Sie wären diejenigen, von denen eine Neudefinition ausgehen könnte. Diese Neudefinition fand bisher, obwohl von außen angeregt, nur innerhalb der deutschen Mitarbeitergruppe statt, aber nicht mit den Hilfskräften polnischer und russischer Herkunft. So wurde keine gemeinsame Sprache oder Konzeption gefunden, die nach Schein unabdingbar für eine weiterführende Konsensbildung ist. Es scheint weiterhin nicht möglich zu sein, einen Konsens darüber zu erzielen, dass etwas Gemeinsames nicht existiert und wichtig wäre zu etablieren (Schein 1992, 76). „Die meisten Kommunikationsstörungen sind letztlich darauf zurückzuführen, dass die Beteiligten sich keine Rechenschaft darüber ablegen, dass sie von Anfang an ganz verschiedene Grundprämissen zu bestimmten Sinnkategorien vertreten" (a.a.O., 78).

Was verhindert die notwendige neue Definition des Teams?

Während der Einzelgespräche und bestärkt durch sie lassen sich neben den unterschiedlichen Pflegearten weitere offensichtliche Unterschiede im Verhalten von Deutschen und Polinnen bzw. Russinnen erkennen (die Russinnen werden jeweils mit den Polen als eine Einheit beschrieben, weil sie sich innerhalb des Geschehens dieser Gruppe zugeordnet haben), wie z.B. eine „Wir-" statt einer „Ich-Orientierung" und eine unterschiedliche Gestaltung der „Systemgrenzen". In Anlehnung an Hofstede (1991, 80-84), der von kollektiv und individualistisch orientierten Kulturen spricht, wird hier der Begriff der Wir- und Ich-Orientierung geprägt. Koopman

(1994, 108) spricht von einem „individualistischen Wettbewerbsethos" im Unterschied zu einem „gruppenkooperativen kommunalen Ethos". Sehr deutlich wird die Wir-Orientierung in Aussagen, die von den polnischen Befragten ausgesprochen wurden. „In Polen ist es so: Das Beste ist immer für den anderen, wir geben eher, anstatt zu nehmen. Wenn ich etwas Schönes habe, möchte ich es geben. Geben löst Zufriedenheit aus" (polnische Mitarbeiterin, polnische Pflegeexpertin). Die Deutschen werden von ihnen als anders beschrieben: „Hier ist Egoismus, und es ist schwer, sich anzupassen, aber ich musste es lernen" (a.a.O.).

An offensichtlichem Verhalten zeigen die Mitarbeiter osteuropäischer Herkunft einen Hang zur Gruppenbildung, d.h. sie treten in Gruppen innerhalb des Teams auf, sie sprechen zusammen ihre eigene Sprache und zeigen so ihr Zusammengehörigkeitsgefühl. Auch bei Konflikten steht die Loyalität mit der Gruppe im Vordergrund. Für die übrigen Teammitglieder ist dieses Verhalten oft nicht nachvollziehbar, sie fühlen sich ausgeschlossen und haben den Eindruck, dass über sie geredet wird. Eine mögliche Form der Problemlösung ist das Verbot der polnischen Sprache während der Arbeitszeit. Es ist leicht vorzustellen, dass dies neue Aggressionen schafft. „Es ist so, dass ich es nicht mit einer Person zu tun habe, sondern immer gleich mit einer Gruppe; man hat den Eindruck, man steht vor einem Block," so beschreibt die deutsche Leitung ihr Gefühl. Das Bedürfnis zur Gruppenbildung bezieht sich nicht allein auf die Station, sondern auf die weitere Umgebung. Es existiert ein intensives Beziehungsnetz der Mitarbeiter polnischer und russischer Herkunft, die nicht einfach zu managen sind, da die Informationen wie ein Lauffeuer durch das Haus gehen und viel Unruhe bringen können (Pflegedienstleitung).

Beschreibt man dieses Verhalten in Bezug auf das Setzen von Grenzen innerhalb des Systems, kann man sagen, dass die Gruppe aus dem ehemaligen Ostblock den Schwerpunkt auf die Beziehungen im informellen System setzt. Zu diesem informellen System gehören Menschen, die Ähnlichkeiten aufweisen hinsichtlich ihrer Sprache und Herkunft und eine ähnliche Grundannahme im Hinblick auf das „Wir" haben. Die Gruppen mit einer professionellen Ausrichtung sind für sie von der Zugehörigkeit her weniger relevant, und die Kommunikationswege folgen einer anderen Logik. Die Loyalität gehört der informellen Gruppe, und der Beziehungsaufbau läuft neben dem professionellen System, jenseits von Funktionen und Rollen. Das jeweilige Verständnis des Anderen, sich als Mensch begreiflich zu machen und „mit Herz zu agieren", steht im Vordergrund und wird als „anders" beschrieben (polnische Mitarbeiterin; deutsche Mitarbeiterin).

Dieses Verhalten wird von den deutschen Mitarbeitern als negativ empfunden, da sie eher im direkten Stationszusammenhang agieren und dort ihre Probleme angehen. Sie setzen den Schwerpunkt auf eine professionelle Beziehungsgestaltung und gehen dort in die Auseinandersetzung. Die professionelle Gruppe innerhalb des Teams wie auch das Team selbst in Abgrenzung zum gesamten Haus stehen im Mittelpunkt. Hierzu gehört auch die Akzeptanz der Stationsleitung und ein weiterführender Beziehungsaufbau. Dieser wird hauptsächlich in Einzelgesprächen hergestellt und geht von der Überzeugung der eigenen Professionalität aus. „Ich weiß, was ich kann, deswegen kann ich mitgestalten. Ich kann viel verstehen und gestehe eine Menge zu, aber es gibt auch Grenzen. Wenn ich unzufrieden bin, muss ich etwas tun, es ist kein Schicksal" (deutsche Mitarbeiterin).

Die gefühlsmäßige Herangehensweise an Beziehungen wird auch auf die Führung übertragen, die eher mütterlich, fürsorgend und nicht konfrontierend sein soll. „Es war manchmal sehr belastend für mich, ich war mehr wie eine Mutter; wenn ich mal Kritik übte, war dies wie ein Weltuntergang, und es flossen schnell Tränen. Es war dann schwierig für meine Mitarbeiterinnen nachzuvollziehen, warum ich in ihren Augen ‚geschimpft‘ hatte. Ich selber habe das gar nicht als Schimpfen empfunden" (Heimleitung). Der jetzige Pflegedienstleiter sagt: „Am meisten ärgert mich, dass sie nicht ihre Position vertreten, sie kommen immer so zu mir, und wenn ich dann ein Klärungsgespräch arrangiere, wird nichts mehr gesagt, das ist wirklich anstrengend. Ich habe das Gefühl, sie können einfach nicht sich selbst vertreten" (Pflegedienstleitung).

Aus den Gesprächen wird deutlich, dass mit dem unterschiedlichen Verhalten die unterschiedlichen Erwartungen nicht erfüllt werden, was wiederum Enttäuschung schafft. Solidarität und Loyalität wird auf der einen Seite aufgrund von Beziehung erwartet, auf der anderen Seite aufgrund der professionellen Zugehörigkeit. In der Interpretation des Geschehens wird jeweils von dem eigenen übergeordneten Wertesystem ausgegangen, und die Reaktionen des anderen erscheinen unverständlich. Es entstehen Zuschreibungen, die mit der Nationalität verbunden werden und aus diesem Grund für die Beteiligten nicht mehr hinterfragbar sind. Im Team entsteht eine „*Stuck*"-Situation oder ein „Modelclash" (ein Zusammenstoß der Modelle oder Grundannahmen, nach Kantor 1997 und Isaacs 1999), eine Situation , in der immer wieder die gleichen Verhaltensweisen die gleichen unbefriedigenden Ergebnisse hervorrufen. Die Beteiligten sind in ihren Interpretationen gefangen wie in einem geschlossenen System, das sich in sich selbst verstärkt (Senge 1997).

Biographische und gesellschaftspolitische Einflüsse

Die deutschen Kollegen sprachen die ausländischen Kollegen auf unterschiedliche Vorgehensweisen sowohl in der Pflege als auch in Besprechungen unter anderem aus dem Grund nicht an, weil sie Angst hatten, in den Verruf von Ausländerfeindlichkeit zu kommen oder als nationalistisch eingestuft zu werden. „Man traut sich gar nichts zu sagen, sofort kommt etwas mit Ausländern, und dass wir denken, dass das System hier besser ist als woanders, da sagt man schon gar nichts mehr" (Stationsleitung). Kritik und Diskussionspunkte wurden aufgestaut, die eigenen Belange wurden untergeordnet, was mit dazu beigetragen hat, den Druck im Umgang miteinander auf der Station zu erhöhen.

Falls die Mitarbeiterinnen aus dem ehemaligen Ostblock auf Kritik angesprochen wurden, bezogen sie diese nicht auf ihr professionelles Handeln, sondern fühlten sich in ihrer ganzen Person angegriffen. „Es besteht eine ungeheure Empfindlichkeit, es ist nicht möglich, etwas anzusprechen, ohne dass es gleich ein Drama wird. Meistens unterlasse ich es dann, außer wenn es so wichtig ist, dass es gar nicht anders geht, und dann sage ich, so muss es jetzt gemacht werden, weil ich die Verantwortung habe" (deutsche Mitarbeiterin).

Die starke Ausprägung dieses „Sich-angegriffen-Fühlens" kann mit den besonderen Lebenserfahrungen der Mitarbeiterinnen aus dem ehemaligen Ostblock zusammenhängen. In Einzelfallstudien von Frauen aus der ehemaligen DDR wurde der Verlust der eigenen professionellen Identität bei Eintreten in das Westsystem als existenzielle Krise erlebt und ebenso die Anforderung, „jetzt für sich selbst sorgen zu müssen". Die betreffenden Mitarbeiterinnen dieses Teams erlebten alle eine Einschränkung ihrer Handlungsfähigkeit und eine Abstufung ihres professionellen Handelns. Sie kamen als ausgebildete Fachkräfte, fanden im westdeutschen System keine entsprechende Tätigkeit und wurden in der Pflege angelernt. Sie waren von nun an Hilfskräfte und hatten ihren Status einer professionellen Fachkraft verloren. Sie waren auch vor der Einführung der Gruppenpflege als Hilfskräfte eingestellt, doch waren sie in ihrem Wirkungskreis selbstständig und keinen oder wenigen Restriktionen unterstellt. Außerdem waren sie durch ihren Fleiß bei der Heimleitung geschätzt. Aufgrund der Gruppenpflege kam es zu einem neuerlichen Statusverlust. Sie waren jetzt offizielle Hilfskräfte und ihren jeweiligen Gruppenleitern und der Stationsleitung unterstellt bei gleichzeitig einsetzender Unzufriedenheit über ihre Arbeit.

Im Modell David Kantors machen sich in dem aktuellen Handeln die Einflüsse der damals gemachten Erfahrung sowie gelebte Verarbeitungsstrategien und deren Erfolg bemerkbar. Dies könnte sich in besonderen Empfindlichkeiten oder auch dem Gefühl von eingeschränkter Handlungsfähigkeit oder Hilflosigkeit bemerkbar machen.

Einschätzung des „Interkulturellen" im Gesamtprozess

Die interkulturelle Zusammensetzung in diesem Team hat sich innerhalb des entstandenen Konflikts erheblich auf die Bearbeitung ausgewirkt, allerdings, und dies scheint wesentlich zu sein, vor dem Hintergrund einer grundlegenden Organisations- und Teamveränderung. Die mentale Programmierung, die Grundannahmen über Alter und Pflege, die beschriebene Wir-Orientierung, der Schwerpunkt auf den informellen Kommunikationswegen der Mitarbeiter osteuropäischer Herkunft machte sich erst bemerkbar durch den Veränderungsprozess. Vorher waren diese Vorgehensweisen in der Organisation „normal" und genau das, was innerhalb des Hauses und des Bereichs gebraucht wurde. Familiäre Haus-, Team- und Pflegestrukturen waren aufeinander abgestimmt. Die Mitarbeiter aus dem ehemaligen Ostblock wurden in ihrer Arbeits- und Beziehungsfähigkeit von der Hausleitung geschätzt, so dass ihr Pflege- und Beziehungsverhalten im Alltag als ein etabliertes System und als Grundprämisse angesehen werden kann.

„Wenn eine Lösung für ein Problem immer wieder funktioniert, dann wird sie allmählich als selbstverständlich betrachtet. Was zu Beginn nur eine Hypothese, gestützt von einer Ahnung oder einem Wert, war, wird mit der Zeit als Tatsache behandelt" (Schein 1992, 33). Die kulturelle mentale Programmierung stand demnach nicht im Gegensatz zu der gängigen Organisationskultur, und die Organisations- und Teamkultur des Bereichs wurde auf dieser Basis weiterentwickelt. Die beiden „Kultur-Programme" liefen, sich gegenseitig verstärkend, im Einklang miteinander und schafften „ihre" Form von Professionalität und Erfolg.

Mit der sich verändernden Umwelt und den neuen Anforderungen durch den Gesetzgeber und durch die Kunden gab es notwendige drastische Veränderungen in dem Bereich, eingeleitet durch einen Leitungswechsel. Es wurden Pflege- und Beziehungs- und Führungsformen eingeführt, die sich sowohl gegen die vorher etablierten Grundprämissen als auch gegen die als „kulturell" bezeichnete Programmierung richtete, d.h. die miteinander nicht vereinbar waren. Professionalität wurde anders und von anderen definiert. Es kam zu einem Aufeinanderprallen unterschiedlicher Modelle im alltäglichen Arbeitsgeschäft, und zwar auf nahezu allen Ebenen. Die Chance, sich mit dem Neuen zu arrangieren, konnte nicht wahrgenommen werden, es gab vielfältige Verletzungen untereinander, und die Beziehungen waren schlecht. Es entwickelte sich eine klare Zuordnung zu „alten" bekannten Orientierungssystemen, die keine Annäherung, sondern weitere Eskalationen schaffte. Die Zuschreibung von Verhalten und Nation wird ebenfalls in diesem Zusammenhang gesehen, eine Einordnung in ein geschlossenes System, das jede weitere Nachfrage oder Bearbeitung von Themen unnötig macht. „Man schafft Realitäten" und (im Sinne Glasls) „Eindeutigkeiten" im Anderssein; eine Annäherung scheint unmöglich und kurzfristig unnötig.

Welchem Zweck diente das Ganze? Was hielt dieses System aufrecht? Anscheinend war es leichter, trotz der ganzen Schwere so auseinander zu driften, als sich der gemeinsamen Aufgabe zu stellen. Den Mitarbeitern osteuropäischer Herkunft drohte einerseits die Aufgabe ihres Pflegeansatzes und ihrer Beziehungsstruktur, und das Neue war ebenfalls bedrohlich. Situationen, in denen man sich unprofessionell fühlen würde, waren abzusehen. Für die deutschen Fachkräfte, inklusive der Leitung, bestand die Bedrohung ebenfalls in der professionellen Herausforderung; auch bei ihnen war der professionelle Umgang mit der Gruppenpflege nicht selbstverständlich, und die Angst, als unprofessionell zu erscheinen, war berechtigt.

Persönliche Schlussfolgerungen und Ausblick

Normalerweise wird von meiner Seite bei akuten Konflikten eine Teammediation durchgeführt. Sie beginnt mit Einzelinterviews der Betroffenen und der nicht unmittelbar Beteiligten. Die Leitung wird ebenfalls hinzugezogen. Die Einzelgespräche dienen dazu, ein breites Bild der unterschiedlichen Realitäten zu bekommen und die verschiedenen Ebenen von Anfang an mit einbeziehen zu können. Mit dem Team wird dann die gemeinsame Teamgeschichte entwickelt, um eine Basis für eine mögliche Neuorientierung schaffen zu können, die dann auch gestaltet werden kann. Das Setting unterscheidet sich erheblich von einer normalen Supervision. Die Mediationsarbeit läuft über mehrere Termine in einem relativ kurzen Zeitraum und wenn möglich in ganzen Tagen ab. In diesem Team wurde eine Zwischenform gewählt, teilweise aufgrund der damals von der Heimleitung gegebenen Informationen, aber auch, weil es mehr dem „normalen" Supervisionssetting entsprach.

Dies war deswegen wichtig, weil die Einrichtung für ein bestimmtes Setting bezuschusst wird. Ich lasse mich normalerweise als Supervisorin ungern in eine Struktur bringen, die meiner Meinung nach nicht den Anforderungen der Organisation gerecht wird. Ich denke im Nachhinein aber, dass ich hier das Setting konsequenter hätte prüfen müssen. Dies war etwas, das ich auch dem Auftraggeber gegenüber angesprochen habe, worauf mir versichert wurde, dass damals die Tatsachen und Informationen bewusst zurückgehalten wurden, so dass das gewählte Setting entstand. Im weiteren Verlauf ist es zu einem Recontracting gekommen, und die Einzelgespräche wurden durchgeführt. Die Ergebnisse fließen in die weitere Arbeit ein. Im Sinne professioneller Schlussfolgerungen illustriert diese Fallschilderung eines Teamprozesses in einer komplexen interkulturellen Umgebung die Wichtigkeit der genauen Abklärung und Aushandlung der Eingangsbedingungen, da im Sinne von David Kantor viele strukturelle Fallen eingebaut sind, welche die Wirksamkeit und Nachhaltigkeit eines Systemischen Mediationsprozesses beeinträchtigen.

In dieser Fallschilderung wurde aufgezeigt, wie in einem Teamkontext im Rahmen eines umgebenden Organisationssystems die Dynamik interkultureller Teamzusammensetzung in einem Pflegeteam anhand turbulenter und tiefgreifender Veränderungsprozesse aussehen kann. Durch den Einbezug der Konzepte von Kultur des Teams, nationaler Kultur und unterschiedlichen professionellen Kulturen in Überschneidung wurde aufgezeigt, dass bei solchen systemischen Teammediationen der Einbezug diagnostischer Daten, welche in separaten Interviews erhoben wurden, die Grundlage für eine komplexe Hypothesenbildung über dieses System bilden.

Dieser Artikel wird Ausgangspunkt weiterer Arbeiten sein, wo die systemischen Modelle von Kantor und Argyris, die kulturellen Modelle von Edgar Schein und Hofstede und die Dialogmodelle von Isaacs zu einer systemischen Gesamtsicht zusammengebracht werden. So soll gesichert sein, dass nicht durch simplifizierende Vorgehensweisen einer linearen Teamsupervision dieser Einrichtung und ihren Menschen in einem sich massiv verändernden Kontext Unrecht getan wird, sondern dass systemische Hypothesen- und Modellbildung auf einem interkulturellen Hintergrund der Komplexität dieser Begleitung gerecht wird.

Literatur

Dietzsch, I./Dölling, I. (1996): Biographien ostdeutscher Frauen. In: Berliner Debatte 2.
Glasl, F. (1997): Konfliktmanagement. Ein Handbuch für Führungskräfte, Beraterinnen und Berater. 5. Aufl. Bern u.a.

Hofstede, G. (1991): Interkulturelle Zusammmenarbeit. Wiesbaden.

Isaacs, W.I. (1999): Dialogue. The art of thinking together. New York. - Dt.: Dialog. Köln 2001 [in Vorber.]

Kämmer, K./Schröder, B. (Hg.) (1998): Pflegemanagement in Alteneinrichtungen. Hannover.

Kantor, D. (1997): Seminarunterlagen von *Trias* aus Boston.

Koopman, A. (1994): „Transcultural Management". Ein umweltorientiertes Modell interkultureller Organisationsberatung. Köln.

Rosenthal, G. (1995): Erlebte und erzählte Lebensgeschichte. Frankfurt/M.

Schein, E. (1992): Unternehmenskultur. Frankfurt/M.

Senge, P. (1997): Die Fünfte Disziplin. Stuttgart.

Interviewmaterial aus Interviews mit folgenden Personen:
- Heimleitung (Deutsche), Pflegedienstleiter (Deutscher),
- Stationsleitung (Deutsche),
- ehemalige Stationsleitung (Griechin),
- Pflegefachkraft (Deutsche),
- zwei Pflegehilfskräfte (Polinnen),
- Pflegehilfskraft (Russin);
- Pflegeexpertin (Polin, nicht aus der Einrichtung)

Materialien und Beobachtungen aus den Teambegleitungen

Helmolt Rademacher

Interethnische Konfliktbearbeitung
am Beispiel des ungarisch-rumänischen Konflikts

1. Warum ist zivile Konfliktbearbeitung notwendig?

In den letzten Jahren haben ethnisch bedingte Konflikte mehr und mehr zugenommen und sind derzeit der Hauptanlass für Kriege. Beispielhaft seien die kriegerischen Konflikte in Zentralafrika zwischen Tutsi und Hutu, der Konflikt in Osttimor und die Kriege auf dem Balkan (Bosnien, Kosovo) genannt. Auch wenn die Ursachen dieser Konflikte sehr komplex sind, so sind die ethnischen Spannungen zwischen verschiedenen Völkern bzw. Volksgruppen ein wesentlicher Auslöser. Es scheint, als würde diese Art von Konflikten eher noch zu- denn abnehmen, und von daher ist eine Beschäftigung mit ihnen notwendig, und vorausschauende, präventive Maßnahmen zur Verhinderung gewaltsamer ethnischer Konflikte sind eine wesentliche Aufgabe unserer Zeit.

Was den Kosovo-Konflikt anbelangt, so existierte dort schon seit mehreren Jahren für die Welt sehr sichtbar ein Konfliktherd. Auf der politischen und zivilgesellschaftlichen Ebene gab es genügend Warner,[1] die schon Anfang der 90er Jahre darauf hingewiesen haben, dass die Entwicklungen dort sehr wahrscheinlich auf einen Krieg hinauslaufen, wenn nicht präventive Maßnahmen ergriffen würden. Aber die westliche Staatengemeinschaft hat sich nicht intensiv um den Konflikt gekümmert, zum einen weil sie mit den anderen kriegerischen Konflikten auf dem Balkan beschäftigt war und – was aber wesentlich stärker wiegt – weil das Instrumentarium ziviler Konfliktbearbeitung auch heute nicht den Stellenwert hat, der ihm eigentlich zukommen müsste. Blockierend wirkt hier eine Haltung, die am Primat des Militärischen festhält. Wieviel Leid könnte den Menschen erspart werden, und wieviel billiger wären zivile Maßnahmen der Konfliktbearbeitung, wenn sie rechtzeitig, dann aber auch hundert- und tausendfach eingesetzt würden. Aber bis zu dieser Erkenntnis ist die Menschheit noch nicht durchgedrungen, bzw. ökonomische und andere politische Interessen stehen dem entgegen.

Die Workshop-Reihe zur Bearbeitung des interethnischen Konflikts zwischen Rumänen und Ungarn war ein kleiner – im nationalen Maßstab sogar eher winziger – Versuch einer präventiven Maßnahme, nämlich unter den Bedingungen eines noch nicht sehr hoch eskalierten Konflikts einen Versuch zu starten, Ideen ziviler Konfliktbearbeitung zu verbreiten. Als wir (Norbert Ropers, heute Leiter des Berghof-Forschungszentrums für konstruktive Konfliktbearbeitung in Berlin, und der Verfasser dieses Artikels) Ende 1990 im Rahmen einer Nicht-Regierungsorganisation (NRO) namens KSZE-Consult nach den Umbrüchen in Osteuropa die Idee entwickelten, eine Workshop-Reihe zur Bearbeitung interethnischer Konflikte durchzuführen, schied für uns noch vor den neuen Balkan-Kriegen die Realisierung eines solchen Vorhabens auf dem Territorium des früheren Jugoslawien aus. Denn wir erkannten, dass dort der Konflikt bereits so weit eskaliert war, dass eine Seminarreihe nichts mehr hätte ausrichten können.

So entschieden wir uns, unser Vorhaben in Rumänien durchzuführen. Der Grund war, dass es in Transsylvanien eine angespannte ethnische Konfliktlage gab, die im Frühjahr 1990 in Tirgu Mures sogar gewaltsam ausgetragen worden war, die aber doch noch nicht so weit eskaliert war, dass sie unmittelbar in einen Krieg münden würde. Zum anderen beschäftigte uns die Frage, in welchem Konflikt Deutsche als neutrale, vermittelnde Partei akzeptiert würden. Historisch gesehen hatten Deutsche, d.h. die Siebenbürger Sachsen in Transsylvanien und die Banater Schwaben, oft eine Art Vermittlerrolle zwischen Rumänen und Ungarn innegehabt, und von daher war es nahe liegend, dass auch wir dort akzeptiert würden.

2. Vorbereitung der Seminarreihe

Bevor wir mit der Seminarreihe starteten, wollten wir allerdings wissen, ob unser Anliegen und unsere Intentionen überhaupt auf Interesse bei möglichen rumänischen und ungarischen Partnern stoßen würden. So entschieden wir uns im Sommer 1991 zu einer Vorbereitungsfahrt nach Transsylvanien und Bukarest, um zu klären, ob unser Anliegen überhaupt erwünscht sei und nicht nur die Idee von westeuropäischen Konfliktforschern, und um Partner zu gewinnen, die uns bei der Organisation und insbesondere bei der Gewinnung geeigneter Teilnehmer/innen helfen würden.

Zu den Initiatoren war in der Zwischenzeit Petra Haumersen gestoßen, die bei der zukünftigen Seminarreihe die Aufgabe der wissenschaftlichen Begleitung übernehmen sollte. Bei der Vorbereitungsfahrt war uns der spätere ungarische Vertreter im Team eine wesentliche Stütze. Wir lernten ihn im Frühjahr 1991 im Europäischen Jugendzentrum in Straßburg kennen. Durch seine ungarisch-rumänische Abstammung (Mutter Ungarin, Vater Rumäne) hatte er bereits eine doppelte Perspektive, auch wenn er sich eindeutig der ungarischen Seite zugehörig fühlte. Durch seine Vermittlung erhielten wir Kontakt zu einer NRO, der rumänischen Jugendliga, die ein Zusammenschluss von 79 Jugendvereinen war und die später für die organisatorische Durchführung der Seminare zuständig war. Auch erhielten wir durch ihn Kontakt zu den unterschiedlichsten Jugendorganisationen der Parteien in Rumänien, die das gesamte politische Spektrum abdeckten. Aus diesen Organisationen gewannen wir die Teilnehmer/innen, wobei es uns darauf ankam, ein möglichst ausgewogenes Verhältnis von Mehrheit und Minderheit, Männern und Frauen und Vertreter/innen aller politischer Parteien zu erzielen. Zu der Minderheitenfraktion zählten dann schließlich neben den Ungarn, die die größte Gruppe stellten, noch jeweils zwei Vertreter/innen der Roma und der Deutschen. Die Vorbereitungsreise war insofern erfolgreich, als das Interesse an unserem Projekt von allen Befragten bestätigt wurde und die hergestellten Kontakte die Zusammenstellung einer arbeitsfähigen Gruppe ermöglichten.

Nach der Vorbereitungsfahrt ging es zunächst darum, die Mittel zur Durchführung der Seminarreihe zu akquirieren. Schließlich bewilligten uns eine private Stiftung, nämlich die Berghofstiftung für Konfliktforschung, und das Diakonische Werk die notwendige Summe. Eine noch fehlende Komplementärfinanzierung erfolgte später aus Mitteln des Bundesministeriums für wirtschaftliche Zusammenarbeit, bzw. der GTZ. Zwischen der Mittelbewilligung im Frühjahr 1992 und dem ersten Seminar im Juni 1992 blieb nur wenig Zeit, um das Team zu vervollständigen (der Platz für die Vertreterin der rumänischen Seite war noch vakant) und die organisatorischen Voraussetzungen für den Beginn der Seminarreihe zu schaffen. Dies war unter den noch recht fragilen Bedingungen der rumänischen Organisationen nicht sehr einfach. Überhaupt ist der Faktor „Organisation" bei einem solchen Vorhaben nicht zu unterschätzen (s.u. *5. Zu einigen Aspekten der Seminarreihe oder: die „gelernten Lektionen"*).

3. Ziele

Als Ziele des Projekts „Die Entwicklung von Modell-Workshops zum Konfliktmanagement in ethno-nationalen Spannungsfeldern" legten wir insgesamt sechs Punkte fest:

(1) Sensibilisierung der Beteiligten im Hinblick auf die wichtigsten Dimensionen des Konflikts, Förderung gemeinsamer Analysen über seine Ursachen und Rahmenbedingungen sowie die Bereitschaft für einvernehmliche und demokratische Formen der Konfliktbearbeitung.

(2) Ausbildung von Multiplikator/innen, damit sie in ihren Arbeitsfeldern selbst später vergleichbare Seminare zur Entwicklung einer demokratischen Streitkultur in Rumänien durchführen können.

(3) Unterstützung einer zunehmenden Vernetzung zwischen denjenigen in Rumänien, die an diesen Themen interessiert sind.

(4) Entwicklung einer Modellworkshop-Reihe, die einen Beitrag zur konzeptionellen Weiterentwicklung dieses Ansatzes leistet und möglichst auch auf andere ethnopolitische Konfliktkonstellationen übertragbar ist.

(5) Klärung der Frage, inwieweit der Ansatz des interkulturellen Lernens, der nach 1945 sehr stark durch westeuropäische und nordamerikanische Konzepte geprägt wurde, sich auch anwenden lässt auf die konstruktive Konfliktbearbeitung in einem postkommunistischen südosteuropäischen Land.

(6) Reflexion der Rolle der Dritten Partei insbesondere im Hinblick auf ihre ethnonationale Zusammensetzung.

Zu den Kernelementen des Konzeptes gehörten die folgenden vier Gesichtspunkte:

(1) Eine ausgewogene Zusammensetzung der Teilnehmer/innen im Hinblick auf die rumänische Mehrheit einerseits und die Minderheiten andererseits, allerdings mit dem Schwergewicht bei den Ungarn.

(2) Die Bildung eines multinationalen Teams, in dem neben den deutschen Initiator/innen auch Vertreter/innen der Konfliktparteien über die Gestaltung des Vorhabens sowie der Seminare mitentscheiden sollten.

(3) Um der doppelten Zielsetzung Konfliktbearbeitung und Weiterbildung gerecht zu werden, sollte das Workshop-Konzept der „interactive conflict resolution" kombiniert werden mit Elementen der politischen Bildung sowie des interkulturellen Lernens.

(4) Alle drei konzeptionellen Wurzeln legten nahe, von Anfang an einen längerfristigen Prozess des gemeinsamen Lernens und Arbeitens mit einer relativ konstanten Gruppe ins Auge zu fassen. Das führte zur Entscheidung für insgesamt sieben Seminare in einem Zeitraum von zweieinhalb Jahren. Außerdem sprach es für das Vorgehen der „rollenden Planung", bei der die Themen und Arbeitsformen zusammen mit den Teilnehmer/innen schrittweise dem Verlauf des gemeinsamen Lern- und Arbeitsprozesses angepasst werden.

4. Die Seminarreihe im Überblick

Im Zeitraum von Juni 1992 bis Januar 1995 fanden sieben Seminare statt, an denen 25 Teilnehmer/innen, gelegentlich auch weniger, teilnahmen. Zum ersten Seminar waren 33 Teilnehmer/innen eingeladen worden, weil dieses Seminar eine Pilotfunktion hatte und auch dazu diente, eine Auswahl unter den Teilnehmer/innen vorzunehmen. Alle Seminare hatten eine Dauer von fünf bis sechs Tagen.

(1) Erstes Seminar: Abklärung von Erwartungen

Das erste Seminar diente dem Kennenlernen der Teilnehmer/innen, der ersten Beschäftigung mit dem rumänisch-ungarischen Verhältnis anhand von Selbst- und Fremdbildern, der Abklärung von Erwartungen und der gemeinsamen Entwicklung eines „Curriculums". Mit Letzterem ist die Zusammenstellung und Zusammenfassung der Themen gemeint, die die Teilnehmer/innen für die Behandlung des rumänisch-ungarischen Verhältnisses für relevant hielten. Aus dieser Prioritätenliste der Teilnehmer/innen ließen sich die Themen für die nächsten Seminare ableiten: Geschichte und Sozialpsychologie, Menschen- und Minderheitenrechte, Zivilgesellschaft und interkulturelles Lernen, Zukunft Europas und „Zukunftswerkstatt".

Dieses erste Seminar war davon geprägt, dass die Positionen zwischen den Parteien abgesteckt wurden und die unterschiedlichen Sichtweisen über das Mehrheits- und Minderheitsverhältnis aufeinander prallten. Dies führte bei den Beteiligten zu heftigen emotionalen Reaktionen bis hin zu offenen Aggressionen und Konflikten. Die Atmosphäre war insgesamt von viel Misstrauen geprägt.

(2) Zweites Seminar: Geschichte und Sozialpsychologie

Dieses Seminar führte über die Beschäftigung mit der individuellen Geschichte und der der eigenen Familie zur Geschichte der rumänisch-ungarischen Beziehungen in den letzten 200 Jahren. Dieses Thema war von den Teilnehmer/innen auf dem ersten Seminar als zentral für den rumänisch-ungarischen Konflikt beschrieben worden. Aufgrund der (harten Konflikt-)Erfahrungen auf dem ersten Seminar waren die Teilnehmer/innen aber vorsichtig geworden und hielten sich selbst da auffällig zurück, wo es um emotional sehr heikle, umstrittene geschichtliche Ereignisse ging.

Obwohl die Teilnehmer/innen mit der Art der Seminarorganisation und -durchführung schon vertraut waren, war die Atmosphäre in der Gruppe noch immer von viel Vorsicht und Distanz zueinander geprägt.

(3) Drittes Seminar: Menschen- und Minderheitenrechte

Auf diesem Seminar wurden die Positionen des „Selbstbestimmungsrechts der Völker" und des „Prinzips der nationalen Souveränität" vor- bzw. einander gegenübergestellt. Weiterhin wurde an Beispielen aus fünf europäischen Staaten (Belgien, Finnland, Frankreich, Italien und Polen) die rechtliche Situation der Minderheiten und die Auswirkungen auf das Schulwesen referiert. Dann hatten die Teilnehmer/innen im Rahmen eines Simulationsspiels die Aufgabe, den Entwurf für ein Minderheitengesetz in Rumänien kritisch zu bewerten und in einer „Parlamentsdebatte" das Für und Wider zu diskutieren.

Atmosphärisch kann das Seminar als eine Art Durchbruch im Hinblick auf einen Annäherungsprozess beschrieben werden. Einfluss darauf hatten sowohl die größere Offenheit der Teilnehmer/innen, die Öffnung der zuvor scheinbar völlig homogenen ungarischen Gruppe, die stärkeren Individualisierungstendenzen innerhalb der Gruppe, die spielerischen Methoden und zu einem kleinen Teil auch die Atmosphäre des Seminarorts, einer alten Burg im Fränkischen.

(4) Viertes Seminar: Zivilgesellschaft und interkulturelles Lernen

Dieses Seminar war das erste, das in Rumänien stattfand. Die Einführung in das erste Thema erfolgte mittels eines kontroversen Rollenspiels über liberales bzw. republikanisches Staatsverständnis. Auf dieser Grundlage gab es weitere Informationen über Konzepte der Zivilgesellschaft. Das Thema „interkulturelles Lernen" wurde mit der Wiederholung der Übung zum Selbst- und Fremdbild vom ersten Seminar eingeleitet. Dabei zeigte sich auf der rumänischen Seite, dass sie gegenüber den Ungarn eine differenziertere Einstellung entwickelt hatten. Die Ungarn waren bei dieser Übung verhalten und hielten sich im Hinblick auf die Beschreibung der Rumänen eher bedeckt, was diese als „Ihr sagt uns ja nicht die Wahrheit" interpretierten.

Auf diesem Seminar bekamen die Teilnehmer/innen erstmals die Aufgabe, kleine, die Entwicklung einer Zivilgesellschaft unterstützende Projekte zu entwickeln. Es stellte sich heraus, dass der zeitliche Rahmen für die Behandlung von zwei Themen (Zivilgesellschaft und interkulturelles Lernen) zu eng war. Für das letztere Thema stand nicht genügend Zeit zur Verfügung.

(5) Fünftes Seminar: Gruppendynamik und Eskalationstheorien

Bei diesem Seminar, das in Ungarn stattfand, stand das Thema „Zukunft Europas" eigentlich im „Curriculum", wurde dann aber kurzfristig abgesetzt. Dem Konzept der rollenden Planung folgend, kam das Team zu der Einschätzung, dass das Verhältnis der Teilnehmer zum Team bisher nie „öffentlicher" Diskussionsgegenstand auf den Seminaren war. Da die Teilnehmer/innen als Multiplikator/innen ausgebildet wurden und zukünftig selbst Seminare leiten sollten, war das Team davon überzeugt, dass dieser Aspekt behandelt werden sollte. Der Arbeit an der Frage, welche Beziehung idealerweise zwischen Team und Teilnehmern insgesamt, aber auch zwischen den beiden Untergruppen innerhalb der Teilnehmerschaft bestehen sollte, wurden zwei Tage gewidmet.

Dabei war zu beobachten, dass die Gruppenteilung zwischen Rumänen und Ungarn kurzfristig zurücktrat, weil sie sich gemeinsam auf das „Dritte", nämlich das Team konzentrierten. Die Differenzierung von Positionen innerhalb der jeweiligen nationalen Gruppen wurde sichtbar. Ein allmählicher Prozess des Vertrauens zwischen beiden Gruppen wurde deutlich erkennbar. Weitere thematische Schwerpunkte waren das von dem Konfliktmanagement-Spezialisten F. Glasl (1990) entwickelte Eskalationsmodell sowie in Vorbereitung für das sechste Seminar die (Weiter-)Entwicklung von die Zivilgesellschaft fördernden Projektideen seitens der Teilnehmer/innen.

(6) Sechstes Seminar: Zukunftswerkstatt

Hauptsächlicher Gegenstand dieses Seminars, das wieder in Rumänien stattfand, war die Weiterentwicklung der Projekte aus dem fünften Seminar. Dazu wurde die von R. Jungk entwickelte Methode der „Zukunftswerkstatt" eingesetzt. Da es sich bei einigen der Projektideen konkret um Seminarveranstaltungen sowie auch um die Einrichtung von Gesprächsforen unter anderem zu interethnischen Problemen handelte und da die Teilnehmer/innen in ihren Projekten als Seminarleiter/innen bzw. Mediatoren/innen fungieren würden, erschien es sinnvoll, der Zukunftswerkstatt Trainingseinheiten zu Gruppendynamik und zur Mediation voranzustellen.

Generell kann von einem wachsenden Vertrauen der Teilnehmer/innen zueinander gesprochen werden, welches sich in einer sehr entspannten Arbeitsatmosphäre ausdrückte. Während der Zukunftswerkstatt kam es zwar zu einer Kleingruppen-Aufteilung, die beinahe vollständig den ethnischen Untergruppen entsprach; dies erklärt sich aber dadurch, dass sich eine größere Gruppe der rumänischen Teilnehmer/innen bereits vorher in Bukarest zu einem Verein für interkulturelle Jugendarbeit (GRAI) zusammengeschlossen hatte und nun auch in dieser Übung zusammen an der Zukunftsplanung für ihren Verein arbeiten wollte.

(7) Siebtes Seminar: Evaluation

Das letzte Seminar war zum überwiegenden Teil der Auswertung der gesamten Reihe gewidmet, wobei die Teilnehmer/innen aufgefordert waren, ihre Bilanz mit einem gemeinsamen Projekt zu verbinden, das anschließend in Rumänien verwirklicht werden sollte, nämlich einer Pressekonferenz über die Workshop-Reihe. Darüber hinaus gab es eine Gruppendiskussion zum Verhältnis der beiden Hauptthemen der Reihe, nämlich zivilgesellschaftlicher Entwicklung einerseits und dem Mehrheiten/Minderheiten-Problem in Rumänien andererseits, über die nunmehr erreichte Sicht auf den grundlegenden Konflikt und über die angewandten Methoden. Ergänzt wurde das Programm noch durch einige Übungen zur Vertiefung der Kenntnisse und Fertigkeiten hinsichtlich Mediation.

Die Arbeit war unausgesprochen (dies ist durchaus kritisch zu sehen!) stark überschattet von der Tatsache, dass es das letzte Zusammentreffen in dieser Konstellation sein würde. Sowohl Team als auch Teilnehmer/innen hatten offenbar Schwierigkeiten mit der „Entlassung in die Selbstständigkeit"; jedenfalls wurde die Frage, wie der Transfer des Gelernten in die rumänische Realität aussehen könnte, weniger präzisiert, als es gut gewesen wäre.

5. Zu einigen Aspekten der Seminarreihe oder: die „gelernten Lektionen"

Die „gelernten Lektionen", d.h. die Ergebnisse aus der Seminarreihe, werden im Folgenden an fünf Aspekten erörtert: Organisation und Rahmenbedingungen, Team, Teilnehmer/innen und ihre Auswahl, methodische Aspekte und Mischungsverhältnis von Konfliktbearbeitung und Training.

5.1 Organisation und Rahmenbedingungen

In der Rückschau spielten die organisatorischen Rahmenbedingungen eine nicht unerhebliche Rolle. Hierzu zählten die Zusammenarbeit mit den Partnern in Rumänien, vor allem zu Anfang die Auswahl der Teilnehmer/innen und die Vervollständigung des Teams, die Auswahl und Vorbereitung der Seminarorte, die Organisation der Anreise und die Organisation von Freizeitveranstaltungen.

a) Projektpartner

Um Projekte in anderen Ländern durchführen zu können, braucht man ortsansässige Partner; und je nachdem, welche Art von Projekt man durchführt, hat man eine größere oder kleinere Auswahl unter den in Frage kommenden Organisationen. In der politischen Umbruchphase nach 1989 waren neue, nicht-staatliche Organisationen gerade erst im Aufbau begriffen, und 1991 gab es keine große Auswahl von Organisationen, die unsere Ansprüche erfüllten, nämlich erstens den Kontakt zum gesamten politischen Spektrum und die Vorauswahl der Teilnehmer/innen bewerkstelligen und zweitens die Organisation der Anreise vornehmen zu können. Die liberale Opposition, etwa die Zivile Allianz, obgleich natürlich grundsätzlich ein interessanter Partner, schied aufgrund ihrer Position zu nationalistischen Parteien, von denen wir gerne einige Vertreter/innen in unsere Bemühungen um interethnische Verständigung eingebunden wissen wollten, leider aus.

Für die Aufgabe fanden wir am Ende die rumänische Jugendliga, mit der die Zusammenarbeit nicht unproblematisch war. Aber die Realität solcher Projekte ist auch, dass es in der Regel keine idealen Partner gibt. Da wir aber das gesamte Parteienspektrum erreichen wollten, auch Vertreter der damaligen Regierungs- und nationalistischer Parteien, waren wir auf die Mithilfe der Jugendliga angewiesen, die sich zwar neutral gab, aber doch in ihrer politischen Ausrichtung sehr stark am Regierungslager orientiert war. Den Kontakt zu diesen Gruppen stellte die Jugendliga dann auch her, wobei wir letztendlich mit ihrer Auswahl der Teilnehmer/innen nicht ganz so zufrieden waren, da einige kein Englisch konnten oder von ihrer Funktion her kaum als Multiplikatoren in Betracht kamen.

Vor Beginn der Seminarreihe versuchte die Jugendliga relativ massiv auf die Besetzung der rumänischen Teamerposition Einfluss zu nehmen. Die deutschen Teamer hatten zur Auflage gemacht, dass das vierte Teammitglied eine Frau sein sollte. Da die Jugendliga aber keine adäquate Vertreterin stellen konnte, die über die entsprechenden Qualifikationen (Kenntnisse über Fragen von Minderheiten in Rumänien, Team- und Gruppenleitungsfähigkeit, ausreichende Englischkenntnisse) verfügte, waren es am Ende Vertreter/innen des deutschen Teams, die eine geeignete rumänische Teamerin fanden. Auch wenn diese von der Jugendliga akzeptiert wurde, so blieb letztlich doch immer ein Spannungsverhältnis zwischen ihr und dem Vertreter der Jugendliga im Team bestehen.

b) Organisation der Anreise

Neben der Auswahl der Teilnehmer/innen hatte die Jugendliga die Aufgabe, die Anreise in die Seminarorte vorzubereiten. Dazu gehörte die Organisation eines günstigen Bustransfers, das Besorgen der Visa und Transitvisa und die rechtzeitige Information der Teilnehmer/innen über die jeweiligen Modalitäten des Zu- und Aussteigens, da ja die Teilnehmer/innen über das ganze Land verstreut wohnten. In diesen Fragen waren Zuverlässigkeit und Vertrauen gefordert, zumal nicht geringe Geldsummen als Vorschuss gezahlt wurden.

c) Die Seminarorte

Bezogen auf die ersten drei Seminare hatten wir uns dazu entschieden, dass sie in Deutschland, d.h. auf neutralem Boden stattfinden sollten. Diese Ortsneutralität ist insofern wichtig, weil sie den beteiligten Konfliktparteien die Sicherheit gibt, dass nicht eine der Parteien dadurch gleich in Vorteil gerät, dass sie durch die äußeren Gegebenheiten bewusst oder unbewusst über bestimmte Vorgaben „verfügt" (über Art der Unterbringung, das Essen, die Art des Vertrauensschutzes etc.), von denen sich die andere Seite benachteiligt fühlen könnte.[2]

Beeinflusst wurde die Auswahl der Seminarorte auch durch das uns zur Verfügung stehende Budget. So wäre ein Aufenthalt in einem Seminarhotel mit Einzelzimmern nicht möglich gewesen, zumal dies einen eklatanten Gegensatz zu den späteren Seminarorten in Rumänien heraufbeschworen hätte. In Deutschland entschieden wir uns für Seminarorte,

- die im Kontext von Jugendarbeit standen,
- nicht mit einer extrem langen Anreise verbunden waren,
- gute Arbeitsmöglichkeiten boten,
- die Möglichkeit gaben, unterschiedliche Teile Deutschlands kennenzulernen,
- teilweise eine besondere Atmosphäre hatten.

Diese drei Orte waren dann der Jugendhof Dörnberg bei Kassel, das Seminarhaus Walberberg in der Nähe von Köln und die Burg Hoheneck in Mittelfranken.

Die nächsten Seminarorte waren in Rumänien eine Hotelanlage in den Karpaten (Piriul Rece), in Ungarn das Gästehaus des ungarischen Schriftstellerverbandes in einem alten Gutshaus am Báláton (Szigliget), wieder in Rumänien ein neueres Seminarhaus der ungarisch-protestantischen Kirche in einem nahezu ausschließlich von ungarischen Rumänen bewohnten Dorf (Ilieni) in der Nähe von Brasov (Kronstadt) und zuletzt in Belgien ein Landhaus mit Selbstversorgungsmöglichkeit (Lavacherie).

Zusammenfassend lässt sich feststellen, dass die Auswahl der Seminarorte einen wesentlichen Einfluss auf das Seminargeschehen haben kann. Gerade zu Beginn einer Seminarreihe, wenn noch großes Misstrauen zwischen den Gruppen herrscht, ist die Neutralität des Ortes sehr wichtig. Ein Seminarort wie Ilieni (ungarisches Dorf in Rumänien) hätte, zu Beginn gewählt, schnell zum Abbruch der Seminarreihe führen können. Zudem ist es für die Teilnehmer/innen aus dem Osten ein Anreiz, in ein anderes Land, zumal in den Westen zu fahren. Bei den Seminaren in Rumänien hatten wir auch mit der Schwierigkeit zu tun, dass Teilnehmer/innen später anreisten oder wegen anderer für sie wichtiger Termine früher abreisten. Das wirkte sich entsprechend auf die Arbeitsintensität aus.

Eine gute Atmosphäre des Hauses hat nicht unwesentlichen Einfluss auf das Gelingen eines Seminars. Die Selbstorganisation ist zwar eine interessante Variante, wirkt sich aber nicht entscheidend auf Erfolg oder Misserfolg des Seminars aus.

d) Freizeit und Extras

Die Seminarkonzeption beinhaltete jeweils mindestens einen ganzen Tag für Ausflüge in die nähere Umgebung der Seminarorte. Daneben gab es in Deutschland noch einen halben Tag, den die Teilnehmer/innen für Ausflüge nutzen konnten. Die Konsumbedürfnisse der Teilnehmer/innen, die zum Teil noch nie im Westen gewesen waren, waren verständlich, und deshalb planten wir sie gleich mit ein. Hauptsächlich ging es darum, entspannte, nicht genau geplante Situationen herzustellen, um zwanglose Begegnungen zwischen Teilnehmer/innen der verschiedenen Ethnien zu ermöglichen. Dies war auch in dem Sinne gedacht, ein gesundes Mischungsverhältnis zwischen Arbeit und Freizeit zu schaffen, zumal ja auch bekannt ist, dass in der Freizeit wichtige Gespräche stattfinden. Gleichzeitig diente es auch dem Kennenlernen der „Kultur" des jeweils anderen Landes.

Neben den Ausflügen, für deren Durchführung die Organisationsteamer verantwortlich waren, gab es auf den Seminaren abends oder in der Mittagszeit immer wieder Extra-Angebote, an denen die Teilnehmer/innen freiwillig teilnehmen konnten. Auch diese Angebote dienten einer anderen Art wechselseitigen Kennenlernens, hatten aber auch die Funktion, zu einer guten Seminaratmosphäre beizutragen.

e) Auswirkungen der Freizeit auf die Seminararbeit

Konflikte während der Freizeit blieben nicht aus und wirkten sich entsprechend auf das Seminargeschehen aus. So ergab sich z.B. ein Konflikt auf dem ersten Seminar dadurch, dass einige rumänische Teilnehmer einen Teil ihres Taschengeldes in einen Bierkasten investiert und an einem Abend die ungarischen Teilnehmer/innen zu einem kräftigen Umtrunk mit Bier und Zuika (Pflaumenschnaps) eingeladen hatten. Die hatten aber keine Lust auf ein Saufgelage, sondern sie wollten sich lieber in Ruhe miteinander unterhalten. Sofort interpretierten die Rumänen dies als Affront gegen ihre Gastfreundlichkeit, und ihre These vom ungarischen „Irredentismus" schien bestätigt: Mit Irredentismus bezeichnet man den Wunsch einiger weniger extremistischer Ungarn, den überwiegend ungarisch besiedelten Teil Rumäniens abzuspalten und an Ungarn anzugliedern; der pauschale Vorwurf des Irredentismus an die Ungarn ist in Rumänien relativ weit verbreitet. Dieser Vorwurf wurde dann auch Gegenstand von Debatten in den Arbeitszeiten des Seminars. Mit diesem Beispiel soll verdeutlicht werden, dass Ereignisse in der Freizeit zum Teil gravierend auf den Seminarverlauf einwirken können.

5.2 Zur Rolle und Bedeutung des Teams

a) Zusammenarbeit

Wie bereits geschildert, setzte sich das Team folgendermaßen zusammen: zwei Initiatoren, eine wissenschaftliche Begleiterin und ein Organisationsteamer, die alle aus Deutschland kamen. Hinzu kam in Rumänien ein Teamer, der die ungarische Seite vertrat, und ein rumänischer Organisationsteamer. Vervollständigt wurde das Team dann noch durch eine rumänische Teamerin und schließlich noch eine Deutsche, die für die Protokollarbeit zuständig war. Insofern bestand das Team aus acht Personen, dem sogenannten erweiterten Team (*extended team*), von dem wiederum die beiden deutschen Seminarleiter und die Vertreter/innen der Ungarn und Rumänen das Kernteam (*decision making team*) bildeten.

Die interkulturelle Zusammensetzung im Kernteam ermöglichte den deutschen Teamern, ihr Design immer wieder entsprechend den Ratschlägen der „Experten der Kulturen" zu verändern. Letztere hatten in unterschiedlichem Maße ihr Ohr an ihrer jeweiligen Gruppe, und diese Informationen konnten immer wieder bei der rollenden Planung genutzt werden. Im Laufe der Zeit übernahmen die Teamer aus Rumänien immer mehr Eigenverantwortung bei der Gestaltung und Durchführung des Seminarprogramms. Beim ersten Seminar gab es noch keine gemeinsame Vorbereitung im Kernteam, danach gab es immer zwischen zwei Seminaren ein Auswertungs- und Vorbereitungsseminar für das jeweils nächste Seminar.

Allerdings waren die unterschiedlichen Voraussetzungen im Team immer wieder spürbar. Die Qualifikationen der rumänischen Kolleg/innen konnten von deutscher Seite nicht im Sinne einer Profession verstanden werden, da es in Rumänien zum damaligen Zeitpunkt keine Gruppenleiter bzw. Erwachsenenbildner mit entsprechender Ausbildung gab. Die deutschen Teamer waren insofern sehr stark auf ihre Intuition angewiesen. Dass die Teamer aus Rumänien ganz andere Qualifikationen hatten, hatte zur Folge, dass es im Hinblick auf die Methodenkompetenz immer eine Unterlegenheit bei den Teamern aus Rumänien bzw. eine Dominanz der deutschen Teamer gab. Um diese Diskrepanz etwas zu verringern, gaben die deutschen Teamer den Kolleg/innen aus Rumänien eine zweitägige Einführung insbesondere in die Methodik der Erwachsenenbildung.

Der Ansatz der rollenden Planung hatte zur Folge, dass das Team zu einem Seminar mit einem Grobkonzept anreiste und verschiedene Arbeitseinheiten bereits vorbereitet hatte. Wir mussten uns aber ständig darauf einstellen, mit einem sehr hohen Maß an Flexibilität zu arbeiten, und das hieß, dass plötzlich alle Planungen wieder über den Haufen geworfen werden konnten. Diese prozessorientierte Arbeitsweise war notwendig, um den sich ändernden Bedingungen und Erwartungen der Teilnehmer/innen gerecht zu werden. Dies hatte natürlich zur Folge, dass wir ständig zu Teamsitzungen zusammenkamen, die teilweise bis tief nach Mitternacht dauerten und unsere Nerven und unsere Geduld manchmal sehr strapazierten. Diese Art der Arbeit hatte den unschätzbaren Vorteil, dass wir ständig den Seminarverlauf reflektierten und sehr stark „am Puls" der Teilnehmer/innen arbeiteten (bzw. an dem, von dem wir annahmen, dass es der „Puls" sei).

Am extremsten war die Veränderung des Seminarablaufs bei unserem 5. Seminar in Szigliget. Dort ließen wir das Thema „Zukunft Europas" fallen und ersetzten es durch einige gruppendynamische Übungen. Auch wenn die Teilnehmer/innen zunächst nicht deren Notwendigkeit sahen, gaben sie ihnen dann doch die Gelegenheit, gemeinsam das Verhältnis zum Team zu betrachten und dadurch ein gemeinsames Gegenüber zu haben. Dies ließ für diesen Zeitraum die Differenzen zwischen den Ethnien zurücktreten, und in gewisser Weise schweißte es die Gruppe zusammen. Jedenfalls hatte es diese Art Gemeinsamkeit bis dahin noch nicht gegeben, und die Teilnehmer/innen beurteilten diese Übung durchweg positiv.

Aus den Erfahrungen lässt sich, bezogen auf das Team, sagen, dass sich die multikulturelle Zusammensetzung bewährt hat, vor allem weil sie den Blickwinkel für die „ortsfremden" Deutschen erweiterte und die Expertise der Kolleg/innen aus Rumänien eine bessere Entscheidungsgrundlage für die genaue Seminarplanung gab. Die Teamschulung war wichtig – auch wenn sie zu kurz war, um die Wissensdiskrepanz zu verringern. Eine einmalige Supervisionssitzung hat sich auch als nützlich erwiesen, auch wenn sie früher und mit mehr Regelmäßigkeit hätte stattfinden sollen.

Die Zeit für die Vorbereitung der Seminare (obwohl wir in der Regel drei Tage dafür Zeit hatten) war immer zu kurz. Die gemeinsame Vorbereitung hätte schon einige Zeit vor dem ersten Seminar stattfinden und mit mehr zeitlichen Spielräumen versehen sein sollen.

b) Konflikte

Die Konflikte im Team waren von Anfang an darin angelegt, dass die Jugendliga die Position der rumänischen Teamerin nicht mit einer Wunschkandidatin hatte besetzen können. Der Konflikt zwischen dem rumänischen Organisationsteamer und der dann von den deutschen Teammitgliedern ausgewählten rumänischen Teamkollegin zog sich durch die gesamte Seminarreihe. Er war auch einer der Anlässe, dass das gesamte Team nach dem 5. Seminar zwei Tage lang mit einer Supervisorin arbeitete. Dieser Prozess war zwar in dem Moment hilfreich, kam aber letztlich zu spät und konnte daher auch nicht die weitere Zuspitzung der Konflikte mit dem rumänischen Organisationsteamer verhindern.

Der Konflikt verschärfte sich dann weiter auf dem 6. Seminar, das in einem Seminarhaus der ungarisch-protestantischen Kirche in Rumänien stattfand. Der rumänische Organisationsteamer äußerte unverhohlen seinen Ärger, dass dieses Haus ausgesucht wurde. Dies war zum Teil vielleicht Ausdruck der Kränkung, keinen geeigneten Seminarort in Siebenbürgen gefunden zu haben, und hatte sicherlich auch damit zu tun, dass es ein Haus in einem ungarischen Dorf[3] war. Es war aber wohl auch ein Anzeichen seines ohnehin anstehenden „inneren Ausstiegs" aus seiner Funktion. Sein Missmut äußerte sich dermaßen stark, dass er sich mehr oder weniger seiner Rolle verweigerte, oftmals keine Verantwortung übernahm und häufig bei den Teamsitzungen fehlte. Im Anschluss an dieses Seminar eskalierte der Konflikt dann so weit, dass dieser Teamer sich weigerte, die Anreise für das letzte Seminar zu organisieren.

5.3 Zu den Teilnehmer/innen und ihrer Auswahl

Die Teilnehmergewinnung erfolgte hauptsächlich mit Unterstützung unseres ungarischen Teamkollegen und der rumänischen Jugendliga. Wir selbst hatten das Projekt zwar während unserer Vorbereitungsfahrt 1991 vor verschiedenen Jugendorganisationen vorgestellt, die Auswahl der Teilnehmer/innen war dann allerdings den ortsansässigen Partnern vorbehalten. Unsere Vorgabe war lediglich, dass das Geschlechterverhältnis ausgewogen sein sollte, dass die Teilnehmer/innen Englisch sprechen können sollten, und von ihnen zukünftig die Übernahme einer Multiplikationsfunktion erwartet wurde. Auf der rumänischen Seite wollten wir dabei sämtliche Jugendorganisationen der in Rumänien damals existierenden Parteien erreichen. Dies ist uns zwar nicht vollständig gelungen, aber wir erreichten doch die Teilnahme von Vertreter/innen der Opposition (Christdemokraten, Liberale, Sozialdemokraten), solche der Regierungsparteien (Postkommunisten) und nationalistischer Parteien. Darüber hinaus gab es noch Vertreter/innen der Jugendliga, die zwar parteipolitisch nicht gebunden waren, aber sich politisch eher am damaligen Regierungslager orientierten.

Die Zusammensetzung der ungarischen Teilnehmer/innen-Gruppe war hingegen anderer Natur. Hier gab es nicht Vertreter/innen verschiedener Parteien, da es in Rumänien aufgrund der Minderheitensituation nur die UDMR gab, in der sich unterschiedliche politische Strömungen wiederfanden. Die Zusammensetzung der ungarischen Gruppe war stark durch die Initiative des ungarischen Teamers bestimmt. So entschieden wir uns, neben Ungarn aus Rumänien auch noch solche aufzunehmen, die aus Rumänien aus den unterschiedlichsten Gründen nach Ungarn emigriert waren. Schließlich gehörten zu dieser Teilgruppe am Anfang noch zwei Ungarn, die aus Ungarn stammten.

Daneben hatten wir uns dafür entschieden, Deutsche mit aufzunehmen, die ursprünglich aus Siebenbürgen stammten. Ferner erging die Einladung an zwei Roma, da es unser Anspruch war, alle wichtigen Minderheiten aus Siebenbürgen auf den Seminaren vertreten zu haben. Die Ursprungsentscheidung, alle relevanten Minderheiten aus Transsylvanien an dem Projekt teilnehmen zu lassen, war im Rückblick betrachtet nicht unproblematisch, da sich die Seminarreihe letztlich im Wesentlichen auf die Bearbeitung des rumänisch-ungarischen Konflikts beschränkte und die beiden anderen Minderheitengruppen mit ihrem Anliegen keinen Raum hatten. (Die Roma, die zudem immer mit wechselnder Besetzung teilnahmen, bekamen diese „doppelte" Minderheitenposition besonders zu spüren.) So kamen zum ersten Seminar 33 Teilnehmer/innen; zum zweiten und dritten Seminar reisten noch neue Teilnehmer/innen an. Am Ende der ersten drei Seminare entschied das Kernteam jeweils, wer weiter teilnehmen solle und wer nicht. Unsere Entscheidungen versuchten wir vor der Gruppe so transparent wie möglich zu machen. Schließlich blieb eine Gruppe von knapp 25 Teilnehmer/innen übrig, von denen ca. 18 (davon neun Rumänen, sieben Ungarn, ein Roma und ein Deutscher) relativ konstant an allen Seminaren teilnahmen. Lediglich bei den Roma gab es da eine Ausnahme: Während ein Teilnehmer relativ konstant kam, war die zweite Person jedesmal eine andere, die zudem meist kein Englisch sprach und nur passiv den ersten Roma begleitete.

Gelegentlich war es schwierig, mit einzelnen Teilnehmer/innen umzugehen. Insbesondere auf dem ersten Auswahlseminar gab es extreme Persönlichkeiten, die teilweise sehr polarisierende Positionen vertraten und von denen eine in angetrunkenem Zustand die rumänische Teamerin mit einem Messer bedrohte. Letzteres war dann *ein* Grund, diese Person, die auch innerhalb der rumänischen Gruppe auf starke Ablehnung stieß, nicht mehr einzuladen. Trotz der Vorauswahl verblieb in der Gruppe insbesondere eine Teilnehmerin, die extreme Einstellungen hatte und durch ihr Agieren in der Gruppe immer wieder für Unruhe und Polarisierung sorgte. Entweder griff sie Vertreter/innen der Minderheit stark an, oder sie zeigte Desinteresse durch Abwesenheit, was sie dann aber nicht davon abhielt, sich an bestimmten Stellen wieder deutlich zu Wort zu melden oder in der Freizeit für eine angespannte Stimmung zu sorgen. Das Team war hier in der schwierigen Situation zu entscheiden, ob die Gruppe dies verkraften könne. Ihre ständigen Störungen hätten Grund genug sein können, sie massiv in die Schranken zu weisen oder sie gegebenenfalls sogar des Seminars zu verweisen. Andererseits repräsentierte sie etwas in der Gruppe, was auch einen Teil der rumänischen Gesellschaft widerspiegelte und somit Teil des Konfliktgegenstands war. Sie auszuschließen hätte bedeutet, einen Teilaspekt des Konflikts außen vor zu lassen. Hinzu kam, dass sie in enger Beziehung zu dem rumänischen Organisationsteamer stand und dass bei ihrer Entlassung dessen weitere Mitarbeit in Frage gestellt worden wäre. Insofern beschränkte sich das Team auf ein Gespräch mit ihr durch ein Teammitglied und ging einem öffentlichen Konflikt mit ihr aus dem Weg. Es war für das Team eine schwierige Gratwanderung zwischen der Verantwortung für die Gruppe einerseits und dem Nicht-Ausschluss einer Position, die einen Teil des rumänisch-ungarischen Grundkonflikts widerspiegelte.

Aus den Erfahrungen lässt sich schlussfolgern, dass es wichtig ist, die Teilnehmer/innen sorgfältig auszuwählen und sich dafür entsprechend die Zeit zu nehmen. Nach unseren Erfahrungen würden wir uns nur auf zwei ethnische Gruppen beschränken, weil sonst die anderen Minderheiten nicht den Raum bekommen, der zur Bearbeitung ihrer Themen notwendig wäre.

Auch könnte es sinnvoll sein, vor einem ersten gemeinsamen Seminar die Teilnehmer/innen zunächst in getrennten Seminaren auf das Projekt vorzubereiten und sie so kennenzulernen. Die Zielgruppe jugendlicher Teilnehmer/innen, die potentiell einmal Entscheidungsträger sein können bzw. die eine wichtige Multiplikatorenfunktion übernehmen können, erscheint im Rückblick nach wie vor sinnvoll.

5.4 Methodische Aspekte der Seminarreihe

a) Arbeit an Widerständen

Methoden sind nicht neutral, und insofern ist eine sorgfältige Auswahl notwendig. Alle Methoden, die wir eingesetzt haben, stammen aus einem westeuropäischen Kontext und sind insofern auch Träger einer bestimmten Kultur. Spezielle Methoden aus dem osteuropäischen Kontext existieren vermutlich kaum, da der Sektor der Erwachsenenbildung bisher nur rudimentär entwickelt wurde. Insofern ist der Rückgriff auf westliche Methoden legitim, aber es ist behutsam darauf zu achten, wie die Methoden wirken. Zum Beispiel gibt es Unterschiede bei Kulturen, ob sie Ansichten oder Kritik eher explizit, d.h. direkt äußern oder eher implizite Umschreibungen verwenden. Entsprechend dieser kulturellen Normen ist die Auswahl der Methoden zu treffen.

Teilweise zu unserer Überraschung wurden alle Methoden, auch Körperkontaktspiele, positiv aufgenommen. Nur Einzelne beteiligten sich zum Beispiel bei Aufwärmspielen nicht, was aber kein Problem war, da es sich um freiwillige Angebote handelte. Auch wenn man die Kulturgebundenheit von Methoden berücksichtigt, ist ein Widerstand der Teilnehmer/innen in Bezug auf die Methode nicht gleich mit mangelnder kultureller Akzeptanz gleichzusetzen. Der Widerstand kann unterschiedliche Ursachen haben: Entweder wurde der falsche Kontext für die Übung gewählt und der Zweck war den Teilnehmenden nicht einsichtig, oder der Widerstand rührt von dem Unwillen einer Teilgruppe oder beider Gruppen her, sich mit einer eher unangenehmen Frage auseinanderzusetzen. So war in unserer Seminarreihe der Wunsch der Teilnehmer/innen, sich mit der Geschichte des Konflikts zu beschäftigen, was wir dann auch auf dem zweiten Seminar taten, bei näherer Betrachtung ein Versuch, der Auseinandersetzung über den Grundkonflikt quasi durch eine „Objektivierung" und den Hinweis, man sei ja kein Historiker und von daher könne man sich persönlich dazu gar nicht äußern, aus dem Weg zu gehen. Die Kontroversen zum Thema Geschichte blieben bei der Behandlung dieses Themas weitgehend aus, und insofern nutzten die Teilnehmer/innen das Thema eher als Ausweichstrategie, um sich den unangenehmeren Fragen nicht zu stellen.

Als wir auf dem vierten Seminar im Kontext des interkulturellen Lernens eine Selbst- und Fremdbildübung vom ersten Seminar wiederholten, gab es hier Widerstand seitens der ungarischen Teilnehmer/innen. Ihre Kritik war zum Teil berechtigt, da das Team bei der Wiederholung der Übung eine andere Fragestellung einbrachte als beim ersten Mal, es steckte aber auch bei den Ungarn die Angst dahinter, zuzugestehen, dass ihr Bild von den Rumänen sich nicht wesentlich verändert hatte, ganz im Gegensatz zu den Rumänen, die ihre differenziertere Sichtweise der Ungarn betonten.

Die Beispiele zeigen, dass man zwar als Leitung auf die Widerstände eingehen muss, aber auch den Mut haben sollte, an solchen Widerständen zu arbeiten und dieser Arbeit nicht aus dem Weg zu gehen.

b) Verhältnis von Struktur und Prozess

Die Seminarreihe hatte zwar eine deutliche Struktur, die sich unter anderem in einer Zuordnung von Inhalten zu einzelnen Seminaren ausdrückte, aber ein Grundprinzip war die Orientierung der Leitung am Gruppenprozess. Das heißt für jedes Seminar wurden Inhalte und Methoden relativ genau vorbereitet, allerdings unter der Maßgabe, dass sie jederzeit wieder über den Haufen geworfen werden konnten. Diese rollende Planung erforderte insofern eine gute Vorbereitung, aber auch eine große Flexibilität im Team.

Das erste Mal waren wir in dieser Frage auf dem ersten Seminar gefordert, bei dem wir aus Vorsicht sehr „flach" eingestiegen waren und die Konflikte zunächst nicht direkt thematisieren wollten. Auf Hinweis der Teamer aus Rumänien, dass die Teilnehmer/innen eine direkte Auseinandersetzung geradezu einforderten, entschlossen wir uns, die bereits erwähnte Selbst- und Fremdbildübung einzusetzen, um die wechselseitigen Vorurteile auf den Tisch zu packen. Die Methode verfehlte ihre Wirkung nicht, die Auseinandersetzung war hart, manchmal auch mit verletzenden Zuschreibungen. Da aber auch positive Eigenschaften genannt wurden, führte es nicht zu einer solch starken Verhärtung der Standpunkte, dass ein Gespräch nicht mehr möglich gewesen wäre. Die Standpunkte waren danach klarer, und es gab die Möglichkeit, daran zu arbeiten.

Die rollende Planung hat sich als ein existentieller Aspekt in der Seminarreihe erwiesen. Prozessorientierte Leitung ist bei Konfliktbearbeitungsseminaren unverzichtbar.

5.5 Verhältnis von Konfliktbearbeitung und Training

Unsere Seminarreihe war der Versuch, Konfliktbearbeitung und Schulung von Multiplikator/innen als Konfliktvermittler zu kombinieren. Thema dabei war der Konflikt zwischen Rumänen und Ungarn. Zeitweise war die Trennung zwischen Konfliktbearbeitung und Multiplikatorenschulung nicht eindeutig und klar. Auch die Unterscheidung zwischen dem gesellschaftlichen Konflikt zwischen Rumänen und Ungarn (Makroebene) und Konflikten zwischen den Teilnehmer/innen auf der Mikroebene war nicht immer eindeutig. Aus diesen Erfahrungen lässt sich schlussfolgern, dass eine Trennung der Einheiten und auch der Teamerfunktionen nach Training oder Konfliktbearbeitung und eine deutliche Unterscheidung der Makro- und Mikroebenen des Konflikts notwendig sind. Auch erscheint es uns sinnvoll, den Trainingsaspekt in den Mittelpunkt zu stellen, weil es auf der Ebene zukünftiger Funktionsträger zwar wichtig ist, sie zu sensibilisieren, sie aber insbesondere als Multiplikatoren zu schulen sind, da sie in dieser Funktion mehr erreichen werden; denn es ist ja noch sehr ungewiss, ob sie jemals als politische Entscheidungsträger/innen wirken werden.

6. Ergebnisse des Projekts[4]

Die Ergebnisse unseres Projekts, das auf der Mikroebene angesiedelt war, soll abschließend noch einmal unter unserer Zielperspektive diskutiert werden. Wir wollten erreichen, dass die Teilnehmer/innen

(1) ihre Wahrnehmung des Konflikts verändern,
(2) ihre Wahrnehmung über die gegnerische Seite erweitern,
(3) die Bereitschaft für konstruktive Konfliktbearbeitung entwickeln,
(4) die Fähigkeit erreichen, konstruktive Konfliktbearbeitung zu initiieren und zu realisieren,
(5) die Fähigkeit entwickeln, dass man andere unterrichtet und fördert, die Schritte 1 bis 4 zu realisieren.

Aufgrund der Aussagen der Teilnehmer/innen am Ende der Seminarreihe, aber auch aufgrund unserer eigenen Einschätzung konnten wir Folgendes verwirklichen:

(1) Bezogen auf den 1. Schritt: Es mag sein, dass wir keine tiefgreifende Wahrnehmungsveränderung erreichten, aber letztlich erweiterte sich

die Perspektive der Teilnehmer/innen im Hinblick auf den Konflikt als solchen. Dies drückte sich bei ihnen in einer differenzierteren Sicht bezogen auf die Positionen der anderen Partei aus sowie in der Fähigkeit, die eigene Position klarer zu präsentieren. Vor allem Letzteres wird leicht unterschätzt. Da es sich bei ethnopolitischen Konflikten meist um lang andauernde, historisch oft tief verwurzelte Konflikte handelt, vermutet man zu Unrecht, dass es den Konfliktparteien leicht fallen müsste, ihre Forderungen an die Gegenseite zu formulieren. Zu unserer nicht geringen Überraschung waren die Wünsche an die Gegenseite überaus diffus (und lassen sich vielleicht am ehesten in die Sätze „Seid doch einfach wie wir" bzw. „Wir wollen nicht so sein wie ihr" fassen) und verflüchtigten sich oft, wenn sie denn in Worte gefasst werden sollten; zu absurd hätte es selbst dem überzeugtesten Nationalisten geklungen, von der anderen Seite die Aufgabe oder die Geringschätzung der eigenen Identität zu fordern.

(2) Bezogen auf den 2. Schritt: Die wechselseitige Wahrnehmung der gegnerischen Partei veränderte sich wahrscheinlich nicht vollständig, aber etwas von dem, was wir Streitkultur nennen, entwickelte sich. Die Teilnehmer/innen wurden Schritt um Schritt fähig, ihre eigenen Streitpunkte und Positionen mit Abstand zu präsentieren, und sie begannen am Ende, alle Probleme unter dem Blickwinkel zu betrachten, was sie gemeinsam für sie bedeuten. Teil dieses Weges war daher, die Fähigkeit zu entwickeln, die Positionen der gegnerischen Seite mit eigenen Worten zu formulieren und zu erfahren, wie heterogen *alle* ethnischen Gruppen waren, im Gegensatz zu dem Eindruck, den sie am Anfang machten.

(3) Bezogen auf den 3. Schritt: Wenn man auf die kleinen Projekte schaut, die in Teams oder individuell auf Initiative einzelner Teilnehmer/innen entwickelt wurden, und wenn man das berücksichtigt, was die Mehrheit der Beteiligten am Ende der Seminarreihe erklärte, kann man einen guten Willen für konstruktive Konfliktbearbeitung bezogen auf ethnopolitische und andere Konflikte feststellen. Die Teilnehmer/innen sagten, dass sie von dieser Idee fasziniert seien.

(4) Bezogen auf den 4. Schritt: Eine allgemeine Fähigkeit, Schritte im Hinblick auf Konfliktbearbeitung zu initiieren und zu verwirklichen, konnte erreicht werden, aber dies reichte noch nicht aus. So hätten die Workshops rückblickend sich stärker auf die Verwirklichung von Trainingszielen konzentrieren sollen. Wahrscheinlich hatten die Seminare mehr eine Starter-

funktion und haben noch zu wenig die Fähigkeit vermittelt, das Erlernte in wirkliche Praxis umzusetzen.

(5) Bezogen auf den 5. Schritt: Ob die Strategie des „Marsches durch die Institutionen" Erfolg haben wird, kann erst die Zukunft zeigen, und wir können nur hoffen, dass die Teilnehmer/innen tatsächlich in der Lage sind, andere bei der Umsetzung von Konfliktmanagement zu unterstützen. Hilfreich wäre es sicher gewesen, im Land eine Partnerorganisation zu haben, die auf Wunsch die Nachbetreuung der Teilnehmer/innen bei ihren Projekten hätte übernehmen können, oder, ersatzweise, regelmäßige Treffen zur Nachbetreuung zwischen den entstandenen Projektgrüppchen und den deutschen Veranstaltern schon bei der Budgetplanung zu berücksichtigen, so dass eine solche nicht an fehlenden Mitteln scheitern muss. Wir haben so zwar eine Basis vorbereitet, aber die weitere Umsetzung liegt nun allein bei den Teilnehmer/innen aus Rumänien und damit nicht unbedingt in den schlechtesten Händen!

Anmerkungen

[1] So hat Reiner Steinweg, Friedensforscher aus Linz, bereits 1992 eine Delegationsreise von Repräsentanten der Stadt Linz in den Kosovo organisiert, um zu demonstrieren, dass demokratische Institutionen mit Aufmerksamkeit die Vorgänge beobachten. Ziel weiterer solcher Reisen sollte es sein, die Öffentlichkeit auf den Konflikt aufmerksam zu machen. Ein eigener Versuch, in der Stadt Frankfurt eine solche Delegationsreise zu organisieren, kam mangels Unterstützung nicht zustande. Vermutlich hätte es Hunderter solcher kleinen Aktionen bedurft, um eine wirklich große und damit präventiv wirkende Aufmerksamkeit zu erzielen.

[2] Maßgeblicher sind solche Aspekte bei reinen Konfliktbearbeitungsseminaren.

[3] Auch ein großer Teil der rumänischen Teilnehmer/innen hatte Schwierigkeiten mit den Örtlichkeiten. An einer Führung durch das Dorf, das eine Art Vorzeigeprojekt für nachhaltige ländliche Entwicklung war, nahmen nur einzelne Rumänen teil.

[4] Nach: Petra Haumersen: „Project ‚Series of workshops on conflict management in majority-minority conflicts in Romania, especially concerning the ethno-national dispute between Romanian and Hungarian citizens of Romania'. Vortrag: International Workshop on Ethnicity and Conflict Management Luxembourg 1996/97

Literatur

Glasl, F. (1990): Konfliktmanagement. Ein Handbuch für Führungskräfte und Berater. Bern u.a.

Dan Bar-On

Das innere und das äußere „Andere"
Ein jüdisch-palästinensischer Dialog in Israel[1]

1. Das innere und das äußere „Andere" in der israelischen Identität

Der sozialpsychologische Ansatz zum Thema Identität unterscheidet zwei wesentliche Prozesse: die Strukturierung der Identität mittels des „Anderen" und die Schaffung eines inneren Dialogs oder Gesprächs zwischen den verschiedenen Komponenten der Identität. Der erste Prozess braucht nicht viel Energie, vor allem wenn der „Andere" die Merkmale bietet, die für die Bildung eines monolithischen „Selbst" erforderlich sind. So zeigt die Literatur z.b., wie leicht sich gegenüber einem Feind eine kollektive Definition der Identität herstellen lässt (Sherif 1966). Mit der Zeit braucht man aber immer mehr Energie, um die monolithische Phase aufrechtzuerhalten, bzw. einen Klebstoff, der die Komponenten der Identität zusammenhält. So ist zur Bewahrung dieser monolithischen Identität stets ein Feind erforderlich. Der zweite Prozess verlangt sehr viel mehr Energie, da man einen Dialog zwischen verschiedenen und oft unvereinbaren Komponenten der Identität schaffen muss. Diese Untersuchung geschieht gewöhnlich in einem Prozess von Versuch und Irrtum. Wenn aber eine solche Untersuchung stattfindet, ist keine zusätzliche Energie für den Schutz der Identität mit Hilfe eines „Anderen" mehr nötig.

Betrachtet man die Veränderungen in der israelischen Gesellschaft und Umwelt, muss man fragen, wie sich die Vorstellung vom „Anderen" in der israelischen Gesellschaft im Gegensatz zu früheren jüdischen Identitäten ausdrückt. Der Fokus dieses Beitrags liegt auf den sozialpsychologischen Aspekten der Vorstellung vom „Anderen", ohne die Bedeutung der anderen Aspekte zu leugnen. Er konzentriert sich auf die inneren und zwischenmenschlichen emotionalen Prozesse bei der Integration persönlicher und kollektiver Identitäten und bezieht sich gleichzeitig auf den sozialen und historischen Kontext, in dem diese Prozesse stattfinden. In diesem Zusammenhang lassen sich im wesentlichen drei Phasen unterscheiden:

(1) Die Vergangenheit: die monolithische Phase

(Der Begriff „monolithisch" stammt aus der Geologie und bezeichnet einen Stein aus einem einzigen Material.) Vor fünfzig Jahren wurde der „Andere" in der zionistisch-israelischen Identität als schwarz-weißes Ganzes dargestellt. Das „Selbst" in der zionistischen Identität musste sich zunächst separieren, indem es alle Identitäten negierte, die als zur Diaspora gehörig definiert wurden (Raz-Krakozkin 1994). Später, während der Gründung und des Aufbaus des Staates Israel und der massiven Emigration aus den arabischen Ländern, wurde ein weiterer ethnischer (immer noch intern jüdischer) „Anderer" definiert. Über viele Generationen wurde ein weiterer externer und bedrohlicher „Anderer" definiert („absolut böse" nach Hadar 1991), ein monolithischer Anderer, um den oder im Gegensatz zu dem ein „Selbst" errichtet werden konnte, das das Opfer dieser Bedrohung konstituierte („absolut gut"). In der sich herausbildenden israelischen Gesellschaft wurde das „Selbst" in einem existenziellen Kampf gegen einen „Anderen" mobilisiert, der in der eigenen Wahrnehmung mit der Vernichtung des individuellen und kollektiven „Selbst" drohte (der „Andere" im Bild des deutschen Nazi in Europa oder des Arabers im Nahen Osten). Das Selbst konnte auch durch einen inneren „Anderen" (im Bild des Diaspora-Juden) bedroht werden. Die monolithische Phase, repräsentiert durch den „Anderen", war einerseits eine innerjüdische: Sie sollte mit traditionellen jüdischen Identitäten fertig werden, indem sie den Unterschied in dem entstehenden kollektiv-israelischen „Selbst" hervorhebt. Andererseits wurde die kollektive israelische Identität auch gegen die Bedrohung des *äußeren* „Anderen" mobilisiert: Dieser „Andere war im traditionellen Judaismus der Diaspora seit Jahrhunderten durch Verfolgungen und zahllose Pogrome repräsentiert. Ein Höhepunkt wurde mit der Vernichtung der Juden in Europa und Nordafrika in der Nazizeit und in Israels Kampf für einen unabhängigen Staat im moslemischen Nahen Osten erreicht.

(2) Die Gegenwart: Auflösung der monolithischen Phase

In den letzten Jahrzehnten hat sich die monolithische Phase im Konzept von „Selbst" und „Anderem" aufgelöst. Die Reste zeigen all die inneren Gegensätze, die in der israelischen Identität vielleicht schon von Anfang an existiert haben. Ungeachtet der Energie und der Mühen, die die Bewahrung der monolithischen Phase kostet, war es nicht möglich, weiterhin eine Vorstellung des israelischen „Selbst" als signifikant verschieden von der Identität des Diaspora-Juden zu strukturieren. Genauso wenig ließ sich der äußere „Andere" weiterhin als unzweideutig bedrohlicher Faktor identifizieren oder auch nur als Zuschauer, der die Manifestation der Be-drohung erlaubte. Mittlerweile haben wir einen „Anderen" in Aspekten des eigenen Selbst erkannt, die als nicht weniger bedrohlich wahrgenom-men werden als der äußere „Andere". Die israelische Identität, die schein-bar „besser" ist als die früheren jüdischen Identitäten, die einen monoli-thischen „Anderen" konstruierten, schien gar nicht mehr so anders zu sein.

Die Auflösung des monolithischen Konzepts des „Anderen" bedroht das monolithische Konzept des „Selbst". Entsprechend ruft der Auflösungs-prozess Abwehrmechanismen hervor, Verwirrung und sogar Existenzängs-te: Wer bin ich, wenn ich keinen „Feind" oder „Anderen" habe, der sich eindeutig von mir unterscheidet, der mich als „absolut gut" definieren lässt? Selbst wenn die Auflösungsprozesse anerkannt werden, hält die Illusion an, ein monolithisches Bild vom „Anderen" und vom „Selbst" werde das aufgelöste und verschwundene ersetzen, sobald sich der Rauch der Schlacht vor der Identität verzogen habe.

(3) Die Zukunft: das Wissen um desintegrierte Aspekte der Identität und die Entstehung eines Dialogs zwischen ihnen

Die fortdauernde Auflösung des monolithischen „Anderen" und die Gegensätze, die bei der Vorstellung des „Selbst" evoziert werden, betonen die Notwendigkeit, um die verschiedenen Komponenten der Identität, die nicht mehr aus einem einheitlichen „Selbst" besteht, zu wissen und sie in einen Dialog zu bringen. Statt eines gut umrissenen und definierten „An-deren" und „Selbst" (absolut „böse" und absolut „gut") entwickelt sich ein komplexes Weltbild, das widerstreitende Aspekte der Identität enthält (sowohl im „Anderen" als auch im kollektiven „Selbst"), die in der Ge-genwart oder bei der Reflexion der Vergangenheit nicht leicht miteinander in Einklang zu bringen sind. Aber statt weiterhin zu versuchen, das eine zum anderen zu zwingen und die Kontraste zwischen Aspekten der Iden-tität zu ignorieren, kann man ihre Existenz auch eingestehen und einen Dialog zwischen ihnen herstellen. Dieses Weltbild wird allerdings als „schwächer" oder „weicher" wahrgenommen, da es innere Widersprüche und Gegensätze umfasst. Auch der Dialog zwischen ihnen wird als „zö-gernd" wahrgenommen: als Prozess, der unbeholfen und unstrukturiert wirkt und dessen Ergebnisse weder vorhersagbar noch garantiert sind. Deshalb kommt es oft zu Spannungen im Dialog zwischen dieser Kom-plexität und dem Wunsch, erneut ein Schwarzweißbild der Welt zu über-nehmen, „härter" und „stärker" als das erste, auch wenn es bestimmte Pro-zesse in der Realität nur unzulänglich deuten kann. Der Drang zur mono-lithischen Phase verschwindet deshalb nie wirklich.

2. Der Dialog zwischen unvereinbaren Aspekten der israelischen Identität

Solange die monolithische Phase der kollektiven Identität währte, solange es neben dem „absoluten Bösen" im Bild des „Anderen" das „absolute Gute" im Bild des kollektiven Selbst gab, war auch der Dialog widerspruchsfrei und vorhersehbar. Der – hauptsächlich innere – Dialog fand zwischen der jeweils anderen Seite und sich selbst statt, wobei das „Andere" immer wieder als wesenhaft verschieden vom „Selbst" identifiziert und damit die Kontinuität der monolithischen Phase gerechtfertigt wurde. Falls es überhaupt zu einem verbalen Austausch zwischen den beiden Seiten kam, dann in Verbindung mit problematischen Gefühlen, Misstrauen und Vorbehalten, die es verhinderten, dass die Behauptungen und Gefühle der anderen Seite berücksichtigt werden konnten. Eine Schlichtung zwischen zwei monolithischen Seiten (z.B. zwischen Ost und West im Kalten Krieg) gründet sich stets auf Stärke und Interessen, aber der dazugehörige sozialpsychologische Prozess, der Versuch, die monolithische Phase zu durchbrechen und die Komplexität der jeweils anderen Seite anzuerkennen, fehlt. Jede Seite sucht nach Wegen, die andere zu besiegen, und beweist damit die Gerechtigkeit der eigenen Sache. Die absolute Konfrontation der Weltmächte wurde nur durch das Gleichgewicht des Schreckens verhindert.

Erst die Auflösung der monolithischen Phase in der kollektiven Identität schafft eine neue Möglichkeit für einen bedeutsamen Dialog. Auch dieser Dialog ist zum Teil ein innerer, aber er ist von anderer Qualität: Ich sehe in mir nicht mehr das „Opfer", das ich verteidigen muss, indem ich den „Täter" im Bild des bösen „Anderen" anklage. Jetzt bin ich bereit, auch den „Täter" in mir zu erkennen und zu versuchen, „Opfer" und „Täter" in einen Dialog zu bringen. Dank dieses inneren Dialogs kann ich einsehen, dass auch der „Andere" nicht nur Täter sein muss, sondern in sich vielleicht ebenfalls ein „Opfer" hat, das anzuerkennen ich mich bislang geweigert habe. Dank dieser Vorstellung kann ich, vielleicht zum ersten Mal, die Möglichkeit in Betracht ziehen, die Dichotomie (von Opfer und Täter) aufzugeben, auf der meine Identität bislang basierte. Wer bin ich, wenn ich nicht mehr nur ein Opfer und der andere nicht mehr nur ein Täter ist, der mich vernichten will? Ich kann also in der Entwicklung meiner persönlichen und kollektiven Identität ein völlig neues Kapitel beginnen, das nicht mehr auf dichotomen und monolithischen Definitionen beruht. Das Problem besteht darin, dass das Wissen und die Erfahrung der monolithischen Phase nur in begrenztem Maße auf den Prozess der Neudefinition des Selbst durch den Dialog vorbereitet.

Es ist leichter, diesen Prozess zu beschreiben, als ihn in einer Wirklichkeit umzusetzen, die immer noch voller monolithischer Bilder ist. Es ist schwer, sich bei der Identitätsentwicklung aus der monolithischen Phase zu lösen. Die Definition des „Anderen" als „absolut böse" löst viele Probleme auf eine ökonomische, fast mühelose Weise und belässt dazu das monolithische „Selbst" ohne jeden Makel. Außerdem kann diese Struktur unter bestimmten Bedingungen auch eine Menge Energie erzeugen. Wenn sich normalerweise ruhige Menschen über jemanden ärgern, dem gegenüber sie monolithische Gefühle hegen, sind sie plötzlich voller Energie, die bisher gar nicht erkennbar war. Hass und Eifersucht können Kräfte aktivieren und erzeugen, deren man sich nicht bewusst ist. Es ist viel schwerer und komplizierter, zwischen schwer zu vereinbarenden Teilen einen inneren und äußeren Dialog zu beginnen. Das bedarf viel Energie, und überdies ist der unmittelbare Nutzen weder eindeutig noch gewiss.

Vielleicht ist dies der Grund dafür, dass es im Auflösungsprozess der monolithischen Phase stets auch zu einer Bewegung in die andere Richtung kommt: zu unablässigen Versuchen, bei allem, was diesen Prozess fördern kann, die monolithische Identität erneut herzustellen. Ich war nach dem Zusammenbruch des Ostblocks Ende der 80er Jahre in New York und habe erlebt, dass der plötzliche Verlust des eingeschworenen kommunistischen Feindes für viele amerikanische Bürger ein Stressfaktor war; überall versuchte man damals, Anzeichen für den Fortbestand des Kommunismus zu finden. Und man suchte nach einem relevanten, aktuellen „Anderen", auf den sich die Muster projizieren ließen, die zur Bewahrung der monolithischen Phase im Kalten Krieg beigetragen hatten: Im Fernsehen wurde gezeigt, wie Bürger japanische Autos zerschlugen (aus Furcht vor dem Schicksal der gefährdeten amerikanischen Autoindustrie). Nur waren die Japaner viel weniger als die Russen geneigt, die Rolle des „bösen Anderen" bereitwillig zu erfüllen.

Wenn sich die monolithische Phase auflöst, ist die mangelnde Klarheit mehrdeutiger Situationen für viele kaum zu ertragen. Deshalb kehren manche wieder zur monolithischen Religion zurück. Jugendliche schließen sich Sekten an oder suchen die monolithische Unterstützung, indem sie in extremistischen Kontexten aktiv werden, die das alte „Establishment" angreifen. Andere schließen sich den Sicherheitskräften an, die das Establishment schützen und die dichotome Spaltung in gut (wir) und böse (die anderen) bewahren. Aber es gibt auch Menschen, die das Bedürfnis haben, sich von der aufgezwungenen monolithischen Phase zu befreien, da sie ihnen nicht mehr hilft, sich oder die Umwelt zu verstehen. Auch sie leiden vermutlich unter der Mehrdeutigkeit, die die monolithische Phase ersetzt. Mehrdeutigkeit heißt Unsicherheit: Wer bin ich? Wo komme ich her, und wo gehe ich hin? In welcher Welt lebe ich, wenn die Dinge nicht mehr schwarz und weiß sind? Nach welchen Regeln funktioniert die Welt, wenn nicht nach der Regel gut gegen böse? Sieht man von wenigen Ausnahmen ab, haben die meisten Menschen Probleme damit, längere Zeit mit diesen Fragen zu leben, ohne definitive Lösungen zu haben. Aber wer kann diesen Prozess fördern? Soll man uns, wenn wir in den Fluss steigen, die sichere Küste auf der anderen Seite versprechen? Oder müssen wir jetzt lernen, unaufhörlich darin zu schwimmen?

Die monolithische Phase lässt sich so schwer aufgeben, weil es immer noch Anzeichen innerer und äußerer Bedrohung gibt, die das Fortbestehen einer monolithischen Identität anscheinend rechtfertigen. Wenn wir z.B. auf den Friedensprozess im Nahen Osten schauen, muss man fragen, ob die Osloer Verträge die Bedrohung der Existenz Israels durch die Araber beseitigt hat. Nach Meinung mancher haben sie sie sogar erhöht; und niemand würde behaupten, dass sie plötzlich verschwunden wäre. Solange es weiterhin Ereignisse gibt, die offensichtlich die Auffassung rechtfertigen, der palästinensische „Andere" sei „absolut böse", wie kann man da vom durchschnittlichen Israeli erwarten, den monolithischen Aspekt seiner Identität bereitwillig und ohne Schwierigkeiten aufzugeben? Man stelle sich vor, ein mittelalterlicher Ritter hängte seine Rüstung weg und beschlösse, sich ohne sie auf die Suche nach einer neuen Selbst-Definition zu begeben. Wenn er aber von Ferne einen Trupp voll gerüsteter Feinde auf sich zureiten sähe, würde er dann nicht seine Rüstung wieder anlegen? Und behielte er seine Rüstung, wie könnte er sich dann in eine sich verändernde Welt integrieren, in der der Harnisch lästig, beschwerlich und bedeutungslos geworden ist?

Eine interessante Frage: Wer kann dabei helfen, die monolithische Phase zu überwinden? Menschen, die aus Erfahrung gelernt haben, die Konflikte und Ambivalenzen ihrer Identität zu zügeln? Solche Menschen haben in jedem Fall einen Dialog aufrechterhalten, der die Neudefinition der Identität im Lichte innerer und äußerer Veränderungen betrifft. Sie können möglicherweise die Tatsache akzeptieren, dass sie kein Ganzes sind. Auch wenn sie gelegentlich versuchen mögen, sich als konsistent und kohärent darzustellen, sind sie sich doch der Grenzen dieser Selbstvorstellung bewusster. Andererseits werden solche Menschen in einem System, das auf „starken" monolithischen Definitionen aufbaut, oft als „schwach" betrachtet. Ihre Fähigkeit, Konflikte einzudämmen, wird als „weibliche" Qualität und ihre Schwäche als Unfähigkeit wahrgenommen, sich dem „absolut Bösen" zu stellen, wenn das System entscheidet, in den Ring zurückzukehren. Manchmal ist eine sehr stützende, starke und positive Umgebung erforderlich, damit sich der Dialog entwickeln kann, eine Umgebung, die die Komplexität auffängt und die eine Awareness und Erforschung der verschiedenen Aspekte einer in Auflösung begriffenen monolithischen Identität unterstützt, ohne dass diese Erforschung so viel Widerstand und Angst erregt, dass beide Seiten erneut „die Rüstung wieder anlegen".

Im Juni 1995 fand an der Ben-Gurion-Universität des Negev in Beer-Sheva ein kulturübergreifender Workshop mit einheimischen israelischen und aus Russland eingewanderten Studenten statt. Bei einer von den Leiterinnen[2] vorgeschlagenen Übung sollten sich die Studenten einen Standort im Raum suchen, der zwischen „100 Prozent Israelitum" (eine Wand) und dem „Gegenteil" (die gegenüberliegende Wand) lag. Zur allgemeinen Überraschung fanden sich fast alle Teilnehmer aus beiden Gruppen im selben Bereich wieder, etwa im Abstand von einem Drittel zur Wand, die das „100 Prozent Israelitum" repräsentierte. In der anschließenden Diskussion wurden die gebürtigen Israelis von den Einwanderern gefragt: „Wir wissen ja, warum wir nicht zu 100 Prozent Israeli sind, aber was macht ihr denn hier?" Die Teilnehmer aus der israelischen Gruppe antworteten im Grunde alle dasselbe: „Der Ausdruck ‚100 Prozent Israelitum' trifft auf mich nicht mehr zu, weil ich ein (monolithisches) ‚reines Israelitum' ablehne." Dieses Ergebnis kann man so interpretieren, dass sich die beiden Gruppen zwar sehr ähnlich eingeordnet haben (bei ca. „70 Prozent Israelitum"), aber aus jeweils unterschiedlichen Richtungen: Eine Gruppe (die Einwanderer) geht auf die monolithische Position (100 Prozent) zu, die andere Gruppe (die im Land geborenen Israeli) geht davon weg. Hier spiegeln sich auf der Mikroebene die gesellschaftlichen Prozesse der Makroebene.

Im Folgenden möchte ich Aspekte des Dialogs veranschaulichen, wie er aus der Auflösung der monolithischen Phase resultieren kann. Als Beispiel präsentiere ich einen Dialog, der im Rahmen einer Gruppe von palästinensischen und jüdischen Studenten aus Israel zwischen einem Palästinenser und einem Juden stattfand. Es ging darin um die Frage, warum palästinensische Israelis angesichts der bevorstehenden Gründung eines Palästinenserstaats nicht automatisch dorthin ziehen wollen, sondern lieber eine Minderheit in Israel bleiben, ein Verhalten, das wir Juden, die aus allen Enden der Welt gekommen sind, nicht verstehen können. Der Dialog spiegelt in Auszügen einen inneren und äußeren Dialog wider, indem sie untersuchen, welche Komponenten unsere Identität nach der Auflösung

der monolithischen Phase vom „Anderen" und vom kollektiven „Selbst"
ausmachen können.

3. Bewusstheit und Dialog zwischen dem „Selbst" und dem „fremden" Anderen: Jüdische und palästinensische Studenten in Israel [3]

Die Schwierigkeit, die an unseren Workshops an der Universität beteiligten Gruppen zu definieren, ist nicht zufällig, sondern hängt direkt mit dem Thema zusammen: Wer bin „ich", und wer ist der „Andere"? Als wir 1993 mit den Workshops anfingen, haben wir sie als „Workshops für kulturübergreifende Prozesse unter Arabern und Juden" bezeichnet. Dieser Name lässt sich als repräsentativ für den unvollkommenen Kompromiss bei der Namensgebung für die Begegnungen verstehen, die wir organisiert haben. In der Alltagssprache würde man von einer Begegnung zwischen Arabern und Israelis sprechen. Dieser Ausdruck ist natürlich nicht korrekt. Erstens ziehen die Araber in der Gruppe den Namen Palästinenser vor. Sie behaupten, die Bezeichnung „arabische Bürger Israels" entstamme dem israelischen Hegemonieanspruch und mache sie zu einer Minderheit mit israelischer Identität.[4] Zweitens bezeichnet der Ausdruck „Israelis" zwar in der Umgangssprache die „jüdischen Israelis", aber faktisch sind auch die Araber in den Workshops Israelis. Der Name „Kulturübergreifende Prozesse zwischen jüdischen und palästinensischen Israelis" dagegen klang nicht nur ungeheuer kompliziert, sondern auch wie eine politische Stellungnahme. Viele Israelis sind nicht bereit, die palästinensische Identität der in Israel lebenden Araber zu akzeptieren, oder sehen sie nur als formale Verbindung zu dem „Feind", mit dem wir immer noch im Konflikt liegen. Zudem impliziert sie eine Umdefinition der israelischen Juden in erster Linie als Juden. In diesem Sinne waren in der Frage der Benennung des Workshops bereits die Probleme enthalten, die später in den Gruppensitzungen thematisiert wurden.

In den Workshops bringen wir Menschen zusammen, die sich als Vertreter ihres jeweiligen Kollektivs verstehen. Sie kennen einander gar nicht oder haben sich nur über die Grenzen der Feindseligkeit und der Macht hinweg getroffen, aber vom ersten Augenblick ihrer Begegnung an betrachten sie sich durch die Brille des Kollektivs, des „Selbst" und des „Anderen". Avner, von dem wir gleich erfahren werden, kannte Araber vor allem durch seine Arbeit auf dem Bau; Nasser, sein Gesprächspartner, kannte Juden durch sein Studium in Beer Sheva und hatte die Begegnungen mit ihnen allgemein als demütigend und äußerst ärgerlich erlebt. Die Begegnung zwischen jüdischen und palästinensischen Studenten aus Israel war weder spontan noch zufällig, sondern Teil eines universitären Workshops. Und selbst hier brachten die Studenten ohne angemessene Leitung die Diskussion oft auf den kleinsten gemeinsamen Nenner: kulturelles Verhalten, Essen oder Fußball.

Bei diesen Workshops wird der Konflikt zwischen Juden und Palästinensern diskutiert.[5] Seit einigen Jahren treffen sich etwa 16-18 Teilnehmer aus der jeweiligen Nation ein Jahr lang drei Stunden wöchentlich, um sich mit dem Konflikt zwischen den beiden Völkern zu beschäftigen. Daneben gibt es alle drei Wochen Einzeltreffen der Araber bzw. Juden sowie einmal im Jahr ein Wochenendseminar in Neve Shalom mit ähnlichen Gruppen von anderen Universitäten. Die wöchentlichen Sitzungen bieten die Gelegenheit, sich kennenzulernen. Beide Seiten beschäftigen sich mit Fragen über die Grenzen der individuellen und der Gruppenidentität, vor allem mit der Frage: Wer bin ich, wenn ich nicht mehr durch meinen „Feind" definiert werde? Aber die beiden Gruppen sind keineswegs symmetrisch: Die jüdische Gruppe repräsentiert den dominierenden Teil der israelischen Bevölkerung und die palästinensische die Minderheit.

Der Workshop, in dem beide Gruppen gleich vertreten waren, evozierte sofort eine Spannung zwischen der scheinbaren Symmetrie innerhalb der Gruppe und den Machtbeziehungen außen (Maoz 2000). Diese Machtbeziehungen hatten doppelte Bedeutung: Jede Gruppe sah sich selbst als Minderheit und Opfer der jeweils anderen. Für die Juden gehörten die israelischen Araber zum weiteren Kontext des Nahen Ostens; sie glaubten, von einem Meer des Hasses umgeben zu sein. Die Palästinenser empfanden sich als schwache Minderheit im Staat Israel, in dem sie aufwuchsen, aber auch im Verhältnis zu den arabischen Staaten, von denen sie nicht als eigenes Volk anerkannt wurden. In diesem Sinne demonstrierte der Workshop das Problem der Kontakttheorie (Amir 1976) und der Annahme, dass in Begegnungssituationen eine Seifenblase von Symmetrie und Kooperation entstehen kann, die trotz der realen Konflikte und Asymmetrien außerhalb der Gruppe überdauert (Maoz 2000). Die Erfahrung in diesen Workshops hat gezeigt, dass Begegnung die Probleme nicht auflösen konnte, die ihre Kraft aus der Asymmetrie außerhalb des Workshopkontextes beziehen, eine Kraft, die angesichts vergangener oder gegenwärtiger Ereignisse und dem Fehlen einer künftigen Lösung dem Konflikt weitere Nahrung gibt.

Für Janet Helms (1990) liegt das Problem der Begegnung von Mehrheit und Minderheit in der verschwommenen Selbstdefinition der Angehörigen der Mehrheit (in ihrem Fall der Weißen in den USA), die sich von der erkennbar stärker werdenden Identität der unterdrückten Minderheit (hier der Schwarzen) deutlich abhebt. Entsprechend sehen auch Moscovici (1976) sowie Mugny/Perez (1991) die Minderheit bei Begegnungen mit der hegemonialen Gruppe im Vorteil, was die sozialen Repräsentanzen angeht: Die Minderheit kann ihre Selbstrepräsentanz von der der Mehrheit, mit der sie oft uneinig ist, unterscheiden, während die hegemoniale Gruppe in der Regel eine verschwommene und sehr viel weniger komplexe Selbstrepräsentanz besitzt. In den ersten Phasen der Begegnung hat die Minderheitsgruppe deshalb einen gewissen Vorteil; hier ist es die hegemoniale Gruppe, die die Unbestimmtheit ihrer Selbstdefinition mit ihren markanten inneren Widersprüchen prüfen muss.

Bei der Beobachtung dieses Prozesses in den Workshops entsteht gelegentlich der Eindruck, die beiden Gruppen bewegten sich auf je eigenen Achsen, die sich nie treffen. Dieser anfängliche „fehlende Treffpunkt" lässt sich folgendermaßen beschreiben:[6] Die Juden bewegen sich auf der Achse Furcht-Gleichgültigkeit-Sympathie, die Palästinenser auf der Achse Antipathie-Empathie. Während die Juden versuchen, eine gewisse Distanz und sogar Gleichgültigkeit im Kontakt mit den anderen Teilnehmern zu bewahren, bemühen sich die Palästinenser nach Kräften, die Juden darzustellen als Menschen, die sich nur um ihre eigenen Angelegenheiten kümmern (auch wenn sie dazu offen feindselige Äußerungen in Kauf nehmen). Solche Kräfte sind der Antrieb für bestimmte Gesprächsthemen in der Gruppe: Beide Seiten wollen die Waagschale zugunsten der eigenen Achse senken und damit ihre Identität so „intakt" halten wie vor der Begegnung, damit sie ihre Validität nicht überprüfen, innere Widersprüche und Spannungen nicht aufdecken müssen und sich größere Veränderungen ersparen können. Später werden wir sehen, wie sich die monolithische Phase der Gruppenidentität im Prozess der Gruppendiskussion von Juden und Palästinensern auflöst. Gerade die Einsicht, dass die Komponenten der kollektiven Identität nicht länger mit einer einzigen Regel kompatibel sind, trägt dazu bei, einen Dialog über Fragen der Identität in Gang zu bringen. Die Qualität dieses Dialogs entwickelte sich im Lauf des Workshops von einem recht routinierten Schlagabtausch zwischen „Selbst" und „Anderem" zu einem gleichzeitig inneren und äußeren Dialog (Golan 1998).

Es ist schwierig, einen Gruppenprozess zu beschreiben, an dem viele beteiligt sind und oft mehrere Dinge gleichzeitig stattfinden. Es ist auch schwierig, einen Gruppendialog mit biographischen Methoden zu analysieren. Problematisch ist die Hypothese, die der Analogie von der Gruppe und dem Einzelnen, der seine Lebensgeschichte nach einer verborgenen Strategie strukturiert, zugrunde liegt. Ich habe Ausschnitte aus Avners und Nassers Diskussionen aus dem Workshop 8/1997 ausgewählt. Die beiden waren die Schlüsselfiguren in ihren jeweiligen Gruppen und wurden Freunde, als sie am Ende des ersten Semesters zusammen einen Beobachtungsauftrag durchführten. Die extremen, grundverschiedenen Standpunkte, die sie beim Workshop formulierten, standen mehr als einmal in scharfem Gegensatz zu der sich parallel dazu entwickelnden Freundschaft. Es folgen Ausschnitte aus ihrem Dialog im ersten Semester des Workshops, die für einen Teil des umfassenderen Gruppenprozesses stehen. Das ist natürlich nicht unproblematisch, denn der Prozess dieser beiden deckt sich nicht immer mit dem der gesamten Gruppen, und auch die gewählten Ausschnitte repräsentieren nicht unbedingt das gesamte Geschehen in der Gruppe oder auch nur zwischen Nasser und Avner. Andererseits gestattet diese Art der Darstellung, gewisse Prozesse in den Workshops zu illustrieren, ohne alle Teilnehmer oder die generelle Struktur der Beziehungen zwischen ihnen im Einzelnen darstellen zu müssen.

Nasser und Avner: persönlicher Hintergrund

Nasser wurde in Akko geboren und wuchs in einem arabischen Viertel auf. Seine Eltern stammen ursprünglich aus Jenin, das heute zu den palästinensischen autonomen Gebieten gehört. Die Familie zog nach Beer Sheva, als er sieben Jahre alt war. Zur Schule ging er in Tel Sheva, einer Beduinenstadt, da seine Eltern wollten, dass er Arabisch und andere Fächer lernte, die mit seinem kulturellen und religiösen Erbe verbunden waren. Anschließend besuchte er in Beer Sheva eine jüdische Highschool, wo er mehr lernen konnte und bessere Chancen hatte, das Abitur zu machen. Trotz seiner jüdischen Freunde und seiner hervorragenden Beziehung zu den Lehrern (er betonte die Hilfe, die er in der Schule erfahren hatte, und die besondere persönliche Haltung von Unterstützung und Ermutigung), fühlte er sich fehl am Platz, unter Juden genauso wie als Araber aus dem Norden unter den Beduinen des Südens und letztlich auch als arabischer Student an einer jüdischen Universität. Persönlich fühlte er sich nicht diskriminiert:

„Ich hatte immer das Gefühl, zur Minderheit zu gehören, obwohl bei mir eigentlich immer alles glatt gelaufen ist. Die Beduinen, bei denen ich zur Schule ging, betrachteten mich als Fellachen. Ich lernte den Beduinen- und den städtischen Akzent. Als ich auf die jüdische Schule wechselte, hatte ich keinen arabischen Akzent. Ich lernte jüdische Geschichte, Tradition, Sprache, einfach alles. Ich kenne Leute, deren Kinder kein Arabisch können, und es verletzt sie. [...] Durch dieses Jahr kam ich auf die Universität. Ich machte Abitur, wollte Industriechemie studieren, wurde aber nicht angenommen, schrieb mich für Wirtschaftswissenschaften ein und lernte an der Uni arabische Studenten kennen. Darüber war ich froh und hatte das Gefühl, dazuzugehören. Die Juden schätzen das nicht, was sie haben. Wir erkennen, wie wichtig es ist, weil wir es nicht haben. Sie haben Freunde, Feiertage. [...] Ich musste an meinen Feiertagen studieren. Das Gefühl habe ich zum ersten Mal an der Bir Zeit-Universität erlebt. Plötzlich war ich ein anderer Nasser. Ich war noch nie an einem Ort gewesen, wo alle Araber waren. Vielleicht ist es zu spät, das auszuradieren, vielleicht gehörte ich im Grunde selbst dann nicht dazu, wenn ich in Palästina leben würde, weil es schwer ist, das auszulöschen. Die Leute sagen mir immer, es sei ein Vorteil, in Israel aufzuwachsen, mit der ganzen Technologie und den wirtschaftlichen Vorteilen, aber ich glaube das nicht. Am meisten bedrückt mich, dass ich meinen Eltern die Schuld daran gebe, dass ich zur Minderheit gehöre, aber sie selbst gehören auch zur Minderheit. Es ist für mich vielleicht zu spät, aber nicht für meine Kinder, und ich kann nicht meinen Eltern Vorwürfe machen und selbst nichts für meine Kinder tun. Ich schreibe viele Gedichte. Ich glaube, dass die Kriege und die Toten Teil des Friedensprozesses sind und dass es am Ende Frieden geben muss. Die Tatsache, dass wir zusammenleben, heißt, dass es Frieden geben muss."

Diese Aussagen stammen aus dem Anfangsgespräch, das Shoshana Steinberg in den ersten Wochen des Workshops mit Nasser führte, genauso wie die folgenden Auszüge aus dem Interview mit Avner.

Avner wurde im Kibbuz Yad Mordecai geboren. In sehr frühem Alter machte er mit dem Holocaust Bekanntschaft:

„In meinem Kibbuz lebt man praktisch mit dem Holocaust. In meiner Kindheit hatten ausnahmslos alle Erwachsenen und auch viele der zweiten Generation den Holocaust erlebt. Der Kibbuz hat ein großes Holocaust-Museum, ein sehr großes Denkmal; der Präsident kommt am Holocaustgedenktag. Verstehen Sie, ich habe in diesem Kibbuz als Kind von drei oder vier Jahren schon ein sehr großes Holocaust-Museum besucht. (Entschuldigend:) Man kann nicht erwarten, dass mir als Elf- oder Zwölfjährigem das Massaker von Kfar Kassem wichtiger gewesen wäre als der Holocaust. Das ist nur natürlich."

Der Militärdienst war für ihn wichtiger Bestandteil seiner israelischen Identität. Trotz der schweren Probleme und Zwangslagen, in die ihn sein

Dienst in den besetzten Gebieten brachte, war die Loyalität zur Armee und die Verpflichtung zum Militärdienst für ihn ein zentraler, unwiderlegbarer Wert. Er definierte sich selbst als säkularen Israeli mit linken Anschauungen, der einen Frieden mit den Arabern anstrebe. Vor seiner Teilnahme am Workshop hatte er mit Arabern nur bei der Arbeit auf dem Bau zu tun gehabt, wo er mit israelischen und palästinensischen Arabern aus den besetzten Gebieten zusammengearbeitet hatte. Er gab zu, dass er nicht viel von ihnen wusste. Bei seiner Arbeit in Perach hatte er einen arabischen Berater getroffen und mit ihm Basketball gespielt, aber sie waren keine Freunde geworden. Er wollte am Workshop teilnehmen, weil er wegen des anhaltenden Konflikts Araber besser kennenlernen wollte, und hoffte, ihnen dadurch näherzukommen und zur Lösung des Konflikts zwischen Israelis und Palästinensern beitragen zu können:

„Ich habe mit ihnen auf dem Bau gearbeitet. Die Zusammenarbeit war eine sehr positive Erfahrung. Wir arbeiteten und aßen zusammen und so. Einmal fuhren wir zusammen im Auto und hörten arabische Musik. Einer der Arbeiter sagte, eines Tages würde es nur arabische Musik im Radio geben und alles in Arabisch sein. Es hat mich nicht geärgert; wir wussten beide, dass das nicht passiert, aber ich war froh, dass er so träumen konnte. Auch die Erfahrung in Perach war positiv. Wir arbeiten zusammen im 'Havayeda'.[7] Wir stellen der Beduinengemeinde das Programm vor [...] Davon abgesehen hatte ich keine Kontakte zu Arabern. Sie spielten in meinem Leben keine Rolle. Wenn es einen Anschlag von Terroristen gibt, gibt es viel Wut, das Gefühl, etwas müsse getan werden, aber selbst in den schwierigsten Momenten glaube ich noch, dass es eine Lösung gibt. Es gibt Wut auf die Situation und die Menschen, die solche Sachen machen, und ich kann sie nicht verstehen. Ich begreife, dass es aus ihrer Sicht ein Weg ist, ich kann ihnen nicht zustimmen, aber selbst beim stärksten Schmerz habe ich noch geglaubt, dass es eine andere Lösung gibt. Ich wollte beim Workshop mitmachen, um sie kennenzulernen und zu verstehen. Wenn ich nach dem Workshop mehr von den Problemen weiß, wenn ich sagen kann, ich habe irgendeine Lösung, weil ich mit der anderen Seite gesprochen und irgendeinen Kompromiss gefunden habe, dann hat der Workshop seinen Zweck erfüllt. Wir müssen miteinander reden. Ich halte diese Gespräche für sehr wichtig. Solche Foren sind der Mühe wert. Wenn wir reden, dann kommen die Dinge auf den Tisch, und keiner bleibt gleichgültig. Beide Seiten brauchen positive Erfahrungen."

Man könnte den Dialog zwischen Avner und Nasser auf der Basis dieser Interviews analysieren, die den persönlichen Bezugsrahmen der beiden darlegen. Nasser machte die Erfahrung, von Geburt an zu einer abgelehnten Minderheit zu gehören, und verschaffte sich dank seiner intellektuellen Fähigkeiten Zugang zur israelischen Gesellschaft. In den Anfangssätzen spürt man eine Spannung zwischen der recht romantischen Haltung zu der Zeit im palästinensischen Bir Zeit und dem Gefühl der Entfremdung, das er, wenn auch offensichtlich aus verschiedenen Gründen, an beiden Orten hat. Avner dagegen betonte sofort die emotionale, komplexe Belastung, die ihm die Atmosphäre eines Kibbuz auferlegte, der dem Holocaustgedenken verpflichtet ist, verbunden mit einer traditionell positiven politischen Haltung gegenüber den Forderungen der Araber. Avner ging an den Workshop mit der naiven Haltung heran: „Wir müssen Erfahrungen machen [...] wenn wir miteinander sprechen, [...] wird niemand gleichgültig bleiben." Aber hier soll die methodische Analyse des Texts ausgehend von der ersten Interaktion zwischen Nasser und Avner im Vordergrund stehen.

Die erste Begegnung

Avner: „Wenn sie (die Leiter) sich zu uns als zu zwei Gruppen verhalten, werden sich die Diskussionen zwischen den beiden Gruppen abspielen und nicht zwischen den Einzelnen. In einer Gruppe entwickelt sich eine Dynamik zwischen Einzelnen, und deshalb wird das für mich ziemlich schwer sein."
Avners ziemlich rätselhafte Worte lassen sich ohne die Einleitung des arabischen Workshopleiters kaum verstehen. Avner meint in etwa: Auch wenn die Workshopleiter finden, das Thema solle zwischen den Gruppen verhandelt werden, sollten wir uns lieber auf individueller Basis begegnen. Damit fordert er freundlich („für mich wird das ziemlich schwer sein") eine Gruppendynamik zwischen Individuen und verwischt die nationalen Identitäten. Das ist eine typische Forderung, die die jüdischen Teilnehmer anfänglich an die palästinensischen richten („Wir sind alle Israelis."). Die verborgene Botschaft lautet: Wir, die Mitglieder der dominanten Gruppe, brauchen unsere nationalen Merkmale hier nicht zu betonen. Wenn ihr auch bereit seit, sie beiseite zu lassen, bleibt unsere Dominanz gewahrt, und dann sind wir gern bereit, uns auf persönlicher Basis mit euch auseinanderzusetzen.
Nasser: „Ich bin Palästinenser. Es gibt einen Unterschied zwischen nationaler und politischer Zugehörigkeit. Ich werde mich nie als Israeli fühlen."
Die Analyse dieser beiden Eröffnungssätze verweist auf ein Drama. Nasser antwortet Avner autoritativ: „Ich bin Palästinenser." Damit ver-

sucht er, in diesem frühen Stadium mehrere Punkte klarzustellen: (1) Ich stimme deinem Vorschlag nicht zu, Avner, ich sage dir direkt, wer ich bin, und dass ich mich durch meine Gruppenidentität definiere. (2) In meiner persönlichen Identität auf der Basis der Gruppe bin ich Palästinenser und kein israelischer Araber (heute eine politisch unkorrekte Definition, die die dominante Gruppe der Juden beibehält), und du solltest dir da keine Illusionen machen. (3) Da ich zwischen Nationalität und politischen Differenzen unterscheide, fühle ich mich nicht als Israeli (bzw. stärker: werde ich mich nie als Israeli fühlen). Das heißt, selbst dann, wenn hier ein Prozess entstehen sollte, wird sich meine Ansicht deshalb nicht ändern. Nasser gibt in diesem Stadium kein spezifisches Beispiel, sondern bleibt im Bereich der Verallgemeinerung, in dem Avner die Diskussion begonnen hat.

Avner: „Ich will etwas über den Alltag erfahren. Mich interessiert es im Grunde nicht, wo deine Loyalitäten liegen, ob bei Arafat oder bei Peres. Warum fühlst du dich hier nicht wohl? Was ist so schlimm daran?"

Zum ersten Mal spüren wir hier die parallelen Achsen, auf denen sich Avner und Nasser bewegen. Avner versucht, „nett" zu Nasser zu sein, ignoriert aber tatsächlich seine Antwort, während er Nasser „in Versuchung führt" und seine eigene politische „Offenheit" deutlich macht, im Gegensatz zum überwiegenden Teil der israelischen Bevölkerung („Mich interessiert es im Grunde nicht, wo deine Loyalitäten liegen, ob bei Arafat oder bei Peres."). Er versucht, das Gespräch wieder auf persönliche, alltägliche Probleme zu lenken („Warum fühlst du dich hier nicht wohl? Was ist so schlimm daran?"). Avner ist sich an diesem Punkt des Paternalismus, der in diesen Worten liegt, genauso wenig bewusst wie der Tatsache, dass er nicht auf Nassers Worte eingeht.

Nasser: „Meiner Meinung nach schätzt man das nicht, was man hat. Deshalb kannst du das auch so schwer verstehen. Ich lebe jetzt seit 20 Jahren hier; freitags und samstags sind die Geschäfte zu, man kann nirgends hin. Ich bleibe an den Feiertagen hier und habe nichts zu tun. Aus der Moschee, in der ich beten könnte, haben sie jetzt das Beer Sheva Museum gemacht. Es gibt vieles, was ich hier vermisse. Du spürst das nicht, weil du es hast: Volkstanz, Discos, Filme. Kein Film in arabisch, keine arabische Musik."

In Nassers Rede gibt es einen deutlichen Übergang von der zunächst allgemeinen zur konkreteren Ebene, aber dennoch wird Avner hier nicht persönlich angesprochen. Nassers Worte lassen sich auf verschiedene Weise interpretieren. Einerseits geht er scheinbar auf Avners Anregung ein und beschreibt, „was so schlimm daran" ist: dass es in Israel keinen Raum für palästinensische Kultur und islamische Religion gibt. Andererseits beginnt Nasser mit einer starken Aussage („Meiner Meinung nach kann man das, was man hat, nicht schätzen. Deshalb kannst du das auch so schwer verstehen.") und deutet damit an, dass Avner ihn eben nicht versteht: Wenn du an meiner Stelle wärst, würdest du vielleicht begreifen, worum es geht. Am Beispiel der Moschee in Beer Sheva illustriert er die Beleidigung seines Volkes und die schroffe Nichtachtung der palästinensischen Bevölkerung durch die Israelis (die Juden). Weitere Beispiele („kein Film in arabisch, keine arabische Musik") verstärken das Gefühl, nicht berücksichtigt, ausgelöscht zu werden.

Avner: „Das müsst ihr schon selbst organisieren."

Wird hier wieder Avners Missachtung spürbar? Oder handelt es sich um den Beginn einer Verteidigung durch Angriff? Avner spricht immer noch im Plural und ignoriert Nassers persönlichere Form der Anrede. In der Betonung „eurer" Verantwortung formuliert er zum ersten Mal die Symmetrie-Vermutung, die bei den jüdischen Teilnehmern in diesem Stadium vorherrscht: Wenn ihr es wolltet, hättet ihr dasselbe wie wir, aber euch fehlt dazu die Struktur. Damit wird in Mehrheits-/Minderheits-Beziehungen typischerweise von inneren Zuschreibungen – an die Minderheit und ihre negative Situation – abgelenkt („Eure schwierige Lage hat keine äußeren Ursachen, sondern geht auf eure mangelnde Bemühung zurück."). Aber trotzdem hat Avner, ohne es zu merken, auf Nassers Bedürfnis nach einer Kommunikation auf der Ebene der Gruppe und nicht des Individuums reagiert.

Nasser: „Der Studententag[8] ist ein Tag des jüdischen Volkes."

Avner: „Ihr habt Vertreter im Studentenkomitee, die sollten was tun. Beschwer dich bei deinem Vertreter. Ich verstehe die Tatsachen, aber die Frage ist doch, ob man diese Situation nicht ändern kann. Ich frage, warum du dich nicht wohl fühlst. Du sagst, es gibt für dich keine Freizeitaktivitäten. Das liegt an euch, euch fehlt die Organisation."

Wieder spürt man die parallelen Achsen, auf denen sich Nasser und Avner in diesem Stadium bewegen und die sich nicht treffen. Nasser ist mit seiner schroffen Formulierung: „Der Studententag ist ein Tag des jüdischen Volkes", einen Schritt weitergegangen. Damit hat er zum ersten Mal die jüdische Auffassung von dem, was es heißt, „Israeli" zu sein, in Frage gestellt. Ein jüdisches Volk organisiert den Studententag für die Juden. Was ihn betrifft, ist das nicht „israelisch", denn es gibt andere „Israelis", die von den Juden ignoriert werden.

Avner ist jetzt eindeutig in der Defensive und versucht gleichzeitig, die „jüdische" Herausforderung Nassers zu ignorieren. Er verteidigt sich mit der Symmetrie-Vermutung und benutzt die Taktik der inneren Zuschreibung. Die erneute persönliche Ansprache Nassers („Warum fühlst du dich hier nicht wohl?") scheint hier rhetorisch gemeint, denn er beantwortet die Frage gleich wieder im selben Sinne wie vorher („Das liegt an euch, euch fehlt die Organisation.").

Damit endete der erste Teil der Konfrontation von Nasser und Avner. Beide haben für sich definiert, in welchem Bezugsrahmen sie „experimentieren". Nasser reagierte in diesem Stadium eindeutig geschickter; Avner, der in die Defensive geraten war, benutzte die zwischen Juden und Palästinensern üblichen Diskussionsstrategien. Gegen Ende der Sitzung, als die Diskussion der Gruppe um die Errichtung eines Palästinenserstaates kreiste, kam es zu einer erneuten Diskussion zwischen ihnen. Nasser hielt einen Monolog, der, wie sich sehen lässt, Aspekte des palästinensischen Narrativs formuliert.

Nasser: „Die Juden sind sehr empfindlich und beleidigt, wenn man ihren Rassismus kritisiert. Wir sind Palästinenser, die hier leben, wir sind ein Volk. Wir haben hier Verwandte. Wir haben den Preis dafür bezahlt, dass die Juden einen Staat bekommen haben. Es gibt viele traurige Geschichten. Wir sind ein Volk, aber wir leben auf der ganzen Welt. Was mit den Juden passiert ist, passiert jetzt mit uns, weil ihr einen jüdischen Staat wolltet. Deshalb leben wir in der Diaspora. Wir haben Gefühle, und wir wollen einen Staat gründen. Ich will nicht, dass ein Onkel von mir in den USA, ein anderer in Jordanien und der dritte in den besetzten Gebieten lebt. Ein palästinensischer Staat ist eine Bedrohung für euch. Der Name dieses Landes ist Palästina, und deshalb nennt man mich Palästinenser."

Diese Rede Nassers ist im Verhältnis zu seinen lakonischeren Äußerungen am Anfang nicht nur klarer, sondern präsentiert auch erstmals dramatisch und bewegend seine eigene Version des palästinensischen Narrativs: Ihr Juden wollt nicht gern als Rassisten definiert werden und gebt auch nicht gern zu, dass ihr rassistische Tendenzen habt. Wir, die Palästinenser, haben den Preis für euren Staat gezahlt. Was euch angetan wurde (Zerstreuung und Verfolgung in der Diaspora), das tut ihr jetzt uns an. Auch wir haben (nationale) Gefühle, und deshalb wollen wir einen Staat gründen. Das Problem liegt darin, dass euch das bedroht. Nasser stellt keine Fragen und untersucht auch keine Annahmen, sondern formuliert eine These mit einem selbstbewussten inneren Gerechtigkeitsgefühl. Er beendet seine Rede mit einer Neudefinition des Landes: Sein Name ist nicht Israel, sondern Palästina. Vielleicht tut er das, um die Bedrohung hervorzuheben und in den Herzen der jüdischen Teilnehmer Furcht zu wecken.

Avner: „Sag mal, willst du auch Haifa und Tel Aviv?"
Nasser (lacht): „Sicher, aber ich krieg sie ja nicht."

Der drohende Ton in Nassers Worten ist offensichtlich verstanden worden; Avner hat die Drohung verstanden und reagiert entsprechend. So direkt seine Frage auch ist, ist sie doch durch Furcht motiviert: Wollt ihr wirklich Haifa und Tel Aviv als Teil eures Palästinenserstaats? Mit seiner Reaktion auf Nassers letzten Satz kann Avner das gesamte palästinensische Narrativ ignorieren, das diesem Satz vorausgeht. Nasser, der sich möglicherweise über die prompte Wirkung seiner Worte freut, antwortet lachend: „Sicher, aber ich krieg sie ja nicht", so als wolle er durch sein Lachen erneut seine Stärke und Avners Furcht wiederbeleben: Wenn ich könnte, würde ich sie natürlich nehmen, genauso wie ihr euch alles genommen habt, was ihr kriegen konntet. Nasser reagiert hier in gewissem Sinne auf einen bestimmten Aspekt von Avners Symmetrie-Vermutung: Die Starken entscheiden, und ich will ebenfalls so stark sein wie ihr, auch wenn ich mein Streben im Moment noch nicht verwirklichen kann. Die Struktur dieser Worte weckt entsprechend die Ängste der Juden, die Palästinenser würden sich, wenn sie könnten, auch Haifa und Tel Aviv nehmen.

Avner: „Beantworte mir doch eine Frage. Was mein Volk angeht, weiß ich mehr oder weniger Bescheid. Meine Vorstellungen stützen sich auf den israelischen Konsens oder wie immer du es nennen würdest, aber ich weiß nicht, wie es bei dir ist. Ich frage dich ganz ehrlich: An welchem Punkt der Geschichte liegt deiner Meinung nach der Ursprung eines palästinensischen Volkes?"

Hier findet eine interessante Umkehrung statt: Nasser hat die hypothetische Symmetrie übernommen, und Avner vervollständigt jetzt den „Tanz", indem er die Definition der kollektiven Identität akzeptiert. Er redet nicht mehr im Plural von der anderen Seite (wie beim Studententag) und spricht Nasser jetzt direkt an. Jetzt ist die Angst, die Palästinenser seien allzu organisiert und ihre Absichten gegenüber den Juden allzu unklar, an die Stelle der Behauptung getreten, die arabischen Studenten seien nicht organisiert genug. Aber als er fortfährt, wird er unklar: Will er verstehen, wie weit die territorialen Ansprüche der Palästinenser gehen (ein Ausdruck der vorangegangenen Furcht), oder ist in der „ehrlichen Frage" an die Stelle der Furcht wieder das anfängliche Überlegenheitsgefühl getreten: Im Gegensatz zu unserer langen Tradition als Juden und Israelis ist das palästinensische Volk erst in diesem Jahrhundert entstanden, und deshalb ist die Frage des Namens (Palästina) für die Juden, die schon vor Tausenden von Jahren hier waren, nicht relevant.[9]

Nasser: „In Geschichte kenne ich mich nicht aus."

Avner: „Ich frage ja nur. Ich will es ja nur verstehen."

Nasser geht auf die Frage nicht ein, vielleicht, weil er glaubt, das Thema könne später noch angesprochen werden, vielleicht, weil er nicht damit weitermachen kann oder will. Möglicherweise war es ihm auch wichtiger, die palästinensische Sicht darzustellen, als sich auf die komplexe Frage des „Wer war zuerst da" einzulassen.

Die zweite Konfrontation der beiden endet in einer Pattsituation, so als hätten sie gelernt, die Kraft des Gegners zu würdigen. Gegen Ende der Begegnung versucht Avner erneut, von dem Konflikt abzulenken, vielleicht weil er in letzter Minute die Diskussion wieder aus dem Gruppenkontext lösen und in einen persönlichen Rahmen stellen und größere „Nähe" herstellen will, als die Diskussion ergeben hat.

Avner: „Ich definiere mich nach meinen politischen Ansichten und meinen Wahrnehmungen. [...] Ich glaube, wir sind gar nicht so weit auseinander, du und ich. Ich hoffe, dass ich Recht habe, aber du hast das, was ich gesagt habe, auch in der Pause, ganz anders verstanden und dich sehr feindselig verhalten. Ich weiß nicht, wo das herkommt, aber es hat definitiv etwas mit der Atmosphäre zu tun, die nicht angenehm ist."

Avners Strategie ist aus Prozessen in nicht-symmetrischen Gruppen durchaus bekannt. Sie beansprucht das Recht auf Sensibilität und Gerechtigkeitsgefühl und weckt gleichzeitig Schuldgefühle im anderen: Tatsächlich liegen wir (in unseren Standpunkten) nicht weit auseinander, aber du hast Schwierigkeiten, meine Worte zu deuten, reagierst feindselig und schaffst eine unangenehme Atmosphäre. Hätte Nasser Avners Klage akzeptiert und sich gefragt: „Warum fühlt sich Avner verletzt?", dann hätte Avner die Sitzung mit dem moralischen Vorteil verlassen können, Nasser Schuldgefühle gemacht zu haben. Anscheinend war Nasser aber durchaus auf solche Versuche, ihn „in die Ecke zu drängen", vorbereitet:

Nasser: „Wir sind hier, um zu streiten, um zu reden, und das ist überhaupt nicht persönlich."

Avner: „Du hast mich nicht verletzt, und mir geht es auch nicht schlecht. Ich habe kein Problem damit, das man mich angreift, das halte ich schon aus. [...] Du greifst mich für etwas an, was ich nicht gemeint habe. Ich meinte, dass sich das ganz anders anhört."

Nasser: „Du merkst gar nicht, was du sagst. Du weiß nicht, wie das rüberkommt, wie wir dich verstehen."

Zum ersten Mal definiert Nasser den Sinn des Workshops, wie er ihn sieht, und hebt gleichzeitig wieder den Gruppenzusammenhang hervor, betont aber auch, dass er Avner nicht verletzen wollte. Damit will er vielleicht klarstellen, dass ihm Avner wichtig ist. Avner wiederum versucht, Nassers erstes Anzeichen einer Nähe zwischen ihnen zu benutzen, um sich seiner Hilfe gegen eine der arabisch-palästinensischen Frauen zu versichern, die ihn, wie er behauptete, „überhaupt nicht verstanden" habe. Aber Nasser steht weiterhin loyal zu dem Kollektiv, das er bis jetzt mit großem Erfolg repräsentiert hat: „Du merkst gar nicht, was du sagst. Du weiß nicht, wie das rüberkommt, wie wir dich verstehen." Avner, der sich nicht geschlagen geben will, beendet die Diskussion, indem er zur ungenaueren Ebene des Anfangs zurückkehrt, und versucht, durch den Anspruch auf „Streitkultur" wieder seine Überlegenheit zu etablieren:

Avner: „Die Frage ist, warum. Vielleicht hat sie mir ja einfach nicht zugehört. Vielleicht ist das, was wir in der letzten halben Stunde gemacht haben, ein Spiegel der natürlichen Situation des jüdisch-arabischen Konflikts. Wir haben gestritten, uns gegenseitig konfrontiert und so weiter. Ich glaube aber, wenn die Diskussionen fruchtbarer und wirksamer werden sollen, müssten beide Seiten irgendeine Form von Streitkultur übernehmen, etwas, das wichtiger sein könnte als die Gesellschaft, wie sie heute ist."

Die vierte Begegnung

Diese Begegnung fand nach dem Besuch der palästinensischen Gruppe an der von Palästinensern geleiteten Bir Zeit-Universität statt. Die Studenten waren nach dem Besuch sehr aufgeregt. Ihnen war vor allem das aufgefallen, was sie an der Ben-Gurion-Universität vermissten: arabische Musik, Seminare in arabischer Sprache. Deshalb wurden sie von den Mitgliedern der jüdischen Gruppe gefragt, ob sie ihren Magisterabschluss dort machen würden. Zwischen Nasser und Avner entspann sich die folgende Diskussion über dieses Thema:

Nasser: „Ich möchte diesen Punkt klären. Wenn ich dort in meinem Fach den Magister machen könnte, würde ich dort studieren. Wer nicht da war, kann das nicht verstehen [...] kurz, es ist eine Frage der Bedingungen. Wir würden dort gerne studieren."

Avner: „Alle deine Überlegungen sind praktische. Die Frage ist, ob du dich aus praktischen Erwägungen dazu entscheidest, nicht an einer Universität zu studieren, an der du dich zu Hause fühlst; wenn das so ist, warum machst du nicht dasselbe, wenn der Palästinenserstaat gegründet ist? Warum willst du weiter hier leben? Es ist für dich gar nicht möglich, dich hier zu Hause zu fühlen. Was du sagst, hört sich sehr seltsam an. Du sagst eigentlich, wenn es den Palästinenserstaat gibt, würdest du da nicht leben."

Mehrere Teilnehmer gleichzeitig: „Warum sollten wir gehen? Unser Land ist hier!"

Diesmal präsentiert Nasser eine ambivalente Einstellung: Einerseits identifiziert er sich mit der Bir Zeit-Universität (und damit vielleicht auch mit dem palästinensischen Nationalismus, der sich in ihrem Umkreis entwikkelt), andererseits führt er praktische Gründe dafür an, dass er dort nicht studieren kann. Avner erkennt Nassers Ambivalenz sofort: In einem jüdischen Staat bist du Angehöriger einer Minderheit und fühlst dich nicht zu Hause. Warum willst du dann hier weiter leben, wenn ein palästinensischer Staat gegründet ist? Die Reaktion der Palästinenser: Warum sollten wir gehen? Hier ist unser Land und seit Generationen unser Zuhause.

Die Juden in der Gruppe sind verblüfft: Unsere Väter und Vorväter haben sich seit Generationen nach einem jüdischen Staat gesehnt und sind Tausende von Kilometern gereist, um dort zu leben, um nicht mehr als Minderheit unter Nichtjuden zu leben, um dort ihre Kinder zu erziehen, und ihr wollt nicht mal fünfzig Kilometer weit gehen, damit eure Kinder als Mehrheit in eurem Volk und eurer Religion aufwachsen können? Und das alles wegen eurer Beziehung zum Land eurer Eltern? Diese Verblüffung macht die bislang größte Kluft zwischen den monolithischen Glaubenssystemen beider nationaler Gruppen sichtbar: Die Juden, die an den Zionismus glauben (und bereit sind, sich von einer jahrhundertealten Diasporatradition zu trennen), und die Palästinenser, für die ihre Bindung an das Land wichtiger ist als die Möglichkeit, sich am Aufbau ihrer eigenen Nation zu beteiligen. Natürlich befürchten die Juden, das sei nur der erste Schritt in der bekannten Stufentheorie (ihrer Vertreibung aus ganz Israel), die sie den Palästinensern in der Vergangenheit unterstellt haben. Nach dieser Theorie streben die Palästinenser wie 1948 auch heute noch nach der Herrschaft über ganz Israel. Der scharfe Übergang zwischen einem direkten individuellen und einem indirekten allgemeinen Appell ist charakteristisch für den Zweifel und das Unbehagen und möglicherweise auch die Demagogie, die in beiden Gruppen vorherrscht.

Avner: „Ich frage mich, wie du, Nasser, ein Mann, der gar nicht beabsichtigt, in einen Palästinenserstaat zu ziehen, von Forderungen sprechen kannst. Ich will nur wissen (zur jüdischen Gruppe gewandt), ich will ihren Standpunkt verstehen. Wie können sie einen unabhängigen Staat fordern, wenn sie gar nicht die Absicht haben, darin zu leben? Du, Nasser, hast du nicht die Absicht, dorthin zu ziehen? Jetzt, heute? Er antwortet mir nicht."
(blickt triumphierend in die Runde).

Nasser (unbehaglich): „Ich kann da nicht leben."
Avner: „Warum nicht?"
Nasser: „Weil es den Menschen und das Land gibt. Mein Land ist hier. Die meisten Palästinenser werden, wenn es einen Staat gibt, das Gefühl haben, dorthin zu gehören. Aber es gibt auch die, die ihr Land nicht verlassen werden, um mit ihrem Volk zu leben. Verstehst du? Das sind zwei verschiedene Fragen. Warum wart ihr nicht bereit, nach Uganda zu gehen? Du sagst, dass du zwischen Nation und Land unterscheidest. Warum seid ihr also nicht nach Uganda gegangen? Solange das Volk zusammen ist. (Zwischenrufe der jüdischen Teilnehmer.) Ihr wolltet doch schließlich einen jüdischen Staat. Wenn ihr in ein anderes Land gegangen wärt, hättet ihr euch gemeinsam wohl gefühlt und keinen Antisemitismus erlebt. Für euch hatte ein anderer Ort keine Bedeutung; das ist für uns genauso."

Avner „genießt" Nassers Unbehagen. Er wendet sich von ihm ab und der Gruppe zu, wobei er das Fehlen einer direkten Antwort ausnutzt, wie es Nasser bis dahin immer tat. Nasser versucht zu antworten, und zwar auf zwei verschiedene Weisen. Erstens unterscheidet er zwischen dem Recht der palästinensischen Mehrheit auf die Durchsetzung der nationalen Identität und israelischen Palästinensern wie ihm selbst, die an das Land gebunden sind und dafür ihre Bindung an die Nation aufgeben („Das sind zwei verschiedene Fragen"). Zweitens führt er das Beispiel des gescheiterten Uganda-Plans an, um zu zeigen, dass die Juden ebenfalls das Bedürfnis haben, ihre Nationalität auf einem bestimmten Stück Land mit langer Bedeutungstradition durchzusetzen („Für euch hatte ein anderer Ort keine Bedeutung; das ist für uns genauso").

Avner: „Das heißt also, dass die Gründung eines Palästinenserstaats, selbst mit Jerusalem als Hauptstadt, den arabisch-jüdischen Konflikt nicht lösen kann. [...] Wenn ich mich jetzt aber mit einem rechten Extremisten streite und er sagt, sieh mal, sie wollen die besetzten Gebiete, sie wollen Jerusalem, und morgen wollen sie Haifa und Jaffa, dann kann ich ihm nicht sagen, das stimmt nicht. [...] Ihr kämpft für einen Staat, in dem ihr nicht leben wollt. Meiner Meinung nach habt ihr Unrecht, denn wenn es den Palästinenserstaat einmal gibt und ihr mit Klagen ankommt, werdet ihr als erstes hören: Ihr habt einen Staat, geht doch hin. Ihr macht eure Lage nur schwieriger."
Nasser: „Ich glaube, wenn es erst einen Palästinenserstaat gibt, ist es für uns leichter, uns als Palästinenser zu definieren, die in Israel leben."

Hier wird ein klarer Unterschied deutlich zwischen Avners Behauptung („Ihr macht eure Lage nur schwieriger, weil ihr für einen Staat seid, in dem ihr nicht leben wollt"), die eine politisch-pragmatische ist, und Nassers Behauptung („Es wird für uns leichter sein, uns als Palästinenser zu definieren, die in Israel leben"), die eine emotionale und soziale ist.

Avner: „Was mich angeht, so identifiziere ich mich mit dem Bemühen, einen palästinensischen Staat zu gründen. Heute gebe ich zu, dass der Gedanke, der Konflikt sei damit nicht gelöst, mich völlig überrascht hat." [10]

Nasser: „Die Lösung besteht also darin, uns rauszuwerfen [...]"

Avner: „Das ist nicht wahr! Ihr wollt einfach eine Minderheit sein, das ist alles. Wenn ich keinen Staat hätte, würde ich gehen, wohin ich könnte, um in meinem eigenen Staat zu leben, unabhängig vom Land. [...] Eure Einstellung zum Land macht es euch sehr schwer. Ihr seid euch selbst nicht einig, ihr könnt es nicht lösen."

Nasser: „Du willst unser Problem lösen und sagst uns, wir sollen gehen. Vielleicht könnte es uns ja auch hier gutgehen."

Das neue Gleichgewicht zwischen Nassers Ambivalenz und Avners aggressivem Ton wird hier zum ersten Mal durchbrochen. Nasser behauptet, Avner wolle die Palästinenser in Wahrheit nicht in Israel haben. Avner ist erbost („Das ist nicht wahr!") und gibt das Problem der anderen Seite zurück (Das ist euer Problem). Und dann sagt Nasser: „Vielleicht könnte es uns ja auch hier gutgehen." Aber Avner begreift anscheinend die konkrete Bedeutung der Frage nicht (was kann er tun, damit es Nasser hier gutgeht) oder kann nicht damit umgehen. In seinen späteren Bemerkungen in den Einzeldiskussionen (s.u. Anm. 8) lässt Avner die Katze aus dem Sack: Die Diskussion ist für ihn frustrierend, weil er entdeckt hat, dass er der politischen Rechten näher steht, als er bislang glaubte. Er glaubte zu wissen, was „für uns" und „für sie" gut sei, und musste in der Diskussion mit Nasser überrascht einsehen, dass das nicht stimmte.

Avner: „Du kannst mich nicht davon überzeugen, dass wir mit dem Konflikt leben und auch unsere Kinder noch mit dem Konflikt leben sollen. Ich verstehe die Logik nicht. Dieses Konzept des Landes ist mir nicht klar.

Nasser: „Du würdigst es nicht, weil du es hast. Du willst uns loswerden. Willst du, dass ich konvertiere? Wenn das so weiter geht, sollen wir wohl auch noch den Unabhängigkeitstag feiern."

Nasser wiederholt seine anfänglichen Vorwürfe an Avner: Weil ihr das Land habt, würdigt ihr es nicht. Ihr hättet gerne, dass ich meine nationale Eigenart aufgebe, um mit euch leben zu können. Die Kluft zwischen den beiden verringert sich nicht, weil es kein wechselseitiges, offenes Eingeständnis der Furcht hinter ihren Worten gibt: Der Furcht der Palästinenser, als Minderheit in Israel ihre Identität zu verlieren, und der Furcht der Juden vor der Forderung, den jüdischen Charakter ihres Staates aufzugeben, der einen wesentlichen Bestandteil ihres Gefühls von Sicherheit und Identität bildet.

Avner: „Wir wissen jetzt, dass der Konflikt selbst nach der Gründung eines Palästinenserstaates weitergehen wird. Das ist annehmbar und legitim. Was ich nicht verstehe, ist: Welchen Status seht ihr für euch, wenn es einen Palästinenserstaat gibt? Werdet ihr dann israelische Staatsbürger? Seid ihr zu allererst Palästinenser oder Israelis? Oder schafft ihr irgendeine Form von Synthese? Welche Verpflichtungen werdet ihr übernehmen? Ihr kriegt dann wirklich ein Problem. Die Frage ist, ob ihr bereit seid, den Status einer Minderheit anzunehmen. "

Nasser: „Wir sind hier immer schon gewesen, also wie kann das ein jüdischer Staat sein? Jeder russische Jude, der gerade nach Israel eingewandert ist, hat mehr Rechte als ich. [...] Das ist Rassismus, die Juden sind ein rassistisches Volk. "

Mehrere jüdische Teilnehmer gleichzeitig: „Für die Juden hier ist es nicht vorstellbar, in einem Staat zu leben, der nicht jüdisch ist. "

Nasser (lächelnd): „Wir werden euch verändern. "

Nasser schließt das Gespräch mit einer starken Aussage („Wir werden euch verändern."), die neue Möglichkeiten eröffnet, die in diesem Augenblick nicht untersucht werden können: Welche Richtung wird die Bemühung um Veränderung nehmen? Werden die Juden fähig sein, die Minderheit ebenfalls zu integrieren? Wie kann eine Minderheit eine Mehrheit verändern? Oder will er aus der jüdischen Mehrheit eine Minderheit machen?

Die elfte Begegnung

Bei dieser Sitzung berichten die Zweiergruppen von ihren Beobachtungsaufgaben. Avner und Nasser beobachteten einen jüdisch-arabischen Workshop im Kay-Lehrerseminar. Sie berichteten:

Avner: „Nasser hörte von einem ähnlichen Forum wie diesem und hat mich überredet, mitzugehen, obwohl es zunächst nicht besonders relevant schien. [...] Ich glaubte, es ging um Feldbeobachtung, und da schien mir dieses Forum ein bisschen künstlich. Ich hatte Unrecht, [...] ich habe bei diesem Forum viel von Nasser mitbekommen. Mach du weiter, Nasser. "

Nasser: „Wir kamen an und setzten uns. Wir wurden als Gäste von der Uni vorgestellt. Zwei Mädchen hielten einen Vortrag über Aberglauben, sie hatten eine „Hamsa" (jüdisches Glückssymbol) mitgebracht und versuchten, wie ich glaube, sich gegenseitig zu verstehen (beide lachen). Als ich mit den Teilnehmern sprach, begriff ich nach und nach, dass sie versuchten, sich über Erfahrungen kennenzulernen. Letzte Woche brachten sie arabisches Essen mit. Wir verglichen das mit der Dynamik, die sich hier abspielt, aber anscheinend war alles in Ordnung. [...] Sie schienen alte Freunde zu sein. Zunächst haben wir Fragen gestellt, mit den Leuten zwischen den Sitzungen geredet. Sie hatten, wie sie sagten, beim ersten Treffen über Politik gesprochen. Aber das hat soviel Tumult und Verletzungen gegeben, dass sie beschlossen, das Thema fallen zu lassen und etwas zu machen, was weniger schmerzhaft war. Sie waren wie Kinder: Sie spielten Gruppenspiele. Avner hielt das zuerst, im Gespräch mit den Teilnehmern, für eine gute Methode, und ich sagte, sie „spielten" Freunde. Morgen, wenn irgendwas passiert, jemand umgebracht wird, bricht die ganze Freundschaft zusammen."

Avner: „Zuerst kam es mir nicht künstlich vor; es wirkte ein bisschen merkwürdig, weil wir so von der Konzeption unserer Gruppe in Anspruch genommen waren, zuerst die schmerzlichen Gefühle raus zu lassen. Irgendwann begannen wir, mit den Leuten zu reden, und sie erklärten uns ihr Prinzip. Und ich fand, vielleicht sei das der richtige Weg. Das war in den für mich schwierigen Phasen unseres Workshops. Mir schien das kein schlechter Weg; sie wollten nicht diskutieren, sondern suchten nach Themen, die beide Gruppen interessierten, zum Beispiel Aberglauben und so weiter. Andererseits hat Nasser aber auch Recht: Sie sagten, im ersten Semester wollten sie sich näher kommen und ihre Gemeinsamkeiten feststellen und im zweiten dann über die schwierigeren Fragen reden. Das erscheint mir problematisch, denn wenn man sich näher kommt, ist es schwerer, über Dinge zu reden, die man unterschiedlich wahrnimmt. Andererseits hat es auch Vorteile, wenn man das andere Volk kennt [...] Die duale Existenz findet im Workshop selbst statt. Es ist schwer vorstellbar, dass sich diese Studenten anschließend im Restaurant treffen oder zusammen Kaffee trinken."

Nasser: „Ich hatte das Gefühl, sie wollten etwas erzwingen und Freunde werden, und mir ist aufgefallen, dass das, was dort passierte, vielen Menschen passiert: Sie glauben, sie sind Freunde, aber das kann plötzlich, in einer Sekunde, zusammenbrechen, weil sie nicht über das sprechen, was sie im Innersten fühlen. Ich finde, es ist besser, sich gegenseitig zu verletzen, als nur herum zu sitzen und Spiele zu spielen. [...] Zuerst haben wir nicht verstanden, was da passierte und ob es gut oder schlecht war, aber es war klar, dass sie den Konflikt nicht angesprochen haben – ein Ansatz, dass man nichts sagt und einfach weitermacht [...] Ich halte Ordnung für eine gute Sache. Vielleicht konnten sie Freunde werden, aber

sie sind nicht ehrlich miteinander. [...] Wenn dieser Workshop anders an-
gefangen hätte, hätte ich kaum mit jemandem hier sprechen können. [...]
Ich hätte es mir zweimal überlegt. Ich bin in diesen Workshop gegangen,
um etwas Neues zu erfahren, aber auch, um meine Meinung zu sagen,
damit andere die Dinge so sehen können wie ich."

Avner: „Hier bleibt der Streit im Workshop. Ich meine, er geht nicht
über die Pause oder den Workshop hinaus. Wir reden in der Cafeteria;
unser Streit beeinträchtigt die zwischenmenschlichen Beziehungen nicht.
Vielleicht ist das hier eine höhere Ebene, vielleicht ist es aber auch nur ein
Spiel. Vielleicht traue ich mich hier, Nasser zu sagen: ‚Du bist so und so.'
Wenn wir hier rausgehen, ist es anders, so als hätte ich es nicht gesagt
oder als wäre ich jetzt nicht mit dem Nasser zusammen, der gehört hat,
was ich gesagt habe. Es gibt einen Unterschied zwischen dem Nasser, der
an dem Workshop teilnimmt, und dem Nasser, mit dem ich mich außerhalb
des Workshops treffe.

Meiner Meinung nach gibt es hier ein sehr individuelles Problem. Wenn
ich mich betrachte, [...] es hat eine Zeit gegeben, da konnte ich mich nur
schwer auf den Workshop und auch auf andere Dinge beziehen. [...] Wenn
ich die Nachrichten hörte, hatte ich nicht die Energie, das zu hören. Mit
der Zeit empfinde ich das sehr anders: Nasser kann mir etwas sagen, mich
zu Hause besuchen, reden und alles mögliche formulieren, zu dem ich zum
Teil o.k. sagen kann. Das ist Nassers Provokation, und er provoziert wirk-
lich, sagt Dinge, um das Bewusstsein zu erweitern, nicht um ihrer selbst
willen. Ich weiß nicht, ob er es absichtlich macht, aber so interpretiere ich
es. Vielleicht kommt der Moment, wo ich sage: Es reicht, ich will nichts
mehr hören. Es ist auch ein Risiko dabei, solche Sachen anzusprechen."

Nasser: „Wenn ein rechter Extremist neben mir säße, hätte ich keine
Probleme, mich wirklich mit ihm zu befreunden, trotz seiner Ansichten. Es
gibt keine zwei Nassers. Ich kann einfach seine Freundschaft nicht zurück-
weisen, nur weil er so über mich denkt."

Durch die gemeinsame Beobachtungsaufgabe haben die beiden ihr Zusammentreffen beim Workshop betrachtet. Sie spüren nun, dass die harten
Worte, die sie einander gesagt haben, eine wechselseitige Nähe förderten,
im Gegensatz zu dem Prozess, den sie im Kay-College beobachteten. Nasser
behauptet, ein Ort ernsthafter Auseinandersetzung fördere die Nähe außerhalb des Workshops. Freundlichkeit im Workshop (ohne aufkommen-
de negative Gefühle auszudrücken) könne zu Distanz außerhalb der Gruppe führen. Avner bleibt skeptisch. Vielleicht spielen sie ja selbst ein Spiel:
Ist der Nasser in der Gruppe derselbe, der ihn außerhalb der Gruppe anlä-
chelt? Er gibt auch zu, dass er zunächst, als er Probleme im Workshop

hatte, das Konzept der Gruppe in Kay-College vorzog, das Konfrontationen im ersten Semester vermied. Aber er sagt auch, Nasser habe ihn überzeugt, dass dieser Prozess im Grunde keine Freundschaften unter den Studenten am Kay-College fördert. Avner kann Nassers extreme Aussagen jetzt als „Provokation" deuten, hat aber immer noch Angst, der Prozess könne dadurch außer Kontrolle geraten. Nasser seinerseits behauptet, er könne Avners Freund sein, selbst wenn der ein rechter Extremist wäre (glaubt er vielleicht, Avner sei von dieser Definition gar nicht so weit entfernt?). Anscheinend hat die gemeinsame Beobachtung ihnen ermöglicht, im umfassenden Sinne des Wortes Freunde zu werden. Das haben die folgenden Sitzungen gezeigt.

Die letzte (13.) Begegnung des ersten Semesters:
Der Tag der Unterzeichnung des Hebron-Abkommens

Sitzung mit beiden Gruppen.
Nasser: „Sie haben das Abkommen unterschrieben. Ich finde, Bibi ist schnell (grinst) [...] Sagt herzlichen Glückwunsch. Vielleicht gibt es ja Frieden mit allen arabischen Staaten, und wir brauchen diesen Workshop nächstes Jahr nicht mehr (lacht, alle lachen).
(In Beantwortung der Frage eines Teilnehmers nach dem, was die Einzelnen aus dem Workshop gelernt haben:) Schwer zu sagen. Vielleicht habe ich gelernt, zuzuhören."
Avner (lächelt): „Du bist richtig menschlich geworden (alle lachen)."
Nasser: „Ich finde, man sollte uns fotografieren und das Bild im Studententrakt aufhängen, damit es jeder sieht. Diese Begegnungen sind sehr wichtig, aber es reicht nicht, eine kleine Gruppe wie unsere unter den Tausenden von Studenten an der Universität. Wenn die Photos aufgehängt werden, kommen nächstes Jahr noch mehr Studenten und Lehrer. Sie stecken soviel Geld in die Universität. Warum investieren sie nicht in so was wie hier? Wir alle gründen später eine Familie, haben Kinder, das wollen viele. Hier erreicht man viele Leute. Man sollte in ‚Panim' (der Unizeitung) über diese Gruppe schreiben. Das sollten wir tun. (Bis jetzt sprach er ernsthaft, jetzt setzte er grinsend hinzu:) Dann kriegen wir Geld, gehen auf Reisen."
In dieser letzten Sitzung (vielleicht auch wegen der Unterzeichnung des Hebron-Abkommens) herrscht eine euphorische Atmosphäre, vor allem in den Treffen der Einzelgruppen. Nasser zeigt der Gruppe seine freundliche Seite aus Dankbarkeit für das, was er angenommen und gegeben hat („Vielleicht habe ich gelernt, zuzuhören.").

4. Epilog

Avner hat die Einsichten, die er in den Begegnungen mit anderen gewonnen hatte, vielleicht am deutlichsten in der letzten Sitzung der jüdischen Gruppe formuliert:

„Durch die letzten Begegnungen und Diskussionen mit Nasser verstehe ich
jetzt, was die Ursache ihrer Frustration ist. Das liegt meiner Meinung nach
daran, wie er sich ausdrückt; er hat vieles gesagt, was uns nachdenklich
macht. Ich bin nicht mehr so beunruhigt. Sie sind zornig. Zum Etikett ‚links‘
gehört etwas, das über einen politischen Standpunkt hinausgeht. Links ist
jemand, der wirklich Frieden will. Für sie und vielleicht auch für mich war
es ein Schock, dass wir keinen Frieden wollen, wir wollen Abwesenheit von
Gewalt. Nasser hat mich gefragt: Mal ehrlich, wärst du nicht froh, wenn du
eines Morgens wach würdest und feststelltest, es gäbe keine Araber in Israel? Es stimmt. Er ist von den Aufgeklärten unter uns enttäuscht. Wenn wir
nicht wissen, was Frieden ist [...] für uns ist es keine existenzielle Frage, für
ihn wohl. Das enttäuscht sie sehr. Offensichtlich will man Frieden um des
Friedens willen, aber sie wollen mehr als das, was wir wollen. Es ist ein
Prozess. Zunächst fühlte ich mich bedroht, und deshalb wollte ich Sachen
sagen wie: Das Heimatland ist mir wichtig. Das war eine Reaktion. Jetzt bin
ich stärker immunisiert und kann besser verstehen. Ich habe immer gesagt,
ich will Frieden und kümmere mich nicht um Steine, und es ist schade,
wenn ein Soldat um eines Ortes willen auch nur einen Finger verliert. Heute
kenne ich den Wert, den Land für sie hat; ich habe kein Problem damit zu
sagen, dass das Land auch mir wichtig ist und ich Jaffa und Haifa nicht
aufgeben will. Ich bin bereit, mich mit jedem Einzelnen von ihnen zu konfrontieren, und habe das Gefühl, dass ich ein Recht darauf habe. Zuerst
habe ich mich schwach gefühlt. Irgendwie haben uns diese Streitereien ein
Gleichgewicht gegeben. Ich kann jetzt selbst die Schreierei mit Humor nehmen. Die Einzelinteraktionen mit Nasser waren mir viel wichtiger. (Zu einem jüdischen Teilnehmer, der bemerkte, Muslime seien „von Natur aus“
gewalttätig:) Wie kann man einen Dialog schaffen, wie kann man Fortschritte
machen, wenn man sagt, genetisch, biologisch [...] wenn man solche Aussagen macht? Solche Aussagen führen in die Sackgasse. Sie erstarren in dem
Moment, in dem man zu jemandem sagt: Du bist von Natur aus gewalttätig.
Du kannst jemandem nicht sagen: Du bist anders als ich, du bist gewalttätig,
das ist in deinen Genen, denen deines Vaters und Großvaters, aber nicht in
meinen. [...] So denke ich einfach nicht. Aber wenn jemand so denkt, sollte
er ihnen das sagen.“

Die Sitzung in der jüdischen Gruppe macht Avners Einsicht deutlich:
Zwar hält er sich für einen Linken, hätte aber nichts dagegen, aufzuwa-

chen und festzustellen, dass die Palästinenser weg sind. Andererseits hat er gelernt, was ihm wirklich wichtig ist (Land), und seine „Schwäche" überwunden, das auch offen zu sagen und mit dem anderen auf gleicher Ebene umzugehen. Aus dieser Einsicht heraus wies er ein jüdisches Gruppenmitglied zurecht, das den Palästinensern genetische Gewalttätigkeit zuschrieb. Das ist eine unhaltbare Behauptung. Sie verhindert die Untersuchung des Dialogs und den Fortschritt.

Avners Selbstdefinition hat sich verändert: Er ist kein selbstgefälliger Linker mehr, der durch Nassers Vorwürfe beleidigt wird, sondern ein Mensch, der die Widersprüche in seiner eigenen Identität und deshalb auch in der eines anderen anerkennt. Die Auflösung seiner monolithischen Identität hat ihm die Möglichkeit gegeben, verschiedene unversöhnliche Aspekte in sich zu erkennen und über diese Erkenntnis in einen signifikanteren Dialog mit dem „Anderen" einzutreten, der ihm gegenübersteht, und auch ihn als Person mit vielen Facetten zu akzeptieren. Natürlich ist das noch kein abgeschlossener Prozess, aber dieser Ausschnitt reicht aus, um zu zeigen, was in einer Begegnung zweier Nationen stattfinden kann, wenn bei ihrer Konfrontation jede Seite die Widersprüche in der eigenen Identität überprüft.

5. Persönliche Schlussfolgerung:
Von der monolithischen Phase zur Vielfalt der Stimmen

Wenn man über Veränderungen in der israelischen Identität schreibt, kann man keine „Objektivität" erwarten. Dieses Genre zeitgenössischen Schreibens ist besonders schwierig, weil der jeweilige Autor Teil des Prozesses ist, den er zu beschreiben versucht. Als Forscher versucht er zu beobachten, was in ihm und in seiner Umgebung geschieht. Diese Art zu schreiben mag deshalb wichtige Nachteile haben: Der subjektive Standpunkt des Forschers kann „schief" oder „erstarrt" sein; so dass bei der Untersuchung der gesellschaftlichen Prozesse „die Karte die Realität ersetzt", um eine Metapher aus der Seefahrt zu benutzen. Ebenso kann das, was für das Denken des Autors wichtig ist, manchen Lesern, die völlig andere Erfahrungen oder Ansichten haben, irrelevant erscheinen, vor allem, wenn sich die monolithische Identität auflöst. Der Autor behält dann noch einen Hegemonieanspruch – das Gefühl, es gebe bei der Definition der Identität nur „eine Wahrheit", die dann offensichtlich seine eigene Wahrheit ist, während um ihn herum auch vielfältige andere Stimmen danach fragen, „was authentische israelische Identität ausmacht".

Vielleicht ist es in dieser Phase nicht möglich, einen „objektiven" Standpunkt zu israelischer Identität zu finden. Aber wir müssen die Debatte eröffnen, gemäß der Hypothese, dass wir uns alle, wie in der Geschichte von den vier Blinden, die zu definieren versuchen, was ein Elefant ist, an einem Bein des Elefanten festhalten und behaupten, dies sei der Elefant an sich. Möglicherweise ist dies eines der Probleme im Dialog der Sozialwissenschaftler, die sich mit diesem Thema befassen. Es ist ein Problem, das aus dem Auflösungsprozess des in der wissenschaftlich-monolithisch-positivistischen Phase entwickelten Begriffssystems sowie dem Bedürfnis nach einem neuen Dialog zwischen unterschiedlichen neuen Begrifflichkeiten entsteht: Was ist israelische Identität, und wie kann man darüber sprechen? Das ist wohl der Grund, weshalb ich den Versuch aufgegeben habe, diese Prozesse mit Hilfe „objektiver" Methoden zu definieren und statistisch zu überprüfen. Solche Ergebnisse würden in eine allgemeine Richtung weisen, die, wie ich annehme, nur in der monolithischen Phase existiert. Die gegenwärtige Phase ist so verwirrend (eine Verwirrung, die durch die monolithische Auflösung evoziert wurde), dass es unmöglich ist, von der Existenz einer „allgemeinen Richtung" auszugehen, die der israelischen Identität inhärent wäre. Um die Vielfalt der Richtungen zu erkennen, muss man herauszufinden versuchen, wo sie sich entwickeln, und sich bemühen, ihnen Ausdruck oder „Stimme" zu verleihen. Das ist die schwierige Rolle des Sozialwissenschaftlers, der intuitiv die sich in seiner Umgebung entwickelnden gesellschaftlichen Prozesse erfasst und nicht von der Vorstellung eingeschränkt wird, dass das, was war, auch sein wird.

Ich habe mich dafür entschieden, Interviewausschnitte zu präsentieren, die meiner Meinung nach gesellschaftliche Veränderungsprozesse spiegeln, und gleichzeitig zu versuchen, den „Stimmen" Ausdruck zu geben, die im israelischen Kanon bislang kein Gehör gefunden haben. Die Verantwortung für die Bedeutung und die Wahl der Stimmen liegt natürlich bei mir. Durch diese Methode können sich auch andere Wissenschaftler an der Debatte beteiligen. Natürlich kann man den Interviews eine andere Bedeutung zuschreiben oder kontrastierende Beispiele aus anderen Interviews oder „Stimmen" vorstellen, um auf Richtungen hinzuweisen, die sich von den hier identifizierten unterscheiden.

Anders als manche Kollegen habe ich das Bedürfnis nie aufgegeben, meine theoretischen Konzeptionen in der Untersuchung des authentischen Dialogs zwischen Menschen zu verankern, die in der israelischen Erfahrung leben und sich selbst darin überprüfen, während sie sich auf die wahren Probleme ihres Lebens beziehen. In gewissem Maße steht hinter jedem Menschen in diesem Land eine eigene Geschichte, vielleicht sind es auch tausend Geschichten. Manchmal glaube ich, ich sollte einfach durch die Straßen laufen und diese Geschichten mit Kassettenrecorder und Videokamera aufzeichnen. Aber so einfach ist es natürlich nicht; man muss auch wissen, wonach man sucht. Der Dialog zwischen Avner und Nasser hätte nicht einfach auf der Straße stattfinden können, jedenfalls nicht so, wie er sich im arabisch-jüdischen Workshop entwickelte.

Zur Beschreibung dieser Reise ist mehr nötig als ein intuitives Erfassen von Veränderungen und gesellschaftlichen Prozessen. Ein großer Teil der Arbeit, die den Interviews voranging, fand innerlich statt – im Übergang von der monolithischen Phase meiner eigenen, jungen Identität über ihre vielfältige Auflösung hin zu der relativ neuen Situation einer inneren „Stimmenvielfalt". Verglichen mit der Harmonie meiner monolithischen Tage klingt das immer noch disharmonisch genug. Mir ist die Feststellung wichtig, dass ich Aspekte in mir habe, die immer noch an die monolithische Phase meiner Jugend gebunden sind. Vor ein paar Monaten zum Beispiel sah ich im Theater von Beer Sheva Moshe Shamirs Theaterstück „He walked through the fields" („Er ging durch die Felder"). Mich überfiel dabei die Sehnsucht nach den im Stück erwähnten Orten im Efraim-Gebirge (wo ich als Kind oft war und mit meinem Bruder und meiner Mutter Sabras aß, wenn wir von Ein Hashofet zurückkehrten, wo mein Vater, der Arzt war, auf einem Esel zu seinen Patienten in den dortigen Kibbuzim ritt), nach der romantischen Atmosphäre dieser Zeit, als alles, jedenfalls aus heutiger Perspektive, noch einfach schien, als Böses böse und Gutes gut war.

Die monolithische Phase verschwindet also nicht, sondern hinterlässt Spuren im Gefühl und im Bewusstsein. Ich habe das zum Beispiel erlebt, als ich die Einladung eines Kameraden aus meiner Einheit aus dem Jom-Kippur-Krieg zu einem Gedenkabend für unseren Befehlshaber erhielt, der an einem Herzinfarkt gestorben war. Es war eine Familienfeier mit Geschichten und Erinnerungen. Die Beteiligung an einem solchen Ereignis, wenn es nicht bloße Nostalgie ist, evoziert all die alten Gefühle (manche Leute erleben sie wahrscheinlich täglich), bei denen ich meine Identität als Israeli als sehr einförmig erlebte. Doch aus heutiger Sicht schien diese Identität „gemacht", irgendwie künstlich. So ähnlich ging es mir auch, als ich dieses Jahr am Holocaustgedenktag bewusst nicht zum Friedhof gegangen war und doch, als die Sirenen ein ganzes Land zum Stillstand brachten, ebenfalls still stand. Dasselbe geschieht, wenn man den Friedhof an persönlichen Trauertagen besucht und einen Augenblick am Grab eines Freundes innehält, der damals gefallen ist. Das heißt, dass dieser Prozess der kollektiven Rekrutierung persönlicher Gefühle, der bis heute eine Säule des jüdischen Volkes ist, selbst dann nicht endet, wenn man allem Anschein nach reif und erwachsen geworden ist und sich am Ende des fünften Jahrzehnts gegen die fortgesetzte Invasion des kollektiven in das individuelle Leben immun glaubt.

Auf der zweiten Stufe musste ich den Schmerz der Auflösung und die inneren Widersprüche in meiner Identität bewältigen, die sich meinen Augen darboten. So entdeckte ich zum Beispiel nach vier Jahren hinter dem Einwegspiegel bei jüdisch-palästinensischen Gruppen die Grenzen meiner Aufklärung. Denn wie die meisten jüdischen Studenten, die an dem Workshop teilnahmen, habe auch ich die Gruppenprozesse in der Annahme beobachtet, aufgeklärt, d.h. bereit zu sein, die andere Seite zu „akzeptieren" und ihre Existenz zuzugestehen. Allerdings wurde mir ziemlich schnell deutlich, dass ich an einer „bedingten Aufklärung" litt. Insbesondere war ich bereit, die Dankbarkeit der palästinensischen Kollegen für meine Aufklärung entgegenzunehmen, die darüber hinaus nichts weiter verlangen sollten (Golan 1998). Ich erkannte, wie schwer es mir fiel, dem Schmerz der Palästinenser zuzuhören, ihren Zweifeln an unserer Bereitschaft, mit ihnen zu leben, sie zu akzeptieren und uns um ihretwillen zu verändern.

Es fiel mir nicht leicht, bei verschiedenen Gelegenheiten festzustellen, wie tröstlich die väterlich-männliche Hegemonie der Aschkenasim war, der ich angehörte, und wie schwer es mir fiel, dies zugunsten von etwas anderem aufzugeben, das nach Maßstäben, die nicht die meinen zu sein schienen, anders oder „geringer" war als ich. Heute spielt es keine Rolle mehr, ob das durch meinen Sohn geschah, der (zum Glück für ihn schon früh) meine „Führerschaft" in Frage stellte, oder durch meine Frau, die bei Entscheidungen über das Familienleben auf ihrem Recht auf eigene Präferenzen und Überzeugungen beharrte, oder durch einen benachbarten Beduinen, der hartnäckig auf sein Recht (das mit meinem nicht harmonierte) pochte, sein Leben in einer Weise zu führen, die mir fremd und gar erschreckend erschien. Sie alle nahmen mir ein Stück von mir weg, von dem, was mir als für „uns" alle normal erschien. Aber in einem Prozess mit vielen Einzelschritten und schmerzlichen Missverständnissen erkannte ich, dass all das nur meinem persönlichen „Ego" diente.

Der Unterschied zwischen der liberalen, „aufgeklärten" Atmosphäre, in der ich aufwuchs, und dem Prozess, den ich hier beschreibe, liegt im Wesentlichen in dem Leid, der ihn begleitet. Die Aufklärung mag eine Vielfalt von Stimmen für so wünschenswert halten wie eine Geburt ohne Schmerz, aber der Prozess der Auflösung der monolithischen Phase ist schwierig und schmerzlich. Er bedeutet Kampf und endlose bewusste oder unbewusste Versuche, den Glanz der Hegemonie und der monolithischen

Identität wiederherzustellen. Wenn man lernt, nachzugeben oder auf „Stimmen" zu hören, die sich von der eigenen unterscheiden, geht es nicht um Dankbarkeit. Die Stimmen, die man anerkannt oder freigesetzt hat, brechen aus, und ihre Kraft bezeugt, wie lange und in welchem Ausmaß sie unterdrückt und zum Schweigen gebracht wurden. Man selbst steht recht allein daneben und fühlt sich ziemlich unbedeutend und sogar ein wenig verletzt. Der äußere Gewinn dieses Prozesses ist gering: Man ist weiterhin in dem Sinne „relevant", dass man mit dem Fluss der Wirklichkeit schwimmt und den Kontakt dazu nicht verliert. Dies erklärt dann vielleicht, dass Frau und Kinder gelegentlich auf einen hören und Studenten gelegentlich ein Interesse an den Seminaren haben, die man gibt, aber darüber hinaus bleibt nicht viel. Der wichtigste Gewinn ist der innere: Man kann nicht anders, und wenn das schwierig wird, muss man sich mit Aspekten des Selbst konfrontieren, die andere bislang daran gehindert haben, ihre eigene unabhängige Stimme zu finden.

Der Prozess der Anerkennung einer inneren und äußeren Stimmenvielfalt bringt aber einen langfristigen Gewinn: die wachsende Fähigkeit, schwierige Prozesse auszuhalten, die sich in der Umgebung abspielen. Bei den durch den Mord an Rabin oder das Stocken des Friedensprozesses ausgelösten Krisen, angesichts der Dominanz der Ultrareligiösen oder des Machtkampfs zwischen der alten und der neuen Elite in Israel habe ich gespürt, dass ich eine Perspektive habe, die den Schmerz oder Schock verringert, den meine Freunde erleben, die sich immer noch nach der verlorenen Zeit der Hegemonie und der monolithischen Phase sehnen. Ich spürte, dass sie auf das Leben im Nahen Osten noch nicht ausreichend vorbereitet waren, dass sie sich immer noch nach „ihrem" Europa oder Amerika sehnten. Ich spürte auch, dass sie nicht weniger hassten und tobten als die, über die sie sich beklagten. In diesem Sinne betrachte ich die Vielfalt der Stimmen als Paradigma, das sich von der Antithese der politischen Linken und Rechten unterscheidet. Aber wir haben noch einen langen Weg vor uns, und in der Zwischenzeit übertönt der Schmerz der Auflösung den Chor der vielfältigen Stimmen.

Anmerkungen

1 Aus dem Englischen von Irmgard Hölscher. Zum selben Thema erscheint 2001 ein Buch vom Autor im Verlag für Interkulturelle Kommunikation, Frankfurt.
2 Idit Shpitzer und Yelena Karol von der Fakultät für Verhaltenswissenschaften an der Ben-Gurion-Universität.

³ Dieses Kapitel entstand zum Teil in Zusammenarbeit mit Shoshana Steinberg. Wir danken den Leitern des Workshops, Dr. Shifra Sagi von der pädagogischen Fakultät an der Ben-Gurion-Universität, Michal Zak und Rabah Halabi von Neve Shalom, die diesen Dialog ermöglicht haben. Der Workshop wurde durch ein Forschungsstipendium des „Abraham Fund and Herzog Center for Diplomacy and the Middle East" finanziert.

⁴ Eine ausführlichere Diskussion der verschiedenen Definitionen („israelische Araber" und „Palästinenser in Israel") und ihrer breiteren Bedeutung findet sich in den Aufsätzen von Bishara (1993) und Rabinowitz (1997).

⁵ Die Workshops wurden von den Leitern in Neve Shalom entwickelt, zunächst an der Universität von Tel Aviv und seit 1993 auch an der Ben-Gurion-Universität in Beer Sheva. Im Lauf der Jahre kamen Elemente hinzu, die wir Lehrenden ausprobieren wollten: Vorlesungen, gemeinsame Beobachtungen und seit Kurzem auch Interviews mit Eltern oder Großeltern zu ihren Einstellungen zu und Erfahrungen mit dem Konflikt.

⁶ Dieses theoretische Modell stammt aus der Dissertation von Shoshana Steinberg.

⁷ Havajeda ist ein kleines wissenschaftliches Museum „zum Anfassen" an der Ben-Gurion-Universität, das im Wesentlichen den Kindern von Perach zugute kommt (ein Hilfsprogramm von Studenten für Kinder mit Problemen).

⁸ Der „Studententag" wird von den Studenten veranstaltet mit vielfältigen eigenen (kulturellen, Unterhaltungs- usw.) Aktivitäten.

⁹ Beim ersten Einzeltreffen der Gruppen zwei Wochen später nahm Avner wieder auf seine „ehrliche" Frage bezug: „Als ich sie zum ersten Mal gefragt habe, wollte ich wirklich wissen, was der Ursprung des palästinensischen Volkes ist. Ich wollte wissen, ob es im Koran oder an irgendeinem Zeitpunkt, auch einem ungenauen, in irgendeiner Epoche erwähnt worden ist, ob es irgendetwas gibt, das uns sagen kann, dann und dann ist das palästinensische Volk entstanden. Eine scheinbar unschuldige Frage, aber als ich zu Hause darüber nachdachte, merkte ich, dass sie auch als Provokation verstanden werden konnte, nach dem Motto: Wir hätten kein Recht, hier zu sein, wir wären ein Volk ohne Selbstdefinition? Das könnte aus dieser Paranoia stammen, was ja auch völlig legitim ist. Wir sagen und meinen die unschuldigsten Dinge von der Welt, aus dem ehrlichen Wunsch, etwas zu erfahren, aber sie sind provozierend, weil sie so empfindlich sind. Im Alltag habe ich nicht dauernd das Gefühl, Jude, Zionist und Israeli zu sein. Ich weiß, dass es da ist, aber zunächst mal bin ich Student, ich arbeite usw. Ich glaube, sie nehmen die palästinensische Identität und das Gefühl, benachteiligt und unterworfen zu sein, mit der Muttermilch auf. Deshalb sind sie so empfindlich und stets bereit, alles als Provokation zu interpretieren." Hier wird deutlich, wie schnell Avner im Rückblick begriffen hat, dass Nasser eine „ehrliche" Frage auch anders interpretieren konnte.

¹⁰ Beim sechsten Treffen der Einzelgruppen sagte Avner zu dieser Situation: „Mich frustriert an diesem Workshop vor allem, dass ich vorher genau wusste, was

ich wollte und was für sie gut ist, und nach jeder neuen Sitzung stimme ich weniger mit ihnen überein. Nicht wegen ihrer Ideen, sondern wegen der Art, wie sie sie präsentieren. Und ich habe mehr Wut auf mich als auf sie. Manchmal bin ich wütend auf mich, weil ich nicht den Mut habe, zu sagen: ‚Das und das ist mir wichtig. Es mag primitiv sein, es mag sein, dass ich mich wie ein Likudmitglied anhöre, aber es ist mir eben wichtig.' Warum kann ich das nicht sagen? Das ist mein Gefühl bei diesem Workshop. Ich wusste selbst nicht, dass ich solche Phantasien hatte, jetzt kann ich sagen, dass ich Angst habe vor dem, was passieren wird; dass der Konflikt nicht mit der Gründung eines Palästinenserstaats zu Ende ist. Ich habe das zu Hause erzählt, und die haben gesagt: ‚Ja und? Das weiß doch jeder.' Und ich konnte nicht erklären, warum mich das so schockiert hat. Ich konnte nicht erklären, was mich an ihren Worten oder an der Art ihres Redens verstörte."

Literatur

Amir, Y. (1976): The rule of intergroup contact change of prejudice and ethnic relations. In: *Katz, P.A. (Hg.):* Towards the elimination of racism. New York, 245-308.

Bar-On, D. (1989): Legacy of silence: Encounter with children of the Third Reich. Cambridge, Ma. - Dt.: Die Last des Schweigens. Gespräche mit Kindern von Nazi-Tätern. Hg. v. C.J. Schmidt. Frankfurt/M. 1993.

Bar-On, D. (1993): A Testimony of the moment before the (possible) occurrence of a massacre: On possible contradiction between the ability to adjust and the maintaining of human moral values. In: Journal of Traumatic Stress 5, 2, 289-301.

Bar-On, D. (1995): Fear and hope: Life-stories of five Israeli families of Holocaust survivors. Three generations in a family. Cambridge, Ma.

Bar-On, D./Charny, I. (1992): The logic of moral argumentation of children of the Nazi era in Germany. In: International Journal of Group Tensions 22, 3-20.

Bar-On, D./Sadeh, M./Triester, D. (1995): The psychological perspective of immigration and resettlement in Israel: Separation vs. Severance. In: Refuge 14, 6, 18-24.

Bar-Tal, D./Antebi, D. (1992): Siege mentality in Israel. In: International Journal of Intercultural Relations 16, 251-275.

Bishara, A. (1993): On the question of the Palestinian minority in Israel. In: Theory and Criticism 3, 7-21 (hebr.).

Erickson. E.H. (1968): Identity: Youth and crisis. New York. - Dt.: Jugend und Krise. Die Psychodynamik im sozialen Wandel. Stuttgart 1970.

Fischer-Rosenthal, W. (1995): The problem with identity: Biography as solution to some (post) modernist dilemmas. In: Comenius 3, 250-266.

Goffman, E. (1959). The presentation of self in everyday life. Garden City, NY.
Golan, S. (1998): The politics of depression in Jewish Arab encounters. Department of Behavioral Sciences, Ben Gurion University [unveröff., hebr.]
Habermas, J. (1971): Erkenntnis und Interesse. Frankfurt/M.
Hadar, Y. (1991): Good and evil in the eyes of Holocaust survivors and their descendants. Vortrag bei der VIII. Conference of Family Therapy, Bat Yam [hebr.].
Helms, J. (1990): Black and white racial identity. Westport, Conn.
Levinas, E. (1961): Totalité et infini. Essai sur l'extériorité. Den Haag. Dt.: Totalität und Unendlichkeit. Versuch über Exteriorität. Freiburg 1987. - Engl.: Totality and infinity: An essay on exteriority. Pittsburgh, Pa 1990.
Maoz, I. (2000): Power relations in intergroup encounters: A case study of Jewish-Arab encounters in Israel. In: International Journal of Intercultural Relations [im Druck]
Moscovici, S. (1976): Social influence and social change. London.
Mugny, G./Perez, J.A. (1991): The social psychology of minority influence. London.
Oyserman, D. (1993): The lens of personhood: Viewing the self and others in a multicultural society. In: Journal of Personality and Social Psychology 65, 993-1009.
Potter, J./Wetherell, M. (1990): Mapping the language of racism. New York.
Rabinowitz, D. (1997): Overlooking Nazareth: The ethnography of exclusion in Galilee. Cambridge, Ma.
Raz-Krakozkin, A. (1994): Diaspora in statehood: Criticism of the negating of the diaspora in the Israeli culture. In: Theory and Criticism 4, 23-55; 5, 113-132 [hebr.]
Said, E. (1979): Orientalism. New York.
Sherif, M. (1966): In common predicament: Social psychology of intergroup conflict and cooperation. Boston, Ma.
Spence, D. (1982): The paradox of denial. In: Breznitz, S. (Hg.): The denial of stress. New York, 103-123.
Tajfel, H. (1982): Social identity and intergroup relations. London.
Tetlock, P. (1987): A value pluralism model for ideological reasoning. In: Journal of Personality and Social Psychology 50, 4, 819-827.
Yiftachel, O. (1998): Challenging ethnocracy: Protest among the Israeli peripheries. Lecture at the seminar – Europe in the Middle East: Civil Society. Jerusalem.

Elisabeth Rohr

Gruppenanalytische Mediation

Interkulturelle Beratung und Mediation findet häufig in kleinen oder größeren Gruppen statt. Diese Realität spiegelt sich jedoch in den entsprechenden Beratungs- und Mediationskonzepten kaum wider. Insbesondere das Konfliktregelungsverfahren der *Mediation*, auf das ich mich hier konzentrieren will, beinhaltet kein spezifisches und auf die dynamischen Besonderheiten einer Gruppe abzielendes methodisches Vorgehen. Dabei ließe sich die Effektivität und Nachhaltigkeit interkultureller Mediation – so meine These – durch die Anwendung und Integration entsprechender Gruppenverfahren erheblich steigern und verbessern.

Ein in vielen unterschiedlichen Arbeitsfeldern (z.B. Coaching, Supervision, Aus- und Fortbildung, Therapie und Beratung) seit längerem erprobtes und erfolgreiches Gruppenverfahren ist die Gruppenanalyse. Charakteristisch für dieses von S.H. Foulkes (1990) in der Emigration in Großbritannien in den 40er Jahren entwickelte Verfahren ist das Verständnis von Individuum und Gruppe. Die Gruppe wird dabei als ein Ensemble von Individuen begriffen, die erst in der Gruppe ihre eigentliche kreative Potenz entwickeln. Denn die Gruppe ist mehr als die Summe ihrer Mitglieder, und durch dieses spezifische, gruppale und dynamische Zusammenspiel entsteht ein Synergieeffekt, jenseits des individuellen Potentials der Teilnehmer.

Die Gruppenanalyse interessiert sich für das Individuum deshalb immer aus einer doppelten Perspektive: als Substrat seiner individuellen Biographie und als Spiegelung unbewusster Gruppenprozesse. Eine ähnliche Haltung nimmt auch die Mediation ein, obwohl dies an keiner Stelle des Konzeptes ausdrücklich so formuliert ist. Doch es bedarf keiner tiefgründigen Analysen, um festzustellen, dass die Gruppenanalyse wie auch die Mediation an einer Entfaltung der kreativen Potenzen aller Beteiligten zum Zwecke einer die individuellen Interessen transformierenden allgemeinen Perspektive interessiert sind.

Nun käme es allerdings einer Vorspiegelung falscher Tatsachen und einer groben Verzerrung von Realitäten gleich, davon auszugehen, dass andere Gruppenverfahren, wie etwa die Gruppendynamik, sich dieser allgemeinen Formulierung von Zielsetzungen nicht ebenfalls anschließen könnten. Dies soll nicht bestritten werden. Und doch hat die Gruppenanalyse konzeptionelle Eigenheiten, die sie nicht nur deutlich von anderen Gruppenverfahren abgrenzen, sondern die sie darüber hinaus auch in besonderem Maße befähigen, die kreativen Potenzen der Gruppe zu wecken und zum Ausdruck kommen zu lassen.

Mediation und Regression in der Gruppe

Mediative Verfahren in kleinen oder größeren Gruppen sehen sich von Anfang an mit der Herausforderung konfrontiert, die verschiedenen individuellen Interessen ebenso wie die Interessen von Sub-Gruppen oder Fraktionen in ihrer Vielfalt zu akzeptieren, zu analysieren und als Substrat in der entscheidenden Phase der Problemlösung zu einem tragfähigen Konsens zu bündeln. Von zentraler Bedeutung ist dabei die Fähigkeit der Mediatorin oder des Mediators, den involvierten Einzelnen nicht das Gefühl zu vermitteln, die je eigenen Interessen zu unterdrücken oder zu verleugnen. Vielmehr soll ja gerade, jenseits der polarisierten individuellen bzw. fraktionellen Positionen, ein gemeinsames Ziel, ein gemeinsames Interesse entdeckt und ausgearbeitet werden.

Diesem Ziel stehen jedoch häufig die Dynamik eines brisanten Gruppenprozesses und nicht zuletzt auch typische individuelle, gruppale Verhaltensweisen entgegen, die eine Entfaltung von kreativen Potentialen blockieren. Denn in jeder Mediation entwickeln sich in der Konfrontation der Kontrahenten Ängste und damit zusammenhängende regressive Verhaltensweisen, die besonderer Interventionen bedürfen und keinesfalls übergangen, missachtet oder geringgeschätzt werden dürfen. Regression ist ein in der Therapie, in der Beratung und in der Supervision vertrauter Vorgang, der es ermöglicht, stärker in Kontakt mit Emotionen und mit bislang verborgenen Phantasien und Wünschen zu kommen. Ein Vorgang mithin, der unabdingbar für jedes Konfliktregelungsverfahren und generell für jede Beratung ist, die den Anspruch vertritt, neue Erkenntnisse zutage zu fördern, neue Perspektiven zu entwickeln, die Zukunft neu und produktiv zu gestalten. Schließlich lässt sich dieser Anspruch nicht allein auf rationalem Wege verwirklichen.

Doch regressive Prozesse setzen teilweise rationale Denkfunktionen außer Kraft. Sie sind, wie es die beiden Ethnopsychoanalytiker Mario Erdheim und Maya Nadig (1979, 115) formulierten, als ein Prozess des „sozialen Sterbens" zu bezeichnen. Hierbei geraten kulturelle Identitätsstützen und Geschlechtsrollenidentitäten ins Wanken, selbstverständliche Ge-

wissheiten einer allseits geteilten Alltagswelt zerfallen, das rational ge-
steuerte Denken weicht primärprozesshaften, emotionalen Wahrnehmungen und Beobachtungen. Regression ist deshalb immer mit Orientierungs-
losigkeit, Verunsicherung und Ohnmacht verbunden. Dies führt dazu, dass
eingefahrene und traditionell verankerte Denkmuster aufgeweicht, in Frage gestellt und umformuliert werden können. Das heißt jede Veränderung
im Denken, Fühlen und Handeln, die Effektivität und Nachhaltigkeit beansprucht, bedarf einer grundlegenden Infragestellung tradierter Erlebens-
und Identitätsentwürfe.

Regressive Prozesse tauchen in allen gruppalen wie dyadischen Bera-
tungs- und Mediationsverfahren auf und sind umso mächtiger und zum
Teil auch destruktiver, je größer die Gruppe ist, und zwar ganz gleich, ob
es sich hier um Gruppen in einem sozialen oder politischen oder gar internationalen Feld handelt. Regressionen nehmen auf den gesellschaftlichen
Kontext der Gruppen und ihre soziale, politische oder ethnische Verankerung keine Rücksicht. Sie sind in jeder Situation, in der es um Konflikte,
um Probleme und generell um Hilfe geht, vorhanden.

In der Mediation ist es deshalb eminent wichtig, in allen Phasen auf
Anzeichen von Regression zu achten, um dann stützend und haltend inter-
venieren zu können. Regression kann dabei ganz unterschiedliche Ausdrucksformen annehmen. Sie kann sich als übermäßige Albernheit, Ki-
chern, Witzeln, aber auch als Stummheit, Hemmung, Trauer oder gar Trotz
zeigen. In interkulturellen Kontexten kommt Regression häufig durch einen deutlichen Sprachzerfall zum Ausdruck, wobei nicht nur Stottern oder
die verzweifelte Suche nach Worten auffallen, sondern in einzelnen Fällen
auch die bis zu diesem Zeitpunkt vorhandenen Sprachkompetenzen in einer Fremdsprache gänzlich versiegen.

Ein adäquater Umgang mit Regression in der Mediation bedeutet demzufolge, stützend, jedoch nicht konfrontativ zu arbeiten. Konfrontation
würde in diesem Zustand Widerstände und Abwehr verstärken und die
Ressourcen für kreative und konstruktive Konfliktlösungen verschließen.
Jedoch anders als in therapeutischen oder supervisorischen Zusammenhängen sieht die Mediation keine langen und andauernden Zustände von
Regression vor, so dass der Mediator oder die Mediatorin angehalten ist,
Phasen der Regression im Zuge der Konfliktdiagnose und -analyse zu begrenzen. Allerdings zeigen Mediationsprozesse an diesem Punkt oft Schwächen und Defizite, da regressive Prozesse häufig vorschnell unterbunden
werden aus der Überlegung und Angst heraus, die Mediation könnte in
eine therapeutische Situation abgleiten. Gerade während der Diagnose,
Analyse und Problemlösungsphase gilt es jedoch immer wieder, das posi-

tivistische Denken in seine Schranken zu verweisen, nicht zu vorschnel-
len, pragmatischen oder gar technokratischen Lösungen zu schreiten.
Gerade was den Umgang mit Regression angeht, ist es nun sehr hilfreich, auf ein Gruppenverfahren zurückgreifen zu können, das davor be-
wahrt, in eine Falle zu geraten und lediglich auf individuelle regressive
Zustände zu reagieren, ohne diese im Kontext eines dynamischen Gruppenprozesses zu begreifen.

Das gruppenanalytische Konzept

Gruppenanalytische Prozesse können zunächst gut mit Hilfe eines Bildes
illustriert und in die Vorstellung von einem Orchester oder einem Chor gefasst werden. An dieser Vorstellung eines Orchesters oder eines Chors lässt
sich nochmals verdeutlichen, warum die Synthese von Tönen auf jeden Fall
besser klingt als die Aneinanderreihung von Stimmen oder Klängen. Erst
das Zusammenspiel produziert den Synergieeffekt und bringt den Wohlklang,
das akustische Vergnügen wie auch die Eigenheit, den Charakter dieses mu-
sischen Ensembles hervor. Der Zauber des Orchesters und des Chors liegt
mithin in ihrer je spezifischen Art des Zusammenspiels, in der Synthese der
aus den Instrumenten bzw. aus den Kehlen strömenden Klänge und Töne.
Gruppen entwickeln ebenfalls eine eigene Kultur, eine eigene Atmosphäre,
eine eigene Musik, wenn man so will, die sie auf eine spezifische Art und
Weise kennzeichnet und von anderen unterscheidet. Foulkes sprach in diesem Zusammenhang von der „Matrix", die jeder Gruppe eigen ist und die
sich, so unwahrscheinlich dies auch klingt, nicht durch Änderung der Grup-
penzusammensetzung verliert. Denn ein Neuankömmling bzw. der Austausch
von Gruppenmitgliedern bewirkt keine grundlegende Änderung der Matrix, diese bleibt strukturell erhalten und zeigt sich relativ immun gegenüber personellen Verschiebungen. Das heißt zwar nicht, dass Personen aus-
tauschbar sind und die Gruppenmatrix trotz allen Aufruhrs stabil und unbe-
weglich bleibt. Doch übernehmen neue Gruppenmitglieder oftmals Anteile
von Rollen ausgeschiedener Mitglieder, die ihrer eigenen, je individuellen
Disposition entsprechen, so dass Positionen innerhalb des gruppalen Kontextes wieder besetzt und ausgefüllt werden, eventuell nur mit kleinen individuellen Abweichungen und Variationen. Zum Beispiel wird die Funktion
des vielleicht von der Gruppe verprellten und ausgeschiedenen Sündenbocks
alsbald von einer anderen Person oder Fraktion übernommen, da die Gruppe diese Auseinandersetzung mit einem Sündenbock benötigt, um sich von
einem tabuisierten Konflikt zu befreien oder um von anderen, schwerwie-

genderen Problemen und konfliktbesetzten Themen abzulenken. Nicht der schwierige und störende Einzelne wird somit in der Gruppenanalyse als das eigentliche Kernproblem betrachtet und behandelt, sondern es wird davon ausgegangen (hier hat die Gruppenanalyse schon lange vor dem systemischen Boom Elemente dieser Betrachtungsweise in die Diskussion eingebracht), dass die Gruppe versucht, sich auf diese Weise eines vom Sündenbock repräsentierten Problems oder Konflikts zu entledigen. Man könnte es auch so formulieren, dass der Sündenbock der Gruppe einen Spiegel vorhält, in der die Gruppe ein für sie aktuell unerträgliches Zerrbild ihrer selbst sieht, und deshalb spuckt sie den Spiegel an und zerschlägt ihn schlimmstenfalls, um der Konfrontation zu entgehen. Die Gruppenanalyse interessiert sich von daher grundsätzlich für das interaktive und kommunikative Zusammenspiel ihrer Mitglieder und interveniert auf dieser Ebene der gruppalen Interaktion und Kommunikation und nicht auf der Ebene der biographischen Lebensentwürfe des Individuums.

Störungen in diesem Zusammenspiel der Individuen werden – ganz wie es Devereux (1976, 18) später brillant zu formulieren verstand – nicht als Hemmnis, sondern als Chance des Verstehens begriffen. Und wichtig ist die daraus folgende Erkenntnis: Störungen gilt es nicht zu beseitigen, sondern als Königsweg zum Verstehen unbewusster Sinnzusammenhänge aufzufassen. Diese Störungen oder „Irritationen", wie Lorenzer (1990, 267) sie nannte, enthalten oftmals Hinweise auf sozial und gesellschaftlich unkonventionelle, manchmal auch nonkonforme Themen, Gedanken und Phantasien, die es zu eruieren und auf ihre Tauglichkeit für mögliche Konfliktlösungsperspektiven zu überprüfen gilt.

Im Rahmen des gruppenanalytischen Konzeptes lassen sich diese Störungen und Irritationen nun auf fünf verschiedenen Ebenen lokalisieren, thematisieren und bearbeiten:

- auf der Ebene der Institution,
- auf der Ebene der Familie,
- auf der Ebene inner-psychischer Strukturen des Individuums,
- auf der Ebene unbewusster gruppaler Strukturen,
- auf der Ebene des Körpers.

Störungen und Irritationen auf der Ebene der Institution

Die während einer Mediation in der Gruppe der Teilnehmer auftretenden Störungen und Irritationen können ein Hinweis auf strukturelle Probleme und Konflikte der im Prozess engagierten Institutionen, Delegationen, Parteien oder Organisationen oder gar auf gesellschaftlich unbewältigte Problemlagen sein. Hierbei würde die Mediationsgruppe ein Abbild aktueller institutioneller oder gesellschaftspolitischer Problem- und Konfliktlagen darstellen, wobei sich die Konflikte in der Mediation jedoch oft nicht direkt und unmittelbar an dem eigentlichen Mediationsanlass entzünden, sondern sich an den Rand verlagern, an jenen Ort mithin, der den Übergang zwischen Innen und Außen, zwischen der Mediation und der Gesellschaft regelt. Hinterfragt werden dann vielleicht die Rahmenbedingungen der Mediation und Vorbedingungen, und zeitliche und finanzielle Voraussetzungen scheinen plötzlich wieder unklar. Einerseits ist dies ein Hinweis dafür, dass sich die Teilnehmer noch nicht imstande fühlen, sich auf den eigentlichen Mediationsprozess, auf einen produktiven Arbeitsprozess und eine brisante Konfliktdiagnose einzustellen und sich deshalb einem Arbeitsbeginn verweigern. Andererseits mag dieses Ablenkungsmanöver jedoch auch tatsächlich unklare Settingbedingungen aufdecken und durch ein Ausräumen der Unklarheiten auch zum Aufbau eines stabilen Arbeitsbündnisses und eines haltenden Rahmens beitragen.

In diesem Falle wäre es notwendig, den Mediationsprozess anzuhalten, diese Irritationen und Unklarheiten zu benennen und die vermeintlichen Klarheiten zur Disposition zu stellen und neu zu verhandeln. Besonders in interkulturellen Zusammenkünften kann es auf dieser Ebene leicht zu Missverständnissen kommen, da die Teilnehmer oft ganz unterschiedliche und kulturell geprägte Vorstellungen von Zeit-, Rahmenbedingungen und Verbindlichkeit mitbringen, ohne sich über die jeweiligen Differenzen im Klaren zu sein, so dass es erneuter, konkreter Übereinkünfte bedarf, die ebenfalls Detailfragen regeln.

So berichtet Vamik D. Volkan in seinem sehr lesenswerten Buch (1999, 230) über einen bemerkenswerten Vorfall vor Beginn eines Dialogs zwischen Israelis, Ägyptern, Palästinensern und vermittelnden US-amerikanischen Teilnehmern, der von der Frage eines Palästinensers ausgelöst worden war, ob die mitreisenden Ehefrauen an der Konferenz teilnehmen dürfen oder nicht. Dieses Anliegen ließ eine hitzige Debatte entstehen und eskalierte soweit, dass die Konferenz, noch bevor sie begonnen hatte, schon beendet schien. Diese die eigentlichen Inhalte des anstehenden Dialogs vordergründig in keiner Weise berührende Frage wäre aus gruppenanalytischer Perspektive ein Ausdruck von Angst gewesen, und zwar einer Angst, die keineswegs nur der betroffene Palästinenser verspürte, sondern als Indiz eines allgemein hohen Angstpegels innerhalb aller vertretenen Delegationen begriffen werden musste. Aus dieser Perspektive würde verständlich, dass sich die Delegierten vielleicht alle mit der Frage beschäftigten, wie sie sich angesichts der bevorstehenden hitzigen Debatten schützen und wappnen könnten. Von daher wird der Wunsch, die Ehefrau möge anwesend sein, durchaus verständlich, könnte sie doch emotional als eine wichtige Stütze betrachtet werden, die in Zeiten größter innerer Not zumindest über Augenkontakt Halt und Zuversicht vermitteln würde.

In diesem Fall bestand der US-amerikanische Delegationsleiter nicht auf der Einhaltung der ursprünglich vereinbarten Regelung, die einen Ausschluss der mitreisenden Ehefrauen von den Gesprächen vorsah, sondern erlaubte statt dessen allen Ehefrauen die Teilnahme an den Gesprächen. Resultat war natürlich, dass daraufhin keine einzige daran teilnahm. Aber wichtig war die Intervention insofern, als der Delegationsleiter mit seiner neuen Regelung allen offensichtlich das Gefühl vermittelt hatte, mit ihren Ängsten ernst genommen zu werden, und damit den Eindruck hinterließ, dass Regeln nicht ein für allemal und irreversibel festgelegt, sondern bei Bedarf auch verhandelbar waren. Und dies war natürlich für die anwesenden Konfliktparteien eine absolut essentielle Angelegenheit, vor Beginn der Gespräche zu überprüfen, inwieweit zumindest der Delegationsleiter genügend an Flexibilität mitbrachte, um den Dialog zu einem Erfolg führen zu können. Aber selbstverständlich war es auch eine an alle Teilnehmer gerichtete Frage, ob sie bereit wären, von einmal vereinbarten Regelungen abzuweichen, um den jeweiligen Bedürfnissen der einzelnen Delegationen entgegenzukommen.

Die familiale Ebene

Ein besonders geschärfter Blick auf die Ebene familialer Bilder, die sich im Verlaufe eines mediativen Gruppenprozesses abzeichnen, vermag dazu zu verhelfen, verschiedene, konträre, komplementäre oder identifikatorische Positionen und Beziehungsstrukturen klarer zu erkennen. So übernehmen Teilnehmer in Mediationsprozessen oft für kurze Zeiten spezifische Rollen, die ihnen zunächst Verhaltenssicherheit und ein gewisses Profil verleihen und ihnen auf der emotionalen Ebene vordergründig helfen, die Kontrolle nicht zu verlieren und einen Schutz gegenüber regressiven Impulsen bieten. Es mag sein, dass ein Teilnehmer sich immer wieder in die Rolle eines Vaters flüchtet, der glaubt, alle anderen belehren zu müssen, und der aufgrund seines Alters, seiner beruflichen Position und seines sozialen Ansehens eine gewisse Autorität beansprucht und dem es allem Anschein nach schwer fällt, die Gleichrangigkeit der übrigen Mediationsteilnehmer zu akzeptieren. Dies löst natürlich bei den anderen Teilnehmern sehr gespaltene Reaktionen aus, da Autoritäten den einen immer ein Gefühl der Sicherheit vermitteln, bei anderen jedoch Protest, Aggression und Widerstand auslösen. Einzelne Teilnehmer mögen dadurch in die Rolle von rebellischen und adoleszenten Söhnen und Töchtern getrieben werden, die sich gegen die Autorität des Vaters auflehnen. Obwohl sie sich unwohl fühlen in diesen Rollen, ist der Impuls zur Auflehnung, zum Protest so enorm, dass es scheinbar kein Entkommen gibt und alle wie gefesselt an ihren Rollen kleben.

Der Mediationsprozess spiegelt hier ein familiales Drama wider und muss als Versuch verstanden werden, den Konflikt zu familiarisieren, um ihn dadurch kleiner, vertrauter und dadurch auch handhabbarer zu gestalten. Als Mediator oder als Mediatorin ist es nicht angesagt, wie dies in der Therapie oder eventuell in Supervisionen und Beratungen möglich wäre, diese verschiedenen Rollen zu benennen und das in der Situation hergestellte familiale Zusammenspiel explizit als solches kenntlich zu machen. Was jedoch möglich und sinnvoll ist, ist die exakte Beschreibung der unterschiedlichen Rollen, ohne diesen die jeweiligen Namen des Vaters oder der adoleszenten Söhne und Töchter beizufügen. Dies gilt im Besonderen in interkulturellen Arbeitskontexten, da hier das westeuropäische Kleinfamilienmodell in aller Regel nur bedingt anzuwenden ist und außerdem geschlechtsspezifische, innerfamiliale und kulturelle Prägungen so sehr überwiegen, dass sich hier leicht Fehldeutungen und Missverständnisse einschleichen können, die dann nur noch schwer aus der Welt zu schaffen sind. So ist in vielen außereuropäischen Kulturen weder eine Adoleszenz noch überhaupt eine ausgeprägte Jugendphase als Übergang zur Erwachsenenwelt vorhanden, so dass das Wissen um die Konflikte zwischen Eltern und Kindern nicht von unserer westlich-modernen Kultur übertragen werden kann. Autoritätskonflikte spielen sich, wenn überhaupt, nur zwischen Vätern und Söhnen ab und dann auch nicht in der Öffentlichkeit, denn die väterliche Autorität verlangt in aller Regel bedingungslosen Gehorsam und Respekt. Dies wirft für Mediatorinnen ganz besonders schwere Probleme auf, da sie in vielen außereuropäischen Kulturen als mütterliche Autorität gar nicht akzeptiert werden, und mir sind aus der Literatur auch keine Beispiele bekannt, in denen Frauen als Mediatorinnen in internationalen Konflikten tätig waren. Für den Mediator hingegen mag dies ganz andere Probleme nach sich ziehen, wird er doch häufig in die Rolle einer Autorität gedrängt, die eventuell seiner Vorstellung von einem neutralen und objektiven Moderator wenig entspricht und ihm viel an Rollenflexibilität abverlangt.

Generell lässt sich jedoch feststellen, dass sich in Gruppenprozessen immer dann der Eindruck eines familialen Dramas aufdrängt, wenn Teilnehmer sich in scheinbar feste und klare familiale Rollenmuster flüchten und mehr oder weniger verbissen an diesen Rollen festhalten und diese auch hartnäckig verteidigen. Die Flucht auf die familiale Ebene ist immer als ein Zeichen der Regression und Ambivalenz zu verstehen, wobei einerseits der noch unbewältigte Konflikt versuchsweise auf die familiale Ebene beschränkt und eingegrenzt wird und dies andererseits als ein vielleicht sogar verzweifelter Versuch zu verstehen ist, die schier überwältigende Komplexität des Konfliktes dadurch handhabbarer zu machen. Beides gilt es zu beachten und in den entsprechenden Interventionen zu berücksichtigen.

Die intra-psychische Ebene

Einer der häufigsten gruppalen Abwehrmechanismen sind Projektion und projektive Identifikation. Denn die Gruppe mit ihren vielen und unterschiedlichen Individuen scheint dazu herauszufordern, die eigenen unannehmbaren und abgelehnten Anteile auf andere zu projizieren, um sie dann dort gefahrlos bekämpfen zu können (Projektion und Externalisation). Bei der projektiven Identifikation geht es um Phantasien und Wünsche, die auf die anderen Konfliktparteien projiziert und mit denen diese identifiziert werden. Allgemein lässt sich feststellen, dass eine emotional aufgeladene Atmosphäre und ein hoher Aggressionspegel in der Gruppe häufig Resultat von Projektionen sind, die umso destruktiver ausfallen, je mehr sich Einzelne bzw. Konfliktparteien für die Projektionen anderer durch ausgeprägte eigene psychische oder soziale Dispositionen anbieten.

Inmitten dieses projektiven Aufruhrs, der in jeder Mediation und Beratung vorkommt, gilt es zu bedenken, dass Projektionen immer mit einem entlastenden Effekt verbunden sind, die Einzelne oder Fraktionen von unerträglichen Impulsen und Phantasien, von Wut, Zorn oder auch Scham und Schuldgefühlen befreien. Es ist mithin immer Zeichen einer tiefen inneren Not, die zunächst nicht anders bewältigt werden kann. In einer Gruppe muss man davon ausgehen, dass Projektionen Einzelner fast nie Ausnahmen sind, sondern ein allgemeines Indiz von inner-gruppalen Kommunikationsstörungen, die benannt, problematisiert und bearbeitet werden müssen.

Nochmals ein Beispiel dazu aus dem Buch von Volkan (1999, 238): Er beschreibt einen von kanadischer Seite geförderten Dialog zwischen zypriotischen Türken und zypriotischen Griechen, wobei die auf Zypern ansässigen Griechen behaupteten, „die zypriotischen Türken kämen nicht gut mit den Festlandtürken zurecht, oder die zypriotischen Türken seien mit der Präsenz der türkischen Armee in Nordzypern nicht einverstanden." Wie Volkan betont, mochte dies für eine kleine Anzahl der zypriotischen Türken tatsächlich zutreffen, doch war es vor allem ein Spiegel dessen, wie die zypriotischen Griechen sich ihrerseits die Situation wünschten. Sie waren dabei so sehr von ihrer Auffassung überzeugt, dass sie auf der Grundlage dieser „Fakten" politische Maßnahmen empfahlen. Obwohl sich die zypriotischen Türken ihrerseits gegen diese Phantasien und Unterstellungen vehement zur Wehr setzten und sich bemühten, ihre eigene Sicht der Dinge im Gespräch zu veranschaulichen, bedurfte es vieler Geduld, bis die Griechen in der Lage waren, den Türken zuzuhören, und davon abließen, den Türken immer schon ihre eigenen Phantasien und Meinungen zu unterstellen und davon abweichende Äußerungen der Türken nur schwer zu akzeptieren.

Hier ist es Aufgabe der Mediation, den Konfliktparteien zu einer differenzierten Sicht der Dinge zu verhelfen und immer wieder behutsam, jedoch mit Nachdruck klarzustellen, dass die geäußerte Meinung möglicherweise die eigenen Wünsche und Phantasien wiedergibt, jedoch nicht zwangsläufig mit der Meinung und Haltung der Konfliktpartner übereinstimmt. Eine verständnisvolle und auf Differenzierung achtende Moderation kann mithin darauf einwirken, die virulenten projektiven Identifikationen aufzulösen, indem sie wieder und wieder darauf aufmerksam macht, wie sehr das scheinbare Wissen um die Meinung der anderen vom Wunsch nach Übereinstimmung, vom Wunsch nach Überwindung der Unterschiede und vom Wunsch nach einem Konsens getragen ist, jedoch die Auffassungen der Gegenseite trotzdem gehört werden müssen, um die eigenen Zuschreibungen zu überprüfen und eventuell auch zu verwerfen.

Zu bedenken ist jedoch, dass Projektionen ein sehr wirkungsmächtiger Abwehrmechanismus sind, die manchmal nur schwer und oft auch gar nicht aufzulösen sind und selbst dann, wenn eine Auflösung gelingt, nach kurzer Zeit wiederum auftreten können. Sie zeigen sich dann allenfalls in einer neuen Gestalt und erfordern eine erneute Bearbeitung.

Die Ebene des kollektiven Unbewussten

In jedem gruppalen Zusammenspiel stellen sich in aller Regel schnell spezifische Rituale ein, die den Teilnehmern unbewusst sind, ihnen jedoch ein Gefühl der Sicherheit und Orientierung vermitteln und häufig relativ rigide eingehalten werden. Zu diesen kollektiven, oft jedoch unbewussten Ritualen gehören z.b. die Begrüßungs- und Abschiedsgesten oder Zeremonien und nicht selten Rituale am Rande der Gruppe, z.B. wer kocht den Kaffee, den Tee, wer besorgt etwas zu essen für alle, wer organisiert den informellen Teil, wer spricht als erster, als letzter? Diese Rituale werden von den Gruppenteilnehmern alleine und selbstständig und pragmatisch geregelt, bzw. es bieten sich Einzelne für die Übernahme dieser Aufgaben an. Jedoch ist es nicht uninteressant, dieses ritualisierte Zusammenspiel der Gruppe zu beobachten und in die Konfliktdiagnose und -analyse miteinzubeziehen. Schließlich verhilft die Wahrnehmung dieser alltäglichen Banalitäten womöglich zu erstaunlichen Erkenntnissen, da sie wie Puzzlesteine sind, die noch gefehlt haben, um spezifische Zusammenhänge zu begreifen. Es handelt sich hier um das, was Freud in „Der Moses des Michelangelo" den „Abhub", „refuse" nannte (Bd. 10, 195), nämlich die gering geschätzten oder nicht beachteten Züge der Beobachtung, aus denen Geheimes und Verborgenes zu erraten ist.

Doch nicht allein diese auf Alltagsrituale sich beziehende Ebene lässt sich fruchtbar machen für das Verständnis von verborgenen Gruppenprozessen. Vielmehr beinhaltet diese nicht auf das im Jung'schen Sinne kollektive Unbewusste zielende Ebene noch andere Möglichkeiten, sich der unbewussten Dynamik von Gruppenprozessen zu nähern.

Zur Aufklärung unbewusster und in der Gruppe noch nicht bewusstseinsfähiger oder verbalisierbarer Konfliktlagen lassen sich auch Märchen, Mythen und Legenden verwenden. Zum Beispiel kann es durchaus erhellend sein, in einer eskalierenden Konfliktsituation, in der die Partner entsprechend dem Eskalationsmodell von Glasl (1990, 215) kurz vor dem Sprung „gemeinsam in den Abgrund" stehen, die Märchenfigur des Rumpelstilzchen einzuführen. Das zerstörerische Potential dieser allseits bekannten Figur lässt sich gut beschreiben und in Worte kleiden, die vielleicht zusätzlich zu den von Glasl benutzten Bildern einfacher akzeptiert werden können und zugleich die tiefere Ebene von Gewalt und Vernichtung konkreter berühren und besser fassen.

In interkulturellen Kontexten lassen sich solche aus dem westeuropäischen Märchenschatz genommenen Figuren wohl kaum anwenden; d.h. allerdings nicht, dass diese Ebene der Verständigung und diese Ebene einer bildhaften, stärker symbolisch orientierten Veranschaulichung nicht anwendbar sei. Allerdings müssen dazu die Ressourcen der Teilnehmer aktiviert werden, um Märchen und Märchenfiguren aus ihrem eigenen kulturellen Umfeld in die Diskussion mit einzubringen. Dies wird natürlich dann noch verkompliziert, wenn Teilnehmer aus verschiedenen Kulturen aufeinandertreffen, so dass möglicherweise ganz unterschiedliche Symbolwelten ins Spiel kommen, die nicht mehr vermittelbar sind. Jedoch lässt sich auch – dank einer globalisierten Medienkultur – auf allgemein vertraute Figuren und Bilder aus Film und Fernsehen zurückgreifen, die sich für eine Veranschaulichung von Konfliktlagen und damit verbundenen Impulsen und Affekten nutzen lassen.

Die Ebene des Körpers

Eine in der Gruppenanalyse oft eher vernachlässigte Ebene betrifft die Ebene des Körpers. Gerade mit dieser Verstehensebene lässt sich jedoch in Gruppen hervorragend arbeiten, wie ich aus eigener Erfahrung weiß. Nun ist es natürlich so, dass diese Ebene eine besondere Brisanz beinhaltet, weil hier unmittelbar das Thema der Leiblichkeit berührt wird und dies nur mit großer Vorsicht und nur auf dem Hintergrund einer sicheren professionellen Kompetenz zu leisten ist.

Wenn in der Gruppenanalyse von der Ebene des Körpers die Rede ist, so ist damit keineswegs nur die bloße Tatsache angesprochen, dass jedes Individuum mit seinem Körper und all seinen körperlichen Bedürfnissen und Regungen dort sitzt und sich körperlich, d.h. durch Gestik, Mimik, Körpersprache den anderen mitteilt. Diese Ebene ist zwar in ihrer Bedeutung für das Verständnis von Gruppenprozessen nicht zu unterschätzen, doch lässt sich diese Ebene noch weitaus extensiver und nutzbringender einsetzen. So kann es höchst aufschlussreich sein, in spezifischen, vielleicht extrem komplizierten und undurchsichtigen Phasen des Gruppenprozesses auf den Gruppenkörper zu sprechen zu kommen. Foulkes geht z.B. davon aus, dass die Gruppe auch als Körper wahrgenommen werden kann. Dabei geht es etwa um die Frage, wer ist der Kopf, das Herz, der Bauch, das Rückgrat, der Fuß, die Hand, der Magen, das Auge, das Ohr, der Nabel etc. der Gruppe? Aus den Antworten der einzelnen Gruppenmitglieder ergibt sich eine Phantasiegestalt, die eventuell an einen Riesen aus einem Märchen, an biblische Figuren, an mythologische Helden etc. erinnert. Das Profil dieser Gestalt vermag exakte diagnostische Hinweise zu liefern und gleichzeitig Zukunftsperspektiven für Konfliktlösungsmöglichkeiten anzudeuten.

Dies möchte ich an einem eigenen Fallbeispiel aus einer Konfliktberatung in einem großen Team erläutern: In einer nur schwer auf den zentralen Konfliktpunkt zu bringenden Gruppe forderte ich die Teilnehmer auf, sich als Teil eines imaginären Gruppen- oder Institutskörpers zu definieren, also zu sagen, ob sie sich als Kopf, als Hand etc. des Teams fühlten, und in zweiter Runde dazu die Kommentare der Kollegen einzuholen. Auf diese Weise kam ein Austausch von Eigen- und Fremdwahrnehmung zustande, der bereits an sich höchst interessante und weitreichende Erkenntnisse brachte. Der Synergieeffekt stellte sich jedoch erst durch die Definition dieses Gruppenkörpers ein. Eine spezifische Figur kristallisierte sich heraus, die zwar viele, viele Beine, aber keine Arme hatte, viel Hirn, aber kein Herz, dafür jedoch einen überdimensionierten Kopf. Es war zwar ein schwermütiges und auch erschreckendes Bild, doch die Arbeit daran war durchaus lustvoll und äußerst produktiv. Es blieb während der gesamten Dauer des Beratungsprozesses ein diagnostisches Indiz, das sich tief in die Seele der Gruppe eingeprägt hatte, ein Bild, an dem sich immer wieder das Problem ablesen, jedoch auch die Fortschritte und Veränderungen ermessen ließen: Beine wurden zum Schrumpfen gebracht, Prothesen für die Arme angeschafft, das Hirn in winzigen Schritten verkleinert, getestet, was ein Herz bedeuten und wie es sich anfühlen würde.

Das Bild des Körpers lässt sich jedoch auch vielfältig variieren. So muss es nicht unbedingt der menschliche Körper sein, der als Imago für die Gruppe, ihren Konflikt und ihre Dynamik herangezogen wird. Es kann z.B. auch ein Klangkörper, ein Musikinstrument sein, eine Pflanze oder ein Tier. In einer anderen Gruppe wurde der Gruppenprozess mit dem Bild einer Raupe assoziiert. Tausend kleine Beine, die den auf dem Boden kriechenden Körper wellenförmig fortbewegen, langsam aber beständig alle Unebenheiten des Bodens überwinden und mit Geduld vorwärtskommen. Ein sehr rudimentärer Körper erst, noch wenig ausgebildete Extremitäten, noch sehr archaisch, noch wenig entwickelt und differenziert. Und trotzdem: Laufen konnte er schon und das gar nicht so schlecht.

Obwohl die dunklen Seiten dieser Gruppenimagos nicht geleugnet werden, fällt es offenbar leicht, an Hand solcher konkreter Imagos zu arbeiten; und dies ist – so meine Erfahrung – fast immer höchst lustvoll, sei es, weil es so konkretistisch ist, sei es, weil die Phantasie beflügelt und dadurch kreative Potentiale freigelegt werden, oder sei es, weil dies so weit entfernt scheint von den Niederungen des Pathologischen, Neurotischen, des allgemeinen Elends schlechthin.

Die Arbeit mit dieser Körperebene verlangt auf Seiten der Mediatorin oder des Mediators ein hohes Maß an emotionaler Intelligenz und die Fähigkeit, situativ Imagos zu gestalten und Namen für sie zu finden. Nur dann lässt sich die auseinandertreibende Kraft einer in der Dynamik des Gruppenprozesses freigesetzten Phantasie bündeln und verdichten, so dass eine Gestalt entsteht, die wiederum der Gruppe Halt und vorübergehende Orientierung und Sicherheit zu geben vermag.

Fazit

Zusammenfassend lässt sich sagen, dass nur auf der Oberfläche und pragmatisch bzw. technokratisch bearbeitete Konflikte lediglich eine Befriedung erfahren, die sicherlich kurzfristig wirkt, jedoch auf Dauer brüchig wird. Eine Konfliktbearbeitung indessen, die die Vielschichtigkeit von Konflikten ernst nimmt, muss auch bei der Konfliktdiagnose, bei der Konfliktanalyse ebenso wie bei den Konfliktlösungen mehrschichtig vorgehen. Insbesondere bedarf eine gründliche und wirksame Konfliktbearbeitung in Gruppen der Berücksichtigung und Einbindung des aktuellen Gruppenprozesses. Ansonsten wird eines der wirksamsten und effektivsten Instrumentarien einer auf Konsens und produktive Konfliktbewältigung zielenden Methode leichtfertig verschenkt. Dabei erlaubt die gruppenanalytische Perspektive, auch kleine Erfolge für die ganze Gruppe nutzbar zu machen: In der Gruppe mag sich zwar nur ein einziger bewegen, und doch besteht Gewissheit darüber, dass diese Bewegung die Gruppe als Ganzes berührt und schließlich auch zwangsläufig bewegt. Und umgekehrt gilt dies ebenso: Bewegt sich die Gruppe, werden alle Teilnehmer, auch jene, die sich bislang jeder Bewegung verweigert haben, berührt und damit zwangsläufig bewegt. Und dieses psychische Gesetz verleiht, bei entsprechender Anwendung, Gruppen ihre eigentliche Macht und könnte im Rahmen von Mediation zu einer erheblichen Steigerung der Wirkmächtigkeit dieses Mediums beitragen.

Literatur

Devereux, G. (1976): Angst und Methode in den Verhaltenswissenschaften. Frankfurt/M.

Erdheim, M./Nadig, M. (1979): Größenphantasien und sozialer Tod. In: Kursbuch 58, Dez. 1979, 115-128.

Foulkes, S.H. (1990): Gruppenanalytische Psychotherapie. München.

Freud, S. (1914): Der Moses des Michelangelo. In: Ders.: Gesammelte Werke. Bd. 10, 195-222. Frankfurt/M. 1997

Glasl, F. (1990): Konfliktmanagement. Ein Handbuch für Führungskräfte und Berater. Bern u.a.

Lorenzer, A. (1990): Verführung zur Selbstpreisgabe – psychoanalytisch-tiefenhermeneutische Analyse eines Gedichtes von R.A. Schröder. In: Kultur-Analysen 2, 3, 261-277.

Volkan, V.D. (1999): Das Versagen der Diplomatie. Zur Psychoanalyse nationaler, ethnischer und religiöser Konflikte. Gießen.

Die Autorinnen und Autoren

Dan Bar-On, Ph.D., Professor für Psychologie an der Ben-Gurion-Universität des Negev in Beer-Sheva, geb. 1938 in Haifa als Sohn einer 1933 aus Deutschland emigrierten Familie, nach langjähriger Mitgliedschaft in einem Kibbuz Studium der Psychologie, 1981 Dissertation an der Hebr. Universität Jerusalem. Psychotherapeut, Forschungen in Deutschland seit 1985 über die Auswirkungen des Nationalsozialismus in den nachfolgenden Generationen („Die Last des Schweigens", Frankfurt 1993). *Anschrift:* Dept. of Behav. Siences, Ben Gurion University of the Negev, P.O.B. 653, 84105 Beer-Sheva, Israel.

Fred Bemak, Professor für Berater-Ausbildung, Leiter der Abteilung für Berater-Ausbildung, Rehabilitationsdienste und Schulpsychologie an der Ohio State University; langjährige internationale kulturübergreifende Tätigkeit. *Anschrift:* PAES/College of Education, The Ohio State University, Columbus, Ohio 43210, USA.

Sylvia Böcker-Kamradt, Diplom-Sozialwissenschaftlerin, Supervisorin, Organisationsberaterin, Leiterin der Beratungsfirma Kamradt Consulting in Moers. Tätigkeit im Rahmen nationaler und internationaler Veränderungsprojekte mit Gesundheitseinrichtungen, mit Logistik- und Informatikunternehmen, Banken und im interkulturellen Bereich; Coaching, Teamentwicklung und Mediation. *Anschrift:* Eurotec-Ring 15, 47445 Moers.

Gerhild Brüning, Dipl.-Soz., Supervisorin (DGSv), freiberuflich in den Bereichen Projektentwicklung, Organisations- und Personalentwicklung, berufliche und interkulturelle Weiterbildung, Supervision tätig; freie Mitarbeiterin des Deutschen Instituts für Erwachsenenbildung (DIE) e.V., Frankfurt. *Anschrift:* Christinenstr. 37, 61184 Karben.

Rita Chi-Ying Chung, Assistenz-Professorin in der Berater-Ausbildung an der Ohio State University; langjährige internationale Tätigkeit,

Veröffentlichungen im Bereich der kultur-übergreifenden Psychologie. *Anschrift:* PAES/College of Education, The Ohio State University, Columbus, Ohio 43210, USA.

Dorothee Dersch, Dr. Phil, Dipl.-Agraringenieurin, geb. 1959, Dissertation in Soziologie/Sozialpsychologie, Organisationsentwicklung, -beratung (zertifiz.); Arbeitsschwerpunkte: Organisationsberatung und Coaching (Informationstechnologie-Beratung, Banken- und Telco-Branche), Innovationsentwicklungsprojekte (IT-orientiert; sozial-technische Systeme), Projektmanagement (Internationale Zusammenarbeit; wirtschaftlich ausgerichtete Bildungsprojekte). *Anschrift:* Aloys-Schulte-Strasse 50, 53129 Bonn.

Mohammed El Hachimi, geb. 1951, Systemtherapeut, Organisationsberater und Supervisor, Lehrtherapeut am Institut für Familientherapie, Weinheim. Anerkannt als Lehrtherapeut/Lehrender Supervisor bei der Systemischen Gesellschaft, Berlin. Langjährige Tätigkeit in der Migrantenberatung, Suchttherapie, Erwachsenenbildung. Arbeitet in freier Praxis in Bergisch Gladbach. *Anschrift:* Bensberger Str. 240, 51469 Bergisch Gladbach.

Barbara Filner, außerordentliche Professorin für alternative Konfliktlösung und Verhandlung an der juristischen Fakultät der Unversität von San Diego; sie hat seit 1984 zahlreiche Konfliktlösungsseminare und -workshops für öffentliche und private Gruppen entwickelt und durchgeführt; Veröffentlichungen (gemeinsam mit Selma Myers) zum Thema Kultur, Konflikt und Mediation. *Anschrift:* San Diego Mediation Center, 625 Broadway, Suite 1221, San Diego, CA 92101.

Fred Hanna, Professor für Berater-Ausbildung im Department of Counseling and Human Services an der Johns Hopkins University; Autor, Berater und Trainer für multikulturelle und andere Beratunsformen. *Anschrift:* 105 Whitehead Hall, Johns Hopkins University, Baltimore, MD 21218, USA.

Barbara Heimannsberg, geb. 1947, Soziologin, M.A., Supervisorin (DGSv), Coach und Beraterin in freier Praxis in Frankfurt am Main, Lehrtätigkeit an Hochschule und Ausbildungsinstituten, Lehrsupervisorin. Arbeitsschwerpunkte: Supervision, Teamentwicklung, interkulturelle Beratung und Prozessbegleitung. *Anschrift:* Rohrbachstr. 11, 60389 Frankfurt/M.

Herbert Namokel, Dipl.-Ingenieur; Supervisor; Organisationsberater mit den Schwerpunkten internationale Organisationsentwicklung und interkulturelles Konfliktmanagement sowie Training von Prozessbegleitern, Coaches und Beratern; Geschäftsführer der CONTRAIN GmbH Mainz. *Anschrift:* Lanzelhohl 34, 55128 Mainz.

Helmut Osang, geb. 1950, Studium Publizistik/Massenkommunikation und Soziologie (Dr. phil.); Journalist seit 25 Jahren bei verschiedenen Medien, seit 1984 bei der Deutschen Welle DW in Köln, seit 1993 Trainer (in Hörfunk-Journalismus und Management) und Projektmanager im internationalen Fortbildungszentrum der DW. Reportagereisen und Fortbildungskurse in Afrika, Nahost, Asien sowie Osteuropa. *Anschrift:* Pippinstr. 21, 53111 Bonn.

Klaus Pumberger, Dr. phil., geb. 1961 in Braunau/Oberösterreich; Studium der Geschichte, Geographie und Politikwissenschaften in Salzburg, Innsbruck und Warschau; 1990 wissenschaftl. Assistent beim Hauptvorstand der IG Metall in Frankfurt am Main; 1992 Leiter der Abteilung Gewerkschaftskooperation in den Büros der Friedrich-Ebert-Stiftung in Prag, Bratislava und Warschau; seit 1998 Projektleiter für den Aufbau von EuroProfis s.r.o., Innovation und Consulting, Tochterfirma von ÖSB-Unternehmensberatung Ges.mbH (Wien). *Anschrift:* EuroProfis, Malá Štěpánská 11, CZ-12000 Praha 2.

Helmolt Rademacher, Lehrer, Diplom-Pädagoge und Mediator; 1992-1995 Mitarbeit im Projekt „Die Entwicklung von Modellworkshops zur interethnischen Konfliktbearbeitung am Beispiel des rumänisch-ungarischen Konflikts"; 1995-1999 Hauptschullehrer; seit 1997 päd. Mitarbeiter im Pädagogischen Institut Frankfurt im HeLP im Bereich Konfliktbearbeitung und Gewaltprävention. *Anschrift:* Hinter dem Weiher 16, 61267 Neu-Anspach.

Elisabeth Rohr, Dr. phil., Professorin für Interkulturelle Erziehung am Fachbereich für Erziehungswissenschaft der Philipps-Universität Marburg. Gruppenanalytikerin, Supervisorin, Coach. Arbeitsschwerpunkte: interkulturelle Sozialisations- und Geschlechterforschung, Fundamentalismus, Supervision, Mediation. *Anschrift:* Schifferstr. 42, 60594 Frankfurt/M.

Arist von Schlippe, geb. 1951, Dr. phil., Dipl.-Psychologe, Ausbildungen in Gesprächspsychotherapie, Integrativer Therapie (FPI) und syste–

mischer Familientherapie (IFW). Mehrere Jahre in der Kinderpsychiatrie, seit 1981 am Fachbereich Psychologie der Universität Osnabrück tätig, daneben seit 1986 Lehrtherapeut am Institut für Familientherapie, Weinheim. Anerkannt als Lehrtherapeut/Lehrender Supervisor bei der Systemischen Gesellschaft, Berlin (SG), Vorstandsvorsitzender der SG. *Anschrift:* Universität Osnabrück, FB Psychologie und Gesundheitswissenschaften, 49069 Osnabrück.

Christoph Schmidt-Lellek, geb. 1947, Gestalttherapeut/Integrativer Therapeut und Supervisor (DGSv); Studium der ev. Theologie und Philosophie sowie der Erziehungswissenschaften; seit 1982 Tätigkeit in freier Praxis für Psychotherapie, Paartherapie, Supervision und Coaching; Lehrbeauftragter am FPI und an der Ev. Fachhochschule Darmstadt; Mitherausgeber und Redakteur der Zeitschrift *Organisationsberatung, Supervision, Clinical Management (OSC). Anschrift:* Berger Str. 106, 60316 Frankfurt/M.

Svetlana Vucelic, geb. 1951 in Jugoslawien, Studium der Pädagogik, Soziologie und Psychologie in Frankfurt am Main, systemische Supervisorin/Familientherapeutin in interkultureller Migrantenarbeit in der Familientherapeutischen Praxis Frankfurt am Main e.V. *Anschrift:* Scheidstr. 48, 60320 Frankfurt/M.

Rosi Wolf-Almanasreh, geb. 1941, Ausbildungen als Auslandskorrespondentin, Redakteurin, Intercultural Counseling (USA), Jura-Studium, Begründerin der „Interessengemeinschaft der mit Ausländern verheirateten Frauen - Verband binationaler Familien und Partnerschaften" (IAF), langjährige Tätigkeit für Ehe- und Familienberatung, Leiterin des Amtes für multikulturelle Angelegenheiten der Stadt Frankfurt am Main. *Anschrift:* Walter-Kolb-Str. 9-11, 60594 Frankfurt/M.

Regine Wolfart, geb. 1938 in Dresden, Studium der Germanistik und Romanistik, Verlagsarbeit, 1975-77 „Gesamtdiakonische Koordinierungsstelle für Chile" beim Diakonischen Werk der Evangelischen Kirche in Deutschland (EKD); 1977-86 Sachbearbeiterin im Referat „Ausländerfragen" des Kirchenamtes der EKD; 1986-98 Leiterin des „Migrationszentrums" beim Evangelischen Regionalverband Frankfurt a.M. Seit 1998 im Ruhestand. *Anschrift:* Lersnerstr. 14, 60322 Frankfurt/M.

Mechtild Beucke-Galm / Gerhard Fatzer / Rosemarie Rutrecht (Hg.)

SCHULENTWICKLUNG ALS ORGANISATIONSENTWICKLUNG

ISBN 3-89797-005-8 (Trias-Kompaß 2) / 619 Seiten

Der Veränderungsdruck auf Bildungswesen und Schulen führt zu der Einsicht, daß die ‚gute Schule' eine Investition in unsere Zukunft ist, und Politik und Gesellschaft haben die Notwendigkeit erkannt, die Schule als Organisation ganzheitlich zu entwickeln. Schulentwicklung bedeutet, daß Veränderungsprozesse als System-Lernprozesse gestaltet werden müssen. Zum ersten Mal wird die Übersetzung des Konzepts der ‚Fünf Disziplinen' auf die Schule geleistet, ‚Schule als lernende Organisation', ‚Schule als dialogische Organisatio' und ‚Schule als lernendes System'. Fallbeispiele illustrieren die Umsetzungen der Ideen und die jeweiligen Implementierungsformen.

Gerhard Fatzer / Kornelia Rappe-Giesecke / Wolfgang Looss

QUALITÄT UND LEISTUNG VON BERATUNG: SUPERVISION, COACHING, ORGANISATIONSENTWICKLUNG

ISBN 3-89797-002-3 / 205 Seiten

"Ein Leitfaden und Ratgeber für Auftraggeberorganisationen in einem immer wichtiger und unübersichtlicher werdenden Feld von Dienstleistungen."

Die Begleitung von tiefgreifenden Veränderungsprozessen findet als externe und interne Dienstleistung Verbreitung: Supervision, Coaching von Führungskräften oder Entwicklungsbeauftragten und Organisationsentwicklung (OE).

In diesen Bereichen besteht großer Informationsbedarf. Wie beschreibt man diese Dienstleistungen? Was sind ihre Möglichkeiten, wo sind ihre Grenzen? Wie sehen Beratungs- und Entwicklungsprozesse aus? Wie können die erforderlichen Eigenschaften eines Supervisors, eines Coaches oder Organisationsentwicklers beschrieben werden? Wie ist die Qualität von Beratung zu ermitteln? Wie können diese Kernkompetenzen erworben und vom Auftraggeber eingeschätzt werden?

Die Autoren, führende Berater, Ausbilder und Forscher aus Deutschland und der Schweiz, beschreiben, wie die verschiedenen Interventionsformen aus externer oder interner Position entstanden sind, welche Merkmale sie auszeichnen und welche Formen und Zielgruppen bzw. welche Fragestellungen und Kontexte sie umfassen.

Der Band richtet sich an Führungskräfte, Personalverantwortliche und Auftraggeberorganisationen, die Supervision, Coaching und Organisationsentwicklung in Anspruch nehmen, und hilft, durch professionelle Orientierung eigene Ressourcen sinnvoll zu nutzen.

"Das wichtigste, was es über Beratungsqualität zu sagen gibt ... Merkmale und Qualitätskriterien von guten Organisationsberatern ... mit Abstand das Gescheiteste, was ich je über Supervision gelesen habe ... bemerkenswert der Beitrag von ,Coaching-Papst' Looss!"

Anton Strittmatter

Edgar H. Schein

PROZESSBERATUNG FÜR DIE ORGANISATION DER ZUKUNFT
Der Aufbau einer helfenden Beziehung

ISBN 3-89797-010-4 / 312 Seiten

Ed Schein, Mitbegründer der Organisationsentwicklung, hat die Prozessberatung fit gemacht für das 21. Jahrhundert. Das vorliegende Buch ist schon jetzt ein Klassiker der Organisationsliteratur.
Nach über 40 Jahren internationaler Erfahrung als Berater in großen Unternehmen und mit allen Arten von Klienten und Kundenorganisationen gelingt es Schein, die wichtigsten Grundlagen der Organisationspsychologie in einer verblüffend einfachen Sprache darzustellen und kunstvoll ihren Gegenstand in seiner ganzen Komplexität zu erfassen.

Aus dem Inhalt:

1. Teil (Definition von Prozessberatung): Was ist Prozessberatung? Psychodynamik der helfenden Beziehung, Aktives Fragen als Interventionsmethode, Konzept des Klienten.

2. Teil (Dekodieren verborgener Kräfte und Prozesse): Intrapsychische Prozesse, Kulturelle Regeln von Interaktion und Kommunikation.

3. Teil (Intervention als Lernhilfe): Kommunikation und Feedback, Gruppenprozessinter-ventionen, Interpersonale Prozesse, Dialog.

4. Teil (Prozessberatung in Aktion): Einstieg, Settings, Methoden und der psychologische Vertrag, Prozessberatung und die helfende Beziehung.

„Ein Standardwerk zur helfenden Beziehung in Coaching, Führung, Teamentwicklung und OE, mit zahlreichen illustrativen Übungen aus der Praxis; für Führungsverantwortliche und Manager und alle Berater, Psychotherapeuten und Ärzte, Coaches und Wissenschaftler, die mit Veränderung und neuen Organisationsformen zu tun haben."

profile

2000

1

*Internationale Zeitschrift
für Veränderung, Lernen, Dialog*

Edition Humanistische Psychologie

Hg. Gerhard Fatzer, Peter Höher, Ralf Kopp,
Sylvia Böcker-Kamradt, Bernd Schmid
in Zusammenarbeit mit Ed H. Schein, Peter Senge
und anderen führenden internationalen Beratern und
Organisationsentwicklern sowie *Reflections* (E. Schein,
Massachusetts Institute for Technology, SOL-Project)
und *Advances in OD* (F. Massarik, UCLA).
Daneben existiert ein deutschsprachiger
Wissenschafts- und Firmen-/Praktikerbeirat.

Erscheint zweimal jährlich, ca. 120 Seiten
Einzelheft: DM/SFR 35,-/Jahrgang im Abonnement
DM/SFR 58,- / ISSN 1615-5084

PROFILE will als Zeitschrift das erreichen, was
unsere Buchreihe *EHP-Organisation* seit vielen
Jahren schafft: neueste Entwicklungen und Konzepte
auf dem Gebiet der Organisationsentwicklung,
Beratung, Management vorstellen und dabei mit
kritischem Blick tragfähige, zukunftsträchtige Ansätze
zugänglich machen.

PROFILE wird sowohl deutsch- als auch fremdspra-
chige Artikel präsentieren und diese dialogisch
miteinander verknüpfen. In ihrer Ressourcen-
orientierung, Dialogfähigkeit und Internationalität wird
sie nicht nur das Angebot an Publikationen ergänzen,
sondern neue Maßstäbe setzen.

zeitschrift für
veränderung, lernen, dialog